3판 식음료경영론

FOOD & BEVERAGE MANAGEMENT

3판 **식음료경영론**

이혜숙 · 우인애 · 조현숙 지음

교문사

개정판을 낸지도 벌써 6년이라는 세월이 흘렀습니다.

그동안 국내외로 정치, 경제, 사회의 커다란 변화에 따라 소비자들의 니즈도 다양하게 변하였습니다.

이러한 변화 중에 식음료산업은 조류인플루엔자로 인한 식재료 파동, 살충제 계란과 햄버거병(용혈성요독증후군) 등의 위생문제, 프랜차이즈의 갑질 논란, 최저 임금의 인상으로 인한 인건비 지출 증가 등으로 어려움을 겪고 있습니다.

또한 소비자들은 자기 주도적인 소비생활 성향을 보이는 욜로(YOLO)족과 SNS 활용 유저들이 소비 트렌드를 주도하고 있어 가격대비 마음의 만족도를 선호하는 가심비를 중요시하게 되었고, 4차 산업혁명에 발맞추어 외식산업에도 인공지능을 활용한 푸드테크(Food Tech)로 다양한 주문 시스템의 도입 등을 통해 변화하고 있습니다.

이러한 식음료산업의 다양한 변화에 대한 자료들을 업데이트하여 독자들에게 새로운 정보를 주고자 노력하였으나 아직도 미흡한 부분이 많으리라 생각되는 바 앞으로도 지속적으로 새로운 트렌드 파악과 관련 정보를 보완해 나가도록 하겠습니다.

끝으로 유례없는 폭염이 계속되는 여름 한가운데에 개정판을 준비해 주신 교문사 류제동 회장님, 모은영 부장님, 정용섭 부장님 그리고 개정 작업에 참여하신 모든 분들께 깊이 감사드립니다.

2018년 8월

저자 일동

세월은 날아가는 화살과 같다던가!

날아가는 화살과 같이 국내외 경제상황이 변하고, 사회도 변하고 또한 문화도 변하고 있다. 사회과학인 우리 식음료경영론도 변화된 상황에 맞춰 개정판을 내기로 했다.

그러나 개정판 준비를 하면서 검토해보니 초판의 총 3편으로 이루어진 각각의 구성이 제법 짜임새가 있었고, 또한 식음료산업부문의 기업경영에 있어서 꼭 염두에 두어야만 하는 필수 경영관리 내용을 중심으로 잘 서술되었기 때문에 큰 개편은 필요 없었다.

다만 초판이 완판되어 추가 공급이 필요하던 차에 첫 집필 이후 4년이라는 시간이 흘렀기에 특정자료들의 업데이트를 하였고, 우리 식음료산업의 여러 다양한 독자들의 이해를 보다 쉽도록 돕기 위해 보완 설명을 더하였으며, 도표들을 추가 삽입하였다.

끝으로 본 책자를 애용한 독자들에게 감사의 마음을 전하며, 미래 식음료사업 경영을 계획하는 사람들에게 유용한 도움을 주게 되리라 희망한다. 우리 서적을 개정할 기회를 주신 (주)교문사 사장님과 관계자분들께 감사드린다.

2012년 2월

저자 일동

식음료는 인류의 역사와 함께 발전해 왔고, 인류의 삶에 있어서 가장 기본적으로 필요한 것임은 새삼 언급할 필요조차 없을 것이다. 그러나 그동안 식음료산업은 아주 오래 전부터 존재해 온 산업 중의 하나이긴 하지만 과거의 직감이나 경험에만 의존하는 후진적 사업형태로 머물러 있었다.

'86 아시안게임'과 '88 서울올림픽' 개최 등 국제적인 대규모 행사가 개최되었고 대기업의 외식산업 참여와 외국 브랜드의 국내 진출이 가속화되면서 새로운 경영 기법이나 이론 등이 도입되었고 이에 따라 전문 인력의 필요성이 대두되면서 대학에 관광, 외식 관련 학과의 신설 및 증원이 이루어지게 되었다.

어느 나라이건 가장 큰 시장규모를 갖는 산업이 바로 식음료산업이다. 즉, 식음료산업이 시장규모도 크고, 시장성장도 기대되며, 시장진입도 자유로운 산업임을 고려할 때, 향후 식음료산업의 성공 여부는 보다 효율적인 경영관리적 사고와 미래 지향적이며 발전적인 전략 수립 여하에 따라서 좌우될 것이다.

앞으로도 영원히 인류에게 가장 필요한 식음료산업을 경영관리차원에서 다루고자 호텔의 실무 경험과 대학에서 수년간 이 분야의 강의 경험을 토대로 본서를 준비하게 되었다.

식음료 분야로 진출하고자 하는 호텔, 외식, 조리 및 관광 관련 분야를 전공하는 학생과 이 분야에 관심이 많은 사람들을 위해 식음료산업의 기본 개념을 중심으로 이해하기 쉽고 실무적용에 용이하도록 전체적인 내용을 구성하고자 노력하였다.

이 책은 총 3편으로 구성되어 있으며 제1편 식음료산업의 개요에서는 환대산업과 식음료, 식음료의 이해, 식음료산업의 인적 자원관리를, 제2편 식음료산업의 경영관리에서는 메뉴관리, 식음료 원가관리, 식음료 마케팅으로 식음료산업의 경영관리측면을 다루었으며, 제3편 식음료산업의 업장관리에서는 서비스 기본 원칙과 기법, 식음료시설 및 기물관리, 식음료 안전과 위생관리를 살펴보았다.

짧은 기간 동안 최선을 다해 체계적이고 실질적인 교과내용을 구성하려고 심혈을 기울였으나 보완되어야 할 부분이 많이 있으리라 생각된다.

본 서가 미래 식음료경영을 꿈꾸는 많은 독자들에게 도움이 되었으면 하는 바람과 함께 아낌없는 질책과 조언을 기다린다.

끝으로 본 서가 출간될 수 있도록 자료제공과 아울러 용기를 주었던 모든 분들에게 감사의 마음을 전하며, (주)교문사 류제동 사장님을 비롯하여 원고를 꼼꼼히 교정해 주시고 짜임새 있는 구성이 되도록 도와주신 편집부 여러분께 감사의 말씀을 드리고 싶다.

2008년 2월

저자 일동

FOOD AND BEVERAGE
MANAGEMENT

PART 1

식음료산업의 개요

CHAPTER 1

환대산업과 식음료

환대산업(hospitality industry)은 정착지를 떠난 고객에게 유·무형적 상품을 판매하는 사업을 기본으로 하고 있는 호텔, 모텔 등의 숙박산업뿐만 아니라 그 밖의 환대정신을 필요로 하는 영역들, 즉 식음료산업(food & beverage service industry), 여행(travel), 항공(airline), 컨벤션(convention), 유람선(cruise), 테마파크(theme park), 카지노(casino) 등 관광산업 전반에 걸친 일련의 사업군을 환대산업이라 총칭하여 부르는 것이 보편성 있는 정의라고 할 수 있다.

식음료산업은 가정 외에서 사람들에게 음식을 제공하는 모든 서비스 형태를 포함하는 산업을 총칭한다. 일반적으로 외식산업이라고도 하며 다양한 종류의 식사를 조리해서 제공하는 식품제조업, 소비자에게 직접 소매하는 소매업, 서비스가 중추를 이루는 서비스산업적 성격이 강한 복합산업이라고 볼 수 있다. 즉, 식음료산업은 음식생산 및 판매를 동시에 하는 복합산업으로써 인류 역사상 가장 오래된 전통 있는 산업인 것이다.

제1절 식음료산업의 정의와 중요성

일반적으로 내식은 순수하게 가정 내에서 식사하는 것으로 음식물을 가정 내에서 조리하고 이를 섭취하는 형태라고 할 수 있다. 반면 중식은 내식과 외식의 중간에 있는 식사형태로서 가정 외부에서 조리가 끝난 음식을 구입하여 가정 내에서 섭취하는 것으로 HMR(Home Meal Replacement)이라는 용어를 많이 사용하는데, 이는 '집에서 만든 음식을 대치하는 식사'라는 의미로 중식과도 비슷한 의미이다. 여성들의 사회생활이 늘어나고 집 밖에서의 생활이 늘어나면서 요리의 편리성과 시간절약이 필수요건으로 등장하면서 급속히 증가하고 있다.

외식은 가정 외에서 식사를 하는 것으로 음식물을 가정 외부에서 조리하고 이를 섭취하는 것이다. 외식을 산업 측면에서 볼 때 식당업, 요식업, 음식업, 식음료산업 등으로 말할 수 있으며, 단순한 외식에 비해 규모 면에서 확대되고, 경영 면에서 체계를 갖춘 관리 기법을 적용해야 하는 업을 의미한다.

1. 식음료산업의 정의

현대 사회에 들어와 식음료산업은 사회적 교류 확대와 소득수준 향상 및 여성들의 사회참여가 늘어나면서 더불어 성장하는 산업으로 재인식되고 있다. 식음료산업은 타 산업보다 부가가치가 높은 산업으로서, 고용창출효과가 클 뿐만 아니라 여타 문

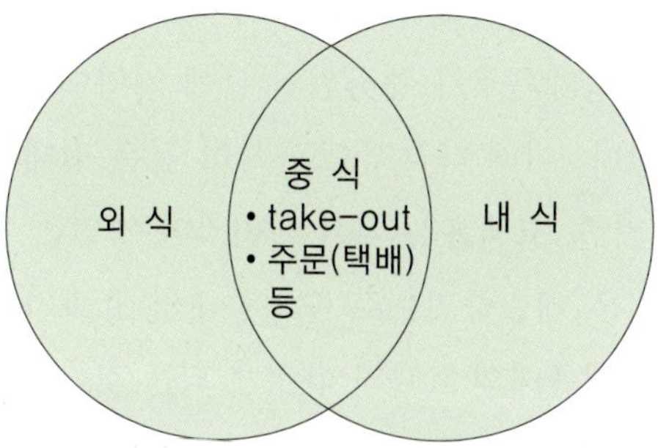

그림 1-1 외식과 내식

출처 : 미야 에이지, 외식비즈니스, p. 2.

화산업 등과 결합하여 국민경제의 질적인 수준을 향상시키는 산업이라고 인식되고 있는 것이다. 다시 말해 식음료산업이 발전함으로써 주부들의 경제활동이 가능해지고 이에 따라 국민경제의 잠재성장력을 향상시킬 수 있으며, 사회적 교류 확대의 현장으로써 여타 문화, 오락산업의 발전을 뒷받침하는 역할도 담당하기 때문이다.

그러나 주변의 많은 식음료업장들은 오랫동안 과거의 직감이나 경험에만 의존하는 전근대적 경영상태에 머물러 있는 상태이다. 때문에 식음료산업에 보다 새로운 경영 기법이나 이론 등을 도입하여, 식음료사업을 산업적 측면에서 훌륭하게 사회에 인지시키도록 하기 위해서는, 그리고 더욱더 사업으로서 크게 발전시키기 위해서는 다른 분야에서 개발된 경영이론이나 마케팅 기법을 적극적으로 도입하여 식음료산업의 독자적인 이론적 체계를 수립하여야 할 것이다.

식음료산업(food & beverage service industry)은 음식과 관련된 산업으로 식사와 관련된 식료, 음료, 주류 등을 제공할 수 있는 일정 장소에서 직 · 간접적으로 생산 및 제조에 참여하여 특정인 또는 불특정 다수에게 상업적 또는 비상업적으로 판매 및 서비스를 제공하는 산업이라고 정의 내릴 수 있다.

2. 식음료산업에서의 상품

오늘날의 식음료상품은 EATS상품이라 하는데, 먹는다는 단순한 의미를 갖는 장소로서의 식음료업장이 아니라 접대(entertainment), 분위기(atmosphere), 음식의 맛(taste)과 청결(sanitation) 등이 합쳐진 총체적 가치, 즉 토털상품으로서의 식음료상품을 판매하는 장소를 식당이라고 말할 수 있다.

식음료산업의 고객은 먹어야 하겠다는 생리적 욕구를 기초로, 만족스런 분위기와 음식 맛에 대한 2차적인 잠재욕구가 종사원의 판매 기법에 의해 자극되어 주문이라는 구매행동으로 표현한다. 이때 다각적으로 사려 깊은 접대와 그 대가로 지불이라는 상호 활동이 이루어지면, 고객은 친절한 서비스와 맛있는 음식에 의해 욕구를 충족하게 된다. 또한 기업은 매출증진으로 수익증대의 효과가, 종사원에게는 업무를 성실히 수행한 보람과 수입증대의 효과가 따르게 되는 것이다.

따라서 식음료산업에서의 업장들은 고객에게 식사와 음료만을 단순히 제공하는 것에 만족할 것이 아니라 유쾌하고 쾌적한 분위기를 연출하고 맛있는 요리에 적절한 수준의 인적 서비스를 더할 수 있다면, 그들의 상품 가치는 한층 높게 인정받을 수 있을 것이다.

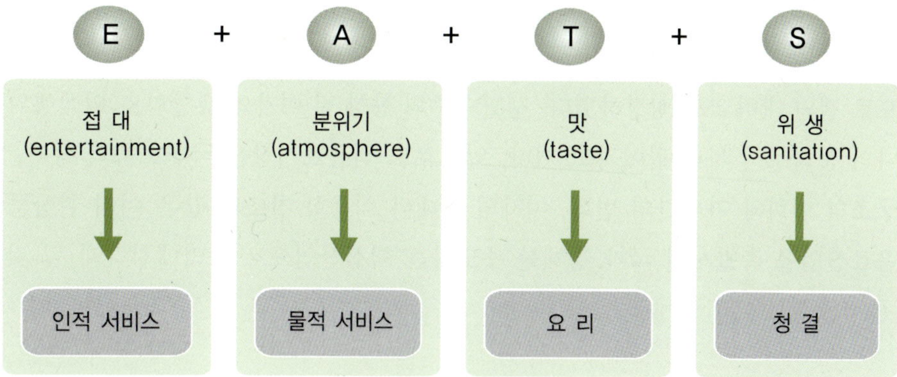

그림 1-2 식음료상품

식음료산업의 매력

- 식도락가에게 있어서 음식은 즐거운 인생의 반려
- 유능한 요리사에게 훌륭한 음식을 만드는 일은 마치 예술작품을 만드는 일
- 영양학자들은 음식물을 식이요법의 수단으로 생각
- 메뉴 작성자들에게는 창조적인 상상력을 발휘할 수 있는 기회가 됨
- 식음료 서비스의 또 다른 매력은 사람을 대하는 일이라는 점

따라서 업장지배인이 상대하는 수많은 사람들 중에는 원활한 기능을 발휘할 수 있는 팀으로 조직된 종사원, 접대해야 할 고객 그리고 좋은 인상을 주기 위해 노력하는 당사자가 속해 있는 지역사회까지도 포함된다. 그리하여 성공적으로 사람을 대하는 데 있어서는, 지식과 능력과 고객의 필요한 욕구에 민감한 성격을 갖춘 수준 높은 자질이 요구된다.

3. 식음료산업의 중요성

최근 들어 식음료산업은 1인 가구 증가와 외식업의 프랜차이즈의 영향으로 인하여 그 규모가 급속히 성장하고 있다. 2015년 기준 식품 · 외식산업의 매출액은 192조 원 규모로, 식품제조업이 84조 원으로 2014년 대비 5% 성장하였으나 외식업은 108조 원으로 전년 대비 28% 성장하였다. 생활수준의 향상 및 여가의 생활화로 외식행위는 하나의 문화로서 자리 잡아가고 있다. 앞으로도 식음료시장은 국민소득의 증가, 가족구조의 변화와 가치관의 변화, 여가의 확대와 식문화 창조와 같은 여러 현상들이 식음료산업을 촉발시켜 국가 경제를 주도하는 핵심산업으로 자리매김하게 될 것임에 틀림없다.

1) 식음료산업의 성장 요인

(1) 사회적 요인

현대 경제사회에 들면서 여성들의 사회진출 증가는 맞벌이부부라는 새로운 가정 형태가 나타나게 되고, 이들 가정은 가사노동에 전념할 시간적 여유가 없어지면서 증대된 가정소득으로 보다 간편하게 생활을 영위하려는 욕구로 외식성향이 확산되어

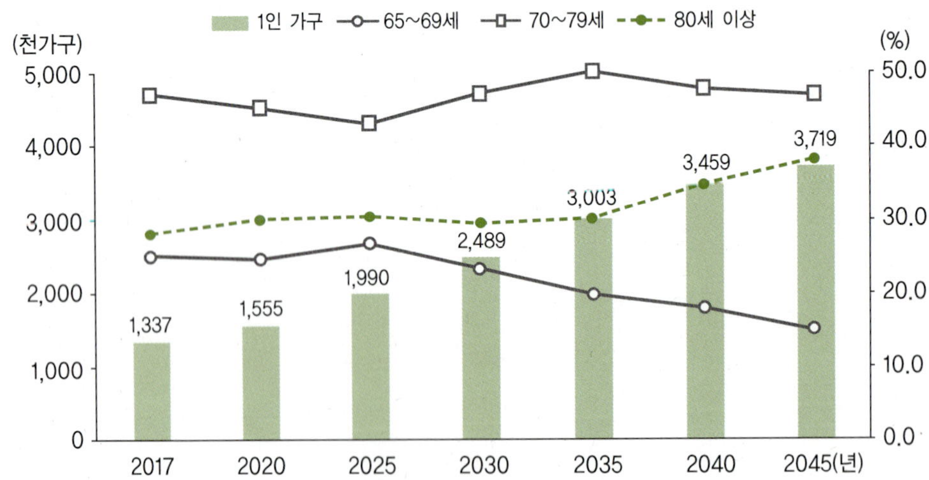

그림 1-3 고령자 1인 가구 및 연령대별 비중

출처 : 통계청(2017), 2017 고령자 통계

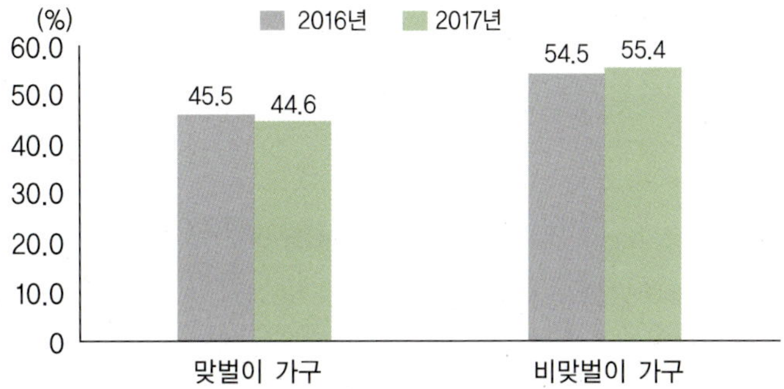

그림 1-4 맞벌이 가구와 비맞벌이 가구 현황

출처 : 통계청(2017), 2017년 하반기 지역별 고용조사 맞벌이 가구 및 1인 가구 고용현황

외식문화가 정착되었다. 이러한 경향은 배달음식, 간편식 및 테이크아웃음식 등이 발달한 계기도 되었다.

게다가 인구통계학적 환경의 변화, 이를테면 65세 이상 노인인구의 증가로 인한 고령화 사회로의 진입, 핵가족, 특히 1인 가구 증가, DINK족(Double Income No Kids), SASSY족(Single, Affluent, Successful, Stylish, Young : 고액의 전문직 교수, 판사 및 변호사 등 25~35세 사이의 젊은 여성이 혼자 사는 붐을 말함) 등 가족구조의 변화와 새로운 가치관의 대두 역시 외식인구 및 외식비율의 증가를 가져와 식음료산업을 성장시키는 중대한 요인이 되었다.

특히 요즘 젊은 세대에 의해 주도되고 있는 소규모 자본 창업, 탈샐러리맨 열풍 등이 식음료산업에 대한 사회적 관심을 증대시키고 있다. 식음료산업은 '마지막 장사'라고 불릴 정도로 소규모 자본과 부족한 경험상태에서도 도전해 볼 수 있는 채산성 있는 업종으로 인식되어 퇴직자나 해고자, 나아가 젊은 세대의 창업 1순위로 꼽히면서 고용과 창업의 사회안전판 역할까지 하고 있다.

최근 식음료산업은 보다 전문화 되어 복합화 · 퓨전화 · 택배화 · 음식백화점 등 새로운 업태가 다양하게 등장하고 있다.

(2) 경제적 요인

산업의 발달로 주거지와 공업지대의 격리, 대도시 지가상승 등의 요인으로 산업시설들이 대도시 근교로 이주, 행정수도 이전 등 출퇴근의 원거리화로 인하여 외식을 할 수밖에 없는 경제구조적 상황으로 변화하면서 식음료산업이 성장하는 계기가 되었

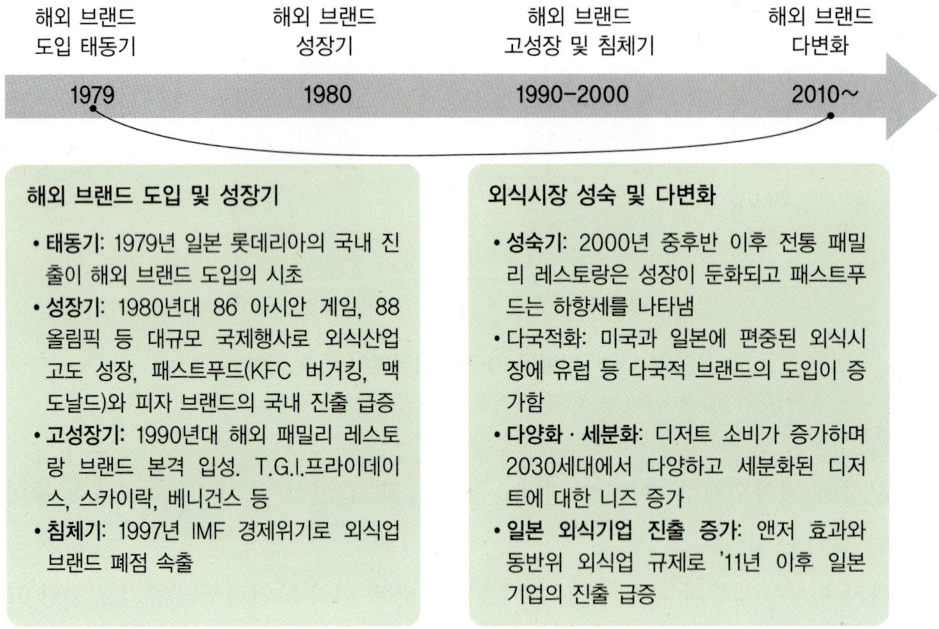

그림 1-5 해외 외식기업의 국내 도입 역사

출처 : https://www.atfis.or.kr/fip/article/M000010401/view.do?articleId=3215# 재구성

다. 그리고 경제성장에 따른 국민들의 가처분소득증가, 주5일 근무제도의 확산으로 노동시간 감소 및 여가시간 증대에 따른 가정 외부에서의 여가활동에 큰 관심을 두게 되면서 식음료시장 환경이 확대되고 세분화되는 요인이 되었다.

특히 1984년 외국자본도입법이 개정되면서 외국 선진 식음료업체들의 다양한 체인브랜드들이 급속히 국내에 확산되었고 86 아시안게임, 88 올림픽, 2002 월드컵 대회 등 대규모 국제행사는 식음료시장의 고도성장을 가져오는 계기가 되었다.

또한 국가 간 무관세협정과 세계 여러 권역별로 맺는 FTA로 국제시장이 개방되어 이에 따른 식음료산업의 세계화 추세 속에 패스트푸드, 패밀리레스토랑 등의 외국체인 점포망의 빠른 확산은 국내 식음료산업의 근대화 · 선진화를 가져오게 되었으며, 더구나 국내 대기업들의 식음료시장 참여로 국내 식음료산업이 급성장하게 되었다.

(3) 문화적 요인

현대인들이 일보다는 여가 및 문화생활을 중시하는 의식구조 속에 서구적 사고 및 행동양식의 표현으로 서구식 음식문화가 크게 유행하고, 사교적인 와인문화가 급속히 확산되어 식음료산업이 문화산업의 역할도 수행하는 추세이다. 이제는 식음료업체가 종전의 단순히 '먹고 마시는 장소' 에서 '여가와 문화의 장소' 라는 이미지로 전환되는 시기인 것이다.

단순히 생리적 욕구단계로서 '먹는다' 는 종전의 개념에서 오늘날 사회적 욕구단계로서의 '음식문화' 창조라는 현대적 개념으로의 변화에 큰 영향을 끼친 것은 바로 호텔업장이다. 호텔의 식음료업장은 투숙객 또는 일반인들에게 식사나 음료를 제공하는 것이 주기능이지만, 보다 세련된 서비스, 우아한 실내장식, 편안한 휴식공간 등으로 그 지역사회에 있어서 또 하나의 명소로 알려져 각종 회합 등을 통한 지역사회의 문화공간으로의 역할도 하게 되는 것이다.

오늘날의 식음료업장을 이용하는 고객은 단순히 허기진 배를 채우기 위한 방편으로 업장을 찾지는 않는다. 무엇인가 새롭고 안락한 분위기를 즐기는 한편 쾌적하고 깨끗한 환경과 수준 높은 종사원의 인적 서비스까지도 갖추어진 업장을 선호하고 있다.

또한 개인주의적 성향을 나타내는 고학력 신세대의 인구비율이 증대되고, "인생은 한 번뿐(You Only Live Once)"이라는 의미를 갖는 욜로(YOLO)족은 자기주도적 소비 성향으로 가격은 비싸더라도 고급스러운 메뉴를 선호하는 등 새로운 가치관을 갖는 소비계층이 고급식음료시장을 형성하고 있다. 이에 식음료업장에서 고급사교모임 같은 문화창조적 기능을 추구하고, 가족단위로 즐기는 대형 놀이공원 같은 기능까지를 염두에 둔 업체들이 생겨나고 있다.

반면 전통적인 민속음식의 상품화에도 높은 관심을 보여 한국음식문화에의 자긍심을 높이고자 하는 모습도 현재의 식음료시장에 나타나고 있는데 "한식 세계화" 캠페인으로 정부와 민간 부문에서 많은 공동 노력을 기울이고 있다. 서양인들이 육류위주의 식단으로 비만이 사회문제가 되자, 대안으로 스시를 택하고 더 나아가 고급동양문화로 인식까지 하게되자, 한식 또한 건강식단으로써 세계 속의 한국문화 상징물로 키우고자 노력하고 있다.

(4) 기술적 요인

해외 유명 식음료업체 브랜드의 도입과정에서 국내 체인 및 프랜차이즈 시스템의 확대 그리고 효율적인 업장 경영 기법과 조리 등의 기술 제휴로 선진기술의 학습이 가능하게 되었다. 또한 체인 등 식음료사업의 발달로 센트럴 키친 시스템, 매뉴얼 시스템이 정립되어 식음재료의 표준화 등과 같은 우수 경영 기법이 식음료산업에 보급되는 요인이 되었다. 그리고 첨단 타 산업의 기술도입으로 첨단 주방설비를 갖추고, 주방기기의 현대화와 과학화가 이루어졌으며, 고속조리기구 및 포장기술과 저장기술이 발달하게 되었고, 식당용 컴퓨터 시스템의 도입으로 과학적인 경영관리가 가능하게 되어 식음료산업의 발전에 큰 기여를 하게 되었다.

또한 정보산업의 발달로 고객관리 · 판매 및 마케팅 활동이 컴퓨터를 이용해 보다 체계적으로 관리할 수 있게 되어 식음료산업의 기업화, 아웃소싱, 센트럴키친화 등이 지속적으로 증가하게 되었다. 특히 4차 산업혁명과 관련하여 모바일 앱, 키오스크, 인공지능 등의 기술 도입으로 무인화와 자동화가 확산되면서 외식산업에 직 · 간접적인 영향을 미칠 것으로 예상된다.

2) 식음료 부문의 중요성

(1) 매출액 면

농림축산식품부가 발간한 「2017 식품산업 주요 통계」를 보면 도소매업 전체 매출액 중 음식점업 매출액이 차지하는 비중은 8.8%인 것으로 조사되었으며 2015년 기준으로 국내 식품 · 외식산업장 규모는 192조 원으로 전년도에 비해 17.1% 성장하였다. 특히 외식업 규모는 108조 원으로 연평균 성장률이 8.9%로 국내총생산(GDP)의 연평균 성장률이 3.6%인 것에 비해 매우 빠른 성장세를 나타내고 있다.

2015년 음식점과 주점 등 외식업체 수는 전년보다 6천 개 늘어난 65만7천 개로, 업체당 평균 매출은 1억6440만 원으로 전년보다 27.6% 증가하여 1997년 외환위기 이후 매출액 등 양적인 측면에서는 계속 증가하고 있으나 영업 이익률은 56.3%로 영세한 수준이다.

식음료 부문이 높은 매출액을 기록하는 것은, 한정된 공간에서 고부가가치를 창출하여 단위면적당 단가를 탄력적으로 높일 수 있기 때문인 것으로 풀이된다. 식음료상품은 이윤추구, 조직구성, 고객의 다양한 욕구 충족을 극대화시킬 수 있는 탄력성이 강한 동적인 상품이므로 식음료기업의 수익에 많은 공헌을 하는 중요한 요소인 것이다. 이에 오늘날 식음료업장이 사회구조 및 라이프 스타일의 변화에 따라 새로운 식문화를 창출하는 공간으로 인식되고 있기 때문에 국내 식음료 서비스 공간이 점차 확대되어 가는 경향을 보이고 있다.

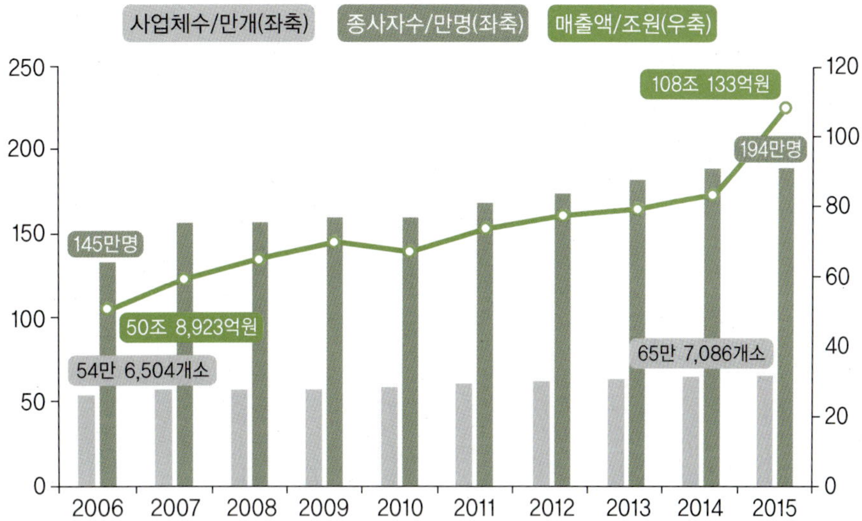

그림 1-6 외식산업의 규모 변화(2006~2015년)

주 : 1) 도소매업조사의 식품산업 중 음식점 및 주점업을 외식산업이라 정의하였으며, 이들은 「식품위생법」상 식품접객업에 해당함

2) 종사자 수는 통계청의 전국사업체조사(종사자 수 1인 이상), 매출액은 통계청의 광업제조업조사(10인 이상 사업체)를 정리함

출처 : 통계청, 『도소매업 조사』, 각 연도; 농림축산식품부, 『농림축산식품 주요통계』, p.471을 재정리하고 재인용

(2) 인적 구성 면

식음료산업은 대표적인 고용창출산업이다. 식음재료의 구매에서 조리까지 주방부문 종사원부터 고객을 접대하는 서비스부문 종사원까지 수많은 종사원들의 노력이 필요하기 때문이다.

2015년 주점을 포함한 음식업 사업체 수는 2014년 대비 0.9% 증가한 66만 개로 우리나라 국민 78명당 1개 존재하는 것으로 나타났고 이에 종사자는 195만 명에 달하고 있다.

최근 10년(2005~2015)간 외식산업 종사자 수는 34.6%로 증가하였으며 2016년 숙박 및 음식업에 취업자 수는 227만 명을 넘어 총 취업자 중 비중은 8.4%를 차지하고 있으며, 음식점과 주점업에 종사자 수는 2015년 195만 명으로 2014년 대비 2.6%가 증가하여 서비스업종 중 종사자 수가 가장 많았다.

많은 일반 기업에서 비교적 단순 업무는 점차 아웃소싱으로 처리하여 인건비 절감 노력의 효과를 보이고 있으나, 식음료 부문은 서비스 성격상 종사원의 서비스에 의해 상품판매가 좌우되며, 업장의 명성에 지대한 영향을 끼치기 때문에 숙련된 식음료 부문 종사원은 식음료 기업경영의 핵심 요인일 수밖에 없다.

(3) 서비스 면

식음료산업의 경우 고객의 욕구를 충족시켜 줌으로써 수익의 증대를 꾀하게 되는 것인데, 업장 내부에서 접객종사원에 의한 인적 판매는 그러한 목적을 달성하는 데 있어서 중요한 촉진방법이 될 수 있다. 판매하기 위해서 판매원이 고객을 찾아가는 것이 아니라 고객이 구매할 의사를 가지고 접근해 오기 때문에 내부 판매는 더욱 중요한 것이다.

식음료사업은 훌륭한 인적 서비스와 물적 서비스가 조화를 이루어야만 경쟁업체보다 유리한 입장에서 경영할 수 있다.

3) 식음료산업과 경영관리

식음료 경영관리의 기본 목적은 식음료경영에 있어서의 상품인 식료와 음료를 대상으로, 식음재료의 구매로부터 음식의 조리 및 판매에 이르는 일련의 경영활동과정을 효율적으로 관리하여 경영수익을 증대시키는 것이다. 즉 개별 식음료기업들은 경영목표를 달성하기 위해 일정수준의 식음료 원가율을 유지하도록 노력하며, 동시에 기업 내부 표준을 통해 음식의 품질을 유지하고 나아가 개선을 하도록 경영관리를 실행하는 것이다. 이 같은 경영관리를 통해 기업은 안정적이고 지속적인 수익의 확대효과를 이룩할 수 있다.

(1) 식음료 부문의 원가관리

어떠한 산업부문이라도 경영을 통해 수익을 향상시키기 위해서는 매출액을 증대시키거나 아니면 비용을 통제하는 두 가지 경영관리 기법을 수행하게 된다.

최근 매출액 증대보다 더 큰 폭으로 경영비용이 상승되는 경향이 있는 식음료산업의 경우에는 경영수익 증대를 위해서는 원가관리에 더욱 많은 경영노력을 기울여야 한다는 것을 의미한다. 특히 식음료산업의 경영비용 중에서 큰 비중을 차지하는 식음재료비의 원가에 대해서 엄격한 관리가 이루어지지 않으면 안 되는 것이다.

실제 많은 식음료업장들의 경우 원가관리의 중요성을 인식하고 있어 식음재료의 관리를 철저하게 함으로써 식음재료비 원가관리뿐만 아니라 파손, 부패, 분실 방지를 통해 원가를 낮추는 경영관리도 중요시하고 있다.

(2) 식음료산업의 인적 자원관리

식음료산업의 가장 어렵고 복잡한 문제는 인사관리라고 할 수 있다. 왜냐하면 어떻게 식음료판매를 효율적으로 운영하느냐 하는 것은 식음료 부문의 전문적인 지식과 경험 그리고 기술이 요구되는 종사원에 의존할 수밖에 없기 때문이다. 따라서 식음료산업의 인적 자원관리는 크게 두 가지로 나눌 수 있다.

하나는 주방부문 인사관리이며, 다른 하나는 판매부문 인사관리이다. 주방부문 인사관리는 식음료생산에 관한 종사원관리이며, 판매부문 인사관리는 판매에 관한 식음료 서비스 종사원관리를 말하는 것이다. 식음료경영은 만족한 종사원으로부터 질 높은 음식과 서비스가 나오고 이로써 고객만족을 통한 경영수익 극대화를 이룰 수 있으므로 경영진들은 종사원들에게 복지적 차원의 대우가 필요하다. 한편 최근 들어 식음재료비보다도 인건비가 전체 경비 가운데서 가장 큰 비중을 차지하는 경향이 있기 때문에 인건비의 적절한 통제는 식음료산업 경영관리의 핵심사항이 된다.

제 2 절 식음료산업의 특징

식음료산업의 경우 충분한 자금과 노하우가 없어도 쉽게 창업을 하는 경우가 많아 높은 경쟁환경에 놓이게 된다. 이에 질 낮은 식음료 업장들은 급속히 폐업을 하는 등 부침이 심한 산업이라는 특징이 있다. 또한 소비자들의 기호와 사회 · 문화 · 경제적 환경에 큰 영향을 받기 때문에 독점적 기업이 나오기 힘든 특징도 보이고 있다.

일반 제조업과는 달리 식음료산업에서는 고객과 종사원 사이의 인간적 요소를 많이 내포하고 있는 기본적인 특징을 생산과 판매로 대별하여 고찰하면 다음과 같다.

1. 생산관리 면에서의 특징

(1) 주문 생산

식음료산업은 수많은 메뉴를 소량으로 주문받는 즉시 최단기로 생산하여 판매해야 하는 업으로써, 다루어지는 식음료 메뉴와 소요되는 식음재료의 종류는 셀 수 없을 정도로 다양하다.

(2) 표준화 생산이 불가능

제각기 다른 고객의 성향 및 기호에 따라 주문 즉시 조리하는 체제로써 일반 공산품처럼 기계에 의한 자동화 · 표준화된 생산이 어렵다.

(3) 대량 생산 곤란

고객이 업장을 방문해서 주문을 해야만 비로소 조리 및 판매가 이루어지므로 계획생산이 어렵다. 물론 오늘날 과거의 영업실적분석과 경험에 의한 통계적 접근으로 어느 정도의 수요예측은 가능하게 되었으나, 고객의 변화무쌍한 식욕이라는 불확실성을 내포하고 있기 때문에 정확한 계획생산의 어려움이 있다.

자본력이 별로 필요하지 않은 산업	독점적 기업이 탄생하지 않은 산업
기업의 부침이 심한 산업	소비자의 기호가 강하게 영향을 미치는 산업

그림 1-7 식음료산업의 특징

출처 : 미야 에이지, 외식비즈니스, p. 4.

(4) 높은 인적 의존도

식음료산업은 고도의 노동집약적 산업으로 스스로 찾아오는 고객에게의 완벽한 인적 서비스는 고정고객 및 잠재고객확충으로 확대시킬 수 있으므로, 종사원의 서비스에 기업의 경영수익이 좌우된다.

(5) 모방이 용이

메뉴의 모방이 쉬워 독자적인 메뉴개발을 위해 연구 · 개발이 끊임없이 이루어져야 한다.

2. 판매관리 면에서의 특징

(1) 생산과 판매의 동시성

일반 공산품처럼 소비자에게 찾아가는 단계적 유통구조(제조사 → 도매업자 → 소매업자 → 소비자)는 없고, 고객이 스스로 식음료업장으로 찾아와야만 조리 및 판매가 이루어지는 업장시설의 고정성 때문에, 고객에 의존하는 수동적 경영이 이루어질 수밖에 없다. 따라서 제한된 장소에서 제한된 좌석만의 판매가 이루어지므로 '입지에 따른 접근성' 이 식음료산업 성공의 가장 핵심적인 요소로 간주된다. 그러나 입지에 따른 비용발생부담도 고려해야만 하는데, 한정된 포화상권에서의 밀집된 점포로 기대수익달성이 어려워지는 만큼, 높은 지가 및 임차료비용을 절감할 수 있는 적절한 공간 규모를 찾는 경영노력이 중요하다.

(2) 물리적 환경

식음료업장 시설의 고정적인 특성이 있으므로 시설 자체의 매력이 중요하다. 식음료업장은 아무리 요리의 맛과 인적 서비스의 질이 뛰어나도 빈약한 시설과 비위생적인 환경으로는 성공할 수 없다. 물적 서비스 항목인 업장의 규모, 구조, 주차장, 내부 인테리어, 테이블 및 의자의 레이아웃, 분위기 등이 고객 유인의 중요한 동기가 된다.

업장의 규모가 크면 인테리어 비용, 보증금 등 경영압박 요인으로 작용하고, 작으면 테이블 공간이나 장식, 진열 부족으로 인해 고객의 호감을 사기 어렵다.

(3) 비저장성

식음료상품은 주문생산이라 저장판매가 불가능하기 때문에 정확한 수요예측이 요구된다. 따라서 매출증대를 위해서는 다점포전략을 구상할 수도 있는데, 이 경우 체인, 프랜차이즈 등의 경영형태가 도움이 된다.

(4) 고부가가치상품

비슷한 재료의 식음상품도 물적 · 인적 서비스의 형태에 따라 높은 부가가치를 올릴 수 있다. 그러므로 물적 서비스 확충과 인적 서비스교육에 많은 노력을 기울여야 한다.

(5) 인적 서비스

식음료산업에서는 종사원의 서비스에 의해 상품이 고객에게 전달된다. 전달하는 종사원의 숙련도와 전문성, 서비스를 제공받는 고객, 시간 및 장소, 환경 등에 따라 서비스의 내용이나 질이 달라지므로 종사원은 개개인의 이질적인 서비스는 배제하고 서비스의 표준화를 도모해야 한다. 고객에 대한 정성과 친절이 인적 서비스의 핵심인 만큼 종사원의 사기앙양에 지대한 관심을 가져야 한다. 인적 서비스는 식음료 경영의 핵심 요소인 것이다.

(6) 시간적인 제약

제한된 식사시간에 어떻게 하면 효과적으로 많은 고객에게 많은 매출을 올릴 수 있는가가 경영관리의 핵심사항이다. 식음료산업 같은 주문생산체제하에서는 신속 · 정확한 서비스제공이 추가 이익창출의 기회를 가져온다.

(7) 메뉴에 의해 판매

식음료상품은 메뉴에서 시작해서 메뉴로 끝난다고 할 수 있다. 전적으로 다품종 소량 주문생산체제에 의존하는 식음료경영 특성상 수많은 주문고객의 다양한 욕구 및 기호를 최대한 반영하여 만족도를 높임과 동시에 기업경영의 목표수익을 달성하기 위한 효율적인 도구가 바로 메뉴이다. 즉, 고객이 중요하게 생각하는 가격, 품질, 적절한 분량, 서비스 방법 및 수준, 분위기 등을 고려하여 고객만족도를 높이면서도 동시에 목표수익달성이라는 기업목표를 실현하는 것은 바로 메뉴인 것이다.

제3절 한국 식음료산업의 전망

21세기를 주도할 산업으로 식음료산업을 주목하고 있듯이 자영업자, 국내 대기업, 호텔 케이터링 부서, 다국적 체인기업들이 식음료산업에 뛰어들고 있어 앞으로의 시장변화는 더욱 복잡하게 전개될 전망이다.

1. 식음료산업의 전망

1) 최고급 식당과 실비 식당의 양극화

불황이 지속되면서 두드러지게 나타나고 있는 양극화 현상은 식음료업장의 규모, 매출, 가격 면에서 양극으로 향하는 모습이 지속될 전망이다.

우리나라의 경우 '98 외환위기' 와 '2008 금융위기' 이후 발생한 극심한 소득 불균형 현상은 경제소득구조의 '부익부 빈익빈' 에 따라, 외식 소비형태도 극과 극으로 양분화되고 있는 것이다. 고소득층과 저소득층 간 소득격차로 인하여 프리미엄 상품이나 저렴한 상품이 아니면 팔리지 않는 경향이 나타난 것이다. 고소득층의 경우 소득향상으로 먹거리가 생존차원을 뛰어넘어 삶의 질을 높이고 개선시키는 요인으로 인식하게 되면서 라이프 스타일에 따라 다양한 음식문화를 좇는 마니아층이 형성되고 있는 반면에, 저소득층의 경우에는 통큰치킨, 통큰피자 등 대폭 할인된 음식만을 구매하는 현상이 나타나고 있다.

이에 식음료업계에서는 업장의 분위기, 고급요리, 여흥을 곁들이는 연출, 호화로운 시설 및 설비 등을 갖추고 최고급상품을 판매하는 고급 식당이 최고가임을 앞세워 고소득층을 쉴새없이 공략하고 있다.

대중을 의미하는 'mass' 와 최고급을 뜻하는 'prestige' 의 합성어 '매스티지(masstige)' 는 신조어로써 최근 소비시장의 특성을 잘 표현하고 있다고 할 수 있다. 최근 한끼의 식사를 간편하고 빠르면서 건강하고 알차게 즐기고 싶은 소비자의 요구가 높아져 프리미엄 수제버거, 프리미엄 분식, 고급 식재료를 사용한 도시락 등 더욱 다양하고 고급화시키고 있다.

한국농수산 식품유통공사의 가격대를 기준으로 메뉴운영 및 가격, 서비스 등을 중심으로 일정 가격대 이상의 프리미엄 레스토랑에 대한 「2017년 프리미엄 외식시장 조사 보고」 에 의하면 프리미엄 레스토랑 선택 시 가장 중요하게 고려하는 요소는 '음식의 맛' 이고, 그 외 '신선한 식재료', '믿을 수 있는 식재료' 등을 중요하게 고려하여 선택한다.

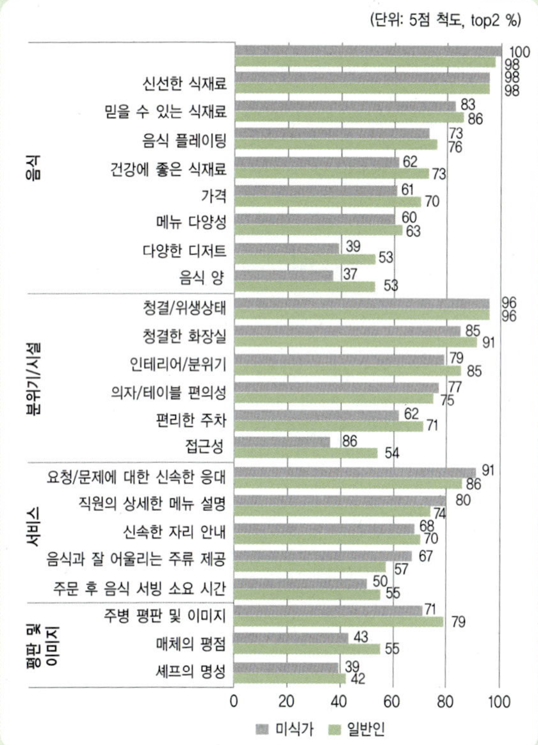

집단별 프리미엄 레스토랑 선택 시 주요 고려요소

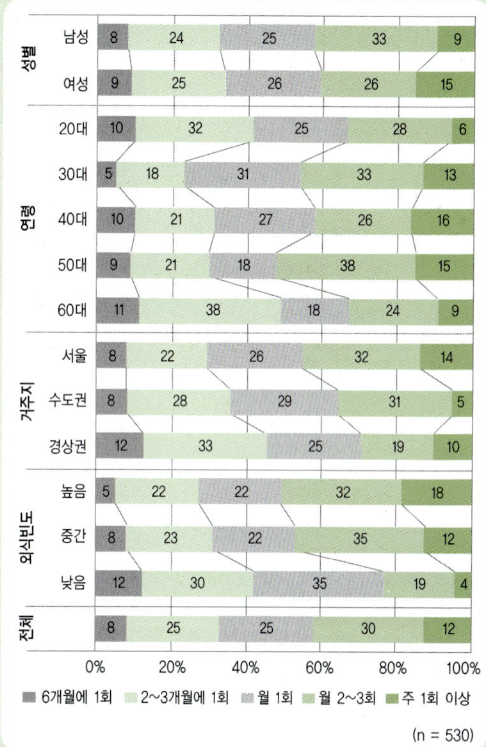

프리미엄 레스토랑 이용 빈도

출처 : 한국농수산식품유통공사(2017), 2017년도 프리미엄 외식시장 조사보고

또한 최고급을 지향하는 테마성 콘셉트로 좌석 수 20개, 음악과 미술품, 현대 감각의 조각품이 비치되고 대화를 즐기는 고객만을 대상으로, 반드시 예약에 의해서만 서비스하는 소형 고급업장이 지역사회의 문화공간으로 자리매김하는 경우도 이미 나타나고 있다.

반면 카운터 혹은 셀프 서비스인 카페테리아와 뷔페 식당 등 가격할인을 통해 할인율을 강조하여 더욱 실질적이고 부담 없이 출입할 수 있도록 구매심리를 고려한 식당의 창업도 많아지고 있다.

2) 웰빙과 건강식 메뉴 증가

현대사회에 들어서면서 국민들은 소득향상으로 단순히 생존을 위한 먹는 차원을 뛰어넘어 삶의 질을 높이고 개선시키는 웰빙(well-being)으로 식음료산업을 인식하게 되었다.

어린아이부터 노인에 이르기까지 비만 및 성인병 예방을 위해 유기농식품에 대한 인식이 높아지고 있는데, 한식 토종 메뉴나 다이어트 메뉴를 제공하는 식당의 성장을 예견할 수 있다. 버섯류와 신선한 채소를 주원료로 한 전골류, 디저트형 식사, 한식의 양식화 및 간이한식이 혼합된 콘셉트, 다양하게 개발된 두부요리 등을 제공하는 식당들이 각광을 받고, 이른바 슬로푸드(slow-food)가 패스트푸드 소멸기의 대타로서 성장할 것으로 예상된다.

미국에서는 가격보다 건강에 초점을 맞춘 웰빙샌드위치 시장이 폭발적인 성장을 보이고 있고, 국내에서는 녹차, 호밀, 고구마 등을 이용한 건강메뉴가 인기상품이 되었다.

또한 식품의 안전성이 절대 중요시되어 3S인 식품안전(safety), 무첨가 식품(simple), 발효식품(slow)에 큰 관심이 쏟아지고 있다.

음식점 위생등급제

음식점 위생등급제도는 영업자가 자율로 위생등급평가를 신청하고 평가점수에 따라 등급을 지정·홍보하여 음식점의 위생수준 향상과 소비자에게 음식점 선택권을 제공하는 제도이다. 식품의약품안전처에서 2017년 5월 19일부터 전국 음식점의 위생수준을 평가하여 등급을 부여한다.

우리나라 「음식점위생등급제」 표지판

매우 우수 | 우수 | 좋음

출처 : https://www.haccp.or.kr/site/haccp/sub.do?key=2405

식음료업체는 개별적으로 또는 기업체 간 컨소시엄을 구성하여 3S 요구에 부합되는 신선하고 무기질 함량이 높은 식음재료, 중금속이나 유해물질에 오염되지 않은 안전성이 보장되는 식음재료를 최적가격으로 조달하는 일에 전력투구하면서 원가절감을 해야 하며, 그러한 안전식음재료를 사용하는 업장만이 지속적으로 살아남게 될 것이다.

정부에서는 'GMO(유전자변형식품)' 표시 범위 확대, '나트륨 함량 표시제' 도입, HACCP(안전관리인증기준) 의무적용 확대, 친환경 인증관리 시스템 도입 등 안전 관리를 강화하고 있다.

3) 주말 외식시장과 지방수요의 확대

주5일 근무제 실시와 그에 따른 고객 성향의 변화는 식음료업계에 상당한 변화를 가져왔다. 주5일 근무제의 확대실시로 도심 사무실 밀집지역에 있는 식음료업체의 주말 매출이 주중의 절반수준으로 떨어지는 상황이다. 따라서 주말에는 직장인들 대신 연인이나 가족단위의 고객 위주 상품을 개발하는 등 '주말 마케팅' 으로 새로운 판매 전략 수립이 필요하다.

신행정도시와 공공기관 이전 등 지방권 개발계획에 따른 지방경제 활성화에 대한 기대에 힘입어 유명 브랜드 식음료업체들이 중산층 고객을 목표로 지방 진출을 확대하고 있는 추세로 지역 및 고객특성에 따른 메뉴개발, 경쟁력 강화 등 다각적인 마케팅을 통한 해결책이 필요한 시점이다.

4) 기능성 식품의 선호

최근 들어 건강식과 함께 21세기 식생활의 중요한 테마라고 할 수 있는 것이 기능성 식품이다. 기능성 식품은 건강을 향상시키는 성분을 함유한 식품을 영양학의 발전과 생화학지식의 발달로 자연식품 중에서 사람의 몸에 효과적인 것을 사용하기 시작하면서 주목을 받게 되었다. 기능식에는 신토불이 음식 관련 업종들이 꾸준한 인기와 함께 유기농을 이용한 업종이 유망업종으로 떠오르고 있다. 실제로 일반 식음재료보다 훨씬 높은 가격임에도 유기농 기능식품의 매출이 점차 증가하고 있다.

먹는다는 것이 단지 배고픔을 해결하기 위한 것이 아니라 질 높고, 몸에 좋은 음식, 성인병을 예방하는 음식으로 점점 그 중요성이 커지고 있는 것이다.

1980년대 일본에서 시작된 기능성 식품은 우리나라에서도 계속해서 그 시장이 커지고 있는데, 우리에게도 잘 알려져 있는 식이성 섬유를 포함한 '화이버미니'라는 청량음료가 출시되어 일본과 전 세계 기능성 식품시장을 석권하며 인정받고 있다.

5) 가정 간편식의 출현

가정간편식(HMR: Home Meal Replacement)은 1인, 맞벌이 가구 증가에 따라 편이성을 추구하는 경향이 강해지면서 일반 가정에서도 도시락 차원을 넘어 집에서 먹는 음식과 동일한 식단에 대한 관심이 증대되고 있다. 이런 소비패턴의 변화에 따라 가정 간편식은 조리시간을 줄여주는 편이성과 간편식의 다양화로 수요가 확대되면서 시장 규모가 2015년 기준 1조6720억 원으로 2011년 1조1067억 원에 비해 51.1%가 성장됨에 따라 불황으로 인한 저성장의 식품업계의 새로운 돌파구로 떠오르고 있다.

향후 식음료업장은 단순한 EAT-IN 영업으로만 채산성을 맞춰 가기가 어려운 환경

표 1-1 즉석섭취 · 편의식품류

품목 분류	정의	주요 품목
즉석섭취식품	동 · 식물성 원료를 식품이나 식품첨가물을 가하여 제조 · 가공한 것으로서 더 이상의 가열, 조리과정 없이 그대로 섭취할 수 있는 식품	김밥, 햄버거, 선식, 도시락, 샌드위치 등
즉석조리식품	동 · 식물성 원료를 식품이나 식품첨가물을 가하여 제조 · 가공한 것으로서 단순가열 등의 조리과정을 거치거나 이와 동등한 방법을 거쳐 섭취할 수 있는 식품	국, 탕, 수프, 순대, 가공밥 등
신선편의식품	농 · 임산물을 세척, 박피, 절단 또는 세절 등의 가공공정을 거치거나 이에 단순히 식품 또는 식품첨가물을 가한 것으로서 그대로 섭취할 수 있는 식품	샐러드, 새싹채소, 간편과일 등

주 : 1) 즉석섭취 · 편의식품류라 함은 소비자가 별도의 조리과정 없이 그대로 또는 단순조리과정을 거쳐 섭취할 수 있도록 제조 · 가공 · 포장한 즉석섭취식품, 즉석조리식품, 신선편의식품을 말한다.

출처 : 식품의약품안전처(2016), 식품공전

에 직면하게 될 것이다. 경쟁이 치열해지고 소상권화된 시장여건에서 더 나아가 주5일 근무제의 확산으로 자유를 만끽하려는 고객 욕구는 전형적인 외식의 영업형태인 점포 내부 운영 방식의 새로운 전환을 필요로 하게 된다.

6) 전문화와 복합화 현상

파스타, 스테이크 등 특별전문식당 또는 동일계통의 요리, 생선요리, 바비큐전문점 등 단일 메뉴, 즉 특수 전문요리만을 제공하는 경향이 커지고 있다. 이러한 경향은 고객들이 특색 있는 전문요리에 대한 개인적 취향이나 서비스에 집중하는 경향이 있기 때문에 고급화된 메뉴와 높은 수준의 서비스를 제공하는 전문음식점이 증가하는 추세이다. 많은 종류의 메뉴가 구비되어 있지 않아도 한 가지 메뉴만으로도 고객의 만족을 위한 전문점이 확대 발전하고 있는 것이다.

전문성을 추구하면서도 서로 보완적인 제품을 함께 취급하는 커피+스파게티, 커피+제과, 커피+도자기류, 커피+서점 등 복합점들이 고객의 다양한 욕구를 충족시키고 있다.

최근에는 공항이나 놀이공원, 철도, 휴게소, 병원, 리조트, 쇼핑몰 등 다중 이용시설 안에서 식음료 서비스를 제공하는 영업 형태인 외식컨세션 사업이 활발하게 진행되고 있다.

7) 고객관리 중요성 부각

고객관리에 대해 깊은 관심을 갖고 이를 판촉전략에 이용해야 한다. 특히 신규고객을 유치하는 것은 기존 고객을 유치하는 것보다 몇 배의 비용과 어려움이 따르므로 기존 고객 특히 단골고객을 철저히 관리해야 한다. 기존 고객의 니즈는 물론 원하는 것이 무엇인지 알아야 고객의 다양한 정보가 축적되고, 이로써 고객을 감동시킬 수 있는 효율적인 고객관리상품을 개발해 낼 수 있으며, 나아가서는 가치경영의 근본이 되는 고객과의 신뢰를 만들어 갈 수 있는 것이다.

8) 체인화 · 계열화 경향

점차 대자본에 의한 계열화, 연쇄화 혹은 프랜차이즈화되어 가는 현대 경영형태에

푸드 편집숍

여러 브랜드 음식점 및 음식 상품이 한곳에 모두 입점하여 다양한 음식을 한 공간에서 접할 수 있는 푸드코트를 의미한다.

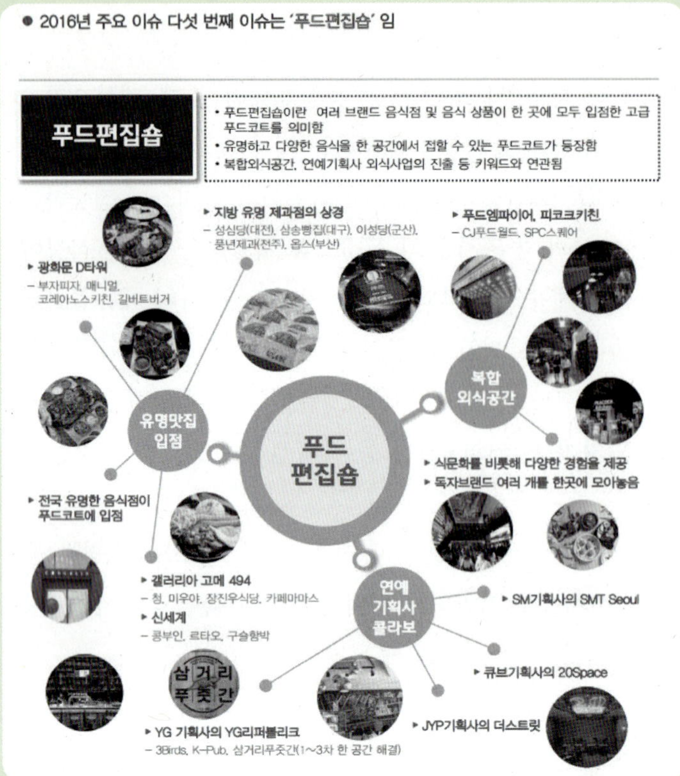

출처: (사)한국외식업중앙회 한국외식산업연구원(2016), 2016년 국내 외식트렌드 조사, 한국농수산식품유통공사

따라 호텔이나 식당도 체인화되어 각 기업은 강력한 중앙조달, 중앙통제에 의거하여 메뉴, 서비스, 시설 등을 모두 규격화하는 경향을 보이고 있다. 이렇게 됨으로써 체인점에서는 동일 음식, 동일 서비스를 같은 값으로 제공받을 수 있다는 유리한 조건을 고객에게 호소할 수 있고, 인사교류 등을 통하여 경영의 합리화를 시도할 수도 있는 이점도 있다.

9) 새로운 식생활 트렌드

쉽게 사고, 쉽게 먹을 수 있는 간단함의 극치를 보여 주는 음식문화는 외국의 식생활 문화의 도입과 외식의 생활화가 자연스럽게 진행되면서 이루어져 우리의 식탁은 풍요로워졌다. 그러나 풍요 속의 빈곤이라는 말처럼 늘 먹는 음식에 대한 위험성이 대두되면서 믿고 먹을 만한 음식에 대한 불안감과 잘못된 음식습관을 경고하는 바른 식생활 살리기 운동이 일어났다. 대표적인 것이 패스트푸드에 반대하는 슬로푸드운동이다. 1986년 이탈리아의 브라지방에서 시작된 이 운동은 건강식, 미각의 즐거움, 전통음식의 보존 등을 내걸고 시작되었다.

또한 새로운 식생활 트렌드의 출현으로는 영상시대, 인터넷문화 속에서 속도감을 체험한 젊은 세대들에게 시간을 상품화한 인스턴트식품이나 편의식품, 홈 딜리버리 서비스, 정해진 시간과 정소가 없는 식사형태인 모바일푸드가 등장하고 있다.

한편 고령화사회 도래로 식음료업계에도 새로운 가능성을 던져 주고 있다. 현재 추세대로라면 2017년 65세 이상의 노령인구는 전체인구의 13.8%로 2045년에는 47.7%가 될 것으로 전망되고 있다. 이 실버세대는 독립된 생활을 영위하며 새로운 외식시장을 형성하게 될 것이다.

2015	2016	2017	2018
먹방 신드롬	나홀로 다이닝	나홀로 열풍	가심비
로켓팅 소비	미각 노마드	반(半)외식의 다양화	빅블러
한식의 재해석	푸드 플랫폼	패스트 프리미엄	반(半)외식의 확산
		한식의 리부팅	한식단품의 진화

그림 1-8 외식트렌드의 주요 키워드 변화(2014-2018)

출처 : 농림축산식품부 보도자료(2017.12.20.)

외식 관련 새로운 용어

■ 인스타그래머블

'인스타그램(instagram)'과 '할 수 있는(able)'을 합친 신조어로 소셜미디어에 올리고 싶을 정도로 보기 좋고 예쁜 음식이 인기가 있다.

■ 매력슈머

현대 소비자들은 소비를 통해 자신만의 개성을 표출하고자 차별화되고 매력 있는 상품을 추구하는 경향으로, 외식업은 비주얼, 플레이팅, 새로운 경험, 차별성 등 중시한다.

■ 소확행

무라카미 하루키 작가의 에세이에서 따온 표현으로 작지만 확실한 행복을 의미하는 것으로 소소한 맛, 멋, 재미를 추구하는 것을 말한다.

■ 가심비

가격대비 만족의 가성비에서 '소비자 마음의 만족'을 따지는 가심비 시대로 변화하고 있다. 소비를 통해 스트레스나 우울함을 해소하고 마음을 위로 받고자 비주얼, 플레이팅, 인테리어, 새로운 경험 등을 중시하여 차별화되고 매력있는 상품을 추구하는 경향을 말한다.

■ 빅블러(Big Blur)

빠른 변화로 인해 기존에 존재하던 것들의 경계가 모호하게 되는 현상으로 외식업과 4차 산업혁명이 만나 외식업에서의 무인화와 자동화가 확산되고 모바일 애플리케이션, 키오스크, 인공지능 등 기술을 적극적으로 활용한 이(異)종 산업간 융합을 말한다.

출처 : http://www.kfoodtimes.com/news/articleView.html?idxno=4860 재편집

2. 식음료산업의 문제점

식음료산업의 특징은 소수의 대기업과 다수의 영세기업이 공존하는 이중구조로 2004년 이후 10년간 통계를 보면 5인 미만인 소규모 사업체는 평균 0.4%씩 증가하고 있다. 그리고 개인경영의 형태가 많아 관리 시스템의 체계화가 부족한 것이 중요 문제로 부각되고 있다. 국내 식음료산업의 문제점을 몇 가지 요인으로 나누어서 간략하게 살펴보면 다음과 같다.

1) 경영자의 인식부족

식음료산업이 과학적경영관리 측면에서 접근하지 못하면 해외 식음료업체와 경쟁할 수 없다. 국내 식음료사업 경영자들은 맛에만 주력하면 고객은 저절로 따라온다든가, 프랜차이즈형태로 개업하면 손쉽게 경영할 수 있다고 믿는 경우가 많다. 그러나 경쟁이 치열해지고 있는 현대사회에서 직업적 장인정신의 결여는 식음료업체의 수명주기를 단축시킬 수 있는 것이다. 식음료에 관한 지식을 배우는 것을 게을리하고 투자한 자본만 회수하는 것에 급급하다면 식음료업체 경영자의 성공은 물론이고 나아가 한국 식음료산업의 전망은 밝지 못할 것이다.

2) 종사원의 직업관 결여

식음료산업에 종사하는 사람들의 특징이 이직률이 높고, 전문적으로 일하겠다는 의지가 약한 것이 사실이다. 식음료산업 종사원의 직업관이 정립되지 않아 잦은 이직과 교육훈련부족 등으로 식음료산업을 발전시킬 수 있는 우수한 인재가 부족한 것이 현실이다. 종사원의 직업의식이 희박하면 진정한 서비스가 나올 수 없다. 식음료산업은 서비스업이므로 경영자는 종사원에 대한 교육훈련을 강화하는 것이 필요하다.

3) 과도한 경쟁

우리나라 식음료산업의 상당수는 가족끼리 경영하거나 5명 이하의 종사원으로 경영하고 있다. 충분한 자금과 노하우가 없어도 쉽게 이 사업을 할 수 있다는 생각으로 창업하는 경우가 많아 경쟁이 치열해지고 질이 낮은 식음료업장도 많이 등장한다.

4) 다국적 식음료기업의 국내 진출

외국계 식음료산업이 1988년 이후 국내에 상륙 러시를 이루면서 한국인의 입맛을 서구화하고 있다. 또한 이들은 무엇보다 막강한 자금력과 경영 노하우, 인테리어 디자인이나 분위기 및 서비스 질 등으로 국내 식음료산업을 크게 위협하고 있다.

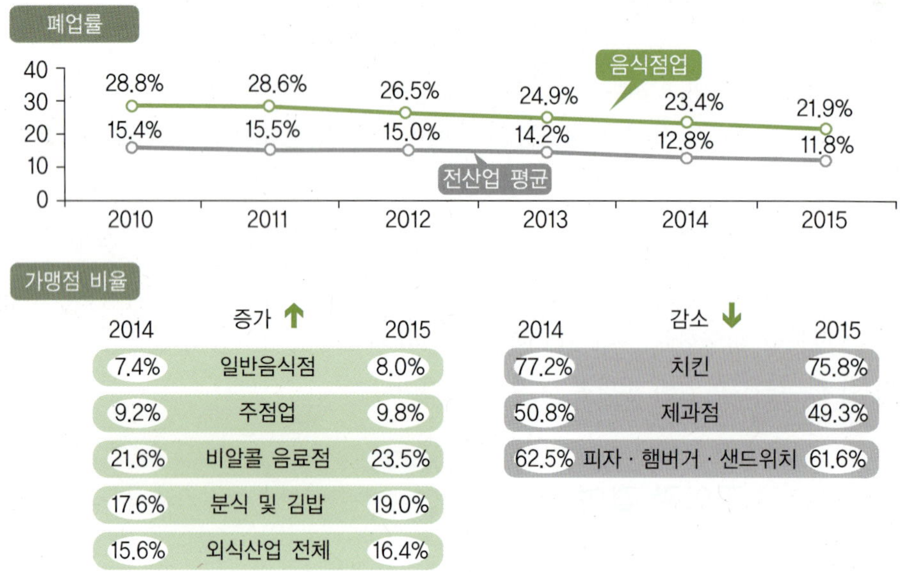

주 : 폐업률은 폐업자 대비 신규사업자의 비율이며, 가맹점 비율은 영업종류별 업체수 대비 가맹점수의 비율임

그림 1-9 외식산업의 폐업 및 가맹점 비율 변화 추이

출처 : 국회입법조사처(2018년 2월 19일). 지표로 보는 이슈. www.nars.go.kr

5) 체인본부의 관리 불성실

프랜차이즈가 외식산업을 발전시키는 촉진제 역할을 한 것은 부인할 수 없는 사실이다. 그러나 일부 프랜차이즈 본부는 특별한 관리 노하우 없이 이름만 내걸고 영세 외식업을 묶어 놓는 경우가 있다. 또 다른 경우는 맛으로 명성이 쌓인 후 체인점이 증가하였으나 초기의 맛을 잃게 되어 고객들이 외면하게 되기도 한다.

3. 식음료산업의 과제

식음료산업의 성공을 위해서는 고객만족을 통해 장기적인 기업의 발전을 도모할 수 있어야 한다. 고객을 만족시키기 위해서는 업장 내 종사원들이 먼저 만족하여야 질 좋은 서비스와 음식이 조리되므로 종사원 만족을 위해 기업경영자들은 노력을 기울여야 한다. 그래야만 경영자 스스로 만족하게 될 것이다.

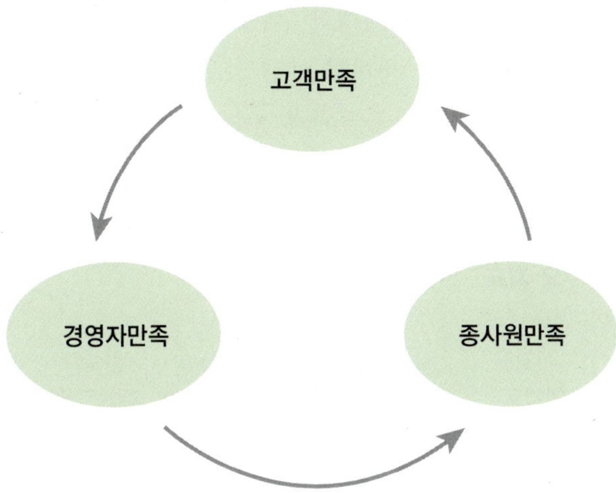

그림 1-10 식음료산업의 성공

1) 전문가적 의식교육

식음료산업이 식품조리 및 판매를 동시에 하는 복합산업으로서 경영에 관한 지식이 풍부해야 함에도 불구하고 경영관리 지식이 부족해 운영에 관한 문제가 대두되고 있다.

또한 종사자들로 하여금 전문적 장인 정신과 서비스 정신을 갖게 하는 교육이 필요하며 이러한 교육을 전문으로 하는 기관을 늘리는 것이 시급하다. 미국의 경우는 미국식당협회가 교재 및 교육용 비디오 발간, 경영 기법 개발, 각종 통계지표 발표 등을 통해 회원기업의 발전을 위한 길잡이 역할을 하고 있다.

2) 한국음식의 세계화

2017년도 국내 외식기업 해외진출 현황을 보면 국내 외식기업체는 193개, 매장 수는 6,001개로, 그 중 한식업체는 74개, 925개 매장이고 비한식 업종(치킨,서양식, 베이커리, 커피 등)에는 125개 업체, 5,076개 매장이 진출하였다.

주로 진출한 국가는 중국과 미국이 전체의 약 70.3% 차지하고 있으며 점차 태국·인도네시아·필리핀·미얀마 등의 동남아시아 지역으로 다각화되는 추세이다.

한국음식은 여러 가지 면에서 우수성을 인정받고 있으며, 외국인도 한 번 시식을 하면 호감을 갖게 되는 강점이 있다. 한식은 건강식으로 소개하고, 현대의 웰빙트랜드에 부합되는 점을 강조하는 "한식세계화" 캠페인의 성공이 중요하다. 한국의 문화 상품으로써 한식의 대표메뉴들을 세계적 브랜드로 육성시켜 가치를 높이는 노력을 지속적으로 하는 것이 필요하다. 외국인에게 친숙한 맛으로 한국의 전통음식을 재개발한다면 한국외식사업은 전망이 좋은 분야이다.

표 1-2 한식에 대한 주요 지표

(단위 : %)		한식 인지도	한식 만족도	한식당 만족도	한식당 방문의향	한식당 추천 의향	음식목적 방향 의향	한식홍보 공식 SNS 인지도
전체		64.1	83.2	92.2	73.8	89.7	56.7	32.7
권역	미국	63.3	88.4	95.6	74.8	93.8	49.6	25.9
	중국	75.0	81.8	92.6	82.7	88.1	69.9	53.9
	일본	32.8	54.2	67.5	38.5	61.7	28.0	8.8
	유럽/오세아니아	57.2	85.1	92.8	73.1	92.0	43.9	21.7
	동남아시아	80.0	88.6	93.3	82.7	91.6	83.9	46.8

출처 : (주)글로벌리서치(2017). 2017 글로벌 한식 소비자 조사 결과보고서

표 1-3 한식당 방문 시 고려요소

(단위 : 복수응답 %)		사례수	맛	가격	식당 평판/이미지	다양함	건강	위생 상태	내부 분위기	외관	편리한 서비스	접근성	양	신속한 서비스	가격 할인	격식 있는 서비스	태도
전체		(3.282)	58.2	34.6	24.3	22.6	18.9	18.2	14.3	11.3	10.1	10.0	9.8	9.4	9.2	7.5	5.9
권역	미국	(612)	60.8	37.9	23.7	24.8	19.1	15.4	14.5	13.9	9.5	9.2	14.4	9.2	6.4	5.7	5.6
	중국	(888)	53.5	21.3	30.3	16.4	24.2	23.1	17.6	7.7	12.0	8.1	5.4	8.9	8.1	14.1	6.3
	일본	(154)	75.3	57.8	17.5	6.5	5.8	17.5	9.1	5.8	3.9	27.3	19.5	6.5	5.8	1.9	4.5
	유럽/오세아니아	(733)	54.0	34.4	22.0	29.5	19.2	13.9	12.6	12.6	9.8	10.8	12.4	10.2	7.8	5.2	5.3
	동남아시아	(895)	61.5	41.6	21.7	24.2	15.4	18.9	13.3	13.1	9.9	8.8	7.4	10.1	14.1	5.0	6.6

출처 : (주)글로벌리서치(2017). 2017 글로벌 한식 소비자 조사 결과보고서

3) 선진 경영 기법의 개발

과거에 하던 주먹구구식 운영으로는 경쟁체제에서 살아남기 어렵다. 소비자의 권리 의식이 높아지고 고급화되면서 체계적인 경영관리 기법을 개발해 나가지 않으면 여전히 외국계 식음료사업체에 자리를 내줄 수밖에 없을 것이다. 음식의 품질에 대한 애착을 갖고 지속적으로 연구·개발하고 마케팅 기법을 도입하여 소비자의 만족을 위한 노력을 하는 것만이 성공할 수 있는 길임을 깨달아야 한다.

4) 기능성 건강식 개발

햄버거가 맛이 있으나 성인병에 대한 우려가 있자, 샐러드 등 채소, 과일을 주로 다루는 업태가 생기는 것처럼, 앞으로는 먹거리를 통해 건강을 추구하는 경향이 높아지게 될 것이다. 더 나아가 먹거리를 통해 질병을 치료하는 적극적 기능식품의 개발에도 투자가 이루어져야 할 것이다.

CHAPTER 2
식음료의 이해

식음료는 음식(food)과 음료(beverage)를 포함하는 합성어로 고객의 식욕을 충족시켜 주는 수단으로 판매되는 상품을 말한다. 음식은 조리부서에서 만들어지는 각종 요리이고, 음료는 알코올성 주류와 비알코올성 음료수 등을 말한다. 초기의 식음료 판매는 단지 재료를 조리하고 제공하는 개념이었으나 오늘날에는 요리나 음료가 제공되는 것뿐만 아니라 사람에 의한 서비스가 함께 제공되므로 식음료상품은 음식과

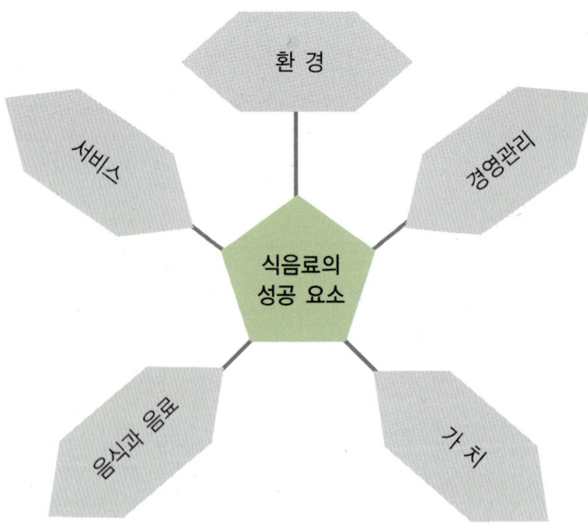

그림 2-1 식음료의 성공 요소

음료를 포함하여 인적 서비스, 시설의 세 가지 요소가 잘 통합되었을 때 음식이나 음료를 제공하는 것 이외에 고객의 욕구 충족 및 부가적인 서비스와 즐거움을 함께 줄 수 있는 오락적인 기능까지 제공하게 된다. 따라서 식음료 분야의 성공적인 요소는 환경(good environment), 서비스(good friendly service), 음식과 음료(good food and beverage), 가치(good value), 경영관리(good management control) 등을 들 수 있다. 또한 이는 식음료 영업의 합리적인 운영을 통해 영업의 수익을 증대시킬 수 있는 기본 요소이기도 하다.

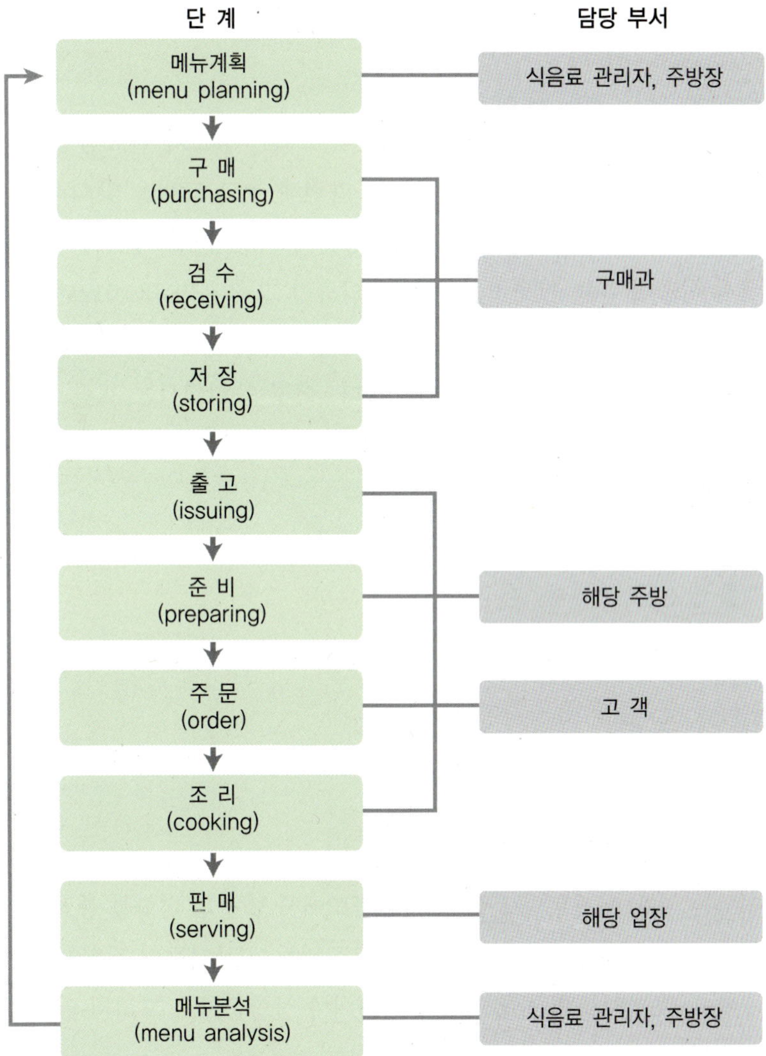

그림 2-2 식음료의 상품화 과정

출처 : 이정학(2006), 호텔식음료실습, p. 11.

그러므로 식음료 업장은 고객에게 적정 수준의 식음료 서비스를 제공하고 업체 전체의 목표에 부합되는 지원과 다른 업체보다 더 경쟁력 있는 혜택을 제공함으로써 수익 창출을 위한 효과적이며 효율적인 기능을 수행하여야 한다.

제 1 절 식당의 유래와 정의

식당은 사람들이 여행, 전쟁 등 집을 떠나 먹고 쉬는 장소가 필요함에 따라 발생하게 되었다. 따라서 식당이란 일정한 장소를 마련해 놓고 고객을 맞이하여 음식물을 제공할 수 있는 설비와 서비스를 갖춘 영업형태의 시설이라고 설명할 수 있다. 이러한 관점에서 식당에 관해 전해지는 기록에 의하면 그 역사가 BC 512년경 고대 이집트에서부터 시작되었다고 볼 수 있고 로마 시대의 카라칼라욕장에서도 음식물을 제공할 수 있는 식당이 있었다고 전해지고 있다. 이후 유럽에서는 프랑스혁명이나 산업혁명 등으로 귀족들의 전유물이었던 화려한 식음료문화가 일반 대중에게도 전해지면서 오늘날의 식당으로 발전하게 되었다.

한편 중국은 6세기경 전문 요리서적이 발간되었으며 우리나라는 삼국사기에서 식당의 유래를 발견할 수 있다.

1. 식당의 유래

1) 국 외

식당의 역사는 고대 이집트의 분묘나 피라미드에서 발견된 벽화를 통해 알 수 있다. 특히 곡류, 들새 고기, 양파요리 등의 음식을 준비하여 상인들이 길거리 등에서 팔던 모습과 제빵사, 조리사들의 작업과정이 그림이나 상형문자로 그려져 있는 것을 통해 알 수 있다.

AD 79년경 로마 시대에는 나폴리의 베수비오(Vesuvio) 산의 휴양지에 식사하는 곳이 많이 있었고, 고대 로마 카라칼라 황제가 만든 1,600여 명을 수용할 수 있는 규모의 카라칼라욕장은 욕실 이외에 각종 집회장 · 오락실 · 도서관 등을 갖춘 사교장 겸 스포츠장으로 사용되면서 음식물을 제공할 수 있는 식당이 있었다고 한다.

중세 시대에는 화려한 식음료 서비스가 귀족들만의 특권이었으며 길드(guilds)들에 의해 대량의 음식을 만들어 독점적으로 판매하였고 이때 만들어진 조리에 대한 레시피와 기술은 현재까지 전해지고 있다.

르네상스 시대에는 문화, 예술의 부흥뿐만 아니라 음식에서도 눈부시게 발전했던 시기로 특히 프랑스요리는 이탈리아 메디치 가문의 카트린 드 메디시스가 프랑스 왕가로 시집을 오면서 대량의 식재료, 요리사, 식탁 매너뿐만 아니라 손으로 식사하던 프랑스에 포크와 아이스크림, 후식 등 피렌체의 음식문화를 전해 주었다. 이후 프랑스 궁정 음식문화는 진보를 거듭하게 되어 유럽을 지배하게 되었다. 1792년 프랑스 대혁명으로 부르봉 왕조가 몰락하면서 궁중이나 귀족에 속해 있던 조리사들이 음식점에서 음식을 판매하면서 오늘날 파리의 고급 유명 식당의 시초가 되었다.

12세기 영국에서는 식당의 선구자인 선술집이나 작은 요리점이 성업 중이었고 1650년에 영국 최초의 커피하우스가 개업되어 전 유럽으로 빠르게 확산되었는데 이것이 훗날 식당의 시초가 되었다.

중국에서는 6세기경 《식경(食經)》이라는 요리 전문 서적이 발간되어 식당 발전에 효시가 되었고, 청조(淸朝) 시대에는 회관이란 식당이 등장하면서 장원(莊元), 진사(陳士)라는 간판을 내걸고 영업을 하였다.

2) 국 내

삼국사기를 보면 신라 성덕여왕 19년에 조성된 법주사의 쇠솥은 3,000여 명의 승려들을 위해 밥을 지었던 흔적이었고, 신라 490년 경주에는 15만 명의 인구가 있어 시장이 형성되었으며, 509년 동시, 695년 서시, 남시 등의 상설시장이 개설되면서 당나라 등과도 문물 교류가 빈번하여 숙식을 겸하는 장소의 필요성이 제기되었을 것이다.

또한 고려사에서는 983년 개성에 '성례(成禮), 낙빈(樂貧), 연령(延齡), 희빈(喜賓)' 등의 이름을 가진 식당이 있었다. 한편 1103년에는 지방의 각 고을에 술과 음식을 팔며 숙박을 겸하는 상설 식당을 열었는데, 이것이 훗날 물상객주, 보행객주 등의 시초가 되었다.

조선시대에는 1397년 성균관 건물을 준공하면서 유생들의 숙소인 '양재(兩齋)' 에서 식사를 제공하여 이용하였는데, 바로 이 양재를 식당이라 불렀으며, 이때 선비들에게 음식을 날라다 주는 사람을 일컫는 식당지기라는 말도 생겨났다.

근대의 식당은 1888년 인천의 중화루가 있었고, 1902년 독일인 손탁에 의해 건립된 손탁호텔이 등장하면서 서양요리와 호텔식 커피숍 경영의 효시가 되었다.

2. 식당의 정의

루이 15세 시대인 1765년 몽 블랑제(Mon Boulanger)가 양의 발(sheep' s feet)로 만든 화이트소스 수프가 스태미나 식품으로 유행하였다. 체력을 회복시킨다는 뜻의 '레스토레(restaurer)' 라는 말에서 식당, 즉 'restaurant' 어원이 유래되었으며 이것이 마침내 일반적인 음식물을 제공하는 가게의 명칭이 되었다.

식당의 의미는 프랑스에서는 "수복한다. 재흥한다. 기력을 회복시킨다" 의 의미를 갖는 'de restaurer' 란 말로부터 시작되었는데, 사람들에게 음식물을 제공하는 공중의 시설, 정가 판매점, 일품 요리점이라고 표현하듯이 식당이란 음식물과 휴식 장소를 제공하고 원기를 회복시키는 곳이라는 것이다.

또한 미국의 Webster 사전에서도 "a business establishment where meals or refreshments maybe purchased" 라고 하며 "음식이나 음료를 사먹을 수 있는 시설물" 이라고 설명되고 있다.

우리나라에서는 식사를 편리하게 할 수 있도록 설비된 방, 음식물을 파는 가게라고 표현하고 있다.

따라서 식당이란 "영리 또는 비영리를 목적으로 일정한 시설과 장소가 갖추어진 상태에서 고객을 맞이하고, 인적 서비스와 물적 서비스를 동반하여 음식물을 제공하며 휴식을 취하게 하는 곳" 이라고 정의 내릴 수 있다. 즉, 현대의 식당이란 단순하게 먹는 장소가 아니라 서비스, 분위기, 맛, 청결 등을 하나로 합친 상품을 판매하는 장소를 의미한다.

제 2 절 식당의 분류

외식산업에서 업종과 업태 구분은 최근에서야 되었는데, 1950년 이전까지만 해도 단순히 어떤 종류의 요리를 제공하느냐에 따라 구분하는 업종 구분만이 있었다. 그러나 제2차 세계대전 이후 유통업의 대량 생산, 판매 시스템을 조성하여 전국 각지의 체인 스토어가 확대되면서 외식업체가 이 체인 스토어 경영 방식을 도입하게 되며 새로운 형태의 식당이 급속히 증가하게 되었다. "무엇을 판매하는가?"가 아니라 "얼마에 판매하는가?" 혹은 "어느 정도의 수준으로 장사를 하는가?" 하는 업종에서 업태로 변화한 것이다. 이와 같이 새로이 형성된 식당의 형태가 업태이다. 따라서 업태란 구매편의 및 구매동기 등을 탐색하여 이를 구체적으로 경영 전략 면에 반영하는 영업 방식 내지 경영방법이라 할 수 있다.

따라서 외식산업에서 업종이라 함은 취급 메뉴에 따른 구분으로 한식, 양식, 일식 등을 말하는 것으로 외식업소에서 판매하고 있는 메뉴에 따른 단순 구분이다.

업태라 함은 미국에서 사용하기 시작한 용어로 서비스 방식에 따라 패스트푸드점, 패밀리레스토랑, 디너하우스 등으로 구분하는 것으로 개인의 취향, 분위기, 장소, 시간, 가격, 서비스 등에 따라 구분하는 것으로, 객단가, 메뉴구성, 식사형태, 이용시간대, 출점입지형태, 점포규모, 투자규모, 운영 시스템 등의 차이로 구분한다. 따라서 한 개의 업종이 세분화되는 것을 업태라고 할 수 있다.

한국표준산업분류표에 의하면 우리나라는 한식, 일식, 중식 등 상품의 종류, 즉 업종에 따라 분류하는 반면 미국은 음식의 특성, 서비스형태, 제공시간, 메뉴의 범위, 가격, 알코올 유무, 결재방법 등 업태에 따라 분류하고 있다.

업 종	업 태
취급 메뉴에 따라 구분	서비스 방식에 따라 구분
한식, 양식, 일식 등	패스트푸드점, 패밀리레스토랑, 디너하우스 등

그림 2-3 업종과 업태의 구분

표 2-1 한국표준산업 분류에 의한 음식점 및 주점업의 종류

561 음식점업	5611 한식음식점업	56111 한국 일반 음식점업	설렁탕집, 해물탕집, 해장국집, 보쌈집, 일반 한식 전문 뷔페
		56112 한식 면요리 전문점	냉면 전문점, 칼국수 전문점
		56113 한국 육류요리 전문점	쇠고기, 돼지고기, 닭고기, 오리고기 등 육류 구이요리 및 횟요리
		56114 한식 해산물요리 전문점	한국식 횟집, 일식 이외의 해산물 요리 전문점
		56121 외국식 음식점업	한식요리를 제외한 중식, 일식, 서양식 및 기타 외국식 요리법에 따라 조리한 각 종 일반 음식제공
		56121 중식 음식점업	중국식 음식 제공
		56122 일식음식점업	초밥집(일식전문점), 일식 횟집, 일식 구이전문점(로바다야끼),일식 우동전문점
		56123 서양식 음식점업	서양식 레스토랑, 서양식 패밀리 레스토랑, 이탈리아 음식점
		56129 기타 외국식 음식점업	베트남 음식점, 인도 음식점
	5613 기관 구내식당업	56130 기관 구내식당업	회사, 학교, 공공기관 등의 기관과 계약에 의하여 구내식당을 설치하고 음식을 조리하여 제공
	5614 출장 및 이동 음식점업	56141 출장 음식 서비스업	출장 음식서비스, 출장 뷔페서비스
		56142 이동 음식점업	이동식 포장마차, 이동식 떡볶이 판매점,이동식 붕어빵 판매점
	5619 기타 간이 음식점업	56191 제과점업	제과점(즉석식), 떡집(음식점 형태)
		56192 피자, 햄버거, 샌드위치 및 유사 음식점업	피자 전문점, 샌드위치 전문점, 햄버거 전문점, 토스트 전문점
		56193 치킨 점문점	양념치킨 전문점, 프라이드치킨 전문점
		56194 김밥 및 간이 음식점업	김밥 판매점, 일반 분식점, 아이스크림 전문점
		56199 간이음식 포장판매 전문점	고정된 장소에서 대용식이나 간식 등 간이 음식류를 조리하여 포장판매하거나 일부 객석은 있으나 포장판매 위주로 음식점
562 주점 및 비알코올 음료점업	5621 주점업	56211 일반 유흥주점업	요정, 한국식 접객주점, 룸살롱, 바(접객서비스 딸린), 서양식 접객 주점, 비어홀(접객서비스 딸린),
		56212 무도 유흥주점업	무도 유흥 주점, 카바레, 극장식 주점(식당) 클럽, 나이트 클럽
		56213 생맥주 전문점	생맥주집(호프집)
		56219 기타 주점업	소주방, 막걸리집, 토속주점
	5622 비알코올 음료점업	56221 커피전문점	커피 전문점, 커피숍
		56229 기타 비알코올 음료점업	주스 전문점, 찻집, 다방

출처 : 한국표준산업분류(2017년), 통계청

1. 명칭에 따른 분류

1) 레스토랑

일반적으로 서양에서 식당의 의미로 레스토랑(restaurant)이 사용된다. 고급 인테리어와 분위기를 갖추고 고객 주문에 따라 서비스맨에 의해 식사와 기타 테이블 서비스가 제공되는 고급 식당이다.

2) 그 릴

그릴(grill)은 일품요리(à la carte)나 수익을 증진시키고 고객의 기호와 편의를 도모하기 위해 그날의 특별요리(daily special menu)를 제공하기도 한다. 일반적으로 아침, 점심과 저녁식사가 제공된다.

3) 카페테리아

고객이 카운터 테이블(counter table)에서 직접 요금을 지불하고 음식을 선택하여 직접 날라다 먹는 셀프 서비스(self service)형식의 간이 편의 식당을 카페테리아(cafeteria)라 한다. 간혹 주요리의 경우 요리사가 직접 요리를 손님에게 제공하기도 한다.

4) 뷔페 식당

준비해 놓은 요리를 균일한 요금을 지불하고 마음대로 먹을 수 있는 셀프 서비스 식당을 뷔페 식당(buffet restaurant)이라 한다.

5) 런치 카운터

식탁 대신 조리과정을 직접 볼 수 있는 카운터 테이블을 마련해 놓고 고객이 직접 이곳에 앉아 음식을 제공받는 셀프 서비스 식당을 런치 카운터(lunch counter)라 말한다. 고객이 직접 조리과정을 볼 수 있어 기다리는 지루함을 덜 수 있고 식욕을 촉진시킬 수 있다.

6) 리프레시먼트 스탠드

시간이 바쁜 고객들을 위하여 간편한 간이음식을 진열장에 진열해 놓고 고객의 요구에 따라 판매하는 식당을 리프레시먼트 스탠드(refreshment stand)라 한다. 보통 사람들의 왕래가 많은 공항, 도로변 등에 위치하며 핫도그, 아이스크림, 햄버거 등을 판매한다.

7) 드라이브 인

교통이 편리한 도로변에 위치하여 자동차 안에서 고객이 주문하는 음식을 판매하는 식당을 드라이브 인(drive-in)이라 하며 햄버거, 피자, 치킨 등 패스트푸드를 주로 판매한다.

8) 다이닝 카

기차를 이용하는 고객을 위하여 식당차를 여객차에 연결하여 음식을 판매하는 식당을 다이닝 카(dining car)라고 한다.

표 2-2 매슬로(Maslow)의 욕구단계별 외식산업

욕구단계		외식업소 종류
1단계	생리적 욕구 (basic physiological needs)	자동판매기(vending machine)
2단계	안전 및 안정 욕구 (safety & security needs)	패스트푸드(fastfood)
3단계	사회적 욕구 (belong & social needs)	패밀리레스토랑(family restaurants), 커피숍(coffee shop), 카페테리아(cafeterias)
4단계	지위 및 존경 욕구 (esteem & status needs)	디너하우스(dinner house)
5단계	자기 실현 욕구 (self actualization & fullfilment needs)	최고급 레스토랑(luxury restaurants)

출처 : 신재영 · 박기용(2003), 외식산업개론, p. 112.

9) 스낵 바

공항, 회사, 학교 등에서 서서 먹을 수 있는 가벼운 식사를 제공하는 간이 식당을 스낵 바(snack bar)라 한다.

10) 급식 식당

회사나 공장, 병원, 학교, 군대 등의 구내 식당에서 주로 비영리 목적이나 저렴한 가격으로 운영되는 경우가 많은 셀프 서비스 식당이 급식 식당(canteen)이다.

11) 커피숍

커피숍(coffee shop)은 주로 커피나 음료를 판매하면서 간단한 식사도 판매하는 휴게 음식점이라 할 수 있다.

2. 서비스 형식에 따른 분류

1) 테이블 서비스

일반적인 식당을 말하며 일정한 장소에 식탁과 의자를 갖추고 고객의 주문에 따라 웨이터나 웨이트리스가 음식을 제공하는 식당을 테이블 서비스 식당(table service restaurant)이라 한다.

(1) 프랑스식 서비스

일명 게리동 서비스(gueridon service 또는 cart service)라고 불리는 프랑스식 서비스(French service)는 시간의 여유가 많은 유럽의 귀족들이 음식을 즐기던 전형적인 서비스로 우아하고 정중하여 주로 고급 식당에서 제공되고 있는 서비스이다. 프랑스식 서비스는 음식이 완전히 마무리되지 않은 상태에서 식당 홀로 운반되어 고객의 테이블 앞에서 카트(cart) 또는 게리동(gueridon) 위에서 조리사(chef de rang 또는 commis de rang)에 의해 요리를 완성하여 제공하는 방법이다. 따라서 조리와 서비스를 겸비한 숙련된 2~3명의 종사원이 서비스를 하여야 하고, 서비스 제공시간이 길어 많은 고객을 서비스 할 수 없으며 게리동이 움직일 수 있는 테이블과 테이블 사이의 충분한 공간이 확보되어야 한다.

(2) 영국식 서비스

일명 호스트 서비스(host service)라 하는 영국식 서비스(English service)로 본래 개인의 집에서 일하는 집사에 의해 제공되는 전형적인 패밀리 스타일 서비스(family style service)를 말한다. 주방에서 만들어진 모든 음식이 플래터(platter)나 큰 접시에 담겨져 테이블로 운반되면 테이블에서 주빈이 나누어 각 접시에 담아 모든 사람에게 서브하거나 큰 접시를 돌려 가면서 각자가 덜어서 먹는 방법이다. 주로 가족적인 소연회나 특별한 만찬행사에 적합하다.

(3) 러시아식 서비스

일명 플래터 서비스(platter service)라고도 하는 러시아식 서비스(Russian service)의 유래는 주방에서 생선 또는 가금류를 통째로 요리하여 은쟁반에 아름답게 장식을 하여 고객에게 보여 주면 고객이 먹고 싶은 만큼 덜어 먹거나 웨이터가 식탁을 돌며 고객의 왼쪽에서 오른손으로 서브하는 것으로 19세기 초 유럽에서 상당히 유행되었던 서비스 방식이다. 지금도 통가금류, 통구이류 또는 통생선 등이 그대로 아름다운 장식과 함께 준비되어 먹을 수 있게 자른 다음 서브되는 것이 러시아식 서비스 유형이라 할 수 있다. 소규모 파티나 연회 서비스에 많이 사용되며 프랑스식 서비스에 비해 시간이 절약되나 마지막 고객은 남은 음식만 먹게 되는 단점이 있다.

(4) 미국식 서비스

모든 음식이 주방에서 접시에 보기 좋게 담겨 직접 손으로 고객에게 처음부터 끝까지 접시째로 제공되는 미국식 서비스(American service)는 오늘날 식당에서 일반적으로 이루어지는 서비스 형식이다. 단순하고 신속하며 최소의 서빙 기구를 사용하여 고객 회전이 빠른 식당에 적합하며 또한 종사원의 숙련도가 그다지 필요 없어 종사원의 확보가 용이하고 훈련시키는 데 많은 시간을 투자할 필요가 없다. 그러나 음식의 적정 온도 유지와 고객의 욕구를 충분히 충족시키기 어렵다는 단점이 있다.

2) 카운터 서비스

조리장과 붙은 카운터를 식탁으로 하여 고객이 직접 조리과정을 지켜보면서 식사를 할 수 있는 형식을 카운터 서비스(count service)라 하며, 때로는 웨이터가 음식을 테이블까지 날라다 주기도 한다. 신선한 재료로 고객이 보는 앞에서 조리를 함으로써 위생적이고 빠른 서비스를 제공하여 고객의 만족도를 높일 수 있다.

3) 셀프 서비스

고객 스스로 음식을 운반하여 먹는 형태를 셀프 서비스(self-service)라 하며, 그 예로 카페테리아나 뷔페 서비스가 있다. 경우에 따라 나눌 필요가 있는 요리는 조리사에 의해 서비스되며 수프와 음료를 웨이터가 제공해 주기도 한다. 자신의 기호에 맞는 음식을 마음대로 먹을 수 있으며 미리 음식이 준비되어 있으므로 빠르게 식사를 할 수 있고 고객에게 직접 서비스를 하지 않음으로써 인건비가 절약된다.

4) 자동판매

인건비의 급증으로 인해 주로 카페테리아, 규모가 큰 회사, 호텔 등에서 자동판매기에 의해 스낵, 병 또는 깡통에 담긴 음식, 우유, 패스트리뿐만 아니라 라면 등 즉석식품 등을 판매한다.

3. 국가에 따른 분류

1) 프랑스 식당

이탈리아에서 유래되어 16세기 '앙리 4세' 때부터 본격적으로 발전하기 시작하여 오늘날 유럽 지역에 많은 영향을 미쳤다. 바닷가재요리, 생굴요리, 오드볼 그리고 각종 소스만도 500여 가지가 넘는다.

2) 이탈리아 식당

14세기 초 마르코 폴로가 중국 원나라에서 배워 온 면류가 스파게티와 마카로니로 정착하여 이탈리아요리의 원조가 되었다. 면류요리를 총칭하여 파스타라 하며 수프 대신으로 식사 전에 먹는다. 또한 생선요리 및 육류요리가 푸짐하게 제공된다.

3) 스페인 식당

올리브 기름, 포도주, 마늘과 샤프란 등 향신료를 많이 쓴다. 주변이 바다로 둘러싸여 있어 해산물이 풍부해 생선요리가 유명하며 특히 왕새우요리가 세계적으로 유명하고 그 밖에 가재, 돼지새끼요리 등이 있다.

4) 미국 식당

빵과 곡물, 고기와 달걀, 각종 식품, 과일 및 채소 등을 이용하고 식사는 간소한 메뉴와 경제적인 재료 및 영양 본위의 실질적인 식생활이 특징이다. 비프스테이크, 햄버거, 바비큐 등을 들 수 있다.

5) 중국 식당

중국은 영토가 넓어 지역적으로도 풍토 · 기후 · 산물 · 풍속 · 습관이 다른 만큼 지방색이 두드러진 요리를 가금류, 야생조류, 생선, 채소, 콩류, 달걀 등 모든 재료가 동원되어 음식의 맛과 질이 다양하고 각각 특징 있게 독특한 맛을 내는 요리로 발전시켰다.

신선하고 부드러우며 짜지도 달지도 않고 시거나 맵지 않은 담백한 맛이 특징인 북경요리, 간장이나 설탕으로 달콤하게 맛을 내는 찜 · 조림요리가 발달하였고, 기름기가 많아 맛이 진하고 양이 푸짐한 것이 특징인 상해요리, 재료를 소금으로 절이거나 말려서 보존하는 방법이 발달하여 대체로 신맛, 매운맛, 톡 쏘는 맛 등이 주류를 이루고 있는 사천요리, 재료의 자연 그대로의 맛을 잘 살려 내는 담백한 맛이 특징으로 재료를 지나치게 익히지 않고 비교적 간을 싱겁게 하며, 기름도 적게 쓰고, 음식의 색채와 장식에 중점을 두어 산뜻한 생것에 가까운 맛을 지닌 광동요리 등이 있다.

6) 일본 식당

색깔, 향기, 맛을 생명으로 조미료를 가미하는 것을 특색으로 한다. 다도(茶道)의 전통과 생선요리, 초밥, 튀김요리, 스키야키 등의 생선요리가 200여 가지를 넘고 있다.

지방에 따라 독특한 음식문화를 이루고 있는데, 관동지방 음식은 설탕과 진한 간장을 써서 음식의 맛을 진하게 한다. 관서지방 음식은 전통적인 일본요리가 발달한 곳으로 음식의 맛은 연하면서 국물이 많고 재료의 색과 형태를 최대한 살리는 특징이 있다.

7) 한국 식당

한국음식은 풍토와 자연적 여건에 적합하게 개발 · 발전되었으며, 그 종류와 형태 및 조리법도 매우 다양하게 발달하였다. 특히 손끝 맛을 중시하며 주식과 부식이 분리되어 있다. 주식은 밥, 국, 면 등이며, 부식류로는 국, 찌개, 구이, 찜, 조림, 산적, 나물, 전, 편육, 젓갈, 김치, 육류 등으로 구성된다.

대표적인 음식으로 궁중요리, 불고기, 신선로, 김치 및 전골요리 등을 들 수 있으나 세계화를 위해서는 한국 고유의 식재료를 활용한 표준 레시피 개발을 통해 우리 고유음식 개발에 힘을 써야 한다. 또한 음식의 맛이나 양념 등에만 집중하지 말고 음식을 담는 그릇, 서빙하는 방식 등의 부가적인 서비스도 함께 발전시켜야 한다.

8) 동남아시아 식당

태국 식당에서는 카오팟(볶음밥), 쌀국수, 얌(생채소 음식), 커리, 카이야샤이, 수끼 등 풍부한 해산물과 열대과일에 독특한 향의 향신료와 양념을 사용하여 만들어 자극적이고 화려한 맛을 내고 있는 음식을 제공하는데, 프랑스음식, 중국음식과 더불어 세계의 맛있는 음식으로 꼽히고 있다.

베트남 음식은 중국, 인도, 프랑스 등의 영향을 받아 다양한 음식문화를 형성하였으며 특히 중국의 영향을 받아 중국냄비를 이용해 볶거나 튀기는 요리가 많지만 중국음식보다 기름을 적게 쓴다. 태국음식보다 신맛, 단맛, 매운맛을 내는 조미료를 적게 쓰는데, 기본적인 조미료로 레몬즙, 고추, 향미채소를 적절하게 써서 상큼하면서도 깊이가 있는 맛을 낸다. 대표적인 음식으로는 라우제(전통 궁중음식), 포(pho : 쌀

국수), 고이쿠온(쌈요리), 짜조(튀김만두), 카인추어(수프), 차오톰, 고이센(샐러드) 등이 있다.

인도 식당은 다양한 향신료로 만들어진 요리가 주를 이루고 있는데, 다인종 국가일 뿐만 아니라 중동 및 서양문화의 영향을 받아서 음식도 지역과 종교에 따라 매우 다양하고 음식은 색과 맛, 질감의 조화를 이룬다. 인도는 소를 숭배하는 힌두교가 지배적으로 분포되어 있어 쇠고기는 먹지 않으며 대신 닭고기, 양고기, 돼지고기를 이용한 요리가 발달하였고 특히 탄투리라는 화덕에서 구운 바비큐요리가 인기가 높다.

4. 식사 내용에 따른 분류

1) 정식식당

정해진 메뉴에 따라 전채(appetizer), 수프(soup), 생선요리(fish), 앙트레(entrée), 로스트(roast), 샐러드(salad), 후식(dessert), 음료(beverage) 등의 풀코스로 제공되는 식당을 정식 식당(table d' hôte restaurant)이라 말한다.

2) 일품요리 식당

고객의 주문에 의하여 조리하는 특별요리 식당을 일품요리 식당(à la carte restaurant)이라 하며, 조리기술과 계절 식품에 의해서 내용이 달라질 수 있다. 메인코스요리뿐만아니라 부수적인 요리를 선택하여 먹을 수 있어 고객 선택의 폭이 넓으나 가격이 비싸고 다양한 식재료의 준비로 인한 비용과 저장 공간이 필요하며 서비스가 복잡하지만 종사원의 능력에 따라 매상고를 높일 수 있는 이점이 있다.

3) 뷔페 식당

일정한 장소에서 일정한 가격을 지불하면 기호에 따라 마음껏 먹는 것을 뷔페 식당(buffet restaurant)이라 하며 일명 스모가스보드(smorgasbord)라 한다. 스모(smor)란 빵에 버터를 발라 먹는다는 뜻이고 가스(gas)는 goose, 즉 거위, 가금류 등의 요리를 제공한다는 뜻이다. 그리고 보드(bord)는 board로 식탁의 뜻이다. 스모가스보드

뷔페의 종류

■ **오픈 뷔페(open buffet)**
일정한 인원이 정해져 있지 않은 고객들을 위한 것으로 일정 금액을 지불하면 마음껏 먹을 수 있도록 하는 일반적인 뷔페

■ **클로즈 뷔페(close buffet)**
정해진 금액과 정해진 인원에 맞추어 제공되는 것으로 연회장에서 사용하는 뷔페

는 육류를 비롯해 빵, 버터 등 여러 가지 음식을 식탁 위에 진열한다는 뜻으로 노르웨이나 스웨덴과 같은 북유럽에서 유래되었다. 노르웨이에서는 '콜 보드', 덴마크에서는 '데 스토어 콜 보드' 라고 하는데, 미국으로 건너가 뷔페라는 말로 바뀌었다.

5. 경영형태에 따른 분류

1) 독립 경영 식당

개인이 직접 투자하여 독자적인 경영형태 및 상호로 영업하는 것으로 독특한 경영기법으로 운영되는 식당을 말한다. 우리나라 대부분의 외식업소들은 규모가 작고 영세한 관계로 독립 경영 방식으로 가장 많이 운영되고 있다.

표 2-3 독립 경영 식당의 장단점

장 점	단 점
• 설립과 운영이 용이하다. • 시장 동향 등 환경에 대응하기가 용이하다. • 고유의 경영 기법을 개발하여 독창성을 발휘할 수 있다. • 법적 문제 대응이 용이하다. • 빠른 정책변화가 가능하며 피드백이 용이하다. • 로열티에 대한 부담이 없다.	• 자본력, 기술력, 생산력에 한계가 있다. • 광고 및 선전비에 대한 부담이 크다. • 단독구매를 하므로 식재료에 대한 원가부담이 크다. • 경영에 대한 노하우 및 전문경영인이 부족하다. • 판매활동과 시장 확대가 용이하지 않다.

2) 체인 경영 식당

적어도 2개 이상의 업소가 동일한 개념과 경영 방침 아래 형성되어 운영하는 것으로 체인본부에서 지분을 소유하거나 경영권을 가지고 식당운영 전반에 대한 경영기술을 제공하는 연쇄 경영 식당을 말한다. 즉, 자회사는 체인본부로부터 자본을 제공받을 뿐만 아니라 상표, 시설, 설비, 장비, 장식, 건물구조, 비품, 메뉴, 서비스, 교육제도, 회계제도 등 식당운영 전반에 대한 경영기술을 제공받는다.

체인 경영 식당은 직영 체인(regular chain), 자율 체인(voluntary chain), 프랜차이즈 체인(franchise chain) 등으로 구분할 수 있다.

(1) 직영 체인

본사가 직접 투자하여 직영점을 개설하고 직원들을 파견하여 관리해 나감으로써 브랜드의 이미지를 보다 강력하고 일관되게 통제하여 경영하는 다점포 방식이다.

본사의 교육이나 영업 등 경영 방침이 그대로 전수되어 상품의 품질 표준화가 이루어지고 상표에 대한 이미지를 그대로 전달할 수 있는 것이 특징이다. 또한 직영점에서 얻어지는 모든 수익이 본사에 귀속되므로 수익성이 높은 편이다. 그러나 직영점 개설에 따른 모든 비용을 회사 측에서 지불해야 하므로 직접 투자에 따른 재무 위험성이 높으며, 자본력과 필요한 인력을 직접 마련해야 하므로 체인 전개의 속도가 느리다.

이런 형태는 주로 외국의 기업과 체인 계약을 맺은 국내 대기업의 패스트푸드, 패밀리레스토랑에 많이 적용하고 있다.

표 2-4 직영 체인의 장단점

장 점	단 점
• 상품 품질의 표준화가 이루어진다. • 공동 · 대량구매와 광고 · 선전 등으로 원가를 절감할 수 있다. • 이미지를 향상시킬 수 있다. • 시설확장이나 개선을 위한 자금조달이 용이하다. • 전문경영인을 공동으로 활용할 수 있으므로 인건비를 절감할 수 있다. • 사업규모의 확대가 용이하다.	• 경영기술에 대해 독창성을 발휘할 수 없다. • 로열티에 대한 부담이 크다. • 계약조건이 불리하다. • 재무 위험성이 높다.

(2) 자율 체인

독립경영식당과 프랜차이즈체인의 중간형태로서 공동 브랜드나 동일 업종을 조합하여 경영의 독립성을 유지하면서 구매 · 판매 촉진 등을 공동으로 추진하여 이익과 분업의 효율성을 얻을 수 있는 체인 조직이다. 상호나 상표는 통일하되 점포 운영은 개개인이 자기만의 특성을 살려 융통성 있게 경영해 나가며 본사에 내는 보증금이나 로열티 등의 비용을 없앤 경영 시스템이다.

표 2-5 자율 체인의 장단점

장 점	단 점
• 경영의 독립성을 유지할 수 있다. • 가맹비, 보증금, 로열티에 대한 부담이 없다. • 프랜차이즈에 비해 창업 비용이 적게 든다. • 판매 위주의 업종에 유리하다.	• 강력한 브랜드 이미지관리 및 경영관리가 어렵다. • 성공 사례가 거의 없다.

(3) 프랜차이즈 체인

프랜차이즈 가맹점이 프랜차이즈 본부로부터 경영기술을 제공받는 대가로 회비를 지불하고 상표, 시설, 설비, 장식, 건물구조, 장비, 비품, 메뉴, 서비스, 교육제도, 회계제도 등에 대한 식당 운영 전반에 대한 경영기술을 제공받는 경영 방식이다. 이런 프랜차이즈 시스템을 영업방식으로 판매 등의 사업을 전개하는 것을 프랜차이징(franchising)이라 한다.

본부와 가맹점은 서로 협력하는 형태이기 때문에 동일성을 갖고 운영되며 특별한 경험이나 능력이 부족한 사람도 쉽게 사업을 할 수 있는 경영 방식이다. 직영 체인과는 재무구조 면에서만 상이하다.

표 2-6 프랜차이즈 체인의 장단점

장 점	단 점
• 광고비를 절감할 수 있다. • 공동 대량구매를 하므로 원가를 절감할 수 있다. • 이미지를 향상시킬 수 있다. • 판매활동이 용이하다.	• 경영기술에 대해 독창성을 발휘할 수 없다. • 로열티에 대한 부담이 크다. • 계약조건이 불리할 수 있다.

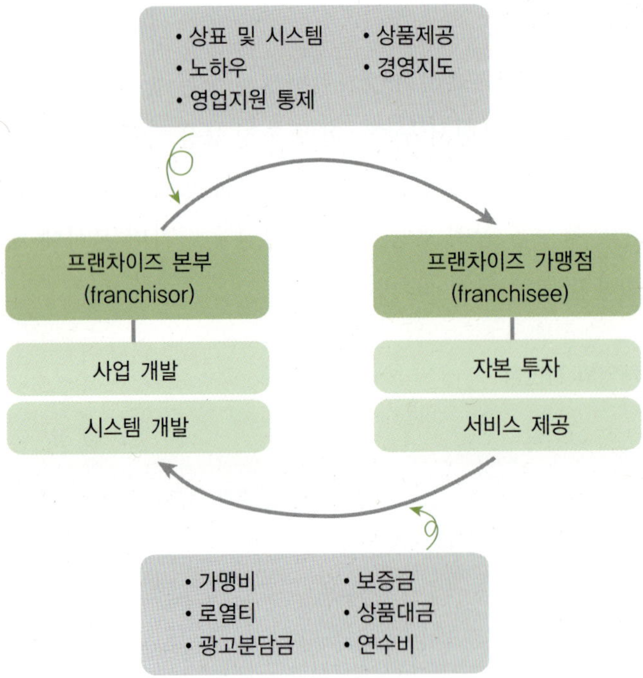

그림 2-4 프랜차이즈 시스템

3) 위탁 경영 식당

위탁 경영(management contract)은 경영의사를 갖고 있는 업체가 경영에 관한 노하우를 가진 제3자에게 경영을 위탁하는 방식으로 소유회사와 경영회사가 위탁 경영 계약을 체결함으로써 경영을 전문으로 하는 회사가 경영권을 맡고 소유회사는 자산 관리를 한다.

경영 능력이 부족하거나 없는 사람 또는 건물 등의 부동산을 가지고 있는 사람이나 기업이 외식체인본부에 위탁하여 운영하는 경영 방식이다. 즉, 소유와 경영이 분리된 경영 방식으로 외식체인본부에서 파견된 직원이 소유주에게 고용되어 위탁 경영하는 대리인의 입장이기 때문에 경영 중 일어나는 문제에 대해 고의성이 있는 것을 제외하고는 소유주가 모든 책임을 진다.

실제적으로 외식업체보다는 병원, 호텔, 급식업체 등에서 많이 도입하고 있다.

표 2-7 위탁 경영의 장단점

경영회사 측면		소유회사 측면	
장 점	단 점	장 점	단 점
저렴하고 신속한 성장 수단이 된다.	자산 가치 상승에 대한 보상을 받지 못한다.	선진 경영 기법 획득이 가능하다.	경영권과 업무 통제력이 없다.
자본 또는 운영자금, 영업 손실 시의 부족분 모두 소유회사 부담으로 재무적 부담이 없다.	소유주 도산 등 재정적 문제 발생 시 계약 파기 우려가 있다.	소유회사의 브랜드 인지도가 신속하게 향상한다.	경영회사의 무능력, 태만 등으로 인한 손실을 소유회사가 부담한다.
엄격한 품질 및 이미지 관리가 가능하며 경영의 모든 통제권을 갖는다.	계약 취소 시 일정액의 취소 비용에 부담이 있다.	엄격한 품질관리로 사업의 성공을 높일 수 있다.	운영자금과 경영 수수료를 지불하여야 한다.

표 2-8 각 체인 경영 식당의 특징

항 목	직영 체인	자율 체인	프랜차이즈 체인
주 체	기업 본사	개인 점포	프랜차이즈 전문기업
자 본	단일자본	가맹점(본부와 별도)	가맹점(본부와 별도)
경 영	비독립	독립	독립
점포 경영	본부에서 위임한 점포 경영자	독립한 오너 또는 점포 경영자	독립한 오너 또는 점포 경영자
시 장	새로운 점포 개설로 시장 확대	기존 점포의 가맹으로 점포 확대	신규 점포와 기존 점포의 가맹으로 확대
계약 범위	없음	경영 일부	경영 전반
상품공급 범위	본부 경유 혹은 지시에 따라 공급	본부 구입이 원칙	본부 경유, 지시 또는 추천에 따라 공급
가격 통제	본부 통제	자유	원칙은 본부 추천
지 도	슈퍼바이저가 순회	이용은 자유	슈퍼바이저가 순회
판매촉진	본부에서 통일	이용은 자유	본부에서 통일
본부 통제	완전 통제	약함	강함
본부와의 관계	전부 동일	임의 공동체	경영 이념 공동체
점포 이미지	전부 동일	기본적으로 동일 이미지를 유지	전부 동일
원 조	경영 매뉴얼을 통해 실시	다양한 형태가 있지만 중요 점포에만 실시	경영 매뉴얼을 통해 실시(본부의 강력한 지도)

출처 : 신한종합연구소(1997), 체인전성시대, p. 4.

6. 식사시간에 따른 분류

1) 조식(breakfast)

(1) 대륙식 조식(continental breakfast)

빵과 커피, 우유 등을 제공하며 커피나 차 이외에는 뜨거운 음식이 없다. 주스와 과일, 빵 종류(시나몬 롤, 크루아상, 베이글, 머핀 등), 시리얼 그리고 요구르트 등이 제공된다.

(2) 미국식 조식(american breakfast)

빵과 커피, 우유, 주스 외에 소시지, 햄, 베이컨 등 육류 가공 식품과 각종 달걀요리(프라이드 에그, 스크럼블 에그, 오믈렛 등) 등이 제공된다.

(3) 영국식 조식(english breakfast)

빵, 시리얼, 과일, 요구르트, 삶은 달걀 또는 베이컨과 달걀, 생선구이, 소시지, 굽거나 튀긴 버섯 등과 커피와 차가 제공된다.

2) 브런치(brunch)

아침식사와 점심식사의 합성어로 늦은 아침 시간대에 먹는 식사로 보통 11시에서 2시 사이를 말한다.

3) 점심(lunch)

빵에 소시지를 끼운 핫도그, 샌드위치, 음료 등 보통 3~4가지 코스로 짜여지며 가볍게 먹는다.

4) 애프터눈 티(afternoon tea)

영국의 전통적인 식사습관으로 밀크 티(milk tea)와 토스트를 함께 먹는 점심과 저녁식사 사이에 먹는 간식을 말한다.

5) 저녁(dinner)

메뉴가 육류요리, 샐러드, 빵, 후식, 음료 등 풀코스로 짜여지고 음료 및 주류의 판매로 인하여 높은 매상고를 올릴 수 있다.

그 외 손님을 초대하여 전채요리, 수프, 빵, 샐러드, 생선요리, 육류요리, 후식, 음료 등 풀코스로 격식 높은 정식으로 차린 저녁을 만찬이라고 한다.

CHAPTER 3

식음료산업의 인적 자원관리

기업의 중요 경영 자원으로는 3M, 즉 사람(manpower), 생산물자(meterial), 돈(money)을 들 수 있는데, 그 중에서도 인적 서비스에 대한 의존도가 높은 환대산업의 경우 '사람' 에 관한 과제를 연구함은 중요하다. '고객만족은 종사원 만족으로부터' 라는 말대로 다양한 고객의 욕구 충족이 중요한 관건이므로 고객과 직접 접촉을 하게 되는 종사원을 잘 관리함은 기업의 성패를 좌우한다고 해도 과언이 아니다.

요더(D. Jodder)는 인적 자원관리에 대해 "기업의 목적을 가능한 한 효과적 · 적극적으로 달성하면서 한편으로는 종사원 개개인의 목적을 최대로 만족시키기 위한 인력 조달, 발전, 유지, 활용하는 데 관계하는 제 활동을 계획, 조직, 통제하는 일" 이라고 그 정의를 내렸다.

인적 자원관리의 목적은 첫째, 조직구성원의 생산성 및 경쟁력을 향상시킴으로써 기업의 목표달성에 공헌하고, 둘째, 조직 내 이해집단의 의사조정을 가능하게 하여 기업과 구성원의 상호 이익을 추구하게 하며, 셋째, 구성원들의 개성과 인격을 존중함으로써 인간성 회복에 공헌하고, 넷째, 성과주의, 능력주의를 통한 창조적 능력과 혁신적 사고를 개발하는 것이라 할 수 있다.

제1절 식음료경영 조직

식음료경영에서의 주요 상품은 메뉴와 서비스이며 기계적 작업보다는 사람의 정성과 인간미가 함축되어 있는 인적작업이 중요하다. 식음료경영에서의 관리자와 종사원은 모두 중요한 무형적 자산이다. 종사원과 고객 간의 만족을 극대화시키기 위해서는 종사원 개인의 능력을 개발시켜 주고, 종사원을 적재적소에 배치시켜 잘 활용함으로써 업장을 유지 · 발전시켜 나가기 위한 경영 기법을 갖추도록 해야 한다.

1. 식음료 조직의 구성

1) 식음료 조직의 기본 형태

식음료 부문의 원활한 운영을 위해서는 그 기업의 특징에 맞는 효과적인 조직이 이루어져야 한다.

기업의 조직에서 사용되는 몇 가지 기본 형태를 들어보면 다음과 같다.

(1) 직계식 조직

각 구성원의 상호 관계가 수직 명령체계로 되어 있으며 관리자의 지휘 · 명령에 일관성이 확립되어 있고 연대책임의 한계가 명확히 되어 있는 조직을 직계식 조직(line organization)이라 한다. 업무의 진행과정을 신속하게 처리할 수 있는 것이 특징인 반면, 해당부문의 관리자가 모든 관리직능을 통괄하고 있어서 분업에 의한 관리활동의 전문화 부족을 결점으로 들 수 있다.

(2) 참모식 조직

경영활동의 업무수행을 원활하게 하고 각 부문 간의 조정을 도모하여 최고경영자를 용이하게 보좌하는 수평적인 조직을 참모식 조직(staff organization)이라 말한다. 부문별로 전문적 관리자를 두어 업무의 기능화를 꾀하는 조직이며 전문적 사항에 관해서는 직계식 조직을 보충하기도 한다.

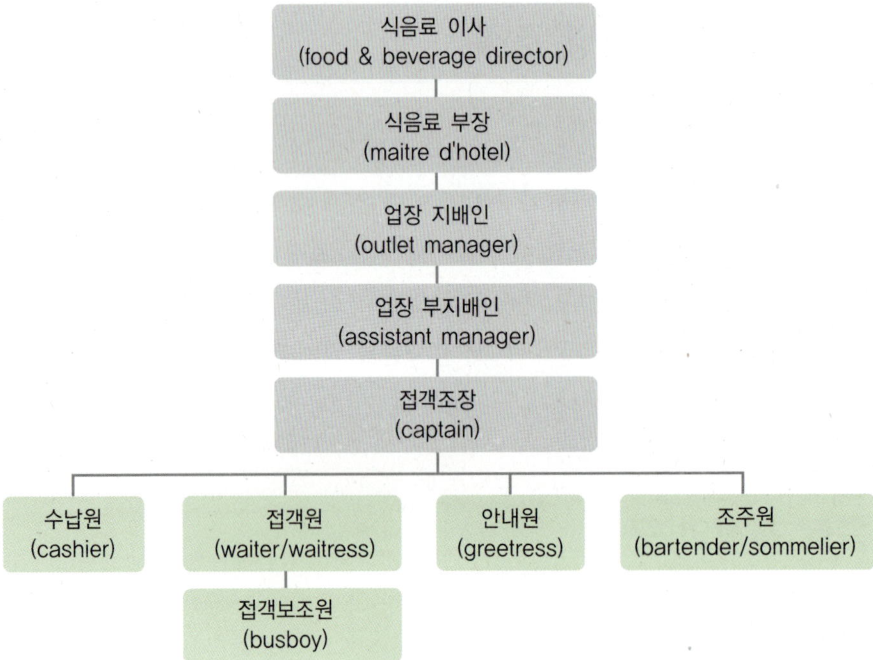

그림 3-1 호텔 식음료 단위업장의 조직

출처 : 정종훈(2002), 호텔 · 레스토랑 식음료경영론, p. 25.

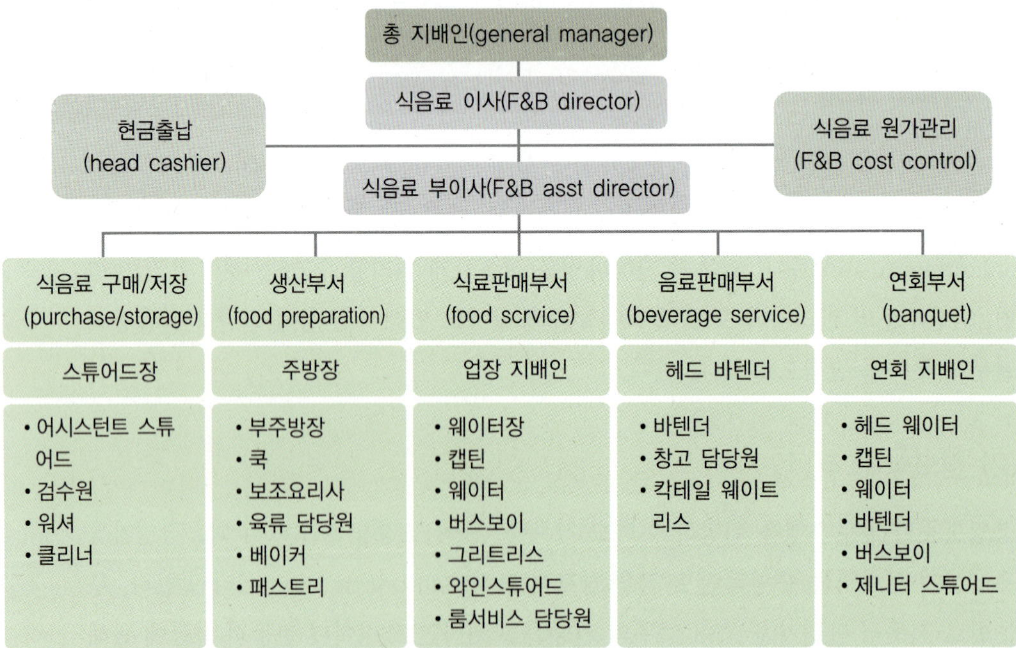

그림 3-2 호텔 식음료부서의 조직

출처 : 임경인(1999), 식당경영원론, p. 85.

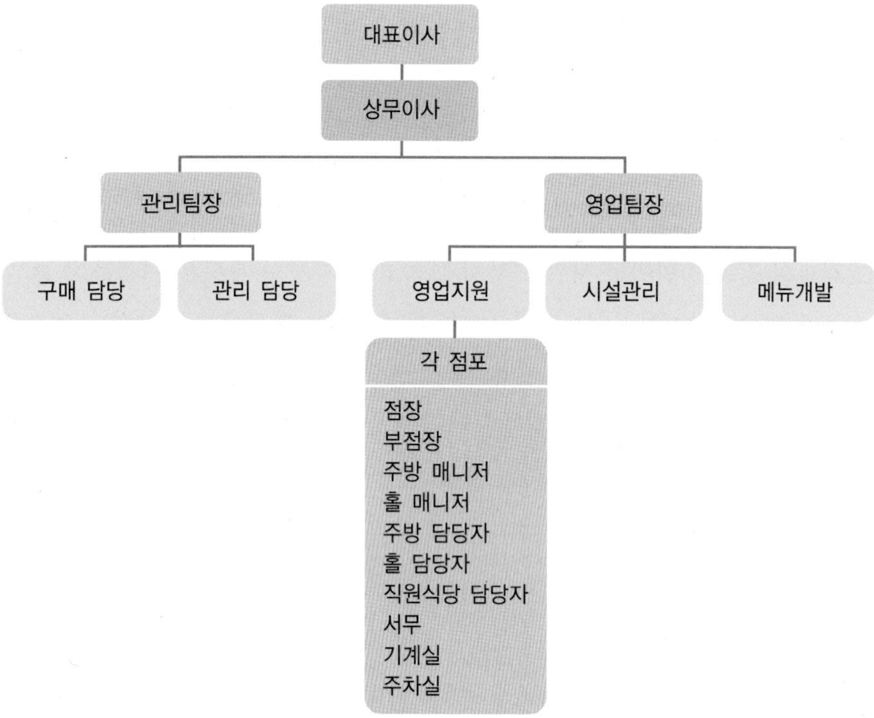

그림 3-3 외식기업의 조직도 사례

출처 : 한경수(2005), 외식경영학, p. 211.

(3) 직능식 조직

과학적 관리법의 창시자인 테일러(F. W. Taylor)가 창안한 조직형태이다. 직계식 조직의 단점을 보완하기 위한 것으로 이는 수평적 분화관계에 중점을 두고 있다. 즉 직능식 조직(functional organization)은 관리자 업무를 기능화하여 부문별 전문관리자를 두고 지휘·감독하는 조직형태를 말한다.

이와 같은 테일러의 직능식 조직은 관계직능을 기획적 직능과 집행적 직능으로 나누어 전 직능의 유기적인 연결에 의한 능률증진을 도모한다는 점이 그 특징이다.

2) 식음료 조직의 편성

기업경영의 인적 자원 구성은 기업의 조직도를 통해 종사원의 소속을 나타낸다. 식음료 부문에서의 조직은 고객의 물질적·심리적 기대를 동시에 충족시킬 수 있는 고객 지향적 서비스 기법을 갖춘 종사원들로 구성되어야 하며 효율적인 경영 조직의 기본 이념에 입각하여 조직의 형태가 이루어지도록 해야 한다. 식음료업장의 위치나 특성은 물론 계절, 업장의 등급, 고객의 수용규모, 서비스 형태, 메뉴, 영업형태 등에 따라서도 조직의 양상은 달라진다.

식음료 부문의 조직은 크게 세 분야로 나누어지는데, 우선 생산에 관여하는 생산부서, 고객과의 접촉이 빈번한 서비스 부서 그리고 두 부서의 활동을 연결하여 총무, 재무, 교육 등의 업무를 책임지는 지원부서를 들 수 있다. 최근에는 고객과의 접촉이 거의 없는 생산부서도 주방을 개방(open kitchen)하여 고객이 직접 조리과정을 지켜보게 하고 주방 업무 담당자가 고객과 즐거이 담소하며 서비스하기도 하여 고객 서비스 역할 범위가 넓어지는 추세이다. 식음료업장을 호텔과 일반 외식기업, 그리고 외식체인기업으로 나누어 그 대표적인 조직을 살펴보면 다음과 같다.

(1) 셰프 드 랭 시스템

정통 프렌치 레스토랑(French restaurant)과 같은 고급 식당에 적합한 조직편성인 셰프 드 랭 시스템(chef de rang system)은 국제적 서비스 편성 또는 프렌치 서비스 시스템이라고도 한다. 메트로 도텔(maitre d'hotel) 아래에 셰프 드 랭(chef de rang)과 코미 드 랭(commis de rang), 코미 드 바라쉐르(commis de barraseur)가 한 팀이 되어 서비스를 수행하므로 정중하고 수준 높은 서비스를 제공할 수 있지만 숙련된 고

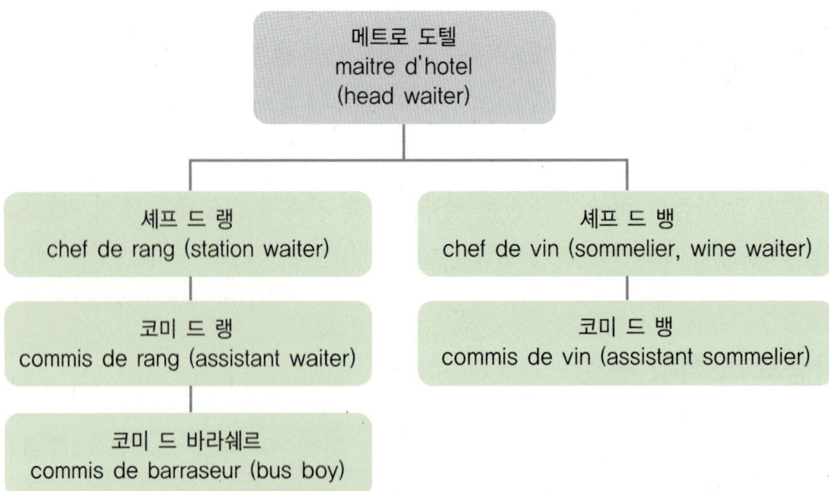

그림 3-4 셰프 드 랭 시스템

급 인적 자원을 필요로 하므로 종사원에 대한 의존도가 매우 크며 인건비 과다지출의 우려가 있다.

셰프 드 뱅(chef de vin)은 와인을 전문적으로 서비스하며 음식을 서비스하는 셰프 드 랭의 업무에 협조한다. 셰프 드 랭 시스템은 게리동 또는 플람베 웨곤(flambé wagon)을 사용하여 음식을 서비스하게 되므로 전문적인 서비스 기술과 함께 구성원들 간의 팀워크와 조화가 매우 중요하다. 또한 웨곤의 이동에 필요한 충분한 공간 확보가 필요하므로 업장의 공간 이용 극대화의 난점을 해결하도록 해야한다.

(2) 헤드 웨이터 시스템

헤드 웨이터 시스템(head waiter system)은 일반 식당에서 가장 적합한 운영 방식으로써 플레이트 서비스(plate service)에 적당하다. 셰프 드 랭 시스템의 번거로운 운영 조직을 능률적이고 간편하도록 변형, 축소시킨 시스템이며 인건비의 부담을 줄이고 노동생산성을 향상시킨다는 장점이 있다. 헤드 웨이터(head waiter) 아래에 음식을 서비스하는 웨이터와 음료를 서비스하는 바텐더(bartender) 또는 소믈리에(sommelier)를 두고 운영하는 조직형태이다.

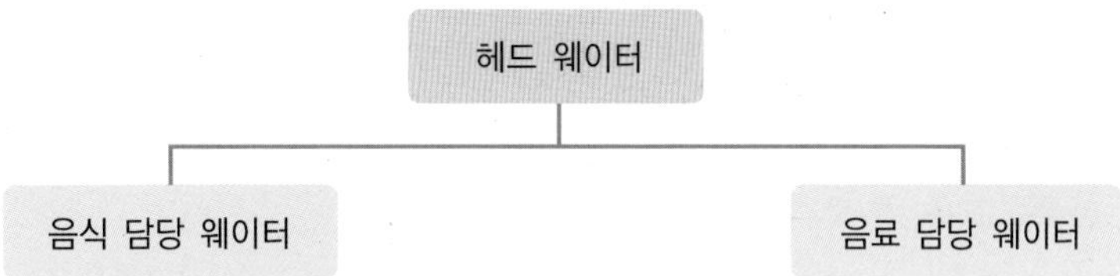

그림 3-5 **헤드 웨이터 시스템**

(3) 스테이션 웨이터 시스템

패밀리 레스토랑, 극장식 식당, 나이트클럽 등에 적합한 조직편성인 스테이션 웨이터 시스템(station waiter system)은 헤드 웨이터 아래에 있는 몇 명의 웨이터들에게 담당 구역이나 테이블을 배정하여 주어서 고객의 주문을 받는 등 일체의 서비스를 제공하는 제도이다.

원 웨이터 시스템(one waiter system)이라고도 하며, 한 사람의 웨이터가 일정 공간의 고객을 충실하게 서비스한다. 그러므로 고객과의 친밀도를 높일 수 있고 서비스의 일관성을 기할 수 있지만 웨이터가 담당 구역을 비우게 될 경우 고객을 기다리게 하므로 불평을 살 수도 있다. 대부분의 나이트클럽, 극장식 식당 등에 적합하다.

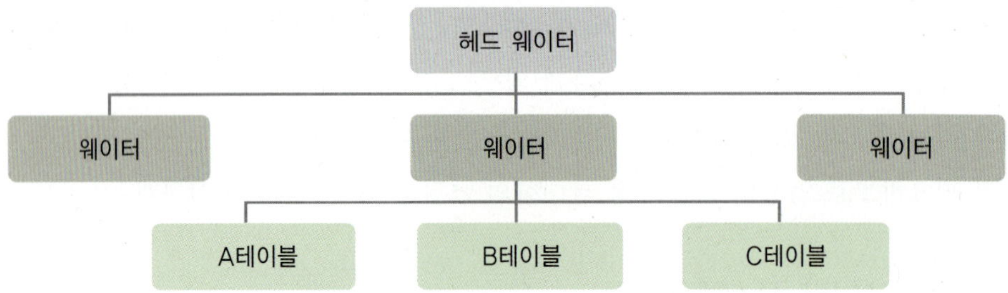

그림 3-6 **스테이션 웨이터 시스템**

2. 식음료 조직의 기능

식음료 조직에 있어서 합리적인 경영 조직은 고객의 음식과 서비스에 대한 욕구를 충족시키고, 종사원과 경영진에게도 최대의 만족을 주는 역할을 한다.

식음료 부문의 조직은 생산, 판매 그리고 생산 및 판매활동의 세 가지 보조기능으로 세분화된다. 생산기능의 대표적인 부분은 주방이고, 판매기능의 대표적인 부분은 식당, 바 등의 각 영업장이며, 생산 및 판매활동을 보조하는 기능은 구매, 저장, 기물관리, 예약, 판촉, 교육, 분석과 평가 등이다.

또한 식자재의 구입, 수령, 창고(저장), 출고를 담당하는 구매부서와 검사, 기물관리, 기물세척, 제과제빵, 조리를 담당하는 조리부서는 식음료 생산을 담당하는 곳이라고 할 수 있다. 식음료 생산부서에서 만들어진 상품을 고객에게 전달하는 식당부서와 연회부서는 고객과의 접점을 통해 식음료 부문의 서비스를 완성하는 곳이며 고객의 동향파악과 식음료 상품을 홍보하고 판촉하는 등의 마케팅활동까지도 담당한다.

식음료 서비스 생산과정을 이해하기 위해서는 조직 각 부분들이 어떻게 업무연계를 하고 있는지 정확하게 알아 둘 필요가 있다.

3. 식음료 조직의 특성

고객의 다양한 욕구 충족과 기업의 원활한 경영을 위해서는 조직원 각자 최대한의 능력 발휘와 효율적 경영관리를 통한 수익성 확보가 요구된다.

그러나 원활한 식음료 서비스 제공을 위해서는 체계적인 조직관리가 필수적이며, 이를 위해서는 무엇보다도 다음과 같은 식음료 조직의 특성을 잘 파악해야 한다.

① 종사원의 개인 능력에만 의존하지 말고 구성원 각자의 해야 할 일을 중심으로 조직화해야 한다. 즉, 식자재 구입, 메뉴계획, 조리 서비스, 식당 식음료 서비스 등 각 직무기능에 따른 부문별로 조직이 구성되어야 하며 그 기능의 목적과 직무는 분명하게 설정되어야 한다.

② 불필요한 직위가 없도록 간단하게 조직을 편성하고, 작업라인에 따른 1 : 1 방식으로 한 명의 부하직원은 한 명의 상사에게만 명령을 받도록 하여 계층 간의 거리를 짧게 함으로써 경영진과 종사원 간의 의사소통을 원활하게 해야 한다.

③ 종사원들이 자기의 직책에 대한 업무권한과 책임을 명확히 이해하고 숙지할 수 있도록 모든 업무를 서식화하여 작성해야한다. 효과적인 조직표에 의해 종사원이 관리자에게 그 날의 업무를 보고하고, 종사원 자신은 누구에게 업무 지시를 보고받는지 정확하게 알도록 한다.

④ 각 조직 구성원들의 업무 분담시 상호 관계를 명확히 함으로써 경영자는 하위자에게 업무 분장 등의 권한을 부여해야 한다. 이는 종사원들이 본인의 직무수행에 대한 결과에 대한 책임을 지는 결과를 가져온다.

⑤ 운영절차의 표준화로써 자료처리와 여러 가지 일상적 결정에 관한 업무를 덜어준다. 거대한 체인 조직 업장의 경영은 단일 식당이나 소규모 체인 식당과는 상이한 운영절차가 모색되어야 한다.

⑥ 거대한 체인 시스템에서의 업무적 책임은 분산되어 있지만 경제적 책임은 중앙 회계시스템을 통해 중앙 집권화되어 있다. 그러므로 식음료업장 경영을 중앙 집권화할 것인가 아니면 분산시킬 것인가가 심각히 고려되어야 한다.

제 2 절 식음료 부문의 직무관리

확대되는 식음료산업의 규모와 함께 직무의 종류도 다양해지고 종사원들은 수행해야 할 직무에 대한 충분한 정보도 필요로 하게 되었다. 직무의 성격에 따라 요구되는 능력도 확대되며 그에 따른 분석까지 필수적으로 이루어지고 있다. 최근 직무와 관련된 법적 문제가 늘어나는 것은 직무에 대한 정보 제공이 제대로 이루어지지 않은 채 종사원에게 그에 대한 직무수행을 요구하는 경우가 많기 때문이다. 종사원에게는 채용과 동시에 맡은 직무에 대한 충분한 정보를 제공해 주고 업무수행에 따른 책임과 절차까지 확실히 이해시켜야만 한다.

직무관리란 직무분석, 직무평가, 직무설계의 일련의 과정이라 한다.

그림 3-7 직무관리의 구성요소

1. 직무분석

1) 직무분석의 정의

업장의 기능을 충분히 발휘하기 위해서는 분석적인 방법에 의하여 직무 내용을 한정짓는 요인을 서술하여 이를 조직적으로 제시하고 기록하여야 한다. 즉, 직무분석(job analysis)은 수행하는 일을 분석하여 그 성질을 결정하고 명확화하는 것이라 할 수 있다.

종사원들의 직무수행을 분석하는 방법으로는 상향식 방법(bottom-up method)과 하향식 방법(top-down method)을 들 수 있다. 상향식 방법이란 기존에 있던 조직이나 이미 근무하던 종사원들의 작업행동을 기본으로 분석할 때 많이 쓰이는 방식이다. 이는 기존의 경험 있는 종사원들이 작업동선을 이미 파악하고 있어서 분석이 수

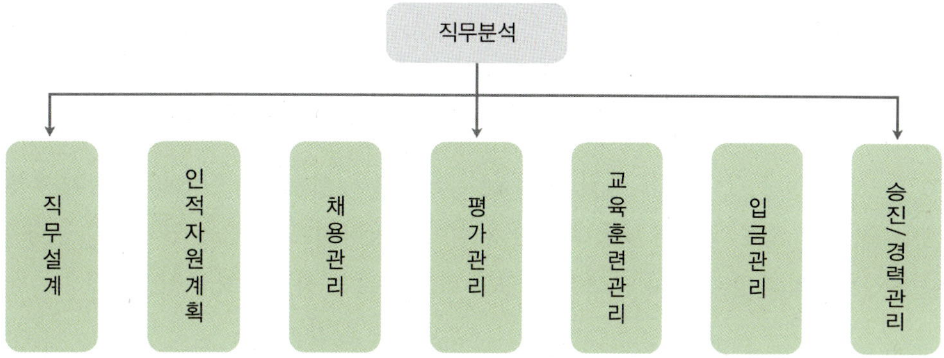

그림 3-8 직무분석 목적과 활용분야

월하다는 장점을 가지고 있다. 한편 하향식 방법은 새로 개업하는 업장에 효율적인 방식으로서 어떠한 업무수행이 이루어져야 할지 결정하기 위해 업장의 목표나 미션을 검토하는 것이다. 이는 업무가 중단되는 일이 없이 직무분석이 가능하다는 장점이 있다.

2) 직무분석 기법

직무분석을 하기 위해서는 직무 내용과 대상자의 자격 요건 등에 관한 정보를 수집하여야 한다. 자료 수집 방법으로는 관찰법(observation method), 면접법(interview method), 질문지법(questionnaire method), 경험법(empirical method) 등이 있다.

(1) 관찰법

직무분석을 하는 사람이 직무 수행 과정을 직접 관찰하고 그 결과를 기록하여 특정 직무 내용과 직무 수행자의 자격 요건에 대한 정보를 수집하는 방법이다. 정보 수집이 비교적 쉽고 간편하고 반복적이고 직무 수행의 단위시간이 짧을 경우 유용하다. 단위시간이 긴 경우 종사자의 직무 수행에 방해가 되며, 정보수집이 관찰자의 능력에 의존됨으로 신뢰성이나 타당성에 제한이 있다.

설문지법이나 면접법을 활용할 경우 직무 수행자가 적절한 정보를 제공하기 어려울 때 사용하며 자료수집이나 기록을 하기 위한 구조화된 양식이 필요하다.

(2) 면접법

직무 담당자와 면담을 통하여 직무에 관한 정보를 수집하는 방법이다. 직무 수행자로부터 직무 정보를 직접 수집함으로 직무의 특성을 이해하는데 도움이 되나 직무수행자의 지각이나 판단 오류 개입 가능성이 있을 경우 신뢰도와 타당도에 문제가 발생될 수 있다. 질문과 답변 내용에 대한 양식이 명확하지 않을 경우 면접자의 능력에 따라 정보수집의 양과 질이 달라질 수 있고 비교적 많은 시간이 요구된다.

(3) 질문지법

직무 내용, 직무 수행방법과 목적, 직무수행과정, 직무수행자가 갖추어야 할 자격 요건 등 표준화된 질문 양식을 사용하여 직무 수행자나 부서장이 직무에 관한 내용을 서술하는 방법이다. 짧은 시간에 다수를 대상으로 정보 수집이 이루어질 수 있어 직무 수가 많은 기업에서 활용한다. 질문의 내용과 방법을 설계하는 데 비교적 많은 시간, 노력과 비용이 필요하다. 질문지의 해석상 오류로 부정확한 정보의 제공이나 종사자의 의도적 왜곡이 발생될 수 있다.

(4) 경험법

기업의 목적 달성과 관련된 직무를 수행을 하는 종사원의 행동을 효율적인 행동과 비효율적인 행동으로 구분하고 사례를 수집하여 성과에 효과적인 행동 패턴을 추출, 분류하고 이를 토대로 직무에 대한 정보를 수집하는 방법이다. 직무행동의 효과적인 행동과 비효과적인 행동을 구분하는데 많은 비용이 들며 직무수행자의 반발이 있을 수 있다. 백화점의 영업사원, 은행 창구 직원, 경찰, 외식기업 등 대인적 접촉이 많은 경우 활용된다.

3) 직무분석의 절차

(1) 직무분석의 기초 자료

직무분석에는 많은 시간과 비용이 소요되고 업무에 지장을 초래할 수 있기 때문에 가장 대표성이 높은 직무들을 대상으로 선별적인 분석을 실시하는 것이 경제적이다. 대표적인 직무분석 기초 자료로는 직무기술서와 직무명세서를 들 수 있으며 부서 간의 관계와 계층 간의 관계를 명시해 놓은 식음료 부문의 조직도나 각 부서별 담당 업무활동을 명시해 놓은 SOP(Standard Operation Procedure)도 좋은 참고자료가 될 수 있다. 분석대상 직무가 선정되면 적절한 직무분석방법을 통해 정보의 수집과 분석을 하고, 직무의 성격 · 내용 · 수행방법 등과 직무에서 기대되는 결과를 직무기술서(job description)의 형태로 작성하며, 직무 수행에 필요한 작업자의 직무지식 · 기술 · 능력과 기타 특성 등을 직무명세서(job specification)의 형태로 작성한다.

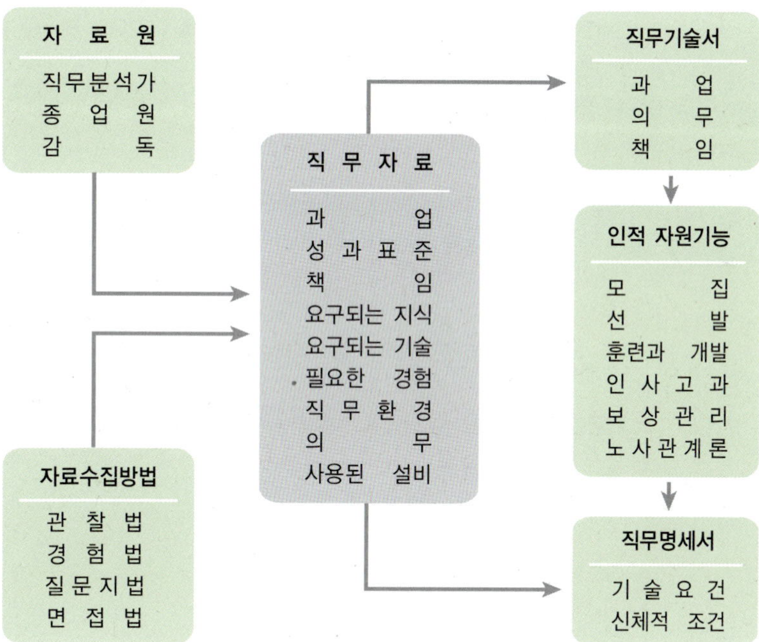

그림 3-9 직무분석체계

출처 : Arthur W. Sherman and George W. Bohlander(1992), Manaaging Human Resource, 9th ed., South-Western, p. 114.

① 직무기술서(job description)

직무분석 결과로 나타난 직무에 관한 모든 중요한 사실과 정보를 모든 직원들이 쉽게 이해할 수 있도록 정리하여 기록한 서식으로 직무해설서라고도 하며 직무평가의 기초자료로 중요하다. 구성원의 모집, 배치의 적정화, 직무의 능률화를 목적으로 각 직무의 책임, 의무, 활동의 정도 및 범위를 설명한 문서로서 직무내용, 직무요건 등 직무분석의 결과를 일정한 서식으로 정리, 기록한 것이다.

표 3-1 직무기술서의 예

직무명	서버(server)
관리자	홀 매니저(hall manager)
근무시간	유동적(근무요일과 시간이 주에 따라 다름), 근무 스케줄 이전 주 금요일에 공고
직무내용	① 서버는 영업시간 1시간 전에 도착하여 경영자에게 보고한 후 개점준비를 돕는다. ② 서버들은 물을 따르고, 식사 및 음료 주문을 받으며, 주문내용을 주방과 바에 알리고, 준비된 식사 및 음료를 고객에게 제공하며, 계산서를 고객에게 제시하고, 테이블을 청소한 후 다시 테이블을 재정리한다. ③ 서비스 절차 : 식사는 고객의 왼쪽에서, 음료는 손님의 오른쪽에서 서빙한다. 모든 접시, 컵, 쟁반 등은 고객의 오른쪽에서 치우도록 한다.
직무요건	① 서버들은 자신의 유니폼을 다음과 같이 준비해야 한다 : 검은색 바지 혹은 치마, 긴 소매에 단추가 달린 흰색 셔츠, 검은색 보타이, 굽이 낮으며 광택이 나는 검정색 신발, 하이힐 착용 금지, 서버들에게는 유니폼 관리에 소요되는 비용을 매주 지급한다. ② 개인 용모에 대한 표준 : 근무 전에 샤워 또는 목욕할 것, 겨드랑이용 방취제를 사용할 것, 손톱과 머리는 청결하고 단정하게 할 것, 과도한 치장은 금할 것 • 남성 a. 청결한 면도를 선호함, 단정하고 잘 다듬어져 있으면 콧수염도 허용함 b. 얼굴 및 귀에 장식 금지 c. 머리는 셔츠 깃보다 길지 않아야 함 • 여성 a. 과도한 장식, 화장 또는 향수 사용 금지 b. 긴 인조 손톱 사용 금지

출처 : 한경수 외(2012), 외식경영학, p. 213, 교문사

② 직무명세서(job specification)

직무를 수행하는 데 요구되는 종사원의 자격에 대해 서술한 것으로 특정 직무를 만족스럽게 수행하는 데 필요한 문서로서 직무기술서를 기초로 채용, 배치, 승진, 평가 등을 위한 정보를 편성하고 직무수행자의 인적 요건에 초점을 둔다.

표 3-2 직무명세서의 예

직 무	웨이터/웨이트리스
보 고	점장/매니저
직무개요	• 테이블을 준비하고, 주문을 받아 음료와 음식을 제공하고, 메뉴와 관련된 고객의 질문에 대답하고 그 외의 고객들의 요구에 대응하고 음식과 음료를 추천·판매하기도 한다.
인적 요건	• 항상 단정한 복장과 청결을 유지해야 한다. • 직무시간(9시간) 중 계속 서 있을 수 있어야 한다. • 접시와 음식을 운반하고 15kg 정도를 들어 올릴 수 있어야 한다. • 닦고 구부리는 등의 노동을 할 수 있어야 한다. • 소란스러운 환경 속에서도 고객의 주문을 받을 수 있어야 한다. • 고객들의 주문을 기록 또는 암기할 수 있어야 한다. • 고객에게 메뉴를 설명해 줄 수 있어야 한다. • 주문을 받기 위해 컴퓨터를 사용할 수 있어야 한다.

출처 : 한경수 외(2012). 외식경영학, p. 214, 교문사

③ 작업목록(job list)

각각의 특정 업무를 수행하는 개인의 업무진행 목록을 나열해 놓은 문서를 말하며 신입직원의 교육·훈련 시 유용하게 쓰인다. 작업목록의 내용으로는 종사원이 수행해야 할 특정업무, 끝마쳐야 할 작업단위, 사용될 기구, 비품, 마쳐야 할 사무적 업무 등이 있다.

④ 작업내용(job breakdown)

작업목록의 내용에 대한 그 세부 사항을 기록한 문서로서 교육·훈련 시 종사원 평가에 유용하게 쓰인다. 업무의 세부 내용에는 수행되어야 할 업무, 업무 수행에 필요한 자재, 주업무 수행단계, 업무별 추가 정보 등이 포함된다.

표 3-3 작업목록의 예

직책 : 음식서버 날짜 : OO/OO/OO					
순서	업 무	JB* 넘버	순서	업 무	JB* 넘버
1	고객환영 및 좌석 배정	32	10	커피 · 차 제공	41
2	물과 촛불 서비스	33	11	계산서 제시	15
3	음료 주문	34	12	매출 수익 점검	16
4	메뉴제시	35	13	다음 고객을 위한 식탁 점검	26
5	메뉴선택 안내	36	14	식당 카펫의 얼룩 제거	19
6	주방에 주문 전달	37	15	어린이 의자 제공	20
7	코스별 음식 제공/틈틈이 식탁 위 정돈	38	16	보조탁자나 서비스 식기대 정리	27
8	와인 · 샴페인 제공	39	17	고객불평처리	45
9	후식 제공	40			

* JB : Job Breakdown

출처 : Lewis C. Forrest, JR.(1996), Training for the Hospitality Industry.

표 3-4 작업내용의 예

업 무	업무방법	기 타
1. 테이블 정돈	곧바로 서서 미소와 함께 고객을 바라본다.	명랑한 개인적 태도로서 성공적 첫 접촉이 가능하다.
2. 칵테일 주문	주문 내용을 상세히 받도록 한다.	음료 주문 시 너무 강요하지 않도록 한다.
3. 칵테일 제공	고객 앞에 냅킨을 깔고 음료를 제공한다.	주문을 반복함으로써 고객의 특별한 관심을 불러일으킨다.
4. 5. 6. ⋮		

출처 : Lewis C. Forrest, JR.(1996), Training for the Hospitality Industry.

4) 영업별 직무

< 업장 >

(1) 식음료 부장

식음료 부문의 최고 책임자이며 영업정책 계획, 영업장 운영관리, 식음료 전체의 마케팅과 판매촉진 방안 마련, 직원의 근무평가와 인사관리 등을 책임진다. 식음료 부장은 영업장 모든 부서의 업무파악이 가능할 정도의 경험이 있어야 하고 판매상품에 대한 지식과 국제 매너 등의 국제적 감각도 가지고 있어야 한다.

(2) 식음료 차장

식음료 부장을 도와 고객에게 제공되는 음식물의 양과 질에 대한 점검, 영업장 운영에 필요한 비품 및 소모품 청구 등의 업무 관리, 각 업장의 지배인 및 종사원의 근무시간 총괄 감독, 고객의견 제안 경청 및 보고분석, 종사원의 고충 · 불평처리에 있어서의 조정역할 담당, 종사원의 교육훈련과 서비스 강화훈련에의 책임 등의 역할을 한다. 식음료업장의 운영상태를 파악하고, 각 문제점 파악에도 노력해야 한다.

(3) 지배인

매출증대와 식음료원가 유지에 노력하고 직원의 업무수행을 위해 지도한다. 영업 전 회의를 관장하여 모든 경영진의 결정을 이해하고 결과를 수행하며 비품관리와 서류 청구서의 승인과 적절한 인원배치 등의 일들을 합리적으로 수행한다.

(4) 부지배인

전문적인 지식과 기술이 모두 요구되며, 영업장의 운영상태 및 문제점을 파악하고 운영에 관하여 지배인을 돕고 고객에게 제공되는 식음료의 양 · 질에 대한 점검을 한다. 고객 서비스에 있어서 종사원의 교육훈련과 서비스 강화에 책임을 가지고 종사원의 고충 · 불평처리에 있어서의 조정역할을 담당한다.

(5) 캡 틴

식음료 서비스의 매뉴얼을 준수하여 고객 서비스의 접객책임을 맡고 있는 업무로서 웨이터나 웨이트리스 그리고 실습생을 교육하고 관리한다. 전반적인 업무에 있어서는 업장의 부지배인을 돕는 것이며, 효율적인 서비스를 제공하기 위하여 영업 준비상태와 종사원의 복장 및 용모를 점검하고 고객을 영접하며 식음료주문과 서비스를 담당한다.

(6) 리셉셔니스트

업장의 지배인과 부지배인의 업무를 돕고 고객의 영접과 안내 그리고 예약 업무를 담당한다. 리셉션니스트(receptionist)의 세부적인 직무내용으로는 고객을 안내할 수 있도록 테이블을 계획하고 숙지하며 예약업무, 테이블 안내절차 등에 능통해야 하고, 지배인의 지시를 받는다.

(7) 웨이터 · 웨이트리스

웨이터와 웨이트리스는 고객과 제일 많이 접하는 종사원으로 실질적인 서비스의 실행자이다. 주어진 서비스 정책과 순서에 따라 고객에게 식음료를 제공하며 책임구역에 대한 영업을 위하여 다음과 같은 직무내용이 요구된다.

① 영업시간 전에 필요한 모든 사항을 준비하고 메뉴에 있는 품목과 서비스 절차에 대해서 충분한 지식을 갖추어야 한다.
② 담당 테이블의 고객영접, 식음료주문을 하고 올바른 순서에 따라 주문된 식음료를 능률적으로 제공해야 한다.
③ 고객의 식사가 끝나면 고객의 요구에 따라 계산서를 제공하고 전반적인 식음료 서비스에 대한 이상 유무를 확인한다.
④ 근무시간 중 지배인 및 담당 캡틴의 지시를 따르고 동료직원과 협력하여야 한다.

(8) 소믈리에

와인웨이터(wine waiter) 또는 와인스튜어드(wine steward)라고도 불리며 와인전문가를 의미한다. 소믈리에의 직무내용으로는 레스토랑에서 와인의 저장관리와 고객에게 음식에 맞는 와인의 추천 및 서비스를 한다.

(9) 캐 셔

레스토랑이나 바에서 업무를 수행하는 캐셔(cashier)는 고객이나 서비스 직원으로부터 계산서를 받아 수납하고, 당일의 영업실적을 지배인에게 보고한다. 계산 시에는 신속하고 정확하게 처리해야 하며, 서비스 직원과 함께 친절한 환송 서비스를 하도록 해야 한다.

< 주장 >

바 매니저 등의 주장담당 지배인은 수익성을 효율적으로 높이기 위해서 기본적으로 다섯 가지의 경영기능, 즉 메뉴계획, 조직구성, 종사원 지도, 구성원으로서의 업무수행, 조직의 관리 · 감독을 수행해야 한다.

(1) 음료 지배인

전반적으로 종사원들의 근무편성, 교육훈련, 바 영업의 책임, 고객영접과 안내를 담당하고 고객 서비스를 철저히 지휘 · 감독하여 고객관리를 한다. 그 외에도 음료 지배인은 음료의 양 목표관리와 재고관리를 감독하여 영업종료 후 영업보고와 재료 사용보고서를 작성하고 제출한다.

따라서 음료 지배인은 바 영업의 매뉴얼과 규정을 항상 준수하고 일정 수준의 외국어능력을 배양해야 하며 각종 음료 및 칵테일에 대한 풍부한 지식을 습득하여야 한다. 또한 위생 점검을 매일 실시하고 모든 기기와 기물들을 점검하여 바의 청결을 항상 유지할 수 있어야 한다. 가격조정과 원가계산, 월말 재고조사 실시 등의 업무능력이 필요하다.

(2) 바 소믈리에

와인의 진열과 음료재고를 점검 · 관리하고 필요시 음료창고로부터 보급 · 수령하며, 고객의 와인주문을 받아 정중하게 서브하는 역할을 한다. 따라서 바 소믈리에는 항상 최선의 서비스를 제공할 수 있도록 음료판매와 관리에 만전을 기하며 와인 프로모션을 계획하고 진행할 수 있도록 한다.

(3) 바텐더장

바 서비스의 책임자로서 정확한 주문과 서브를 담당할 줄도 알아야 하며 음료상품의 지식, 시간, 순서들을 정확히 숙지해야 한다. 바텐더장(head bartender)은 음료 제공

후 고객의 분위기를 주의 깊게 관찰할 뿐만 아니라 업장에서의 서비스와 연계된 모든 행사일정에 관해서 파악하고 매뉴얼이나 긴급조치사항 등을 숙지해야 한다.

영업시간 전에 담당 구역의 정돈상태와 서비스 준비상황 및 직원들을 점검하고 신입사원 및 실습생의 교육을 담당하며 업장 내 행정 업무를 담당하는 역할을 하고 지배인의 업무를 보좌하며 대행하기도 한다.

(4) 바 캡틴

접객 서비스의 책임자로서 정확한 주문과 서비스를 담당하고 고객 예약사항을 점검하며 이에 따른 준비를 하고 직접 주문을 받아 계산서를 발행한다. 바 캡틴은 필요 시 지배인의 업무를 보좌하고 업장 내 행정 업무를 담당하며 담당 구역의 준비사항 등을 점검하는 역할을 한다.

또한 각종 음료의 판매촉진을 위한 행사의 목적 달성을 위해 노력하며 상품지식 관련 내용을 정확히 숙지해야 한다. 종사원의 근무 스케줄을 작성하여 보고하고 영업 종료 후에는 영업일지를 작성해서 특기사항을 보고하여야 한다.

(5) 바텐더

매일 영업에 필요한 각종 음료의 재고량을 점검하고 기물 등을 준비하며 와인, 맥주, 청량음료 등의 적정온도 유지 · 관리와 점검하는 일이 바텐더의 업무이다. 칵테일의 레시피에 따라 지정된 계량기와 글라스에 음료를 제공하고, 영업 종료 후에는 바 주위의 청소와 기물정리를 하며 냉장고, 제빙기 등의 기기를 점검하기도 한다.

무엇보다도 여러 가지 종류의 와인과 각종 음료에 대한 지식을 갖추고 있어야 하며 영업 종료 후 재고조사를 하여 매니저에게 보고하도록 한다.

(6) 바 웨이터 · 웨이트리스

바 웨이터나 바 웨이트리스는 자신이 담당한 테이블에 정확한 서비스를 하고 지속적으로 고객을 주시하여 주문이나 필요시 도와 줄 수 있는 역할을 한다. 계산서를 작성하여 제시하고 고객이 돌아가고 난 후에는 테이블을 재사용할 수 있도록 그 주위를 정리 · 정돈하여 청결을 유지하도록 한다.

판매되는 음료상품을 숙지하여 고객에게 추천할 수 있도록 하고 기물 취급법, 상품지식 등을 충분히 이해하고 있어야 한다.

(7) 어시스턴트 바텐더

바 운영에 필요한 각종 주류를 포함하여 기물, 리넨, 비품 등을 창고로부터 수령하는 바텐더의 보조 역할을 어시스턴트 바텐더(assistant bartender)가 담당한다. 바에 있는 비품들을 위생적으로 유지하고 바 카운터 주위를 항상 청결하게 하며 간단한 믹스 드링크(mixed drink)와 병으로 제공되는 것은 바텐더의 감독하에 제공하기도 한다. 또한 칵테일 장식에 필요한 과일류를 얇게 저며서 즉시 사용할 수 있도록 준비하고 싱크대에서 유리제품류, 은기류, 접시류 등을 닦아 재사용할 수 있도록 준비하는 일을 한다.

< 주방 >

(1) 총주방장

주방의 총괄적 책임자로서 경영 전반에 걸친 의사결정에 적극 참여하여 기획, 집행, 결재를 담당한다. 총주방장(executive chef)은 음식생산을 위한 재료 구매에 관한 견적서 작성, 인사관리에 따른 노동비 산출, 종사원의 안전, 메뉴의 객관화, 새로운 메뉴창출 등의 책임과 의무가 있다. 회사 이익극대화의 의무를 가지며 새로운 조리기술 개발과 시장성 창출에 필요한 경영안을 제시한다.

(2) 부총주방장

총 주방장을 보좌하며 총 주방장 부재 시에 그 직무를 대행하는 실질적인 집행의 수반이다. 부총주방장(executive sous chef)은 각 주방의 메뉴계획을 수립하고 조리인원의 적재적소 배치와 실무적인 교육 · 훈련을 지휘 · 감독한다. 경쟁사 및 시장조사 실시로 총 주방장이 제시한 기획안을 실질적으로 실행하는 데 기본적인 책임과 의무가 있다.

(3) 단위 주방장

총 주방장과 부총 주방장을 보좌하고 단위 주방부서의 장으로서 조리와 인사에 관련된 제반 책임을 지며 경영진과 현장 직원 간의 중간 역할을 한다. 단위 주방장(sous chef)은 조리 부문 단위부서의 교육과 훈련을 실질적으로 집행하며 요리와 관련된 재료구매서를 작성, 보고하여야 한다. 고객의 기호나 시장변화에 적극적으로 대처하고 여기에 알맞은 메뉴를 개발하여야 한다.

(4) 조리장

단위 주방장으로부터 지시를 받아 당일의 행사, 메뉴를 점검하고 음식이 생산되어 고객에게 제공될 때까지 계획을 세운다. 조리장(chef de partie)은 일간 또는 주간에 필요한 재료 등을 결정하고 수령을 지시하며 전표와 직원 업무계획서를 일정 기간별로 작성하여 능률과 생산성을 최대화한다.

(5) 부조리장

조리사로서의 충분한 기술을 갖추고 있지만 아직 조리장으로의 수련 중인 자로서 조리사와 조리장의 중간 위치이다. 부조리장은 직접적으로 생산 업무를 담당하면서 틈틈이 리더로서의 역할을 배워 나가야 한다.

(6) 조리사

기술적인 측면에서 최고 기술을 낼 수 있는 단계이며 요리가공에 있어서 실제적으로 가장 많은 활동을 한다. 조리사는 1급, 2급, 3급 조리사를 순차적으로 둘 수도 있고 함께 생산 업무에 가담하여 전반적인 생산 라인에서 요리품질을 위한 기술을 발휘한다. 1급 조리사는 기구의 사용, 화력조절, 요리의 중추적인 생산 라인을 담당하는 숙련된 기술자로서 조리의 전 과정을 지휘한다.

(7) 보조조리사

조리에 대한 기술보다는 식재료의 운반, 조리기구 사용법 습득, 단순한 1차적 손질 등 작업 시작 시의 단순작업을 행한다. 보조조리사는 상급자로부터 기본적인 조리기술을 계속적으로 지도받으며 광범위한 요리체계를 일반적인 선에서 학습하는 단계이다.

2. 직무평가

직무평가(job evaluation)는 직무분석의 결과를 기초로 그 직무가 조직 속에서 갖는 상대적 가치를 과학적으로 평가하고 결정하는 과정으로 직무기술서와 직무명세서에 기초를 둔다. 각 직무가 기업 조직 내에서 차지하는 상대적인 비중을 결정하게 하고 직무 자체의 가치를 결정하게 된다. 직무평가는 직무 담당자인 인간을 평가하는 것이 아니고 직무 자체에 대한 평가를 하는 것이다.

1) 직무평가의 목적

직무평가는 동일 노동시장의 유사기업과 비교하여 임금 조건을 공평하게 둠으로써 종사원들의 불평을 최소화함을 목적으로 한다. 임금관리의 단순화와 함께 직무에 적합한 종사원 배치, 조직 내 인사이동과 승진 결정의 기준이 되기 때문에 정확하고 공정한 직무평가는 인적 자원의 합리화에 기여하는 바가 크게 된다.

2) 직무평가의 방법

직무평가의 방법으로는 크게 비계량적 방법과 분석적 방법으로 나누어 볼 수 있다.

비계량적 방법은 종합적 방법이라고도 하며 직무수행의 난이도를 기준으로 직무의 가치를 상대적으로 평가하게 되는데, 서열법, 분류법을 들 수 있다. 분석적 방법은 직무를 기초적인 요소나 조건으로 이를 계량적으로 평가하는 점수법, 요소비교법이 이에 속한다.

(1) 비계량적 방법

① 서열법(ranking method)

오래되고 단순한 평가방법으로서 가장 중요하고 가치 있는 직무를 최상위 순위로 두고 가장 단순한 직무를 최하위 순위에 배정하며 순위를 결정함으로 복잡 다양한 직무는 적용이 불가하다.

② 분류법(job classification method)

직무의 수와 복잡도 등에 따라 분류하는 방법으로 분류 자체의 객관성이 중요하다.

(2) 분석적 방법

① 점수법(point ranking method)

직무의 중요도에 따라 점수를 결정하는 방법으로 계량적 · 가치적 가치표현으로 이해와 신뢰가 높지만 평가 요소에 대한 등급 결정 등의 어려움이 있다. 평가자의 전문적 기술이 요구되며 준비시간과 경비상의 소요가 단점이다.

② 요소비교법(factor comparison method)

몇 개의 핵심 기준 직무를 선정하여 각 직무의 평가 요소와 비교함으로써 그 직무의 상대적인 가치를 평가하는 방법으로 기준 직무 선정의 어려움이 있다.

3. 직무설계

조직구성원들의 직무만족과 동기부여, 조직 전체의 생산성 향상 등을 위해 일련의 직무내용이나 작업방법을 과학적으로 설계하는 활동을 직무설계(job design)라 한다. 직무설계는 종사원의 동기부여와 조직의 생산성 향상을 도모한다.

이를 위한 전략으로는 직무확대, 직무충실, 직무교차, 직무순환 등을 들 수 있다.

① 직무확대(job enlargement) : 한 종사원이 중심과업 수행 이외에도 관련과업을 동시에 수행하도록 함으로써 권태감을 감소시키고 과업완성에 대한 도전감을 증가시키고 동기유발 향상을 꾀할 수 있다.

② 직무충실(job enrichment) : 직무 수행 뿐 아니라 관리기능의 일부인 계획, 통제의 측면도 어느 정도 담당하도록 하여 보다 많은 책임과 의무를 부과시켜준다.

③ 직무교차(job sharing, job pairing, job splitting) : 직무의 일부를 다른 작업자와 공동으로 수행하게 함으로써 작업자 간의 상호협동을 제고하게 하고 직무수행에서의 단조로움을 감소시키며 직무의 범위를 확대시켜준다.

④ 직무순환(job rotation) : 사전 계획에 의해 여러 직무를 여러 작업자가 순환하여 수행하게 하여 오래 수행하기에 스트레스가 많은 특정업무에 적용한다. 종사원의 스트레스를 분담하게 되며 작업수행의 단조로움을 줄이고 매너리즘에 빠짐을 방지할 수 있다.

⑤ 준 자율적 작업진단(team building) : 몇 개의 직무들을 하나의 작업집단으로 형성되게 하여 자율성을 허용한다. 이는 직무들 간의 상호의존성이 높을 때, 또는 심리적인 스트레스를 많이 야기시킬 때 효과가 높다.

제 3 절 식음료경영의 인적 자원관리

식음료경영 조직의 목표달성을 위해서는 경쟁력 있는 인적 자원을 효율적 · 효과적으로 개발하여 확보하고, 종사원에게 직무에 대한 만족을 제공함으로써 개발된 능력을 유지 · 발전시키려는 의도를 내포한 경영활동이 이루어져야 한다.

'종사원 개인의 능력을 개발하고 적재적소에 배치, 활용하여 기업을 유지 · 발전시켜 나가기 위한 경영 기법' 을 인사관리(personal management)라 말하는데, 최근에는 구성원들의 자율성과 책임성을 강조하는 넓은 의미에서 인적 자원관리(HRM : Human Resources Management)라는 용어도 함께 사용되고 있다.

인사관리(personal management)라 하면 사람을 채용, 교육, 배치, 이동, 승진, 퇴직 등의 일련의 인사행정체계를 의미할 수 있으므로 노동 조건이나 노사관계, 후생복지, 인사행정, 교육훈련, 인간관계 등의 의미가 포함되기도 한다.

인사관리의 주된 기능은 기업이 필요로 하는 사람을 채용, 배치하고 노동 조건을 개선하여 노동능률을 최고로 발휘할 수 있도록 인간적으로 배려하며 노사관계를 원만히 처리하는 것 등이며, 또한 식음료업장 내의 대인관계를 업소의 분위기에 맞도록 합리적으로 구성하고 체계화하여 원활하게 운영하는 것이다. 식음료 부문에서의 인간관계라 하면, 인간적 감성의 주체인 종사원이 고용계약에 의하여 노동력을 기업에 제공하고 그 대가로 임금을 받는 것만으로는 만족하지 못하고 자신의 가치를 인정받고자 하는 것을 말한다. 근로 동기도 물질적인 것보다 정신적인 것과 사회적인 것으로 변화되고 있음을 볼 때 인사관리의 기능도 이러한 변화에 따라 행동과학적인 내용으로 정비 · 개선해 나가야 한다.

특히 최근에는 사내의 고객, 특히 서비스 기업의 현장직원들을 대상으로 하는 내부지향적 마케팅(internal marketing) 활동도 중요하다는 인식이 증가하고 있으며, 사내고객의 동기부여를 통해 종사원의 욕구를 충족시키는 경영 능력에 따라서 최종고객의 욕구를 충족시키는 능력이 결정된다는 생각이 뿌리내리고 있으므로 인사관리의 기능은 한층 더 그 중요성을 갖는다 하겠다.

1. 채용관리

채용관리(employment management)란 기업활동에 필요한 직무에 요구되는 적격자들을 인력수급계획에 따라 자격요건을 기준으로 모집, 배치, 승진, 전직, 이직 등의 업무를 조직적으로 관리하는 활동이다. 식음료 부문 역시 필요한 자질을 갖춘 노동력과 그 필요 조달 시기에 대한 명확한 분석이 이루어져야 한다. 효율적으로 업무를 수행할 수 있는지 종사원이 가지고 있는 능력과 서비스 정신을 면밀히 검토 · 파악하여 필요인력을 적재적소에 적시에 충원함으로써 업무성과를 향상시키고, 잘못된 채용으로 인한 채용비용, 교육비용 등 엄청난 비용의 낭비를 막아야 한다.

1) 모집과 선발

모집(recruiting)이란 입사하려는 지원자를 모으는 과정이다. 조직 내의 필요 노동력에 대한 모집계획을 세우고 직무명세서를 기초하여 자격 조건에 맞는 합당한 모집을 실시한다. 모집은 승진, 배치전환, 순환업무, 재고용 등의 형태를 모두 포함하며, 사내 공개모집 등으로 충원하는 내부 모집과 외부에서 충원하는 외부 모집으로 나뉜다. 외부 모집은 주로 직원의 추천 제도, 자발적 응시, 취업 알선기관, 매스컴, 채용박람회, 인턴사원 실습제도, 인터넷 홈페이지 등을 통해 충원하게 된다.

내부 모집은 비용이 적게 들고 효율적이며 직원의 작업동기를 유발하고 안정감을 주는 장점이 있는 반면, 내부에 적임자가 없는 경우도 있고 또 내부 승진자는 조직을 객관적으로 파악하지 못할 우려도 있다. 그에 반해서 외부 모집은 비용은 많이 들지만 폭넓은 우수인력 고용이 가능하다는 장점이 있다.

모집단계가 지나면 친화력, 융통성, 동기부여, 용모, 전문성 등에 초점을 두고 적임자를 가려 내는 과정인 선발을 하게 된다.

선발과정을 통해 외부 또는 조직 내에서 유능한 인재를 선택하게 되는데, 우선 서류심사를 통과한 후 시험에 임하게 된다. 선발에 있어서 기본이 되는 원칙은 무엇보다도 신뢰도(reliability)와 타당도(validity)라 하겠다. 어떤 시험이더라도 동일한 환경에서 일관성, 안정성, 정확성을 기해야만 신뢰도가 높을 것이고, 선발 목적이나 직무성과 성공에 대한 예측 능력이 있는 타당한 선발 도구가 사용되었는지가 중요한 핵심이 된다.

2) 배치 및 전환

엄격한 선발기준을 거쳐 채용된 종사원들은 자신의 능력과 자격요건에 알맞는 업무에 배치된다. 적재적소에의 배치는 개인의 근무의욕을 고취시키는 중요한 요소가 되므로 신중하게 처리되어야 하고 시간이 지남에 따른 태만이나 무관심이 따를 수 있으므로 정기적인 이동배치도 이루어지도록 한다. 잦은 이동배치는 한 분야의 전문가를 육성한다는 전제하에서 볼 때 부정적인 시각을 가지는 견해도 있지만, 종사원 개인 스스로가 넓은 시각과 미래에의 비전을 가지고 많은 업무 경험을 쌓을 수 있도록 함이 바람직하다.

조직의 향상성이나 개인의 동기부여를 목적으로 수평적 이동배치가 이루어지는 것을 전환이라 하는데, 그 유형은 이동범위와 이동목적별로 나누어 볼 수 있다. 우선 이동범위별로는 부서 간(inter-section)에 이루어지는 배치전환, 부문 간(inter-department) 또는 전사적(overall-firm)인 배치전환이 있다. 이동목적별로는 결원이 생겼거나 신기술 도입 시에 필요한 생산상황에 따른 전환과 경제 불황이나 일시 해고 등의 경우로 발생하는 고용안정을 위한 재배치 전환, 근무교대 조건의 전환, 불화나 연령 및 건강 등의 사유로 실시되는 교정적 전환이 있다.

인사이동 시에는 어떠한 경우라도 공평성을 잃게 되면 종사원들의 사기가 저하되고 기업에 대한 신뢰도가 떨어지며 이직으로까지 이어지는 사례가 많으므로 특히 배치 전환 시에는 그 대상자들에게 인사이동의 원칙을 철저히 이해시켜야만 한다.

인사이동의 원칙은 다음과 같다.

① 최적의 직무에 배치하여 잠재능력을 발휘할 수 있도록 하는 적재적소의 원칙
② 종사원들이 충분한 능력을 발휘하여 그에 상응하는 대우를 받음에 만족하게 하는 능력주의 원칙
③ 자기개발이나 경력개발 프로그램을 계획하고 실시하는 인재육성주의 원칙
④ 조직구성원 모두에 대한 평등하게 기회를 주는 균형주의 원칙

3) 승 진

승진(promotion)이란 조직 내에서 보다 나은 직무로의 수직이동을 말하며 능력 및 성과나 연공서열에 의해서 이루어지는 경우가 많다.

직장에 다니는 이유 중에서 가장 큰 이유는 생계 수단의 이유이고 그 다음이 승진과 발전을 통한 자신의 성취욕 달성과 자아의 발견을 위해서이다.

일정기간 동안 한 업무를 수행한 직원이 그 업무에 대해서 많은 경험과 지식을 갖게 되어 보다 더 넓은 업무를 수행할 수 있는 능력을 갖추게 되었을 때 상급직으로 이동함으로써 경영에 도움이 되도록 하는 것이 기업에도 유익하다.

전통적으로는 근무년수, 학력, 가족관계 등을 기준으로 승진이 이루어지는 경향이 있었으나 점차 경영이념의 일치성이라든가 경영 조직 체계에 대한 가치관에 초점을 둔 승진이 이루어지고 있고 직무성과에 따른 직무수행 능력에 비중을 두는 경향도 있다. 그러나 지나친 연공주의나 능력주의가 아닌 양면의 조화를 이루는 승진기준 설정이 필요하다 하겠다.

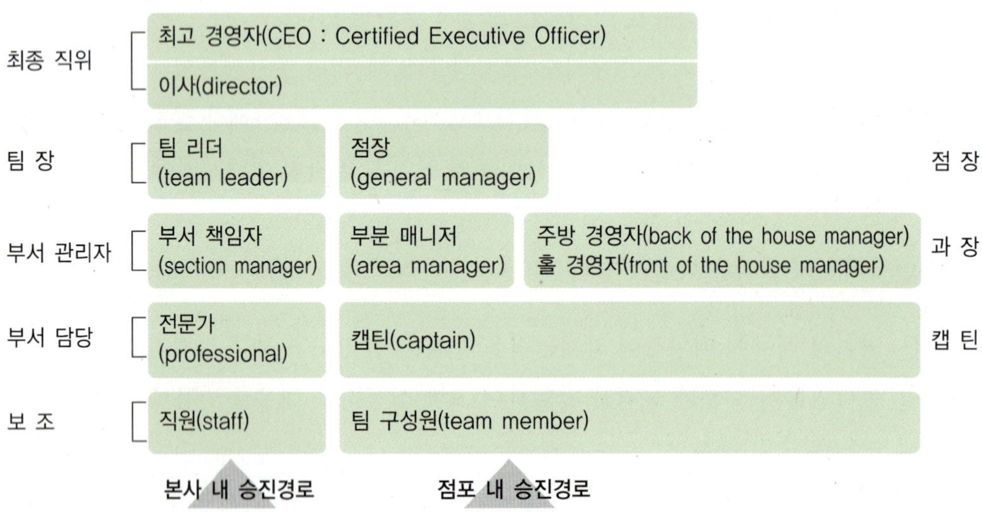

그림 3-10 외식기업 종사원의 승진단계

출처 : 한경수 외(2005), 외식경영학, p. 230.

4) 이 직

기업과 종사원 간의 고용관계가 종료됨을 의미하는 것이 이직이다. 식음료산업에서의 높은 이직률은 비용발생뿐만 아니라 생산성 및 매출에 직접적인 영향을 미친다.

이직의 유형으로는 첫째, 종사원의 자발적인 의지에 의하여 기업 조직을 떠나는 자진퇴사, 둘째, 기업의 경제적 · 전략적 필요에 의해 퇴사하게 되는 정리해고, 셋째, 종사원의 부주의나 실책에 대한 징계에 의한 파면, 넷째, 종사원의 정년으로 인한 정년퇴직 등이 있다.

그 중에서도 자발적 이직은 대부분 소속된 조직의 지명도가 낮다든가 비합리적인 인사이동이나 조직규모에 대한 불안정 등의 이유로 조직 자체에 대한 불만이 우선적 계기가 되기도 하고 상사와의 갈등, 동료와의 약한 유대관계, 개인 신상의 문제 등이 원인이 되기도 한다. 그러나 이직 의도가 있어도 노동시장의 불황이라든가 부양가족이 많은 경우에는 실제 이직이 어려울 수도 있다.

이직은 유능한 종사원의 이탈로 사회적 신뢰도가 저하되는 등 막대한 비용발생이라는 부정적인 효과가 많지만 경우에 따라서는 이직에 의한 종사원 자연감소가 가능하고 부적격자가 저절로 제거되는 긍정적인 면도 있을 수 있다. 그러나 식음료산업에서의 높은 이직률은 지속적인 업무를 마비시키는 경우도 많으므로 기업의 전사적 차원에서의 복합적 대책이 시급한 형편이다.

이직비용(direct cost of turnover)

- 모집 및 선발비용(search and selection costs) : 광고(advertising), 모집(recruiting), 대리점 수수료(agency fees), 신원조회 및 각종 검사(screening and testing), 지원자 및 모집자 연수(candidate and recruiter travel, etc.)
- 채용과 교육훈련비용(hiring and training costs) : 채용통지서(preparation of offer letters), 채용동의서(hiring agreements), 종사원 핸드북 등(employee handbooks, benefit booklets, etc.)
- 이직비용(separation costs) : 해직수당(overtime, severance pay), 퇴직금 및 퇴사상담비용(wages related to exit interview, etc.), 기타 법적 비용(legal costs for any employment litigation)

일반적인 이직 원인

- 적합하지 않은 종사원의 선발, 고용
- 자신의 능력과 부합되지 않는 직무에의 배치
- 직무 및 요구사항에 대한 정보 전달 실패
- 리더십 없는 경영자로 인한 종사원의 이직
- 타당하지 않은 급료체계
- 교육 프로그램의 결여
- 불평처리 절차의 비체계화
- 열악한 근무환경
- 승진기회의 결여
- 금전적 보상의 결여
- 경영자의 관심 결여

출처 : 한경수 외(2005), 외식경영학

2. 인사고과

기업의 관리자가 조직구성원들의 모든 행위를 기업의 목적에 일치하도록 유도하기 위해 제정 · 실시하는 인사평가제도로서 인사고과를 들 수 있다. 이는 구성원의 능력과 이에 따른 업적을 평가하여 종사원이 보유하고 있는 현재 또는 잠재적 가치를 조직으로 파악 · 이해하는 것을 말한다.

과거에는 경영자들이 인사관리상의 의사결정을 위한 기초로서, 즉 종사원의 과거 실적에 대한 차별적인 보상기준에 대한 자료로서 승진 · 전직 · 상여금 · 해직 · 복직 등을 결정하는 데에 사용하였으나, 최근에는 개인의 성과와 경력개발 노력을 위한 동기유발 개발 도구로서 종사원의 개발 및 적재적소의 직무배치 등 적극적인 자원개발과 교육 · 훈련 · 성취동기부여 · 배치전환 · 조직개발 등에 적용하고 있다.

인사고과는 주로 직속상사에 의해 평가되지만 이는 피평가자들에 대한 위협수단으로 사용될 위험이 있고 상사들의 신뢰성 문제도 대두되고 있어서 차상급자에 의한 평가도 함께 이루어지기도 한다. 또한 본인의 자기 평가도 정보를 가장 많이 제공받을 수 있다는 장점이 있어 많이 시행되고 있는데, 과대평가의 우려가 있어 보완적 수단으로 많이 쓰인다.

그 이외에 상사보다 더 신뢰성이 있는 동료나 부하평가, 외부인, 즉 고객이나 외부 관련 업체에서 유용한 자료를 제공받기도 한다. 그러나 인사고과 시에 무엇보다도 중요한 것은 누가, 언제, 누구를 평가하더라도 인사고과의 원칙이 지켜져야 한다는 점이다. 즉, 평가기준의 명확성, 평가자의 복수화, 제1차 평가의 존중, 공사 혼동의 배제, 평가기간의 준수에 기초를 두고 이루어져야 함을 말한다.

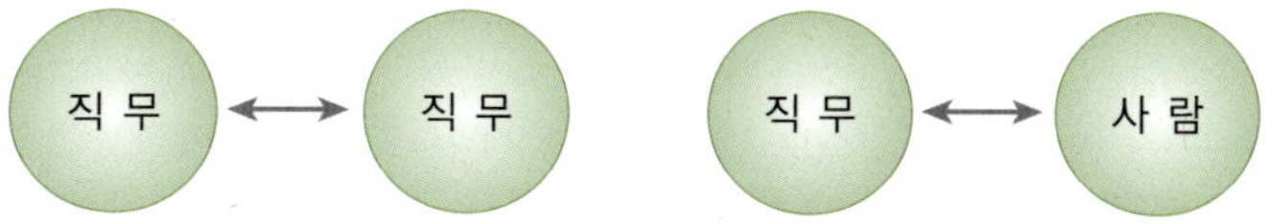

그림 3-11 직무평가와 인사고과

표 3-5 인사고과방법 및 특징

인사고과방법	특 징
자기고과 (self appraisal)	• 다른 차원에서의 자신의 관점을 나타낼 수 있음 • 신뢰도가 다른 방법의 평가보다 떨어짐
상사고과 (supervisory appraisal)	• 평가에 있어서의 공정성이 중요하게 여겨짐 • 평가 이후의 결과까지 고려해야 함
동료고과 (peer appraisal)	• 친구로서의 사견 개입 • 평가에 대한 인식부족 • 평가에 대한 동료로부터의 보복에 대한 두려움
부하직원고과 (subordinate appraisal)	• 자신과 친한 상사인 경우 관대한 평가가 이루어질 가능성 • 공정한 평가를 위해 상사에 대한 고과자의 의견이 수렴될 수 있는 제반 조건이 갖추어져야 함

출처 : Flint, Douglas H.(1999). The role of organizational justice in multi-source performance appraisal: Theory-based Aapplicationd and directions for research. Human resource management review, 9(1) : pp. 1~20 재인용.

표 3-6 국내 호텔 인사고과 평가표

호 텔	구 성		평가항목		
A호텔	능력평가 간부(40) 사원(60)		• 기본 인품 · 자세(40) : 인간미, 도덕성, 진취정신, 자기개발, 정보 공유, 책임감		
			• 업무능력(60)	사원용	담당 업무 지식, 이해 판단력, 개선 의욕, 정보 수집력
				간부용	기획력, 문제분석 판단력, 전문 일반지식, 리더십, 부하 육성력, 개선 의욕
	업적평가 간부(60), 사원(40)		• 매출효율 • 제안실적	• 경비절감 • 고과자 임의평가	• 추진 업무
B호텔	사원용	수행평가 (100)	• 건강상태와 인성 • 업무의 질 • 업무의 양 • 업무에 관한 지식	• 독창성 • 협동심 • 책임감 • 부단한 향상	• 일반인 · 손님과의 관계 • 판매수완 • 관리능력 • 동료들과의 관계
	간부용	목표달성평가 (50)	• 피고과자가 설정한 목표의 달성 정도		
		직무능력평가 (50)	• 기술적 숙련도 • 고객지향성 • 조직적 학습태도	• 타인의 개발 • 팀워크 조성과 유대관계 • 업무수행관리	• 변화에 대한 적응 • 리더십 • 열린 대화
C호텔 (간부용)	핵심 역량		• 기업관 : 주인의식, 패기 • 변화추진 : 전략적 사고, 변화실천, 변화선도 • 모기업의 기업정신 : 탁월함 추구 생활화, 경영부서 간의 조화, 커뮤니케이션 • 인력 활용 : 리더십, 인력관리, 인력확보 · 육성		
	직종 역량		• 서비스의 전문성 : 태도, 인품, 타 문화 이해		
	직능 역량		• 리더십 : 조식관리, 직원관리, 교육능력, 탁월함 추구 • 업무역량 : 서비스 능력, 불평처리 능력, 상품지식, 매출관리 • 근무 태도 : 목표관리, 자기개발, 성실성		
D호텔	사원용	수행평가 (100)	• 기술 : 숙련성, 일반 능력, 민첩성 • 태도 : 명쾌성, 사회성, 정직성, 예절성, 협조정신 • 작업습관 : 절약성, 청결성, 정시성, 독립성 • 개인 인품 : 정서안정, 외향, 건전성		
	간부용	업무능력평가 (15)	• 리더십 역량 • 업무성취를 통한 영향력 • 의사소통 및 대인이해 능력	• 성취를 향한 행동 • 부하의 육성 • 기획 분석력	
		업무태도평가 (15)	• 팀워크와 협력 • 조직 헌신도 • 회사의 진정한 구성원이 된다.	• 비용절감 의식 • 고객지향성	
		업적평가 (70)	• 목표관리항목에 대한 목표수준	• 달성수준	

출처 : 이혜숙(2002), 호텔경영학과 교과과정과 호텔인사고과 및 경력개발에 관한 종사원의 지각, 세종대학교 대학원 박사학위 논문.

3. 경력개발

1) 경력개발의 개념

경력이란 '직무활동의 수행과정에서 발생되는 역할 및 경험의 변화와 더불어 이루어지는 개인목표와 조직목표의 통합과정'을 말한다. 경력관리의 기본체계를 보면 일반적으로 경력개발목표, 경력개발계획, 경력개발의 세 가지 요소를 포함한다. 경력개

표 3-7 경력개발에 관한 제 연구

학자명(연도)	주 제	비 고
Erederick H. Antil(1984)	환대산업에 있어서의 경력계획	• 스스로 자기개발에 노력하지 않으면 단순한 기회나 행운으로밖에 발전할 수 없으며, 더욱이 환대산업은 급속히 변하므로 그러한 변화에 따라 지속적인 교육이 필요함을 강조 • 4단계의 경력계획단계를 제시, 1단계는 자신을 파악하는 것이고, 2단계는 자신의 자질과 회사에서 요구하는 능력에 합당한 일을 찾는 것이며, 3단계는 그러한 일을 결정하여, 4단계에서 자신이 선택한 일에 대한 성공비법을 연구
R. A. Noe, A. W. Noe와 J. A. Bachhuber(1990)	인적 자원개발과 경력개발과의 연계성에 관한 연구	• 인적 자원개발은 훈련, 교육 및 개발 프로그램을 통해 종사원의 능력수준이나 조직성과를 향상시키기 위해 관리자들이 취하는 지속적이고 계획적인 노력 • 많은 인적 자원개발활동 중 경력개발은 가장 장기적이고 전략적인 경력계획과 관련하여 실시되는 것
Jai-Fong과 Susan R. Gregory (1995)	하급 관리자에게 필요한 능력에 대한 업계 전문가의 견해	• 리더십, 커뮤니케이션 기술, 대인관계 기술의 중요성 • 현장 경험의 필요성 강조 • 지속적인 환대교육의 교과과정개발 필요
Berry S. Coffiey 와 Stella E. Anderson (1998)	미국의 여성 경영자들의 경력개발	• 여성 경영자들은 남성에 비해 상대적으로 낮은 급료를 받음 • 여성 경영자들은 이사회와의 업무관계에서 업무목적과 업무목표를 표방하기 위해 이사회 임원들과 직접 접촉하는 것이 효과적이라는 인식을 가짐 • 여성의 경력개발에 있어서 멘토링의 중요성 강조

출처 : 이혜숙(2002), 호텔경영학과 교과과정과 호텔인사고과 및 경력개발에 관한 종사원의 지각, 세종대학교 대학원 박사학위 논문.

발은 이들 세 가지 요소를 이용하여 경력개발 욕구를 파악하고 조직의 욕구와 개인의 욕구가 합치될 수 있도록 경력개발 목표를 설정한다. 이를 달성하기 위한 경력개발 계획을 수립하고 경력경로를 설정하여 경력개발 프로그램을 실행함으로써 개인의 경력을 개발하는 활동이 이루어지는 것이다.

2) 경력개발의 필요성

기업의 내부적 상황과 외부적 변화에 빠르게 적응할 수 있는 새로운 인력관리제도가 요구됨에 따라 경력개발의 필요성을 인식하게 되었다.

플리포(E. B. Flippo)는 경력개발의 필요성에 대해 세 가지를 들었다. 첫째, 급격히 변화하는 환경 속에서 생존 · 성장 · 발전하기 위해서는 주먹구구식의 대응보다는 계획된 프로그램하에서 움직이는 것이 보다 효과적이며, 둘째, 종사원들의 이직을 막기 위해서, 셋째, 종사원들의 다양한 욕구를 충족시켜 주기 위해서 경력개발이 필요하다고 하였다.

3) 경력개발의 목적

경력개발의 목적은 기본적으로 개인의 능력을 최대한 개발하여 이것을 경력기회에 적용시킴으로써 개인의 경력욕구를 충족시키는 것이며, 기업 측면에서는 경력기회를 제공하고 개인능력을 조직의 적재적소에, 그리고 적시에 활용함으로써 조직의 유효성을 높이는 것이다. 경력개발은 인력계획 · 교육훈련 · 직무분석 · 인사고과 · 승진관리 등과 밀접한 관계를 맺고 있으면서 직원의 노동력 향상이나 후계자 양성 등의 효율적인 인재확보와 배치, 그리고 종사원의 능력발휘를 위한 개발성취와 동기유발 같은 구체적인 목적을 가진다.

4) 경력개발의 과정

경력개발은 7가지 단계로 나누어 볼 수 있다.

첫째, 욕구(needs)파악의 단계로써 경영자의 조직 목표와 종사원의 자기 발전 목표가 서로 상호 작용될 수 있어야 하므로 정확한 양자의 욕구 파악이 중요하다.

둘째, 경력계획의 핵심이 되는 승진경로의 설정단계이다.

셋째, 상담 및 지도단계로써 상담제도, 장기적 업적평가제도, 잠재력 파악제도, 직위홍보 제도, 자기통제 제도의 확립이 필요한 단계이다.

넷째, 교육훈련 및 개발단계로써 각 승진단계별로 종사원의 능력과 자격을 뒷받침해 주기 위한 일반 교육훈련과 조직의 주요한 직종에 언제든지 후계자를 두어서 과업수행의 계속성을 기하고자 하는 대역관리 제도가 있다.

다섯째, 직무의 자격요건과 본인의 능력을 비교 · 분석하는 단계,

여섯째, 승진 · 배치전환 단계,

일곱째, 평가단계로써 승진경로의 조정, 상담, 지도, 교육훈련 방법의 개선, 승진 · 배치전환 관리의 개선 등을 위한 질적 정보수집 및 분석검토 단계이다.

4. 임금관리

임금이란 노동의 대가로서 고용주가 피고용자에게 지급하거나 노동을 제공한 대가로 받는 보수를 말한다. 우리나라 근로기준법 제2조에 의하면 '임금이란 사용자가 근로의 대가로 근로자에게 임금, 봉급, 그밖에 어떠한 명칭으로든지 지급하는 일체의 금품' 을 말한다. 급료, 봉급, 기본급, 보수 등 사용종속관계에서 근로의 대상으로 지급되는 모두를 '임금' 이라 할 수 있으며 육체적 노동자의 시간급, 일상급은 물론 사무직 노동자의 봉급, 급료, 연봉 모두를 포괄적으로 '임금' 으로 총칭할 수 있다.

전체 종사원의 임금 수준은 어떻게 결정할 것인지는 종사원들의 생계비조사 및 임금 조사가 이루어져야 한다. 또한 개별임금 총액의 결정을 위해서 직무급, 직능급, 연공급, 자격급 등의 방법을 연구해야 하고 임금의 지급형태, 즉 고정급으로 할 것인지 성과급까지 포함할 것인지도 결정되어야 한다.

종사원의 입장에서의 임금은 우선 생계비 유지의 원천이며 사회적 신분을 규정짓는 중요 요소가 되므로 최대한 높은 수준의 임금을 요구하게 된다. 반면 기업의 입장에서 볼 때 임금은 인건비를 지불하는 비용의 요소이고, 임금수준이 생산성 내지는 능률성에 영향을 미치기 때문에 가급적 경감하려 노력함이 당연하다. 즉, 임금은 비용 요소인 동시에 생산원가이기 때문이다.

임금은 종사원과 기업 양측에서 볼 때 각각 다른 측면에서 그 중요성을 띠기 때문

에 임금관리의 문제가 노사의 중요 관건으로 항상 대두되고 있다.

타 산업에 비해 터무니없이 낮은 기본급으로 시작한 식음료 부문 업체의 임금은 고객으로부터 발생하는 봉사료에 의존하는 비중이 상당히 높다. 특히 호텔 식음료업장에서는 그 운용에 있어서의 투명성과 배분문제로 인해 노사갈등의 빌미를 제공하여 왔으며 만족할 만한 해결책을 오랫동안 찾지 못했다. 다행히 수년 전 각 호텔은 노사협약을 통해 봉사료를 기본급화하고 일정한 기준에 의해 잉여분을 재배분하는 제도를 정착시킴으로써 상당부분 그 동안의 문제가 해결되었다.

종사원에게 있어서 임금이란 노동 제공의 정당한 대가로서 사회 조직의 기초인 가정을 영위하는 가장 중요한 변수이므로 자신이 가지고 있는 역량을 최대로 발휘하여 기업의 발전에 기여하여야 하며, 기업으로서는 최소한의 투입으로 최대한의 효과를 본다는 단순한 경제논리만을 따지기에 앞서 조직의 성장 발전을 이루는 주체는 헌신적인 종사원들임을 명심하여 신뢰를 바탕으로 서로 협력하는 분위기 조성에 앞장서야 할 것이다.

그림 3-12 **임금체계**

5. 복리후생

복리후생이란 종사원의 복리와 후생을 도모함으로써 불완전한 노동 조건을 보완하고 이를 통하여 노동력의 최적 활용을 기하여 노사관계의 안정화와 양호한 인간관계를 확보하기 위해 기업이 채택하는 부가적 보상체계를 말한다.

보상은 기본급 · 수당 · 인센티브 그리고 복리후생비를 포함하는데, 그 중에서 기본급 · 수당 · 인센티브는 종사원에 대한 직접적인 보상인 반면에, 복리후생비는 종사원의 노동과 직접 연결되지 않는 간접적인 보상이라고 할 수 있다. 따라서 종사원에게 간접적인 형태로 제공되는 부가보상을 간접임금 또는 제2의 임금이라고도 한다.

복리후생은 종사원들로 하여금 생활의 안정을 통해 효율적으로 인적 자원을 관리하고 서비스의 질을 향상시킬 수 있는 밑거름이 된다.

1) 복리후생의 설계

효율적인 복리후생을 위해서는 다음과 같은 설계가 필요하다.

(1) 합리성

원칙적으로 대상범위가 넓은 제도를 우선적으로 채택한다. 이는 폭넓은 종사원을 대상으로 하면 효과가 클 뿐만 아니라 비용의 절감 효과도 얻을 수 있기 때문이다.

(2) 협력성

종사원들의 참여에 의해 복리후생제도가 설계되어야 하고 노사의 대표로 구성된 위원회를 통해 바람직한 제도나 종사원의 욕구조사에 관한 제안을 하도록 한다. 실제로 이용하는 사람이 종사원이기 때문에 종사원측이 제도의 설계에 참여한다는 사실은 필요한 욕구를 스스로 만족시킬 수 있을 뿐만 아니라, 복리후생제도와 관련하여 발생되는 문제점에 대한 의사소통의 토대를 제공하여 주게 되기 때문이다.

(3) 공개성

종사원의 욕구를 충족시키도록 설계되어야 한다.

종사원들이 원하지 않는 제도의 도입은 비용의 낭비를 초래하므로 현재 복리후생제도의 새로운 요구사항에 대한 사전적 조사와 평가를 실시하는 것이 필요하다.

(4) 적정성

현재와 미래의 복리후생비를 지불할 수 있는 능력이 평가되어야 한다. 즉, 지불능력을 벗어난 과도한 복리후생의 부담은 방지되어야 하는 것이다.

2) 복리후생의 기능

기업에서 실시하고 지원하고 있는 복리후생의 목적 및 기능은 매우 다양하며 그 주요 기능은 다음과 같다.

첫째, 근로생활의 안정 및 근로자 의욕의 증대를 들 수 있다. 기업이 종사자 및 그 가족에게 제공하는 각종 복리후생은 종사원의 생활안정 및 근로의욕의 증진에 기여하고 있다. 즉, 직접적인 임금이라는 보상과 간접적인 복리후생이라는 보상은 종사원의 생활의 안정을 통하여 노동력의 재생산에 중요한 영향을 미치게 된다.

두 번째로 노동력의 확보이다. 임금이나 작업 조건, 더불어 주택과 관련된 지원, 각종 시설의 지원 등 복리후생활동의 충실함이 중요한 조건이 된다. 회사에서 제공하는 복리후생은 회사의 경영활동에 필요한 육체적 · 정신적 노동력의 안정적인 확보 및 유지발전에 중요한 영향을 미치고 있다. 특히 종사원과 그 가족에 대한 주택지원을 비롯하여 의료혜택의 제공, 생활편의시설의 확충, 동호회 및 문화활동의 지원 등은 종사원의 이직률을 낮추고 고용의 안정화, 노동력의 효율적 활용, 노동생산성의 향상 등에 크게 기여할 수 있다.

세 번째, 모든 종사원들에게 균등하게 주어지는 간접적인 보상이다. 조직 내 인간관계 개선 및 근로의욕 증대, 종사원의 일체감 조성을 이룰 수 있다.

네 번째, 다양한 복지시설 및 제도의 개발과 제반 복지시책의 효과적인 운영은 노사관계를 안정화시키는 데 기여할 수 있다. 특히 각종 복지시설 및 제도에 대한 노사 공동의 운영은 노사 공동체를 형성하고 협력적 · 안정적 노사관계를 촉진시킬 수 있다.

다섯 번째, 회사의 다양한 복리후생시설의 확충과 그 시설을 지역주민에게도 개방하여 지역사회의 발전에 영향을 미치고, 지역사회와의 유대강화 및 기업 이미지의 제고에 기여할 수 있다.

3) 복리후생의 유형

복리후생은 법적 요구사항에 따라 의무적으로 실시해야 하는 법정 복리후생과 기업의 특성, 규모, 근로 조건 등을 고려하여 임의적으로 시행하는 법정 외 복리후생으로 나누어 볼 수 있다.

(1) 법정 복리후생

국가의 사회보장 차원에서 정부가 기업에 대하여 법률적으로 명시하여 강제로 실시하고 있는 제도를 말한다. 각 국가의 사회복지 정책에 따라 그 종류에는 차이가 있으나 종사자의 기본적인 근로생활에 필요한 최소한의 수준을 유지하도록 하는 데 그 목적을 두고 있다.

우리나라에서는 건강보험, 국민연금, 산재보험, 고용보험 등 4가지 공적보험을 법정복리후생의 주요 제도로 정하여 의무적으로 실시하게 하고 일부 비용까지 기업이 지원하도록 하고 있으며, 그 주된 내용은 다음과 같다.

① 의료보험제도(건강보험)

업무와 상관없이 발생하는 질병이나 사고로 인한 종사원의 경제적 위험으로부터 보호하는 동시에 질병을 사전에 예방하는 역할도 한다. 그 대상은 종사원과 그 직계가족을 포함하며 보험료는 노사가 각각 분담한다.

② 연금보험제도(국민연금)

종사원이 건강 등의 이유로 근무능력을 상실하고 소득이 없거나 사망하였을 경우에 종사원과 그 가족의 생계를 지원해 주기 위해 일정의 연금을 지급하는 제도이다.

③ 산업재해 보상보험제도(산재보험)

업무수행과 관련하여 발생한 재해에 대해 경제적으로 보상을 하는 제도로써 종사원의 비용부담이 없으며 일반적으로 기업이 비용 전액을 부담한다.

종사자가 산재보상을 청구하기 위해서는 그 재해가 업무상 발생한 것이어야 하고 업무상의 재해 여부는 업무수행성 또는 업무기인성 등을 고려하여 판단한다.

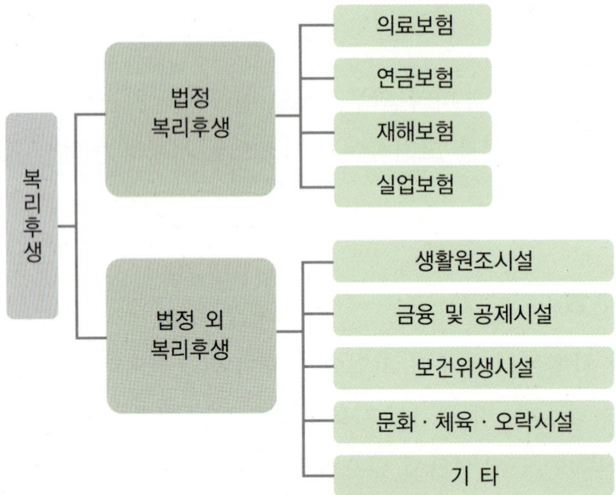

그림 3-13 **복리후생의 유형**

④ 실업보험제도(고용보험)

실업급여는 근로자가 실직했을 때 일정기간 급여를 지급하여 생활의 안정 및 재취업을 도와주는 제도이다. 실업급여를 포함한 고용보험은 고용안정사업과 직업능력사업 등 노동시장 정책을 연계하여 통합적으로 실시하는 사회보장보험이다.

실업보험은 사후적 · 소극적 사회보장이고 고용안정사업과 직업능력개발사업은 사전적 · 적극적 노동시장 정책이다.

(2) 법정 외 복리후생

법정 외 복리후생이란 기업이 임의로 종사원을 위한 복리후생을 실시하는 제도를 말하며 기업의 특성, 규모, 환경, 조건 등을 고려하여 필요에 의해 실시하기 때문에 그 종류가 매우 다양하다. 종사원의 복리후생을 위해 휴게실, 탈의실, 샤워실, 오락실, 도서실 등의 시설을 갖춰 놓으며 연 1회 이상 해당 신발과 유니폼을 지급하고 대중교통수단의 운행시간 전 · 후에 출퇴근하는 종사원에게는 교통비를 지급한다.

일반적으로 법정 외 복리후생은 두 가지로 나눌 수 있다.

첫째, 법정 복리후생제도의 운영내용을 보다 알차게 구성하여 법률에서 정한 수준 이상으로 사회보험을 운용하는 사회보험 추가 급여이다. 연금보험의 경우에 있어서 법률이 정한 최소한도의 범위를 넘어서 추가적으로 사용자가 별도 보험료를 부담해

준다거나 질병이 발생하였을 경우 의료보험이 급여해 주지 못하고 있는 특별진단이나 고급입원실 이용에 대해 보조를 해주는 경우 등이다.

둘째, 기업이 별도로 자율적인 의사하에 설정한 복리후생제도인 기타 자율적인 신설급여이다. 주요 복리후생제도로는 생활원조시설, 금융시설, 보건위생시설 그리고 문화·체육·오락시설 등이 있으며 표 3-8과 같이 예를 들 수 있다.

표 3-8 법정 외 복리후생제도의 예

복리후생제도	내 용
공제금융관계	경조관계급 부금, 재해 위로금, 각종 대부금, 사내 예금 등
문화체육시설	오락실, 도서실, 사원클럽, 문화서클, 체육관, 운동장, 수영장 등
보건위생관계	의무실, 진료소, 보양소, 해변 휴양소, 정기검진, 건강 상담 등
생활경제관계	사원식당, 매점, 이발, 미용실, 욕탕, 세탁소, 장학금, 대부 등
인간관계	카운셀링, 사원 생일 축하, 여가활동
주택관계	주택, 사원 숙소, 주택적립금, 주택건설자금융자, 주택수당지급 등

6. 인간관계관리

식음료 기업의 가장 중요한 특성은 인적 자원에 대한 의존성이 매우 크다는 것이며, 그 인적 자원이란 각각의 감정을 지니고 있는 인간, 즉 종사원을 말하는 것이다. 따라서 식음료 조직은 대인관계를 기업의 목적에 맞도록 체계적으로 운영해 나가야만 하는 중대한 기능을 가지고 있다.

식음료산업 내에서 종사원과 경영자, 종사원과 고객, 고객과 경영자의 세 가지 형태의 인간관계로 나누어 볼 수 있지만 고객과의 관계는 마케팅 부분에서 설명이 이루어진 관계로 이 장에서는 종사원들 간의 인간관계에 대해서만 다루기로 한다.

인간관계는 인간 상호간의 관계이며 사회적 존재인 사람과 사람의 관계를 말한다. 특히 동질의 목적을 가진 사람들이 모여 생활하는 곳인 직장에서는 많은 시간을 마주치고 느끼며 생활하는 관계가 형성되게 된다.

'서비스요원의 만족 없이는 고객만족도 없다.' 는 새로운 마케팅 철학에서 유래된 신종 이념과 같이 인적 서비스에 대한 의존성이 높은 식음료업장의 경우 종사원들 간의 인간관계는 경영의 성패를 가늠하는 중요한 요소이다. 그러므로 업무적으로 연관이 있는 모든 협력부서나 그 조직원들 간의 원활한 관계를 위해서 조직 전체가 평소에도 노력을 아끼지 말아야 할 것이다.

직장 내에서 필요한 좋은 인간관계 형성의 조건을 들어보면 다음과 같다.

① 솔선수범하는 서비스정신 함양의 마음가짐
② 조직과의 공동 목표달성을 위한 협동정신의 자세
③ 타인에 대한 호감과 관심
④ 적극적인 감사의 표현
⑤ 타인 배려 우선의 생활습관
⑥ 자신의 감정 억제
⑦ 자신이나 타인에 대한 불평불만의 원만한 해소 능력

또한 상사나 부하직원, 동료직원끼리의 성공적 인간관계 정립을 위한 방도도 살펴보도록 한다.

1) 직장 상사와의 인간관계

① 신속, 정확한 보고
② 상사의 지시에 대한 철저하고 책임감 있는 수행
③ 긍정적 · 적극적 · 창의적 업무처리 자세
④ 상사의 정확한 의사결정에 대한 역할 수행
⑤ 철저한 시간 엄수
⑥ 상사의 조언과 충고에 대한 겸허한 자세
⑦ 상사에 대한 불신감과 자만심 배제
⑧ 상사의 잘못된 결정이나 지시에 대한 적극적 의견 제시

2) 직장 부하직원과의 인간관계

① 명확한 업무지시와 신속한 결재
② 책임과 권한을 부여하고 신뢰하는 자세
③ 자신의 자질향상을 위한 꾸준한 노력
④ 충분한 칭찬과 격려, 고압적 언행이나 거친 말투 배제
⑤ 철저한 약속이행으로 신뢰받는 일처리 자세
⑥ 가능한 한 퇴근시간 엄수와 짧은 회의시간
⑦ 편견이나 고정관념 배제
⑧ 사적인 업무지시나 비방은 회피

3) 동료직원과의 인간관계

① 상호간의 의견을 존중하는 태도
② 동료보다 '한 걸음 더' 라는 생각과 자세
③ 아프거나 어려움에 처한 동료에 대한 배려
④ 조심성 있는 언행
⑤ 서로 칭찬하는 태도, 상호 비방 금지

제 4 절 식음료 부문의 교육훈련

현대의 식음료산업은 여러 가지 업무를 다양하게 하는 '만능공' 보다는 특정 업무에 대한 고숙련도를 가진 '전문 단일공' 을 필요로 하므로 그에 적합한 인적 자원을 배양할 교육훈련 프로그램의 수요가 급증하고 있다.

인적 자원관리활동의 출발점인 채용관리도 중요하지만 채용된 종사원이 조직이나 기업환경에 잘 적응하여 자신의 능력을 최대한 발휘하게 도와 주는 '교육훈련' 이 매우 중요한 과정이 되는 것이다.

1. 교육훈련의 의의

교육과 훈련의 개념이 비슷하게 여겨지기도 하지만 그 추구목표와 교육내용, 기대결과 등이 다르다. 교육은 객관적이고 일반적인 지식을 습득하게 하여 장기적으로 다양하게 변화를 줄 수 있도록 하는 학습활동을 말하며, 훈련은 복잡한 기술개발이나

표 3-9 교육과 훈련의 비교

구 분	교육(education)	훈련(training)
내 용	• 일반적 지식	• 특별한 지식
효과의 범위	• 다양한 효과	• 특정 효과
기 간	• 장기적	• 단기적
추구목표	• 인간으로서의 역할 습득과 지식함양에 치중 • 개인목표 강조 • 정신적 · 보편적 · 장기적 목표 추구	• 특정기업의 특정직무수행을 위한 기능습득에 치중 • 조직 목표 강조 • 육체적 · 구체적 · 단기적 목표 추구
기대결과	• 보편적 지식학습을 통한 다양한 결과 기대	• 특정의 제한된 행동결과 기대
사용수단	• 이론 중심의 지식 전달	• 실무 중심의 기능 연마
주체	• 주로 정규교육기관	• 주로 기업 혹은 연수원

정밀한 관리기능의 체득 및 복잡한 직무를 바탕으로 하여 어떤 특별한 상황에 대해서만 단기적인 변화를 줄 목적으로 실시하는 학습활동이라고 할 수 있다.

종사원의 자질을 개발하고 직무에 대한 적응성을 높임으로써 보다 나은 직무와 자격을 갖출 수 있도록 유도하는 것이 교육이며, 보다 나은 직무수행에 필요한 모든 능력을 통하여 생산성을 높이도록 하는 것이 훈련이다.

그러므로 교육훈련은 현장의 최하위 종사원에서부터 감독자, 관리자, 경영자에 이르기까지 부서 내의 모든 사람들에게 필요하며 철저한 계획하에 지속적으로 실시되어야 한다.

2. 교육훈련의 중요성 및 목적

레스토랑은 공공의 장소이며 다수의 고객과 함께 하는 서비스 업장이므로 자질과 능력을 갖춘 종사원으로서 맡은 바 직무를 성실히 수행하면서 사회에 봉사한다는 것이 쉬운 일은 아니다. 그러므로 이들은 소정의 교육을 통하여 일정한 자격을 갖추고 지속적으로 그 능력을 계발 · 습득함으로써 조직 내에서 자신의 존재 가치를 인식하게 되고, 자아실현에도 도움이 되도록 해야 한다.

기업에서는 훌륭한 인적 자원의 개발과 관리를 통하여 고객에게 최고의 서비스를 제공하게 되고, 경쟁력을 갖춘 회사로 존속하며, 최소의 투자로 최대의 효과를 얻을 수 있는 기초를 다지게 된다. 근무하는 종사원들의 수준에 따라 업장의 수준이 결정된다는 전제하에, 꾸준한 교육훈련을 통하여 종사원의 잠재능력을 개발하고, 그 능력을 충분히 발휘할 수 있는 환경을 조성하여 준다는 것은 기업의 장래에 대한 가치 있는 투자라 할 수 있다.

고객의 측면에서는 훌륭한 식음료 부문의 서비스를 통해 최고의 만족과 감동을 얻게 되며 심리적 안정, 편안한 휴식, 양질의 영양공급으로 반복되는 작업에의 활력소를 얻는 효과를 얻게 된다.

교육훈련의 목적은 종사원의 지식, 기술, 태도를 향상 · 발전시켜 종사원들의 직무만족을 꾀하여 더욱 중요한 직무수행을 가능하게 해주는 데에 있다. 즉, 기업은 종사원들에게 지식향상, 기능향상, 태도개선을 1차적 목적으로 교육훈련을 실시하고 능률향상, 인재육성, 인간완성, 생활향상의 효과를 도모하며 궁극적으로 기업의 유지발전과 조직 및 개인 그리고 통합의 목적을 달성하게 된다.

3. 교육훈련 프로그램

각기 다른 개성을 가진 구성원들에게 하나의 목적을 달성하게 하기 위해 교육을 일률적으로 실시한다는 것은 쉬운 일이 아니다. 그러나 식음료산업에서 생산성과 경쟁력을 높이기 위해서는 전문성 있는 인적 자원의 확보가 중요하고 교육을 통한 인적 자원의 개발이 필수적이다.

교육훈련은 그 대상이 누구인지, 누구에 의해서 실시할 것인지, 사용 프로그램은 어떻게 다른지를 명확히 해야만 바람직한 실시 효과를 기대할 수 있다. 그에 따른 교육훈련을 분류해 보면 다음과 같다.

1) 훈련장소에 따른 분류

(1) 사내 교육

사내 교육(OJT : On the Job Training)은 기업의 내부에서 구체적인 직무에 대하여 직속상사가 부하에게 직접적 · 개별적으로 교육훈련을 시키는 방식이다. 기업 자체 내의 계획과 프로그램을 가지고 실시하는 교육으로 신입사원교육, 고객 예절교육, 서비스 정신교육(경청기법) 등이 있으며 그 내용의 예를 들어보면 다음과 같다.

① 어학 및 각종 교양교육
② 소방, 안전 및 위생교육
③ 사내강사 양성교육
④ 임원 및 부서장교육, 간부사원교육, 중견사원교육, 일반사원교육
⑤ 실습생교육
⑥ 매출 증대 및 서비스 향상교육
⑦ 호텔의 상품 및 제도교육(membership제도 등)
⑧ 의사소통 관련 교육
⑨ 부서별 교환근무교육

이들은 실무상의 교육훈련으로써 기회교육이며 체험학습이다. 이 훈련 방식은 호텔이나 식음료 등 서비스직 종사원에게 적당한 방법으로서 많이 사용되고 있다.

로버트(Robert W. Lucas)의 경청기술 향상기법

- 말하는 것을 멈추어라.
- 적극적으로 경청하라.
- 감정이입을 보여라.
- 인내심을 가져라.
- 긍정적인 비언어적 신호를 보내라.
- 필요하다면 노트하라.
- 항상 준비하라.
- 듣겠다는 의지를 보여라.
- 개념을 들어라.
- 마음의 문을 열고 들어라.
- 논쟁하지 말라.
- 질문하라.

출처 : 임붕영 외(2006), 고객을 춤추게 하는 서비스리더십

(2) 사외 교육

사외 교육(off the job training)이란 외부의 교육기관에 의뢰하거나 외부 프로그램에 참가하도록 하여 교육을 이수하는 직장 내 또는 직무 외 훈련을 말한다. 이는 다음과 같이 현장의 작업과는 직접적인 관련을 갖지 않은 보편적인 내용, 일반적인 작업에 대한 사고 방식이나 작업의 개선 방식과 인간관계의 중요성 등을 교육훈련하는 데에 적합하다.

업무에 지장을 주지 않고 예정된 계획에 따라 훈련할 수 있다는 장점이 있으나, 그 결과를 곧 현장에서 활용하기 어렵다는 단점이 있다.

사외 교육의 내용으로는 다음과 같은 예를 들 수 있다.

① 최고 경영자교육
② 조직 활성화교육
③ 교육 담당자교육
④ 노조(노사위원회) 간부교육
⑤ 관광공사 및 협회 주관 위탁보수교육
⑥ 노동부 주관 위탁보수교육
⑦ 기타 교육 관련 기관 위탁교육

(3) 해외연수

정기적 해외연수를 보내서 교육훈련을 받게 하는 프로그램으로 주로 근무 우수사원에게 인센티브 혜택으로 주어지는 경우가 많다. 레스토랑의 체인본부에서 주관하는 교육이나 각종 대회에 참가시키기도 하고 견학차 보내는 경우도 있으며 어학시험 성적우수자에게 해외연수 특전을 부여하여 사기를 북돋워 줌으로써 능력향상 및 자기개발의 기회를 주기도 한다.

2) 훈련대상에 따른 분류

(1) 신입사원 교육훈련

신입사원 오리엔테이션은 회사에 처음 들어 온 신입직원들에게 회사에 대한 기본적 정보, 즉 인사방침 및 고용조건, 종사원을 위한 시설안내 등을 습득시킬 목적으로 입사 후 수습기간 중 실시한다. 이는 신입직원들에게 귀속의식과 애사심을 심어 주는 역할을 하게 되므로 필수적으로 이루어지는 교육훈련을 말한다.

신입사원 오리엔테이션 교육내용 사례

- 환영사
- 사내 문화 조직
- 직무기술서 이해
- 봉사료 문제
- 유니폼 착용법
- 종사원 핸드북 이해
- 고용기회의 평등 정책
- 작업장 답사
- 보고자 및 보고 장소와 시기
- 위생과 안전 절차
- 수행평가와 급여 관계
- 파면근거
- 회사연혁
- 서비스 철학
- 성희롱교육
- 급여정책
- 종사원 복지혜택
- 식사 및 휴식시간
- 무단결근 및 지각
- 동료들의 소개
- 자주 사용되는 전화번호 목록
- 경력개발 및 승진기회
- 진취적인 훈련
- 비상사태 대비

(2) 일반직원교육훈련

감독 · 관리직이 아닌 기존의 일반직원들을 위해 계획된 직무에 관한 기술을 전수하는 기능훈련교육을 일반직원교육훈련이라 한다.

(3) 감독자교육훈련

경영관리상의 문제해결책에 주안점을 두고 해당업장에서 일어나는 모든 어려운 문제에 대하여 감독자로서 해결 능력을 연마하도록 하기 위한 프로그램을 감독자교육훈련이라 한다. TWI(Training Within Industry)를 그 대표적 예로 들 수 있는데, 이는 감독자를 조직적 · 합리적으로 훈련시키기 위한 단기 훈련 방식으로 특별 훈련을 받은 지도자가 10여 명의 소집단 감독자를 교육 훈련시키는 것이다.

(4) 중간관리자교육훈련

최고경영자와 하부감독층의 중간 역할을 담당하는 부장 · 차장 · 과장 · 팀장급들을 대상으로 실시하는 훈련이다. 이들은 경영자의 경영 방침이 모든 직원들에게 전달되어 직무성과에 반영되도록 하기 위해 각 부문활동을 계획 · 지휘 · 조정 · 통제 · 조언하는 역할을 담당한다. 전형적 방식으로는 MTP(Management Training Program)를 들 수 있는데, 이는 TWI보다 상위 관리층을 대상으로 하므로 광범위한 경영문제, 경영관리의 이해, 관리자로서 필요한 관리기술의 지도를 목적으로 한다.

(5) 최고경영자교육훈련

기업의 최고책임자로서 유연하고 고도의 판단력과 의사결정능력을 갖추고, 훌륭한 통솔력과 지도력을 쌓으며, 기업의 대표자로서 폭넓은 식견과 고도의 경영관리능력을 양성하는 데에 목적을 두고 있다.

최고경영자 교육훈련을 위한 훈련 방식으로는 ATP(Administrative Training Program), AMP(Advanced Management Program)를 들 수 있다.

외식 경영자로서의 역할

민츠버그(Minzberg)는 경영자의 역할에 대해 대인간 역할(interpersonal roles), 정보 관련 역할(informational roles), 의사결정 역할(decisional roles)의 세 가지로 분류하고 이를 다시 10개의 세부 역할로 구분하여 제시하였다.

■ **대인간 역할**

사람들과의 관계에 초점을 두며 대표자(figurehead), 지도자(leader), 연결자(liaison)로서의 역할을 의미한다.

■ **정보 관련 역할**

정보탐색자(monitor), 정보제공자(disseminator), 대변인(spokesman)으로서 올바른 의사결정을 위해 정보를 수집하여 조직 내 다른 사람들에게 이를 전달하고 조직의 정보를 대변하는 역할을 의미한다.

■ **의사결정 역할**

기업가(entrepreneur), 문제해결자(disturbance handler), 자원배분자(resource allocator), 협상자(negotiator)로서의 역할을 의미한다.

출처 : 임붕영 외(2006), 고객을 춤추게 하는 서비스리더십

3) 부서별 프로그램

회사 차원에서의 교육을 떠나서 각 부서별로 실시하는 교육으로 나름대로 심도 있는 교육을 통해 분야별 전문가를 양성하는 데 크게 기여하는 교육 프로그램이다.

식음료부서의 교육 담당자는 교육부서의 조언과 도움을 받아 부서에 맞는 교육계획을 작성하여야 하며, 아무리 바쁘고 힘들더라도 계획된 스케줄에 따라 꾸준히 교육을 실시하여야 한다.

식음료부서의 전문가를 양성하는 일은 하루아침에 이루어질 수 없는 것이므로 철저한 실무위주의 교육을 통해 목적을 달성할 수 있도록 부서장의 각별한 관심과 교육 담당자의 뜨거운 열정이 필요하다 하겠다.

① 부서 내 신입생교육(orientation)
② 고객 예절교육(guest courtesy training)
③ 매출증진교육(upselling technique)
④ 용모 및 복장관리 요구

⑤ 소방 · 안전 · 위생교육
⑥ 전화응대교육
⑦ 추천판매(suggestive selling)
⑧ 사내 직무교육(on the job training)
⑨ 기물 및 장비취급교육
⑩ 식음료 이해(food beverage knowledge) 교육
⑪ 영업회계 관리교육
⑫ 서비스 표준(service standard)교육
⑬ 서비스 과정(service procedure)교육
⑭ 외국어교육(foreign language training)

4) 교육훈련 결과의 분석 및 보완

직원에 대한 모든 교육에 관한 자료는 참가 여부와 함께 결과를 개인 신상기록이나 교육 이수 관련 파일에 기록하여 차후 상벌을 결정하는 자료로 삼고, 특히 진급이나 승급의 심사 시 참고함으로써 객관적인 심사를 할 수 있도록 함은 물론 직원 개개인도 교육의 중요성을 깊이 인식하고 평소에 성실하고 노력하는 습관을 가질 수 있도록 해야 한다.

종사원들은 스스로 직무에 흥미를 가질수록 더 배우고자 하며 그들이 하고 있는 직무가 중요하다고 여겨지고 또 자신의 야망에 대한 만족감을 얻을 수 있는 직무라고 생각될 때 더 교육훈련을 원하게 된다. 반대로 종사원들이 육체적 또는 정신적으로 너무 피곤할 때, 그리고 교육 자체가 지루하거나 종사원들이 교육에 대해 지나치게 긴장하게 될 때 교육훈련에 대한 거부감을 갖게 되므로 교육자의 자질이나 철저한 계획과 기술이 필요하다.

표 3-10 서버 트레이닝 프로그램(server training program)의 예

시 간	활동내용	목 표
9 : 00~9 : 05	• 실습생들 출근부 서명 • GM과 실습생들의 만남 • GM의 유니폼 점검 • GM의 첫날 테스트	• 실습생들의 유니폼 확실히 점검 • 첫째 날 테스트에서 잊은 품목에 대해 설명
9 : 05~9 : 10	• 실습생들의 map 테스트 • GM이 map 테스트 정정 후 실습생들과 함께 재점검	• 테이블 번호를 이해하고 버서(busser)*로서 일하기 전에 테이블의 위치를 확인
9 : 10~9 : 45	• 실습생들의 둘째 날 서버훈련 프로그램 매뉴얼 낭독(최고의 서비스를 위한 열정)	• 서비스를 위한 회사의 열정을 이해
9 : 45~9 : 55	• GM은 둘째 날 매뉴얼에서 핵심 요소 검토 • GM이 서버들의 행동 방침 목록 검토	• 버서로서 갖추어야 할 자질을 이해
9 : 55~10 : 45	• GM은 주류 판매에 대한 책임감 제고	• 주류상품을 책임지고 판매하는 법을 이해
10 : 45~10 : 55	• GM이 공인된 버서와 공인된 바텐더 교육자 소개 • 둘째 날의 교육 목표 제시	• 오늘의 공인 교육자를 만나서 시프트(shift)의 목적을 이해
10 : 55~11 : 15	• 실습생들과 버서 교육자가 함께 오프닝 시 필요한 업무를 습득	• 버서가 오프닝 때 해야 할 업무를 이해
11 : 15~11 : 30	• 실습생들은 라인업(line-up) 미팅에 참석	• 라인업(line-up) 미팅의 중요성에 대해 이해
11 : 30~13 : 30	• 실습생들은 공인된 버서 교육자와 함께 둘째 날 목표달성	• 버서 시스템과 절차를 이해하기 시작
13 : 30~14 : 30	• 실습생들이 공인된 바텐더 교육자와 만나서 둘째 날 목표달성	• 바(bar) 시스템과 상품에 대해 이해하기 시작
14 : 30~15 : 00	• 실습생들과 GM이 함께 식사, 그 날의 재료와 목표에 대해서 검토 • 실습생들은 둘째 날의 교육 마침 • GM은 실습생들에게 유인물을 배부 • 실습생들 해산	• 실습생들의 숙달 정도를 평가하여 식사 트레이닝 실시 • 셋째 날을 위한 자료 제공

* 버서(busser) : 접시 치우는 사람　　* GM(general manager) : 총지배인

출처 : Courtesy of Left At Albuguerque, Palo Alto, CA

표 3-11 음식서버(food server)의 일상적 업무교육 과제

과 제	훈련자
• 업장 정렬	________
• 부차적 업무	________
• 고객 영접	________
• 좌석안내	________
• 업무기록 절차	________
• 식음료 판매	________
• 주류 서비스	________
• 메뉴설명	________
• 식사에 어울리는 와인 판매	________
• 음식 서빙	________
• 레드와인 서빙	________
• 화이트와인 서빙	________
• 발렌타인 특별 메뉴판매	________
• 스파클링 와인 · 샴페인 서빙	________
• 디저트 메뉴 판매	________
• 디저트 서빙	________
• 저녁식사 후의 음료 판매	________
• 저녁식사 후의 음료 서빙	________
• 폐점	________
• 회계전표 제출	________
• 매출액 처리	________
• 고객 배웅 보조	________
• 고객 불평 처리	________
• 식당 내 사건 일지	________
• 아프거나 술 취한 고객 응대	________
• 사고와 상해 보고	________
• 응급 화재 조치	________
• 시프트(shift) 교대 준비	________

출처 : Lewis C. Forrest, J. R.(1996), Training for the Hospitality Industry

종사원을 위한 전문화된 교육 과제

- 프론트 오피스를 위한 컴퓨터 교육
- 화재 안전교육
- 심폐소생술교육
- 와인 주조 및 서비스 교육
- 세탁물 장비교육
- 건강보험관리교육
- 교육자교육
- 종사원 관계 예방교육
- 수영장, 파도풀장 유지교육
- 보안 절차교육
- 객실 내 영화장비 작동요령교육
- 책임감 있는 주류 서비스 교육
- 정산장치교육
- 응급치료교육
- 하임리크 구명법교육
- 화학약품 사용법교육
- 전화응대 요령교육
- 컴퓨터화된 시간기록교육
- 면접과 선발교육
- 종사원 관계교육(통합)
- 종사원들의 급여관리교육
- 시청각 장비 작동요령교육
- 카펫 세척 장비교육
- 위생교육

출처 : Lewis C. Forrest, J. R.(1996), Training for the Hospitality Industry

롯데호텔, 국내외 지점 식음 표준화…컬리너리 R&D 센터 출범

롯데호텔이 미식에 관심이 많은 고객의 만족도를 높이고자 국내외 30여 개 지점의 F&B, 식음 서비스를 표준화한다. 롯데호텔은 지난달 김정환 대표이사 주도로 잠실 서비스 아카데미에서 '글로벌 컬리너리 R&D 센터(Global Culinary R&D Center)'를 출범했다.한식과 양식, 중식, 일식, 제과 전문가로 구성된 이번 센터에서는 메뉴개발, 체인 호텔 간 표준화, 식자재 발굴, 최신 조리 트렌드 분석과 체인 호텔 교육과 적용 등에 힘쓸 예정이다. 센터에서는 먼저 셰프들의 국내외 체인 호텔 레스토랑 교차 근무를 지원해 셰프의 역량을 강화하고 경험을 집약해 다양한 글로벌 음식 문화를 개발, 국내 고객들에게 선보인다.

출처 : http://www.mbn.co.kr/pages/news/newsView.php?news_seq_no=3579020(2018.7.9.)

MEMO

FOOD AND BEVERAGE MANAGEMENT

PART 2
식음료산업의 경영관리

CHAPTER 4
메뉴관리

제 1 절 메뉴의 개념

1. 메뉴관리의 중요성

과거 수요 우위의 식음료산업 시장에서는 좋은 재료로 맛있는 음식을 만들기만 하면 고객이 넘쳐났기에 메뉴는 단순히 음식의 종류를 기록, 나열하는 차림표로만 인식되었다. 그러나 현대 사회에 들면서 식음료산업은 다점포, 다브랜드화로 급격히 식음료업장이 증가하여 치열한 경쟁적 환경에 처해지고, 고객들의 기호는 고급화 · 다양화 그리고 세분화되면서, 각 업장들은 생존과 성공의 열쇠인 고객만족을 위해 끊임없이 메뉴관리를 도모하게 되었다.

실제 수많은 식음료업장들이 업종 및 업태 전환을 꾀하고, 규모를 축소하거나, 폐점과 같은 난관을 극복하기 위해 하는 최우선적인 경영 노력은 메뉴를 바꾸는 것이다. 즉, 새로운 메뉴로 고객을 재유인하여 경영 수익을 유지하거나 향상시키고자 하는 것이다.

다품목 소량주문생산체제라는 식음료산업의 특징 때문에 식당의 경영 수익은 전적으로 고객에 의존될 수밖에 없으므로 식음료경영의 주된 목표는 가능한 한 많은 고객을 유인하고 확보하는 것에 있다. 그러나 식음료상품 자체가 눈에 보이지 않는 음식 맛, 분위기 등으로 결정되는 무형성 때문에 마케팅상의 문제를 갖게 되자, 이를 가시적으로 표현할 수 있는 도구가 필요하게 되었고, 이를 만족시켜 주는 효율적 도구로 메뉴를 인식하게 된 것이다.

따라서 메뉴관리란 양질의 음식과 서비스로 만족을 얻고자 하는 고객의 요구와 매출확대 및 원가절감을 통한 경영 수익을 향상시키려는 경영인의 요구가 잘 통합될 수 있도록 고안된 경영 기법이라고 할 수 있다. 그러기 위해서는 메뉴 자체에 기초한 개념보다는 식음료업장이 실제로 생산하고 제공할 수 있는 식음료상품, 서비스 및 분위기 등과 일치할 수 있는 달성 가능한 능률적인 메뉴 구성이 되어야 한다.

이러한 관점에서 메뉴는 식음료업장이 가지고 있는 입지여건, 규모, 시설, 서비스, 가격 그리고 이미지 등을 고려하여 조리 및 판매할 수 있는 품목을 정하고 고객에게 유익하고 강력하게 매력을 줄 수 있도록 고안되어야 한다. 이는 메뉴관리가 마케팅관리 및 식음료사업 내부 경영관리의 시작임을 의미한다.

2. 메뉴의 정의

1) 메뉴의 유래

오늘날 우리가 일반적으로 사용하고 있는 메뉴(menu)라는 말은 프랑스어로 그 어원은 라틴어의 'minutus' 에서 유래하였으며 '작고 자세하다' 또는 '상세히 기록하다' 라는 의미를 가지고 있다.

메뉴가 최초로 사용되기 시작한 것은 1498년 프랑스 어느 귀족의 아이디어로 손님을 접대하기 위하여 시작되었다고 전해지고 있다. 그 후 1541년 프랑스의 브런즈윅 공작(Duke of Brunswick)이 주최한 연회석상에서 요리에 관한 내용, 순서 등을 메모하여 테이블 위에 놓고 차례로 나오는 요리를 즐겼다. 이때 초대되었던 손님들로부터 좋은 평판을 받은 이후부터 귀족 간의 연회에 유행하기 시작하였으며 차츰 유럽 각국에 전파되어 정식요리(table d' hôte menu) 메뉴로 사용하게 되었다. 그 후 19세기 초에 이르러 프랑스 파리에 있는 팔레스 로열(Palace Royal)의 레스토랑에서 메뉴를 사용하기 시작한 것이 메뉴가 일반화되는 계기가 되었다.

2) 메뉴의 정의

메뉴는 업장에서 제공되는 일련의 품목과 형태를 체계적으로 상세히 서술한 식탁 차림표라고 할 수 있다. 일반적 정의는 "메뉴란 고객이 알기 쉽고 보기 쉽도록 식음료의 품목과 가격을 작성 · 기록하여, 고객이 식음료를 주문하는 데 필요한 정보를 제공하고, 고객에게 업장의 식음료 제공을 약속하는 차림표"라고 할 수 있다. 우리나라의 사전적 정의는 간단히 '요리의 품목표' 또는 '차림표'를 뜻하는 말로 표현하고 있다.

메뉴의 정의

■ **Webster Dictionary**

'a detailed list of the foods served at a meal'

■ **The Oxford Dictionary**

'a detailed list of the dishes to be served at a banquet or meal'

즉 '식사로 제공되는 요리를 상세하게 기록한 목록표'를 말하는 것이며, 메뉴는 '제공되는 음식의 목차'인 것이다.

3) 메뉴의 개념변화

메뉴의 전통적인 개념은 시대의 변화에 맞춰 변해 왔다.

1960~1970년대까지는 주방 조리사와 영양사가 중심이 되어 메뉴관리를 주도하였기 때문에 메뉴의 생산지향적인 면이 강조되어, 메뉴는 '음식의 상품목록'으로 여겨져 왔다. 즉, 메뉴로써 주방의 종사원들은 어떤 음식을 준비해야 하는지를 알게 되기 때문이다.

1980년대 이후에는 원가관리라는 경영 기법을 터득한 경영인들이 중심이 되어 메뉴관리를 주도하였다. 경영인들에게 메뉴란 '조직 내부의 중요한 관리도구'로 판단된다. 메뉴는 주방에서 어떠한 식음재료를 준비하여야 하며, 어떤 주방설비와 조리기구를 설치해야 하는지, 몇 명의 종사원을 고용해야 하고, 그 종사원들의 기술수준은 어느 정도여야 하는가를 말해 준다. 메뉴에 어떤 품목이 있는가에 따라 홀과 주방에 있는 종사원들의 업무가 달라지기 때문이다.

현대의 메뉴는 '업장 내부의 관리 도구일 뿐만 아니라 판매, 광고, 판매촉진을 포함하는 마케팅 도구' 로 여겨지고 있다.

현대 사회의 많은 식음료업장들은 이미 1980년대부터 정립된 원가관리 기법을 적용하여 업장의 목표원가에 근접하도록 실제발생원가를 통제하면서 경영 수익을 향상시켜 오고 있다. 그러나 현대 식음료업장이 나날이 급증하여 경쟁이 치열하게 되자, 경영인들은 점차 내부 경영관리 차원의 원가절감을 통한 소극적인 이익증대 방안에서, 마케팅을 통한 매출증대활동이 보다 적극적인 이익창출 전략임을 인식하였으며, 경쟁력을 갖춘 식음료상품의 개발, 즉 경영 수익을 극대화시켜 주는 경쟁력 있는 메뉴개발에 많은 노력을 기울이게 되었다.

목표고객의 기호와 욕구가 강하게 반영된 메뉴는 업장의 경영 수익 극대화를 도모할 수 있다. 이러한 메뉴는 업장의 상품 및 가격 전략이 함축된 결과물이며 동시에 판매 도구이다. 따라서 경영인들에게 메뉴란 매우 중요한 마케팅 도구인 것이다.

이상과 같이 메뉴는 판매할 상품의 이름, 가격 그리고 상품의 재료와 조리방법들을 기록한 목록으로써, 조리 및 원가관리 등의 내부적 관리 도구이며, 동시에 고객과 업장을 연결하는 커뮤니케이션 도구이다.

메뉴를 말없는 세일즈맨이라고 하는데, 궁극적으로 매출증대와 이익극대화로 직결되는 업장의 얼굴과 같은 중요한 역할을 담당하기 때문이다. 식음료산업에서의 메뉴의 변경은 이사회에서 결정될 정도로 중요한 경영관리 중 하나이다.

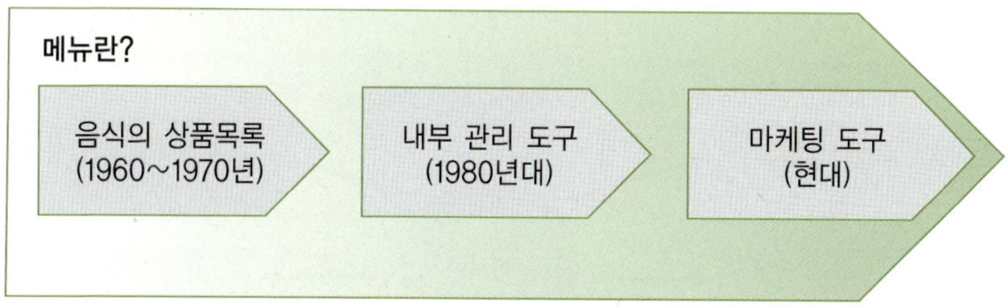

그림 4-1 메뉴의 개념 변화

3. 메뉴의 기능

과거 식음료업장에서는 메뉴는 단순히 판매할 식음료의 품목을 기록, 나열하는 역할에 불과했으나, 현대 식음료사업에서 메뉴는 업장이 추구하는 경영활동의 내용을 고객에게 제시하면서, 안내자의 역할, 판매촉진활동을 하는 판매원의 역할, 판매되는 음식(상품)을 자세히 설명하는 설명서의 역할 그리고 업장과 고객과의 상품에 대한 조건을 명시하는 계약서 역할까지 겸하고 있다.

즉, 메뉴는 업장이 어떻게 조직되고 운영되어야 할지를 규정하고, 업장의 경영 목표를 어떻게 달성할지도 제시해 준다. 심지어는 건물이 어떻게 디자인되어야 할 것인가에까지 메뉴는 영향을 미친다. 한편 고객들에게 메뉴는 단순히 먹을 수 있는 음식들을 나열해 놓은 목록 그 이상이다. 메뉴는 업장의 이미지를 반영하며, 좋은 분위기와 흥미를 돋구워 줌으로써 그 업장에서의 식사를 만족스럽게 해준다.

이렇듯 식음료사업은 메뉴로부터 모든 것이 시작되는 것이다. 따라서 메뉴는 한정된 지면과 크기에도 고객의 만족과 경영목표를 충족시킬 수 있는 요소들을 함축할 수 있어야 한다.

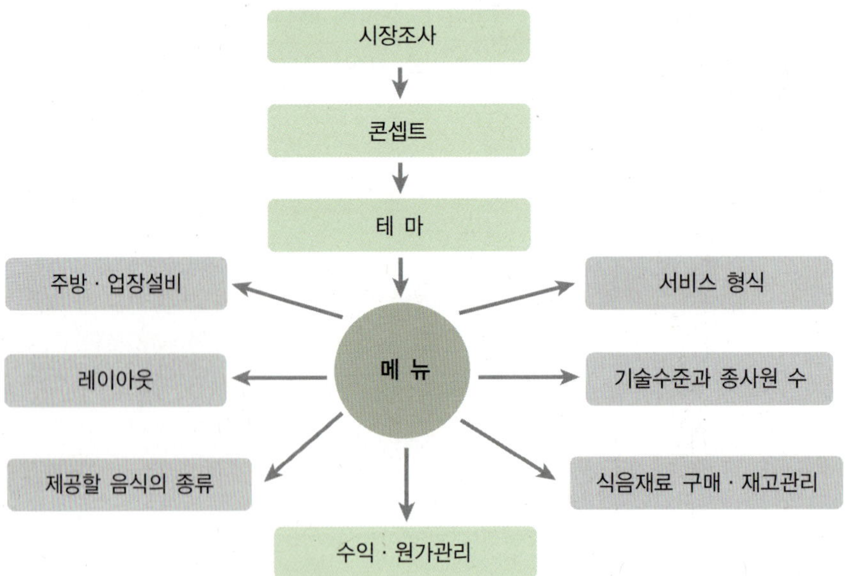

그림 4-2 메뉴의 기능

출처 : Wallage L. Rande(1996), Introduction to Professiomal Foodservice, John Wiley Sons, p. 138.

1) 마케팅 도구

모든 식음료상품의 판매는 메뉴로부터 시작된다. 메뉴로써 상품을 고객에게 전달하는 것이다. 즉, 판매 가능한 음식, 가격 그리고 가치를 고객에게 전달하고 내부적으로는 업장에서 생산하는 상품이 무엇인가를 종사원에게 전달한다.

이런 관점에서 메뉴는 경영자와 고객과의 커뮤니케이션에 사용되는 가장 중요한 마케팅 도구로 인식된다. 업장에서 메뉴는 말없는 세일즈맨으로서 고객과 이루어지는 최초의 대화이자 홍보수단인 것이다. 고객은 메뉴를 통해 무엇을 주문하고 얼마를 지출할 것인지를 결정한다.

따라서 메뉴는 고객이 상품을 결정하는 데 직접적인 역할을 하게 되므로, 업장의 이익달성, 고정고객의 확보, 판매 목표달성, 경영 목표수립을 위해 절대적으로 필요한 마케팅 도구이다. 이에 모든 식음료사업체는 경영 목표달성을 위해 고객이 무엇을 어떻게 원하는가를 조사 · 분석하여 그들의 구입욕구를 메뉴에 충분히 반영하도록 해야 한다.

2) 업장 콘셉트의 표현

메뉴는 업장의 콘셉트를 결정한다. 메뉴에 따라 업장의 규모, 실내 디자인 및 인테리어가 결정되기 때문이다. 메뉴의 종류에 따라 주방 및 업장이 필요로 하는 공간이 결정되는데, 단순한 메뉴가 특징인 패스트푸드는 고객 1인이 필요로 하는 공간이 적어도 되나, 복잡한 메뉴를 갖는 고급 식당으로 갈수록 고객 1인이 필요로 하는 공간은 넓어져야 한다.

일반적으로 식당은 메뉴에 의해서 평가된다고 말할 수 있다. 따라서 메뉴는 고객이 메뉴판만을 보고도 업장의 특성을 파악할 수 있도록 디자인되어야 하며, 메뉴의 색상, 디자인, 로고 등을 통하여 고객에게 전달될 수 있다.

3) 시설 및 주방기구의 정보 제공

메뉴에 의하여 업장에서 필요한 시설과 주방기구가 결정된다.

메뉴를 토대로 필요한 주방면적을 고려한 후 메뉴 생산 시 꼭 필요한 주방설비를 작업순서에 따라 배치한다. 신제품 개발차원에서 새로운 메뉴를 첨가할 경우 신메뉴를 생산할 주방설비 추가설치가 공간상 불가능할 수도 있는데 예를 들어 버거킹은 아침 메뉴를 처음 시도하였을 때 주방면적이 좁아 이동 가능한 주방기구를 추가배치하기도 하였다.

메뉴의 식음재료형태에 따라서 필요한 주방기구도 다르게 나타난다. 반조리 식품을 많이 사용하는 패스트푸드와 같은 셀프 서비스 식당의 주방과 처음부터 신선한 원재료를 사용하여 음식을 만드는 고급 식당의 주방 기구와는 많은 차이가 있다.

또한 서비스 공간의 면적과 시설도 메뉴에 의해서 결정된다.

4) 조리 및 서비스 인력의 정보 제공

메뉴의 조리형태 및 서비스 수준에 따라서 고객당 필요로 하는 종사원의 수가 상당히 다르게 나타난다.

빠른 서비스가 특징인 셀프 서비스업장은 반조리식품의 조리와 최소 서비스 제공을 하기 때문에 많은 종사원을 필요로 하지 않는다. 실제로 패스트푸드 및 패밀리레스토랑에서는 아르바이트 종사원을 일정기간 연수 후 바로 업장에 투입하여 인건비를 크게 절감하고 있다.

프랑스식 테이블 사이드 플람베를 시도하는 등의 고급 식당에서는 많은 준비과정이 필요한 메뉴를 제공하므로 고도의 숙련된 조리인력과 서비스 인력을 많이 필요로 하며, 인건비 절감을 위한 아르바이트 채용도 곤란하다.

메뉴는 몇 명의 종사원을 고용해야 하며, 그 종사원들의 기술수준은 어느 정도여야 하는가를 말해 준다. 또한 메뉴에 어떤 품목이 있는가에 따라 홀에 있는 종사원들의 업무가 달라지게 된다.

5) 수익과 원가관리 도구

메뉴는 식음료사업의 수익과 원가관리를 통제하는 경영관리도구로 인식된다. 경영인들은 메뉴를 토대로 업장이 어떻게 조직되고 운영되어야 할지를 규정하고, 업장의 경영목표, 즉 매출목표액, 좌석회전율, 식음료원가율 등의 목표를 어떻게 달성할지를 규정한다. 또한 메뉴에서 소개되는 상품 및 서비스는 고객의 메뉴선택에 많은 영향을 주므로, 시장세분화분석을 통해 고객의 욕구를 만족시킬 수 있는 메뉴를 개발하여 업장의 수익을 창출할 수 있어야 한다. 한편 메뉴분석을 통해 내부 경영관리가 시작되는데, 기업여건 및 고객의 기호와 욕구를 중시하여 결정된 메뉴품목의 내용에 따라 식음재료의 구입, 검수, 저장, 출고, 생산, 판매에 이르는 일련의 원가관리가 영향을 받게 되기 때문이다. 따라서 메뉴는 내부 관리의 도구로 인식되고 있다.

6) 영양 정보 제공

메뉴는 제공되는 식음료 영양의 정보를 제공한다. 과거에는 음식의 영양에 큰 관심을 두지 않았으나 요즘에는 외식하는 고객의 상당수가 본인이 섭취하는 음식의 영양성분에 많은 관심을 갖고 있다. 특히 군대, 병원, 학교, 양로원 등의 단체급식메뉴는 소비자가 섭취하여야 할 영양분의 100%를 제공하도록 작성되어야 한다.

제 2 절 메뉴의 분류

메뉴를 구분하는 기준은 어떻게 메뉴품목이 제공되고 가격이 결정되었는가, 얼마나 자주 변화하고 있는가, 그리고 메뉴가 제공되는 시간에 따라 나눌 수 있으며, 마케팅 촉진전략의 차원에서 특별 메뉴를 두기도 한다.

1. 가격 및 내용에 의한 메뉴

가장 기본적인 메뉴는 주문식단 메뉴로 각 품목의 주문에 따라 조리되며, 품목별 가격으로 제시된다. 반면 정식 메뉴는 각 코스별 메뉴가 합산되어 하나의 가격을 형성한다. 많은 업장에서는 주문식단 메뉴와 정식 메뉴를 동시에 제공하고 있다.

1) 주문식단 메뉴

주문식단 메뉴는 일품요리 메뉴(一品料理, à la carte menu)를 말하며, 품목별로 각기 가격이 정해진 요리가 고객의 주문에 따라 조리되어 제공되는 메뉴이다. 그러나 고객은 이미 제시된 메뉴 품목을 식사코스에 따라 원하는 요리를 선택할 수도 있으며, 가격은 식사한 메뉴 품목들의 가격이 합산되어 결정된다. 주문식단 메뉴는 한번 작성되면 장기간 사용하게 되므로 요리준비나 재료구입업무가 단순화되어 능률적이다. 그러나 식음재료비의 가격변동에 따라 경영 수익의 변동이 초래될 수 있으며, 단골고객에게는 지루함을 주어 판매량이 감소할 수도 있다. 또한 각 품목의 수요를 정확하게 예측할 수 없기 때문에 수급량의 관리가 정식 메뉴보다 훨씬 어렵다.

지속적인 매출증대를 위해 주문식단업장은 고객욕구를 감안하여 새로운 메뉴 개발노력을 지속적으로 해야만 하며, 특별 메뉴를 마련하는 것도 고객만족에 기여할 수 있는 좋은 방법이 된다.

표 4-1 주문식단 메뉴의 장단점

장 점	단 점
• 다양한 메뉴 • 개별 메뉴품목으로 코스메뉴 구성이 가능 • 높은 메뉴 판매가격 • 메뉴의 가격이 개별적으로 계산됨 • 종사원의 서비스 능력 배양 • 창의적 메뉴개발 가능 • 조리준비나 재료구입 업무 단순화로 능률적	• 높은 인건비 부담 • 재료의 낭비 요소 • 식음재료관리가 어려움 • 다양한 메뉴로써 관리가 어려움 • 고객이 주문할 때 어려워할 수 있음 • 식음재료비 가격변동에 따라 경영수익 변동 • 단골손님에게는 단조로운 메뉴

2) 정식 메뉴

정식 메뉴(코스 메뉴 : table d' hôte menu, full course menu)는 코스요리로 제공되는 메뉴를 말하며, 식사코스를 각기 정해진 품목으로 구성된 세트로 묶어 특정 가격으로 판매하는 것이다. 가격은 코스별로 정하든지 아니면 메인 코스를 기준으로 정하는데 보통 애피타이저, 수프, 생선, 주요리, 샐러드, 후식, 차 등의 순서로 구성되어 있다.

표 4-2 정식 메뉴의 장단점

장 점	단 점
• 고객의 메뉴선택 용이 • 신속하고 능률적인 서비스로 좌석회전율을 높임 • 식음재료의 관리가 용이 • 조리과정이 일정하여 인건비 절감 • 원가절감으로 이익극대화 도모 • 저렴한 판매가격	• 고객의 입장에서는 선택의 폭이 좁음 • 메뉴 유연성이 낮아 재료비 변동에 따른 영업이익이 불안정할 수 있음 • 코스의 메뉴품목 수가 제한 • 창의적인 메뉴가 부족 • 종사원의 능력개발 기회가 적음

A

Ham-Aspic Terrine Served
with
Mustard-Chives Dressing
햄 테린과 겨자소오스

Corn and Crabmeat
Cream Soup
게살과 옥수수 수프

Broiled Rib Eye Steak
with
Forest Mushroom Sauce
Baked Potato
Winter Vegetables
소고기 갈비살 스테이크와
버섯 소오스
감 자
야 채

Belgian Endive and Radicchio
Salad with Dill Croutons
Red Wine Vinaigrette
벨지움야채 샐러드

Chestnut Parfait
with Strawberry Coulis
밤 파페와 딸기 소오스

Coffee or Tea
커피 또는 홍차

Lunch : ₩26,000
Dinner :₩29,000

B

Beef Consomme
with
Noodles and Beef Julienne
소고기 맑은수프

Panfried Rainbow Trout
Served with Lemon-Caper
Butter and Tartar Sauce
Boiled Potatoes,
Assorted Vegetables
무지개 송어구이와 레몬향의
버터 소오스
감 자
야 채

Celery-Pineapple
-Walnut Salad
Herbed Cream Dressing
셀러리, 파인애플 샐러드

Persimmon Mousse
with Chocolate Sauce
감무스와 초코렛 소오스

Coffee or Tea
커피 또는 홍차

Lunch : ₩21,000
Dinner :₩24,000

C

Mushroom Cream Soup
양송이 크림 수프

Grilled Veal Sausage,
Onion Sauce
Mashed Potatoes
Seasonal Vegetables
송아지고기 소세지와
양파소오스
감 자
야 채

Green Salad with Honey
and Raisin Dressing
샐러드

Mandarin Ice Coupe
귤 아이스크림

Coffee or Tea
커피 또는 홍차

Lunch : ₩19,000
Dinner :₩21,000

그림 4-3 정식 메뉴의 예

3) 결합 메뉴

정식 메뉴와 주문식단 메뉴를 결합한 형태를 결합 메뉴라 하며, 중국 레스토랑 등에서 많이 사용하고 있다. 한편 연회 메뉴는 연회예약을 접수할 때 행사내용 또는 주최측의 요구에 따라 다양한 주문식단 메뉴 또는 정식 메뉴로 구성되는 메뉴이다. 고객의 요구에 따라 음식유형, 조리방법, 연회비용, 고객의 수, 좌석배치, 서비스 유형, 리셉션의 소요시간과 기타 사항들을 조정할 수 있다.

2. 변화 정도에 의한 메뉴

고정 메뉴란 매일 변화하지 않는 메뉴인 반면에 순환 메뉴는 매일 변화하는 메뉴이다. 상업적 업장 및 단체급식일 경우 대부분 고정 메뉴와 순환 메뉴를 동시에 사용하고 있다. 반면 특정기간 특별판매를 위한 일시적 메뉴도 있다.

1) 고정 메뉴

새로운 메뉴가 등장하기 전까지 몇 개월 또는 그 이상 사용되는 것을 고정 메뉴(fixed menu, all-year-round menu)라 하며, 일정 기간 동안 메뉴품목이 변하지 않고 제공되는 메뉴이다.

커피숍, 패스트푸드, 체인레스토랑, 전문음식점 등에서 많이 사용하고 있다. 고정메뉴는 품목의 통제와 조절이 용이하고 품목이 많지 않아 고도의 전문노동력에 크게 의존하지 않아도 장기적인 기술습득으로 메뉴의 맛과 품질을 유지, 전문화시킬 수 있는 장점이 있다. 또한 식음재료비의 효율적 통제가 가능하다. 그러나 품목이 오랫동안 고정되어 있고 환경변화에 둔감하여 고객이 싫증낼 수 있으며 시장이 제한적일 수도 있다.

2) 순환 메뉴

일정 기간을 주기로 해서 메뉴를 교체하여 적용하는 것을 순환 메뉴(cycle menu)라 한다. 단골고객이 자주 업장을 이용하는 상업지구 내 식당, 또는 한적한 휴양지의 식당, 학교 및 병원의 단체급식에서 주로 사용된다. 사이클은 1~4주 단위로 반복될 수 있는데, 적절한 주기를 결정하는 것이 중요하다. 주기가 너무 짧으면 메뉴가 빨리 반복되고, 주기가 너무 길면 구매와 관련된 생산 및 인건비가 상승하며, 식음재료의 저장 및 준비과정이 복잡해진다. 사이클의 적정 주기는 업장의 종류와 고객의 사용빈도로 결정되어야 한다.

예를 들어 라스베이거스의 카지노 호텔은 1주일의 사이클 메뉴를 사용하는데, 거의 모든 고객이 메뉴가 반복된다는 것을 느끼기 전에 호텔을 떠나기 때문이다. 그러나 양로원에서는 6주의 사이클 메뉴를 사용한다.

순환 메뉴에서 사용되는 메뉴로는 주문식단 메뉴나 정식 메뉴를 사용할 수 있는데, 학교·병원 등 단체급식은 아침, 점심, 저녁 모두 정식 메뉴를 사용하며, 호텔의 1주

순환 메뉴에서는 주문식단 메뉴를 많이 사용한다.

순환 메뉴의 특징

- 메뉴의 권태로움을 제거할 수 있다.
- 새로운 메뉴개발에 많은 시간을 투자할 필요가 없다.
- 고정적으로 사이클 메뉴를 이용하면 식음료 준비과정이 표준화되기 쉽다.
- 메뉴에 따라 종사원의 시간계획표를 작성할 수 있다.
- 주방기기의 효율적 사용이 가능하다.
- 식음재료 구매관리가 쉽다
- 식음료 재고자산을 통제하기가 쉽다.
- 식음재료 원가를 절감할 수 있다.

3) 일시적 메뉴

일시적 메뉴는 일일 특별메뉴(daily special menu, today' s menu), 계절적 성수기의 메뉴, 발렌타인 · 추수감사절 · 할로윈 · 페스티벌 메뉴 등의 특별한 행사기간에 판매되는 특별 메뉴이다. 이 일시적 메뉴를 마련하는 것은 마케팅 전략상 특정고객 만족에 기여할 수 있는 좋은 방법이 된다. 이러한 메뉴들은 정규 메뉴가 아니므로, 메뉴판에 끼워 넣는 클립온(clip-on)이나 테이블에 세워 놓는 텐트카드(tent card) 등의 형태로 고객에게 제시된다. 최근 외식고객들의 급변하는 음식선호 문제로 식음료시장이 극도로 세분화되는 환경에서는 일시적 메뉴가 다소 문제를 완화시킬 수는 있지만 근본적인 대안이 되지는 못한다.

일시적 메뉴의 특징

- 고객의 선택을 흥미롭게 도와 줄 수 있다.
- 매출증진 효과를 가져 올 수 있다.
- 매일매일 준비된 상품(ready dish)으로 신속한 서비스를 할 수 있다.
- 제철 채소나 과일 등을 이용하여 원가절감과 변화를 동시에 꾀할 수 있다.
- 과다 보유 중인 식음재료의 판매촉진을 꾀할 수 있다.
- 일시적으로 사용되는 메뉴인만큼 새로운 메뉴개발의 어려움이 있다.

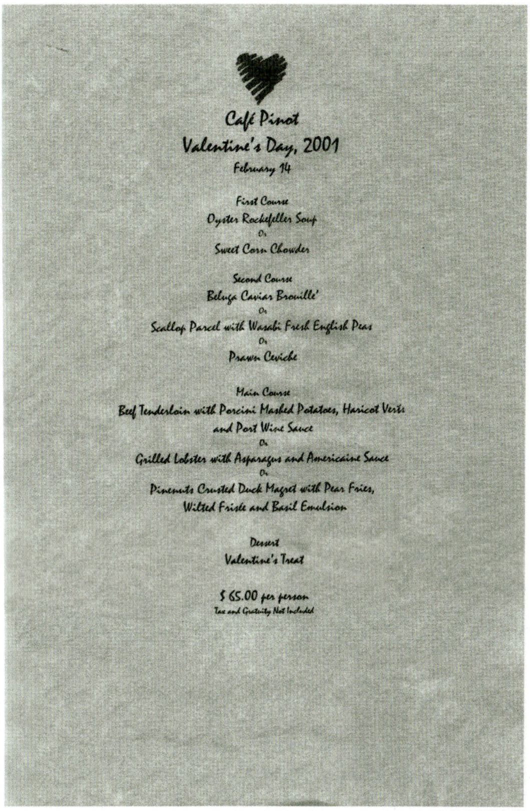

그림 4-4 발렌타인데이 특별 메뉴 사례

그림 4-5 계절 메뉴 사례

3. 시간에 따른 메뉴

전통적인 식사시간에 따라 아침, 점심, 저녁으로 메뉴를 디자인할 수 있다.

많은 업장은 아침 메뉴를 따로 갖고 점심 및 저녁 메뉴는 하나로 통일시키고 있으나, 마케팅의 필요성에 따라 특정 고객층의 욕구를 충족시키기 위해 특별 시간 메뉴를 제공하기도 한다. 특히 고급 식당일 경우에는 업장의 이미지관리상 점심 · 저녁 메뉴 중에 와인 메뉴와 디저트 메뉴를 따로 갖기도 한다.

1) 아침 메뉴

아침식사는 간단, 신속, 저렴하여야 하며, 점심 · 저녁보다 가격에 민감하다. 특히 아침식사 때는 모두 바쁘기 때문에 신속하게 제공되어야 한다. 그러기 위해서는 메뉴

재즈 브런치
컴파스로즈가 선보이고 있는 일요일 재즈 브런치. 감미로운 재즈의 선율과 함께 여유로운 시간을 드릴 컴파스로즈에서 좀 다르게 일요일을 시작해 보세요. 휴일이 편안해집니다. 또한 여러분께 컨템퍼러리 재즈를 선사할 새로운 밴드 '타이리스'가 6월 2일부터 공연합니다. 예약 및 문의 : ○○○-○○○○

그림 4-6 브런치 메뉴 사례

품목을 제한하여 효율적으로 운영하여야 한다. 아침 메뉴는 미국식 아침식사 메뉴(american breakfast)와 대륙식 아침식사 메뉴(continental breakfast) 등으로 나뉜다.

2) 브런치 메뉴

브런치 메뉴(brunch menu)는 아침식사(breakfast)와 점심식사(lunch)가 합쳐진 용어로 미국의 레스토랑에서 많이 사용하고 있으며 아침과 점심식사의 중간쯤에 있는 식사 메뉴를 말한다. 특히 바쁜 도시생활을 하는 사람들에게 적용되는 메뉴이다. 최근 국내 식음료업장에서는 공휴일 브런치 매출이 늘고 있는 추세이다.

3) 점심 메뉴

저녁보다 가볍게, 즉 품목이 적게 디자인되거나 가격이 저렴해야 한다. 또한 아침과 같이 점심식사도 신속하게 제공되어야 한다. 위치의 편리성 때문에 식사를 하는 경우도 많기 때문에 점심 메뉴는 오늘의 메뉴를 제공하

LUNCH SPECIAL

MON – FRI: 11:00AM – 2: 30PM, SAT – SUN: 12:00PM – 4:00PM

KAMAKURA LUNCH BOX

SERVED WITH SOUP, SALAD, AND RICE

2 ITEMS FOR $8.50	PICK ANY 2, 3 DIFFERENT
3 ITEMS FOR $10.50	ITEMS OF YOUR CHOICE

BEEF TERIYAKI	CHICKEN TERIYAKI	SALMON TERIYAKI	SASHIMI
SABA SHIOYAKI	TEMPURA	CALIFORNIA ROLL	GYOZA

그림 4-7 점심 메뉴 사례

거나 혹은 순환 메뉴를 제공하는 것이 좋다.

4) 저녁 메뉴

저녁식사는 하루의 가장 중요한 식사이므로 아침 · 점심보다 품목도 많고 가격도 비싸다. 저녁은 아침 · 점심보다 여유를 갖고 식사하게 되므로 고객은 외식경험을 더욱 중요시하게 된다. 따라서 가격에 민감하지 않으며, 메뉴의 다양성, 서비스, 분위기, 실내장식에 대한 프리미엄을 기대한다. 특히 음식과 함께 곁들어지는 칵테일, 와인, 디저트 등은 매출에 높은 기여를 하는 중요한 품목들이다.

늦은 저녁식사 또는 밤참의 형태로 사용되는 메뉴는 서퍼 메뉴(supper menu)로 불리기도 하는데, 각종 모임이나 음악회, 공연 등 행사 후에 이용되는 가벼운 음식을 2~3코스로 구성하고 있다. 이 경우 메뉴의 질은 우수하고 소화가 쉽게 되는 것으로 식음재료와 조리법을 고려하는 것이 좋다.

5) 기 타

마케팅 특성상 특정고객의 욕구에 따라 또는 업장의 차별화된 운영을 위해 제공된다. 특별 메뉴로는 애프터눈 티(afternoon tea), 캘리포니아 메뉴 등이 있다.

캘리포니아 메뉴

미국 캘리포니아지역에서 유래된 메뉴로 아침, 점심, 저녁의 메뉴품목이 하나의 메뉴에 수록되어 있으며, 시간에 관계없이 모든 요리를 주문할 수 있는 것을 캘리포니아 메뉴(California menu)라 말한다. 예를 들면 아침식사시간에 스파게티를 주문하거나 저녁식사시간에 팬케이크를 주문해도 음식을 제공받을 수 있다. 그러나 시간에 따른 식사제한이 없는 경우에는 식사시간별 조리 준비와 종사원 관리에 따른 편리함이 줄어들 수 있다.

제 3 절 메뉴계획

메뉴계획은 고객만족을 통한 이익의 극대화라는 목표에서 시작되는 식음료사업 마케팅 전략의 출발점이다. 식음료업장에서 상품판매를 통하여 매출을 극대화시키려 할 때 메뉴는 판매를 촉진시킬 수 있는 가장 기본적이고 중요한 수단이 된다. 물론 영업장의 설비나 서비스, 인테리어, 종사원의 태도와 음식의 질 등도 판매를 촉진시키는 수단이 되지만, 고객이 업장에 들어오면 실질적인 상품을 제시해 놓은 메뉴가 가장 중요한 판매 도구가 된다. 따라서 기본 단계에서부터 고객이 원하는 상품을 생산하기 위해서는 그에 맞는 메뉴가 개발되어야 한다.

1. 메뉴계획의 의의

메뉴계획이란 식음료업장에서 고객에게 판매할 음식의 종류와 가격을 결정하는 과정으로 고객의 필요와 욕구를 충족시키고 기업의 경영 목표를 달성할 수 있도록 계획되고 관리하는 일련의 기획과정을 말한다. 메뉴계획은 식음료 업종 및 업태별 특성과 입지조건, 서비스방법, 영양가, 기본조리법, 원가관리 등 다양한 요인에 의하여 영향을 받기 때문에, 잘 계획된 식음료상품의 공급과 고객만족이라는 경영관리 차원에서 전략적으로 이루어지지 않으면 안 된다.

경영자는 메뉴계획 시 새로운 메뉴를 제공하는 이유를 분명하게 제시하여야 한다. 그 이유가 평균 고객수를 증가시키기 위함인지, 새로운 고객의 유인이 목적인지, 혹은 현 고객시장을 개척하기 위해서인지 그 이유에 따라서 메뉴의 내용이 분명 달라질 수 있으므로 고객과 그들이 좋아하는 음식에 대한 풍부한 지식을 갖고, 메뉴를 관리하며 운용할 수 있어야 한다.

메뉴계획 시 고려되어야 할 사항으로 메뉴의 진실성(truth in menu)이 있는데, 진실성이란 메뉴제공 시 메뉴판의 기술내용과 같은 양, 크기, 맛, 원산지, 조리방법이어야 한다는 것이다. 법률적으로 특정 제재는 없으나 윤리적인 책임에 따라 식음료업장은 고객에게 메뉴판과 같은 메뉴를 제공해야 할 책임이 있다.

따라서 식음료영업을 위한 음식류의 생산부터 판매, 판매 후 분석에 이르기까지의 전체 업무 흐름은 메뉴품목과 매우 밀접하므로 이와 관련된 메뉴계획은 식음료영업 성패를 좌우할 만큼 중요한 관리사항이다.

2. 메뉴계획 시 고려사항

메뉴는 식음료경영의 성패를 좌우하는 절대적인 관리 도구이므로 업장의 지배인, 주방장, 구매 담당자, 마케팅 담당자가 함께 메뉴계획을 하는 것이 바람직하다.

메뉴의 성공적인 계획을 위해서는 다음과 같은 사항을 충분히 고려해야 한다.

1) 경영자 측면

(1) 경영 목표

메뉴는 식음료기업의 경영 목표를 반영할 수 있어야 한다. 즉, 업장의 운영 방침, 테마와 객단가, 서비스방법, 실내 인테리어, 분위기 등 업장이 추구하는 경영 콘셉트에 적합한 메뉴로 작성되어야 한다.

(2) 목표 원가

메뉴계획자는 식음료업장의 전체 목표원가를 항상 염두에 두어야 한다. 고원가 소매출품목이라도 메뉴의 다양성을 위해 유지하도록 해야 할 것이며, 철저한 분석을 통해 저원가 인기품목을 개발하여 업장의 수익성을 향상시킬 수 있어야 한다. 궁극적으로는 목표고객의 경제적 수준이나 기대에 부합되는 가격수준과 목표원가율을 넘지 않도록 메뉴를 계획하여 업장의 매출 증대 및 목표이익을 실현할 수 있어야 한다.

(3) 식음재료

식음재료 구입이 어려운 품목은 생산시기에 따라서는 식음재료비의 상승 요인이 된다. 이러한 메뉴는 불안정한 식음재료공급으로 고객으로부터 신용을 잃을 수 있으므로 제외한다. 메뉴에 있는 품목을 지속적으로 고객에게 제공하기 위해서는 원재료 공급시장에서 원하는 식음재료를 적시에 원하는 양만큼 공급받을 수 있는지 여부를 고려해야 한다.

우리나라의 경우 수입 식음재료의 의존도가 높기 때문에 저장관리에 필요한 저장설비능력과 재고상황도 고려해야 한다. 한편 양질의 재료를 염가에 쉽게 구매할 수 있는 제철의 식음재료 구입은 원가절감 효과를 가져오므로, 이를 고려한 메뉴품목도 계획한다.

한편 메인요리품목은 식음재료의 낭비나 도난, 인건비, 설비투자규모 등을 고려하여 메뉴품목 수를 제한할 것인지 혹은 다양화할 것인지를 결정한다.

(4) 종사원

메뉴계획 시에는 현재의 종사원으로 충분한 서비스가 가능한지와 현재 근무하고 있는 조리사가 만들 수 있는 품목인지 또 조리사의 인원 수, 조리시간 등을 감안하여 메뉴를 계획하며, 인건비의 상승 요인이 되는 품목은 제외한다.

(5) 서비스시설

사용가능한 조리기구와 접대시설의 한계를 고려하여 메뉴를 구성한다. 메뉴의 수요가 주방과 접대시설의 능력을 초과하는지를 판단하기 위해 주방장이나 지배인과 긴밀한 협조를 해야 한다.

2) 고객 측면

(1) 고객 욕구

메뉴계획을 단지 현재 보유 중인 설비나 식음재료, 주방장의 조리 취향 등에 맞추는 것만으로는 성공적인 메뉴를 기대하기 어렵다. 메뉴는 마케팅 목표를 갖고 있어야 한다. 마케팅 목표란 고객지향적인 시각에서 업장이 운영되는, 즉 고객의 욕구 및 필요에 부응할 수 있도록 경영관리하는 것을 말한다. 고객지향적 메뉴계획은 업장의 성공 여부를 크게 좌우하기 때문이다.

식음료사업이 전적으로 고객의 주문생산체제에 의존해야만 하는 수동적인 경영특성이나 점점 더 세분화되어가고 다층화(mass-customization)되어 가는 고객성향 등을 볼 때 사회 · 경제적 변화 및 수요 · 공급 시장조사, 과거의 판매기록을 통해 고객정보 및 고객욕구를 파악하고, 이들 목표고객에 맞춘 메뉴계획을 세우는 것이 필요

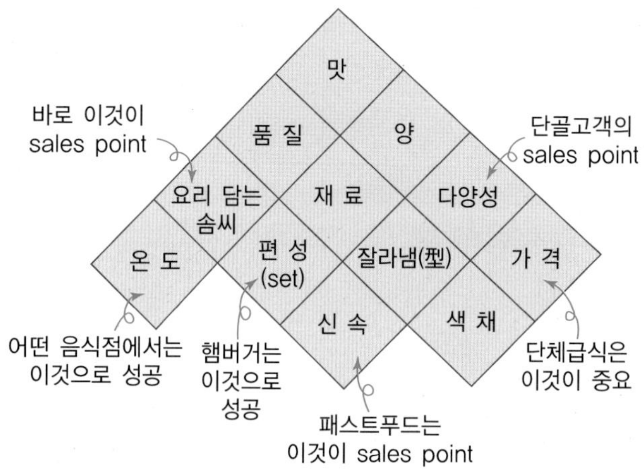

그림 4-8 요리의 기본 요소

출처 : 미야 에이지, 외식비즈니스, p. 82.

하다. 이 점은 메뉴관리가 곧 식음료경영관리의 시작임을 상기하면, 마케팅 차원의 메뉴계획이야말로 경영정책수립 및 목표수익 달성의 가장 중요한 요건이 되는 것이다.

예를 들어 표적시장이 청소년층이라면 청소년이 원하는 메뉴를 개발하여 욕구를 만족시켜야 한다. 분위기는 격식을 중시할 것인가, 편안하게 할 것인가, 메뉴내용과 주력시간대, 희망이익 정도 등 경영 정책 및 경영 목적의 수립과 경영 수익의 달성은 이러한 고객 지향적 메뉴계획에서 시작된다.

(2) 다양성

고객에게 일년 내내 동일한 메뉴를 제공하면 단골고객은 메뉴에 대하여 식상함을 느낄 것이다. 구매의욕을 창출하기 위해서는 음식 그 자체의 색깔, 모양, 향기, 서비스의 방법, 온도, 장식, 계절감 등을 고려하여 고객에게 호기심과 매력을 주도록 계획하고, 다양한 조리방법과 일정한 시간별로 메뉴에 변화를 주어야 한다.

(3) 영양소

최근 고객들의 식습관 변화에 따라 고객의 취향이 점차 건강식 위주로 바뀌고 있는 추세이다. 질적 서비스 향상의 차원에서 고객의 영양적 측면을 고려하여 기본적인 영양소인 단백질, 탄수화물, 지방, 무기질, 섬유소가 골고루 충분히 함유되도록 건강

그림 4-9 메뉴의 폭과 다양성

출처 : 미야 에이지, 외식비즈니스, p. 87.

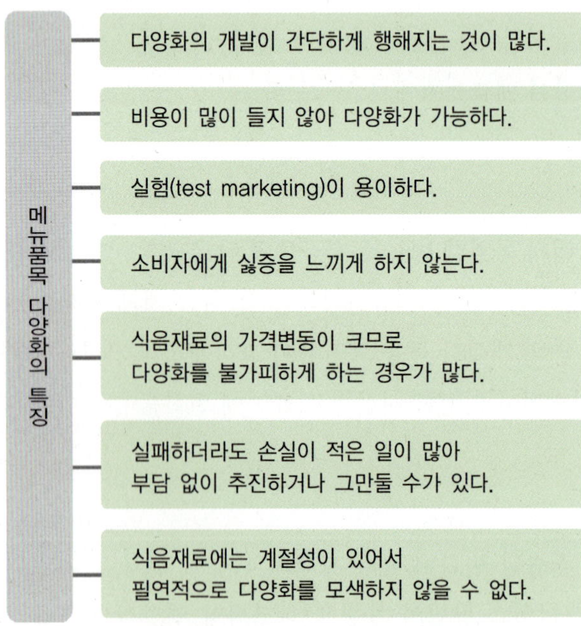

그림 4-10 메뉴품목 다양화의 특징

출처 : 미야 에이지, 외식비즈니스, p. 84.

식, 영양식 위주의 메뉴를 계획한다. 그러나 필요로 하는 영양은 모든 사람들의 생활수준에 따라 다르며 대사과정도 연령, 성별, 활동성, 심지어는 계절에 따른 열량 요구량도 다르기 때문에 목표고객에 초점을 두어 고려하여야 한다.

위의 사항 이외에도 개인의 기대수준, 시간과 계절의 변화, 사회 · 문화 · 경제 · 환경적인 요인과 같은 전반적인 사항도 메뉴의 계획과정에서 빼놓을 수 없는 중요한 사항이다.

3) 균 형

(1) 경영적 균형

메뉴가격, 식음료원가, 선호도 및 마케팅 고려사항, 재무적 고려사항들의 균형점을 찾아 이를 메뉴계획에 반영시켜, 경영수익의 유지와 향상을 도모하는 것을 경영적 균형(business balances)이라 한다. 고객의 선호도만을 중시하여 식음재료원가를 고려하지 않은 고원가의 메뉴품목을 판매한다면 고객만족은 이루어지지만 기업의 경영수익은 악화될 것이 분명하다. 반면 고가격 저원가이면서 선호도가 낮은 메뉴품목의 경우에는 판매가 잘 된다면 경영수익 향상에 큰 도움이 되겠지만 판매가능성이 낮기 때문에 그저 메뉴판에서 구색을 맞추기 위해 존재하는 메뉴품목에 그칠 가능성이 많다. 가장 바람직한 메뉴계획은 목표고객분석을 통한 마케팅 전략과 최적의 식음료원가와 적합한 메뉴가격을 상호 조화시켜, 경영 수익을 극대화시키는 일이다.

(2) 심미적 균형

심미적 균형(aesthetic balances)은 메뉴품목의 색깔, 질감, 맛과 향기가 어떻게 조화되어 있는가를 살펴본다. 정식 메뉴는 고객선택의 폭이 좁기 때문에 주문식단 메뉴보다 심미적 균형이 중요시된다. 그러나 주문식단이라 하더라도 주식 메뉴는 곡류와 채소가 곁들여지기 때문에 색깔의 균형을 맞추는 것이 중요하다. 색깔의 균형은 식단의 선호도에 많은 영향을 주므로 한 접시에서는 하나의 색깔로 통일시키기보다 적어도 2~3개의 색깔이 제공되어야 한다. 예를 들어 같은 종류의 음식이 중복되어서는 안 되며, 같은 색깔의 육류가 똑같이 제공되어서도 안 된다. 또한 주요리의 색깔에 맞춰 장식에도 주의해야 한다. 질감에 있어서도 수프, 스튜, 크림 스타일의 옥수수,

으깬 감자, 초콜릿푸딩 등은 비슷한 부드러운 질감을 갖게 되므로 정식 메뉴로 함께 묶는 것은 바람직하지 않다. 그리고 비슷한 소스를 두 가지 이상 제공해서는 안 되며, 같은 조리방법을 두 가지 이상 같은 메뉴에 사용하는 것도 금물이다. 또한 두 가지의 맛과 향기를 동시에 제공하는 기술은 숙련된 경험이 바탕이 되는데, 예를 들어 포도주스, 탕수육, 앵두파이를 서브할 경우 너무 많은 단맛과 신맛으로 균형이 깨질 수 있다.

(3) 영양적 균형

영양적 균형(nutritional balances)은 상업적 업장보다 단체급식에서 중요시되어 왔다. 그러나 상업적 업장 경영자의 의무는 영양가와 균형잡힌 식단제공이므로 요즘은 영양적 균형이 관심을 끌고 있다. 특히 건강에 대한 관심이 고조되고 있으므로 열량이 낮은 품목도 메뉴에 포함시키고 있다. 연령별, 성별, 직업별로 음식의 양과 질을 균형 있게 배합하여 열량공급을 시켜줘야 한다.

4) 메뉴전략 측면

메뉴는 식당의 콘셉트 및 경영 목표를 결정하는 대표적 상품이자 매출에 직접적인 영향을 미치는 요소이기 때문에 적절한 시기에 메뉴관리를 지속적으로 하지 않으면 안된다.

(1) 외부 요인

상권의 변화, 경쟁업소의 등장, 고객욕구의 변화, 식음재료 수요와 공급의 변동, 기타 외식산업 변화추세 등 사회 · 문화적 변화와 업장의 외부적 요인들로 인하여 기존 메뉴품목의 삭제 또는 새로운 품목의 개발 등의 필요성이 대두된다.

(2) 내부 요인

식사의 형태, 테마 및 운영방침의 변경, 판매동향에 따라 자체적으로 메뉴품목을 교체한다.

(3) 메뉴의 변화시기

일반 식당의 경우 메뉴는 개업 이후 6개월이 지난 때부터 변화를 계획하는 것이 좋다. 초기 메뉴가 시장분석을 통해 계획되었다 하더라도 완벽하게 적응하기란 쉽지 않다. 기본적으로 판매동향에 따라 새로운 메뉴품목의 개발과 메뉴전략에 의한 품목의 재배열이 필요하다. 신 메뉴품목은 6개월 또는 1년에 하나의 메뉴품목을 지속적으로 개발하는 것이 매출변화에 따른 메뉴전략이 된다.

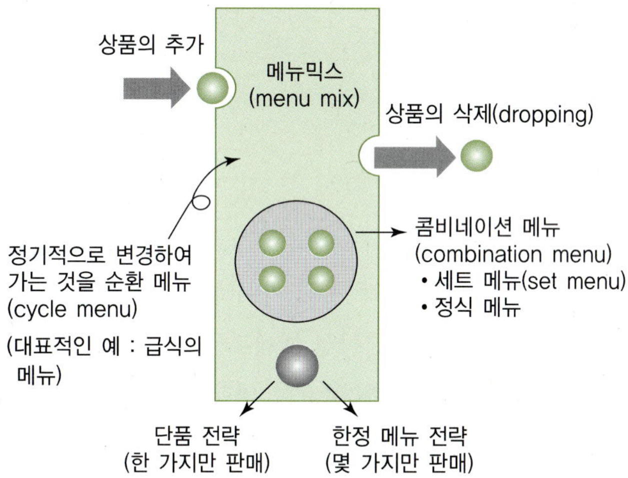

그림 4-11 **메뉴전략**

출처 : 미야 에이지, 외식비즈니스, p. 86.

제 4 절 메뉴디자인

메뉴는 고객과의 커뮤니케이션 도구로 식당이 제공하는 식음료상품의 구성과 식당의 전체적인 분위기를 압축적으로 나타내는 중요한 역할을 한다. 메뉴판은 식당의 성격에 따라 다양하게 만들어지는데, 고객들의 구매결정에 효과적인 방법으로 디자인되어야 한다.

1. 메뉴판의 디자인

1) 이미지

메뉴판(북)은 기업의 이미지를 수립하는 데 기여하여야 한다. 메뉴판은 고객이 식당에 들어와서 만나는 최초의 커뮤니케이션 매체로서 내적 마케팅 도구이므로 식당의 긍정적인 이미지를 형성하는 데 매우 중요한 영향을 끼치게 되기 때문에 고객에게 업체가 표현하고자 하는 이미지를 메뉴판에 담아 내야 한다. 휴양지 레스토랑, 결혼피로연, 고급만찬, 디스코텍, 드라이브인, 패스트푸드 식당 등에서의 메뉴판은 경영

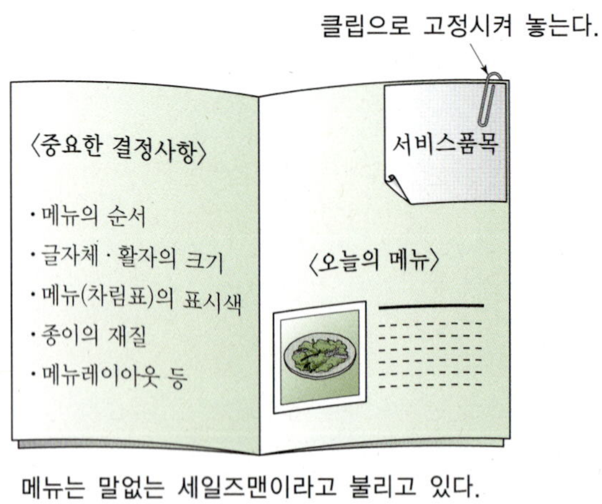

그림 4-12 메뉴디자인

출처 : 미야 에이지, 외식비즈니스, p. 86.

형태(목적)에 적합한 것이어야 한다. 재미있는 분위기를 원하는 젊은 고객층을 대상으로 하는 기업은 메뉴에 만화그림을 그려 넣거나 메뉴품목의 이름을 재미있는 것으로 사용하여 식당 이미지를 수립하는 데 기여할 수 있다.

2) 조 화

제대로 디자인된 메뉴판이라면 레스토랑의 전반적인 분위기를 나타내고, 내부 인테리어와 잘 어울려야 할 뿐만 아니라 그 환경에 적합한 것이어야 한다. 또한 식당에서 사용되는 냅킨, 테이블 매트, 테이블 카드 등의 소모품 역시 고객이 접하게 되는 품목이므로 메뉴판도 이런 것들과도 잘 어울리도록 디자인되어야 한다.

3) 겉표지

첫인상의 중요성을 고려하여 메뉴표지에 시선을 집중시켜야 한다. 디자인이 잘 된 겉표지는 그 식당의 이미지, 스타일, 요리, 심지어는 가격대까지도 나타내 준다. 좋은 겉표지는 식당과 조화를 이루어 분위기 조성에 도움이 되고, 식사에 대한 기대감을 만들어 준다. 겉표지의 색상은 의식 또는 무의식적으로 많은 영향을 끼치기 때문에 주의 깊게 선택해야 하는데, 식당의 색상배합과 어울리게 하거나 적절한 대조를 이루어야 한다. 특히 민속음식 메뉴판들은 보통 그 음식이 유래한 문화와 어울리는 색상을 사용한다. 예를 들면 일본, 중국의 경우에는 검은색과 붉은색을, 이탈리아의 경우에는 붉은색, 흰색, 초록색을 주로 사용한다. 한편 겉표지에는 식당의 이름을 기재한다.

4) 뒷표지

뒷표지에는 기본적인 필수정보인 식당의 이름, 위치, 전화번호, 서비스시간, 서비스 특성 등과 기타 판촉문구로써 식당의 역사, 연회 정보, 포장서비스 정보 등을 기재한다.

5) 크 기

메뉴판의 크기는 테이블에서 쉽게 다룰 수 있어야 한다. 너무 큰 메뉴판은 작은 테이블을 덮어 버릴 수 있고, 고객들로 하여금 메뉴판을 집었을 때 물컵을 넘어뜨리게 할 수도 있다. 또한 매수가 지나치게 많은 메뉴판은 고객들을 혼란스럽게 할 수 있다. 반면 너무 작은 메뉴판은 읽기도 힘들고, 너무 복잡해져서 호감을 줄 수 없으며 판매 성과에도 좋지 못하다.

6) 실용성

메뉴판의 제작원가는 상당히 비싼 편이다. 그러나 수명이 다한 메뉴판을 계속 사용하는 것은 절약이 아니다. 고객은 낡아빠진 메뉴 때문에 쉽게 등을 돌릴 수 있기 때문이다. 더구나 닳아버린 메뉴판에 손으로 쓰거나 지워진 가격표시는 메뉴품목의 가격 인상에 대한 불필요한 주의를 불러일으킬 수도 있다. 메뉴판은 아주 중요한 커뮤니케이션 수단으로써, 고객이 항상 보는 것이므로 메뉴판의 외형은 최선의 상태를 유지하도록 관리되어야 한다.

메뉴판은 실용적이어야 한다. 재질은 얼룩이 지지 않고, 오래 사용할 수 있는 종이를 사용해야 하며 깨끗하게 보존될 수 있도록 플라스틱 코팅을 하든지, 아니면 정기적으로 교환할 수 있도록 카드를 사용하는 것도 좋은 방법이다. 가격변동이나 메뉴품목의 교환시기에는 새로운 메뉴판을 제작하여 제공하도록 한다.

2. 메뉴카피 방법

메뉴카피(copy : 설명)를 가능한 한 표적시장에 따라 식사마다 식료, 음료, 성인용, 아동용으로 분류 · 구성하여 각각의 욕구를 고려한다.

1) 매력성

메뉴판은 고객의 관심을 끌어 낼 정도로 매력적이어야 한다. 메뉴품목의 설명은 시각적 영상으로 명확하고 흥미를 줄 수 있는 활자, 그래픽, 색상을 사용하고, 여백을 적절히 활용하는 것도 고객의 시선을 끌 수 있는 방법이다.

메뉴판의 내용은 광고의 레이아웃처럼 조심스럽게 디자인되어야 한다. 초점을 만드는 데 세심한 주의를 하면서 나타내고자 하는 품목에 눈이 자연스럽게 끌려야 한다.

2) 사실성

메뉴판은 요리에 대해 정확한 사실만을 표현해야 한다. 그렇지 않으면 식당의 신뢰성에 문제가 생긴다. 품질등급 표시, 가격, 정확한 서비스 양, 신선함(통조림, 냉동 음식과 차별), 원산지, 조리방법(노년, 다이어트, 건강에 유의하는 사람들의 중요 관심사), 영양소 등 모든 안내는 정확한 사실 표시에 주의를 기울여야 한다.

3) 이해성

메뉴판은 중요한 판매수단이다. 그럼에도 불구하고 대부분이 복잡하고 부가내용이 너무 많아 개별품목이나 메뉴가 살아나질 않는다. 메뉴판 표지가 아름답게 디자인되어 있는 식당은 많으나, 그 내용은 혼란스러운 곳이 많다.

메뉴판은 성별, 소득계층, 교육수준, 연령 등을 불문하고 누구나 읽기 쉬워야 한다. 메뉴판에 너무 많은 메시지를 전달하고자 할 때 오히려 의도하고자 하는 메시지 전달조차도 실패하는 경우가 있으므로 주의해야 한다. 또한 고급 식당의 경우 프랑스어, 이탈리아어, 일본어 등의 외국어 남용으로 고객의 메뉴선택을 어렵게 하고 커뮤니케이션활동을 방해할 수 있으므로 지양한다.

4) 메뉴설명

메뉴에 사용되는 용어는 간략하면서도 전달하려는 메시지가 고객에게 잘 전해질 수 있도록 해야 한다. 메뉴설명에서 문법, 철자상의 오류나 전문용어가 잘못 사용되어서는 안 된다. 고객들에게 상품에 대한 정보를 명료하게 제공할 수 있도록 적절한 활자의 크기와 색깔을 선택하여야 하며, 목표고객의 시력, 업장의 조명도 고려하여 결정한다.

메뉴품목에 대한 설명은 요리에 대한 정보 제공, 즉 요리의 맛, 재료, 조리방법, 식사방법과 판촉내용 등을 말하며 전체적인 조리법을 제시할 필요는 없다. 긴 문장보다는 짧은 문장, 잘 골라진 몇 개의 단어가 더 효율적이다. 특히 모르는 음식의 경우 설명을 통해 판매를 증가시킬 수 있는데, 앞의 요리에 대한 정보를 자국어와 영어표기로 기술해 두면 매우 효과적이다. 주요리(앙트레, 메인디시)는 이윤을 많이 남기는 품목이기 때문에 거의 대부분의 설명이 주요리에 집중된다.

식당의 고객층, 식사시간에 따라서도 설명의 범위가 정해질 수 있다. 예를 들면, 어린이용 메뉴설명은 재미있어야 하고, 점심시간 메뉴설명은 간단하고 명료하게 하며, 저녁식사 메뉴설명은 보다 상세한 정보를 담고 있어야 한다.

기타 특별요리나 서비스에 관한 메뉴설명도 있는데, 저렴한 가격의 영양식품, 식당의 주력 메뉴, 빠르고 정중한 서비스 등을 별도의 문구를 덧붙여 강조하여, 인기 있고 이익이 많은 품목의 판촉을 도와야 한다.

3. 메뉴판의 포맷과 배열

메뉴판은 판매와 이익 모두를 증대시킬 수 있도록 디자인되어야 한다. 이런 의미에서 메뉴품목의 판매증대 및 판매촉진을 위한 메뉴배열(positioning) 전략은 메뉴디자인과정의 중요한 요소이다.

고부가가치의 메뉴를 판매하기 위해서는 고객 시선이 집중되는 곳에 주력 메뉴품목을 배열하여 부각시킨다.

1) 메뉴판의 포맷 종류

1980년대부터 안구의 이동에 관한 연구가 활발해지면서 이 이론이 메뉴디자인 부분에도 응용되어 식당에서 고객의 메뉴품목 선택에 대한 대응전략으로 이용되고 있다. 도에플러(W. Doefler)는 메뉴의 패널(panel) 수에 따른 시각중심점과 시선의 이동방향법칙을 다음과 같이 분류하였다.

(1) 1패널 메뉴

우선 패널이란 용어는 메뉴판의 외부 표지와 같은 접지 않은 단일화된 부분을 말하며, 1패널(single panel menu)은 한 면으로 구성된 형식이다. 한정된 메뉴 혹은 특별메뉴를 제공하는 데 일반적으로 사용되며, 바, 캐주얼스타일의 식당에서 주로 활용한다. 이 메뉴형식은 메뉴를 수평으로 반으로 나눈 위가 시각 중심점이다.

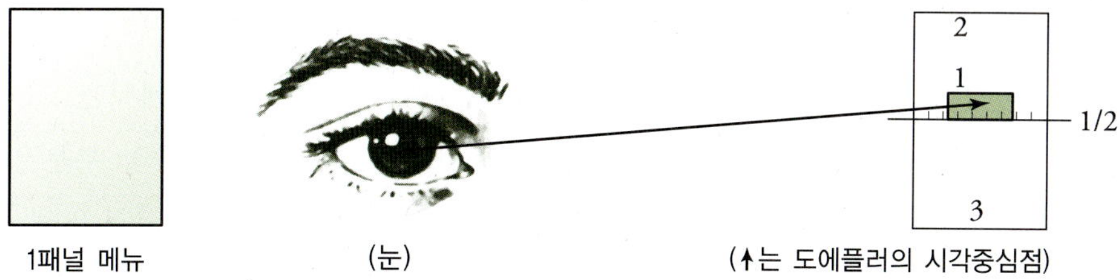

그림 4-13 시각 중심점과 시선의 이동방향(1패널 메뉴)

(2) 2패널 메뉴

2패널(two panel folded menu)은 한 번 접게 되어 있는, 즉 두 면(패널)으로 구성된 형식으로, 가장 흔히 볼 수 있는 메뉴형식이다. 제한된 공간에 너무나 많은 메뉴품목들을 제시하면 복잡하여 답답한 이미지를 줄 수 있다.

이 메뉴형식의 시각 중심점은 첫 장의 왼쪽 상단 모서리에서 두 번째 장 오른쪽 하단 모서리의 1/4쯤 위를 대각선으로 가로지른 윗부분에 해당한다. 하지만 전문점일 경우에는 이미 고객은 그 해당 메뉴를 먹기 위해 내점하는 것이므로 오히려 메뉴판상에서는 특별요리나 수익성이 높은 품목, 많이 팔리기를 원하는 품목을 배치함으로써 매출증대의 효과를 볼 수 있다.

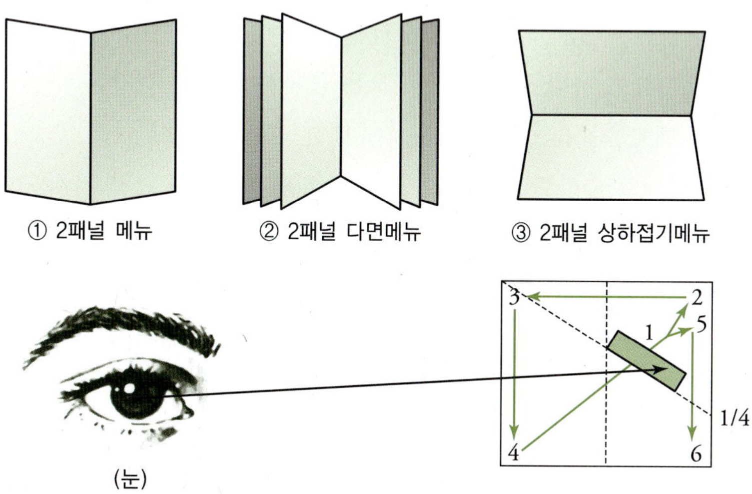

그림 4-14 시각 중심점과 시선의 이동방향(2패널 메뉴)

(3) 3패널 메뉴

패널이 3개로 구성된 메뉴형식(tri-panel folded menu)이다. 이 형식에서는 고객이 처음 메뉴를 보았을 때 시선이 집중되는 곳이 중앙이므로 메뉴판의 중앙 부분은 판매전략과 메뉴계획에 있어서 매우 중요하다. 즉, 판매수익을 극대화시키기 위해서는 수익이 가장 높은 메뉴를 중앙에 위치시켜야 한다.

메뉴판의 1/3을 수평으로 지른 선 가운데 페이지의 윗부분이나 1/2수평선의 가운데 부분이 해당된다.

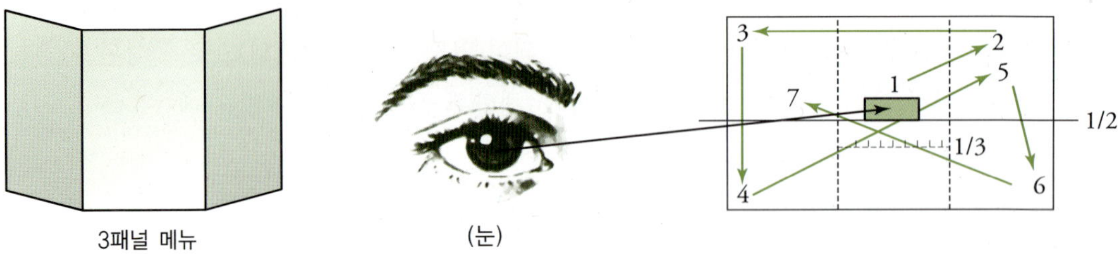

그림 4-15 시각 중심점과 시선의 이동방향(3패널 메뉴)

2) 배 열

메뉴품목과 가격을 나열하는 것은 메뉴카피를 만드는 가장 기본 단계이다. 그러나 단순한 나열이 아닌 각 품목의 구성과 순서를 동시에 생각하는 것이 중요하다. 어떤 순서로 품목을 메뉴에 나타내야 하는지, 모든 품목이 모두가 똑같은 주의를 받도록 해야 되는지 등 메뉴품목을 표시하는 순서에 대한 연구가 중요하다.

메뉴품목은 식사의 순서로 기재되어야 하며, 저단가에서 고단가 가격순으로 배열하는 것이 원칙이다.

메뉴품목의 배열순위에 따른 선호도분석에 의하면, 일반적 주문의 경우 가장 많이 선택된 메뉴품목들은 첫 번째와 두 번째 그리고 마지막에 위치한 품목들로 나타났다. 따라서 특히 인기가 있거나 수익성이 높은 품목은 특별히 주의를 기울여 포지셔닝을 함으로써 고객으로 하여금 더 많이 선택하게끔 만들 수가 있다.

그리고 메뉴품목의 판매가격 위치에 관한 연구 결과, 메뉴판에서 판매가격의 위치에 따라 실제 판매되는 객단가에 영향을 주는 것으로 나타났다.

고객들은 특별히 선호하는 품목을 고르지 못할 때는 싼 가격의 품목을 기준으로 메뉴를 선택하기 때문에, 이런 점을 고려하여 각 메뉴품목의 설명이 끝나는 곳에 가격을 표시하여 타 메뉴품목과의 가격비교가 쉽지 않도록 유도하여 평균객단가를 높일 수 있다.

3) 특별 포지셔닝

메뉴판은 판촉시키는 능력이 있어야 한다. 메뉴 간지(clip-ons)나 메뉴품목설명, 그 품목의 포지셔닝, 특수아트 솜씨 등을 통해서 메뉴기획자는 고객수요에 영향을 미칠 수 있다.

가장 수익률이 높거나 가장 잘 팔리는 품목에 주의를 끌기 위해 포지셔닝, 테두리, 장식선, 다른 색깔보다 큰 글씨, 그 밖의 다른 방법들을 사용해야 한다. 만약에 모든 종류의 품목들이 똑같이 하찮게 취급되거나, 모든 품목들이 느낌표를 사용해서 대문자로 두드러지게 표시되면 가장 많이 팔고자 하는 메뉴품목들은 다른 것들과 차별화될 수 없다.

매일매일 바꾸는 데일리(daily) 메뉴, 특별 메뉴는 그 붙이는 난에 핀을 달아 놓거나, 스티커를 붙이는 형식으로 부착시키는데, 주로 메뉴판 앞 페이지 위쪽란에 부착시킨다. 또한 메뉴판 사이에 끼워 넣어 강조하기도 하며 테이블 텐트를 만들어 식탁 위에 올려 놓기도 한다.

4) 판촉 면

메뉴는 빈 페이지가 있게 해서는 안 된다. 메뉴품목을 포함하지 않는 페이지는 연회나 집으로 사갈 수 있는 포장상품 및 기타 특징들을 판촉하는 데 활용해야 한다. 메뉴판을 광고지면으로 생각해야 하는 것이다.

가령 식당의 역사, 경영진의 서비스에 관한 공약, 식당의 독특한 특징, 평판 등 판매촉진을 위한 부수적인 문구를 적어 식당선전을 위해 쓸 수 있다.

또한 식당이 가지고 있는 특별한 가구나 그림을 설명함으로써 식당 이미지를 높일 수도 있다.

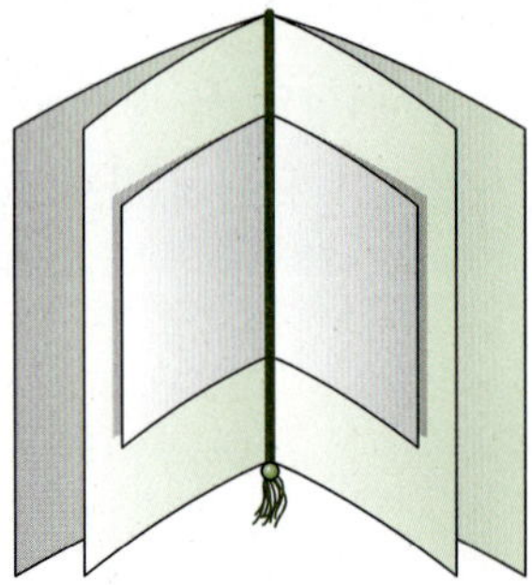

그림 4-16 끼워 넣는 메뉴

① 텐트 모양 ② 주사위 모양

그림 4-17 테이블텐트 메뉴

제 5 절 메뉴가격결정방법

메뉴가격을 책정하는 것은 정확한 가격산출의 방법과 절차 그리고 마케팅을 결합시켜야 하는 기술적인 부분이다. 특히 메뉴마케팅은 판매량으로 나타나는 고객의 반응을 분석하여 각 메뉴품목의 선정은 물론 전체적으로 균형 있는 가격책정을 위해서는 필수적이다.

1. 메뉴가격결정의 중요성

메뉴품목에 따른 최적의 가격결정은 메뉴관리 부문에서는 가장 어려운 일 중의 하나이다. 그릇된 정보 및 판단과 비과학적인 관습을 답습하여 내려진 가격결정의 오류는 기업이 달성해야 할 경영 목표와는 전혀 다른 방향으로 내몰기도 한다.

실제로 현실에서는 많은 식당들이 경영자 또는 관리자의 주관적인 판단에 의해 메뉴가격을 책정하고 있다. 이 같은 방법은 상당한 경험과 노하우를 필요로 하기 때문에, 실패할 가능성이 높을 뿐만 아니라 경영 내용을 분석하기 위한 타당성 있는 자료를 제시하지도 못한다.

경영자는 기업이 기대하는 수익을 달성하고, 고객의 음식에 관한 욕구충족, 음식의 질에 관한 심리적 만족 그리고 메뉴가격에 관한 경제적 충족을 동시에 해결하기 위해서 객관적이고 합리적인 메뉴가격결정방법을 따라야 한다.

메뉴가격결정에서 오류를 범하지 않기 위한 방법으로는 식음재료비(cost of food beverage) 등 원가를 기초로 하여 판매가격을 책정하거나 고객수요를 기초로 기업환경을 분석하여 메뉴가격을 결정하기도 한다.

따라서 최적의 메뉴가격결정은 메뉴품목의 원가를 객관적으로 산출하여 반영해야 할 것이며, 기업이 처한 경영 환경과 고객이 메뉴품목에 대해 얼마를 지출하기 원하는지를 고려하여 가격정책에 반영시켜야 한다. 지속적으로 성장하는 업장이 되기 위해서는 원가와 시장 및 고객에 대한 충분한 연구검토 후에 메뉴가격을 결정해야 할 것이다.

2. 메뉴가격결정의 목적

식당의 메뉴가격이 고객에게 얼마나 만족감을 주느냐에 따라 매출이 증가할 수도 있고, 반대로 매출이 감소할 수도 있다. 성공적인 메뉴가격은 고객과 경영자 양측의 이해가 일치되는 선에서 결정된다. 인플레이션이 심각하여 식음재료비율이 크게 높아지거나, 더 이상 노동생산성 향상을 꾀하지 못하여 인건비 상승 압박을 받는 등의 경우 최적의 메뉴가격결정은 더욱 중요한 문제로 대두될 것이다.

메뉴의 가격결정은 기업목표에 따라 차이가 있지만 일반적으로 다음과 같은 목적을 갖는다.

1) 수익의 극대화

원가와 시장 및 고객에 대한 분석결과 식당이 메뉴를 최적의 가격으로 제공한다면 판매량이 증가하여 목표매출액이나 목표수익률의 극대화를 추구할 수 있다.

2) 시장침투

경쟁 식당보다 상대적으로 낮은 가격을 책정하여 보다 빠른 시기에 시장에 안착하기 위한 목적이다. 빠른 시장침투를 통하여 수요를 증가시키게 되면 판매량이 증가하고 시장점유율이 높아져서 목표매출액이나 목표수익률이 쉽게 달성된다.

이러한 가격 결정은 초기에는 기업에 손실을 가져다 줄 수도 있으나, 시장점유율이 높아지고 규모의 경제가 이루어지면 충분한 경영수익을 보상받게 된다.

3) 촉진

상품 그 자체에서부터 얻어지는 이익보다 전체 상품의 매출을 향상시키기 위한 목적으로 가격이 결정되는 경우를 의미한다. 예를 들어 많은 고객들로부터 인기가 있는 특정 메뉴의 가격을 고객이 만족할 만큼의 가격으로 낮게 제공하는 방법이다. 그 메뉴품목 자체로부터는 수익성이 없지만, 이 메뉴를 구매하기 위해 온 고객들이 다른 메뉴를 함께 구입함으로써 전체적으로 수익증대 효과를 가져올 수 있다.

4) 가격안정

이 목적은 특히 가격선도자가 존재하는 시장에서 수요의 격심한 변동을 둔화시키고 가격의 안정을 유지하려는 목적에서 많이 채택되는데, 현상유지 목적이라고도 한다. 여기서 안정된 가격이란 한 상품에 대해 여러 기업이 동일한 가격을 유지함을 의미하는 것이 아니라 가격선도자와 추종자 간의 어떤 규칙적인 관계가 형성되어 있음을 말한다. 가격안정을 추구하는 주요 목적은 수요격감 시에도 일정한 가격을 고수함으로써 가격전쟁을 적극적으로 회피하여 일정한 고객을 확보하려는 것으로, 장기적인 차원의 안정과 성장을 추구하기 위한 것이다.

3. 메뉴가격결정에 영향을 미치는 요인

메뉴의 가격결정에는 식음료업장의 형태 및 환경에 따라 다양한 여러 요인들의 영향을 받게 되며, 고객수요 및 경쟁업체의 변화에 따라 중요도가 달라진다.

① 고객의 타깃믹스(연령대, 지출희망비용, 직업 등)
② 고객의 식사경험(선호도, 품질)
③ 경쟁업체
④ 식사시간(아침, 점심, 저녁)
⑤ 서비스형태(셀프, 뷔페, 풀서비스)
⑥ 위치
⑦ 식음재료의 구매원가
⑧ 인건비
⑨ 제비용(고정비, 즉 건물임대료, 전기, 수도광열비, 세금 등)
⑩ 목표수익(비수기, 성수기에 따른 가격의 탄력성이 요구됨)
⑪ 정부의 규제

4. 메뉴가격결정방법

일반적으로 상품에 대한 가격결정은 주로 원가, 수요, 경쟁력을 고려하여 결정한다. 기업의 기본 목표가 기업의 유지 및 성장임을 고려할 때, 가장 중요한 요소는 원가일 것이다. 상품가격결정에서 원가를 밑도는 판매가격은 기업의 현상유지를 위협하기 때문이다. 따라서 메뉴가격결정방법은 원가에 기초한 가격결정방법이 우선되어야 하며, 수요에 기초하는 가격결정방법은 순차적으로 고려대상이 된다.

1) 원가에 기초한 가격결정방법

(1) 원가가산법

상품생산에 사용된 비용을 기준으로 가격이 결정되는 방법을 원가가산법(mark-up pricing, cost plus pricing, factor pricing)이라 한다. 어떠한 비용을 가격결정을 위한 원가로 간주하느냐에 관해서는 가격결정 목적과 기업의 내부 요인에 따라 달라질 수 있다.

식음재료비 또는 식음재료비와 인건비에 얼마 정도를 덧붙여 가격을 책정해야 운영비와 이익을 확보할 수 있는지 계산하여 판매가격을 결정한다. 즉, 식음재료비 또는 식음재료비와 인건비의 몇 배를 받아야 적절한 판매가격이 되는지 계산하는 방법인 것이다. 단순히 식음재료비와 인건비뿐만 아니라 건물임대료와 같은 고정비, 전력비, 수도광열비, 세금 등 모든 비용을 감안하여 계산한다면 보다 정확한 메뉴가격이 결정될 수 있다.

이 방법에 의한 가격결정의 과정을 단계별로 정리하면 다음과 같다.

① 우선 목표로 하는 식음재료비율 또는 식음재료비+인건비비율을 정한다.

② 목표 식음재료비율{(식음재료비+인건비)비율}을 이용하여 가격승수(pricing factor)로 환산한다.

$$\text{가격승수} = \frac{100\%}{\text{목표 식음재료비율}}$$

예 목표 식음재료비율이 40%라고 한다면 가격승수는 2.5가 된다.

$$\frac{100\%}{40\%} = 2.5$$

③ 식음재료비 또는 식음재료비+인건비 등 품목당 기준원가에 가격승수를 곱하여 판매할 메뉴가격을 결정한다.

식음재료비×가격승수=메뉴판매가격

예 햄버거의 식음재료비가 800원이고 목표 식음재료비율이 37%라면 햄버거의 판매가격은 2,160원으로 결정된다.

$$(\text{가격승수}) = \frac{100\%}{37\%} = 2.7$$

$$(\text{메뉴판매가격}) = 800\text{원} \times 2.7 = 2{,}160\text{원}$$

④ 이렇게 산출된 가격에 기타 요소들을 반영하는 최종 판매가격의 조정이 필요하다. 이 방법을 사용하여 메뉴 판매가격을 결정할 때도 경영자의 경험에 의해 다소 조정이 필요하다. 예를 들어 일정 금액의 판매가격이 산출되었다 하더라도 가격단위를 계산하기 쉬운 단위, 잔돈이 발생되지 않는 단위로의 조정이 필요하고, 아울러 산출가격에 대한 소비자들의 저항과 경쟁자 가격을 검토하는 등의 조정이 필요한 것이다.

2,160원±조정금액=최종 판매가격 결정

(2) 목표수익률법

일정한 목표생산량하에서 총 원가에 기대 수익을 가산함으로써 가격을 결정하는 것을 목표수익률법(target pricing, buttom-up approach, Hubbart formula)이라 한다. 식음료매니저가 작년 매출액을 기준으로 총 원가를 계산한 후 수요 및 선호도를 고려하여 영업이익을 결정하는 것이다.

(3) 손익분기 가격결정법

식당경영에 투입되는 총 비용을 사전에 고정비와 변동비로 구분하여 손익분기점을 산출하고, 동일 메뉴품목에 각기 다른 가격을 책정할 경우 발생되는 판매량의 변화를 측정하여 최적 가격을 측정한다. 측정된 가격수준과 이때의 판매량을 손익분기점과의 비교를 통해 수익극대화를 도모할 수 있는 최적의 가격을 도출하는 방법이다.

참고로 식음료산업의 고정비는 주로 업장의 시설과 관련된 비용과 정직원 인건비로써 재료비가 주가 되는 변동비보다 비교적 적은 편이다. 따라서 식음료산업의 경우에는 손익분기점이 낮아 조금만 매출을 올려도 이익을 내긴 쉬우나 큰 폭의 수익극대화를 꾀하기 어려운 점이 있다. 반면 호텔기업의 객실부문인 경우 객실 자체가 상품으로써 고정비는 토지, 건축비, 객실 내의 집기비품과 관련한 감가삼각비와 객실부문 정직원 인건비 등이기 때문에 투숙객실의 수도광열비 등인 변동비와 비교하면 매우 높다. 이점은 객실부문의 경우에는 손익분기점이 매우 높아 좀처럼 이익을 창출하기 어려워도 손익분기점을 넘기만 하면 급속도로 수익극대화가 된다는 점이다. 따라서 식음료산업의 경우에는 변동비를 낮추는, 즉 재료비 절감이 경영관리 핵심이고, 객실부문의 경우 매출활동 독려를 통한 경영관리가 효율적인 것이다.

2) 수요에 기초한 가격결정방법

수요에 기초한 가격결정은 원가보다는 소비자의 수요를 토대로 가격을 결정하는 것으로 메뉴품목의 만족도와 가격에 따른 판매량의 변화를 측정하고, 이어서 총 매출에 따른 경영수익이 최대가 되는 최적 가격을 도출하는 방법이다.

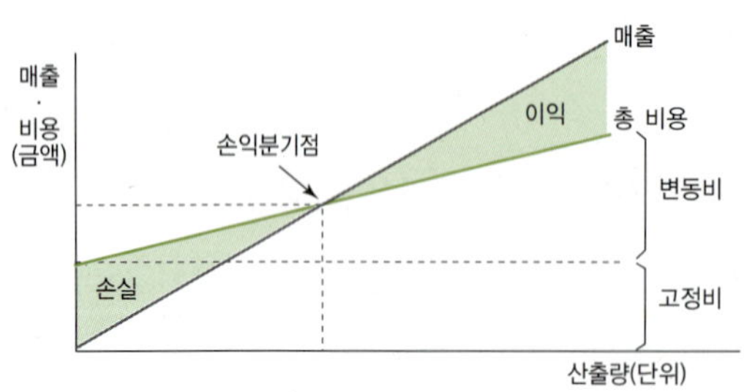

그림 4-18 손익분기(break-even) 가격결정법(식음료 산업)

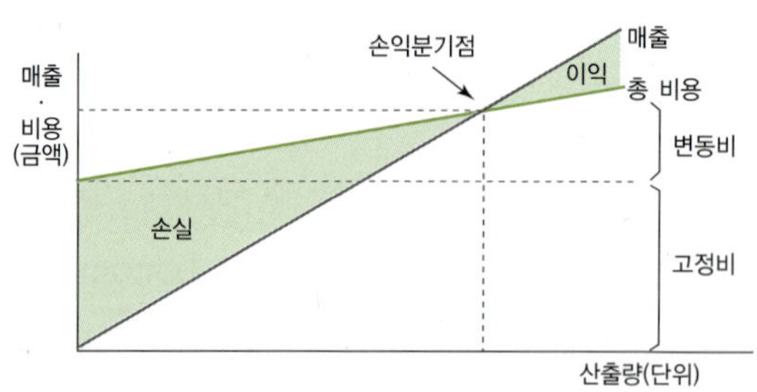

그림 4-19 손익분기(break-even) 가격결정법(호텔 객실부문)

고객의 상품과 서비스에 대한 인식을 조사·분석한 평가결과를 가격결정의 출발점으로 이용한다. 이는 식당의 메뉴품목별 원가가 기준이 아니라 고객의 만족도가 가격결정의 기준이 되는 것이다. 그러므로 수요에 기초하여, 즉 고객의 만족도에 따른 가격결정법은 메뉴품목의 가치에 대한 고객의 만족도를 얼마나 정확하게 측정하였느냐에 따라 유용성 여부가 결정된다. 예를 들어 상품의 가치가 실제보다 높게 측정되었다면 가격도 지나치게 높게 측정될 것이고, 실제보다 낮게 측정되었다면 그 반대의 결과를 초래할 것이다. 이러한 과오를 피하기 위해서는 마케팅조사를 실시하여 고객의 인지도를 정확하게 파악하여야 한다.

(1) 시장별 가격차별법

하나의 제품 또는 서비스를 두 개 혹은 그 이상으로 다른 가격으로 판매하는 방식, 즉 고객, 장소, 시간에 따라서 시장을 세분하여 차별적 가격을 적용하는 것을 말한다.

이 수요차별법에 따른 가격결정을 하기 위해서는 다음과 같은 기본 조건이 필요하다.

① 각 세분시장은 자체의 고유한 수요곡선을 가져야 한다.
② 각 세분시장에 책정된 가격은 차별화를 위해 투입된 광고비 및 특별비용을 포함하여 적절한 이윤이 보장되어야 한다. 예를 들어 단체관광고객과 개인상용고객은 서로 다른 수요의 탄력성을 갖고 있다. 단체고객은 가격에 민감하나 개인상용고객은 가격에 민감하지 않다. 또한 식음료업장에서 차별적 가격을 적용하여 수요가 적은 낮시간에 가격을 싸게 하는 정책은 수요차별에 따른 가격결정법이라 하겠다.

이러한 수요차별법에 따른 가격결정은 서비스업에 많이 적용되나, 예약문화가 선진국에 비해 낮은 우리나라에서는 상도의적 문제를 들어 법적으로 규제될 가능성이 많은 단점이 있다.

(2) 최고가격법

최고가격법(highest pricing)은 경영자가 메뉴품목의 가치를 최대한으로 평가하여 고객이 최고로 지불할 수 있겠다 싶은 가격을 선택하는 것으로 영업활동과 고객의 반응에 따라 단계적으로 가격을 조정하는 방법이다. 고급이미지를 추구하기 위하여 경영자가 임의로 높은 가격을 설정하는 방법이다.

(3) 특매가격법

특매가격법(loss leader pricing)은 상품가치의 최저가를 선택하여 고객으로 하여금 식당의 매력을 느끼도록 하는 방법이다. 이 방법은 낮은 가격을 보고 식당에 들어와 다른 음식까지 주문하도록 유도하는 것으로 가격과 질의 비교에 따라 높은 매출을 기대할 수 있다. 주력 품목의 가격을 인하하여 고객을 끌어들인 다음 이윤을 남기기 위해 다른 품목에서 높은 가격을 받는 방법이다.

(4) 단수가격결정

가격의 끝자리 수를 일정가격 범위 내의 단수로 함으로써 심리적으로 저렴하다는 인상을 주고자 하는 것을 단수가격결정이라 하며, 메뉴가격을 5,000원, 1만 원 대신에 4,950원, 9,950원이라는 단수금액의 가격을 설정하는 것이다.

(5) 권위가격결정

특정제품 서비스가 권위나 질이 우수하다는 것을 나타내기 위해 인위적으로 높은 수준의 가격을 결정하는 방법을 권위가격결정이라 한다. 고가일지라도 그것을 향유함으로써 사회적 지위나 권위를 과시하는 상징으로 사용하는 고객의 지위도 높게 평가하는 심리동향에 맞추어 수요를 환기시키는 가격정책이다.

(6) 복합가격결정

단일메뉴품목으로 판매하는 것이 아니라 2개 품목에 1만 원 또는 5개 품목에 2만 원의 방식으로 복수상품을 구성하여 가격을 설정하는 방법을 복합가격결정이라 한다. 이것은 마치 할인가격의 형태로 상품을 묶어서 판매하는 방식인데, 이렇게 함으로써 고객의 심리는 개별품목에 책정된 가격보다 더 저렴하다고 생각하기 때문에 결과적으로 판매량의 증대를 가져올 수 있다.

(7) 변동가격법

구입가격의 변동이 큰 메뉴품목의 경우 '시가'라고 적어 놓고, 매일 식음재료비에 의해 가격이 결정되는 방법을 변동가격법이라 한다. 일식집 등에서 주로 적용하는 가격정책이다.

3) 경쟁에 기초한 가격결정방법

경쟁에 기초한 가격결정은 제품의 원가나 수요보다도 경쟁업자의 가격을 기준으로 가격을 결정하는 방법이다.

(1) 경쟁가격법

가격결정 시 제품의 원가나 수요보다는 경쟁기업의 가격변동을 더 중요하게 고려하는 것을 경쟁가격법이라 한다. 경쟁업체의 가격과 비교하여 식당의 메뉴가격결정을 한다. 일반적으로 채택되고 있는 결정방법이기도 하다.

(2) 선도가격법

동일업계에서 가격변화에 가장 영향력이 큰 기업에 의해 가격이 결정되는 형태를 선도가격법이라 말한다. 이러한 가격결정은 독점상태하에서 가격선도자에 의해 나타나게 되며, 가격을 추종하거나 모방하는 가격을 추종가격 또는 모방가격이라 부른다.

제 6 절 메뉴엔지니어링

식음료업체 경영의 핵심 요소로서 메뉴는 단순히 음식판매만을 위해 나열된 목록이 아니고, 판매에 중대한 영향을 끼치며 경영수익증대에도 활용될 수 있는 강력한 마케팅 도구이다.

따라서 메뉴는 경영자에게는 수익을 가져다 주는 동시에, 고객에게는 만족을 주어야 한다. 식음료업장은 고객에게 제공하는 메뉴를 지속적으로 관리하고 평가하여 그에 따른 마케팅전략을 수립한 다음 업장 경영에 반영해야 한다. 메뉴를 관리하고 평가함에 있어서 고객의 측면에서는 고객의 음식선호도, 1인 분량, 잔식률 등을 할 수 있고, 경영자 측면에서는 제공된 음식들의 영양가분석, 메뉴엔지니어링 기법을 이용한 메뉴의 선호도와 수익성을 고려한 메뉴평가방법이 있다.

1982년에 카사바나(Michael L. Kasavana)와 스미스(Donald L. Smith)는 식음료산업의 메뉴평가 도구로 메뉴엔지니어링(menu engineering : 메뉴공학)을 개발하였다. 기존의 식음료업체 경영 평가방법들은 주로 식음재료비율이나 재고자산회전율 등에만 의존하여서 명확한 경영 평가에 많은 한계점을 안고 있었기 때문이다.

1. 메뉴엔지니어링의 개념

메뉴엔지니어링은 메뉴품목에 대한 고객의 선호도(판매량으로 나타남)와 수익성의 상관관계분석을 통해 메뉴에 관한 의사결정을 하기 위한 메뉴평가방법이다.

이 평가방법은 현재의 메뉴구성(메뉴믹스)으로 식당이 얼마만한 이익을 내고 있는가를 분석하는 것으로써 업장의 경영 수익을 높이는 최우수 메뉴품목을 산출해 낼 수 있는 메뉴평가방법이다. 단위당 공헌이익이 가장 높고 판매량이 가장 많은 메뉴가 가장 우수한 메뉴이므로 고객의 수요나 메뉴품목별 공헌이익을 증가시킴으로써 메뉴의 총 공헌이익을 제고시키는 데 중점을 두고 있다.

메뉴엔지니어링 평가결과의 신뢰성을 높이기 위해서는 적어도 1개월 이상 장기간의 매출을 기준으로 평가해야 하며, 전혀 범주가 다른 메뉴품목과는 비교하지 말아야 한다. 예를 들면 주요리는 주요리끼리, 디저트는 디저트끼리 비교해야 정확한 평가가 이루어진다.

지금까지도 대부분 업장에서의 메뉴평가는 단순히 메뉴품목별 판매가격 기준에 따른 원가율에 의한 이익분석이 이루어져 오고 있으나, 메뉴엔지니어링방법을 통해 경영자가 현재 또는 미래의 메뉴가격과 메뉴믹스를 정하기 위한 의사결정을 내린다면 메뉴의 시장성(선호도)을 기준으로 하는 마케팅적 접근에 의해 메뉴품목별 수익성 공헌도를 계산하여 공헌이익에 따른 메뉴계획 수립을 도모하므로 보다 합리적이고 과학적인 방법이 되는 것이다.

정기적으로 메뉴엔지니어링을 수행하여 기업 경영에 반영해 나간다면 보다 많은 수익을 올리는 데 기여할 수 있다.

메뉴엔지니어링을 통한 메뉴품목의 인기도와 수익성 메뉴분석방법은 전체 매출액에 대한 메뉴품목들 각각의 상대적 비중을 나타내 주기 때문에 일품요리를 판매하는 외식업체나 패밀리레스토랑, 호텔에서 운영하는 식당 등 다양한 업체에서 다 이용할 수 있다.

한편 메뉴변경 시의 성과측정에도 매우 유용한 의사결정의 도구가 된다. 특히 새로운 메뉴의 고객반응을 평가하거나, 인플레이션으로 인하여 가격변동이 생기는 경우, 그 영향을 분석하고자 할 때도 평가 도구로서 메뉴엔지니어링이 활용될 수 있다.

2. 메뉴엔지니어링의 목적

메뉴엔지니어링은 메뉴품목별 고객수요와 평균공헌이익을 증진시키는 방법을 개발, 활용함으로써 지속적으로 전체 메뉴 품목별 공헌이익을 증대시켜 기업의 경영수익을 극대화 시키는 데 기본 목적을 두고 있다.

메뉴엔지니어링은 메뉴품목의 적정 원가율을 유지시키려는 내부 통제 관리 측면이라기보다는 특정의 메뉴믹스로부터 기대 수익률을 획득하기 위한 마케팅적 측면에 관심을 가지므로, 실제의 고객수요를 가장 중요한 판단 요소로 하여, 메뉴가치에 대한 고객의 선호도를 고려한 메뉴정책수립을 목적으로 한다.

1) 수요창출 목적

식음료업장의 경영수익 증대는 고객에게 인기있는 메뉴품목에 의해 좌우된다. 메뉴엔지니어링에 따른 메뉴정책수립으로 다음과 같은 효과를 나타낼 수 있다.

① 고객의 주문빈도를 높일 수 있다.
② 세분시장을 개척 및 확대할 수 있다.
③ 시장점유율을 개선할 수 있다.
④ 품격이나 지명도를 제고할 수 있다.
⑤ 식음료업체의 고유성을 확립할 수 있다.

2) 공헌이익증대 목적

식음료업장의 경영수익 증대를 위한 메뉴품목별 단위 공헌이익을 높이기 위해서는 다음과 같은 내용들을 점검하여 메뉴정책수립에 반영해야 한다. 한편 수익증대를 위해 새로운 메뉴품목을 추가할 경우에는 현재 보유 중인 식음재료범위 내에서 활용할 수 있으면서 동시에 높은 공헌이익을 실현할 수 있다면 메뉴에 추가시켜야 한다.

① 메뉴 중에서 지속 또는 교체 대상품목은 무엇인가?
② 메뉴 중에서 가격갱신을 요하는 품목은 무엇인가?
③ 메뉴 중에서 새로운 포지셔닝을 필요로 하는 품목은 무엇인가?
④ 메뉴품목별 잠재 식음재료원가는 얼마나 될까?
⑤ 메뉴품목의 내용변경을 위한 대체 식음재료들은 무엇인가?

3. 메뉴엔지니어링의 절차

메뉴엔지니어링에 따른 메뉴평가를 위해서는 분석표를 작성한 후 그 분석 내용에 따라 모든 메뉴를 선호도와 수익성의 측면에서 분류하여 매트릭스에 표기하고, 그 결과 업장의 특성에 맞는 메뉴의사결정방법을 찾는 데 있다.

1) 기본 개념

메뉴엔지니어링에 의한 분석을 수행하기 위해서는 다음과 같은 3가지 개념의 이해가 필요하다.

(1) 고객 수요

고객이 일정 기간 동안 식음료를 구매한 메뉴품목의 총 수, 즉 메뉴품목별 판매량을 고객수요라 말한다.

(2) 메뉴믹스

일정 기간 동안 메뉴품목들의 판매 구성비율을 메뉴믹스라 하며, 세일즈믹스라고도 한다. 메뉴믹스는 식당의 메뉴품목들에 대한 고객의 선호도를 판단할 수 있는 매우 중요한 자료가 된다.

(3) 공헌이익

각 메뉴품목들이 수익에 공헌하는 이익으로 메뉴를 판매했을 때 식음재료비를 빼고 남는 금액, 즉 판매수익을 말한다. 공헌이익은 각 품목의 수익성을 나타내므로 가격결정의 중요한 요소가 된다.

공헌이익(판매수익) = 메뉴판매가격 − 식음재료비

메뉴엔지니어링에서는 전체 품목의 평균공헌이익을 품목별 공헌이익과 비교하여 각 품목의 수익창출능력을 평가한다. 특정 메뉴품목들의 실제로 공헌한 수익성에 경영관리초점을 두는 메뉴평가방법인 것이다.

2) 분석표 작성

(1) 기본 자료

각 메뉴품목별로 판매량, 식음재료비, 판매가격의 기본 자료를 기록한다.

(2) 메뉴믹스

각 메뉴품목별로 판매비율(메뉴믹스)을 산출하여 기록한다.

$$\text{비빔밥의 메뉴믹스 \%} = \frac{\text{비빔밥 판매량}}{\text{메뉴품목 총 판매량}} \times 100 = \frac{480}{1,210} \times 100 = 40\%$$

(3) 공헌이익(품목별 판매수익)

각 메뉴품목별로 공헌이익, 총 원가, 총 매출액, 총 수익을 계산하여 기록한다.

비빔밥의 공헌이익 = 판매가격 − 식재료원가 = 2,500 − 820 = 1,680

(4) 평균공헌이익(평균판매수익)

메뉴품목별 수익성을 판단하기 위한 분석으로 각 메뉴품목의 공헌이익을 평균공헌이익과 비교하여 높거나 같으면 식당의 수익성 향상에 기여하는 품목이고, 낮으면 식당의 수익을 떨어뜨리는 품목으로 평가한다. 비빔밥의 공헌이익은 1,680원이고, 평균공헌이익은 1,634원이므로 비빔밥의 평균공헌이익이 평균보다 높기 때문에 수익성이 높은(high) 품목으로 평가한다.

$$\text{평균공헌이익} = \frac{\text{총 수익}}{\text{메뉴품목 총 판매량}} = \frac{1{,}977{,}000}{1{,}210} = 1{,}634$$

표 4-3 수익성 분석

메뉴품목	평균공헌이익비교	수익성 분석
비빔밥	1,680 > 1,634	고(high)
국 밥	1,460 < 1,634	저(low)
갈비탕	1,750 > 1,634	고(high)
회냉면	1,590 < 1,634	저(low)

(5) 평균선호도

평균선호도는 메뉴품목 수에 따라 다르게 측정된다. 예를 들어 10가지 메뉴품목들이 같은 판매량을 나타낼 때의 평균선호도는 100%/10=10%이다. 따라서 표 4-6의 예시와 같이 4가지 메뉴품목들이 같은 판매량을 나타낼 때의 평균선호도는 100%/4=25%이다. 그러나 오랜 식음료업계의 경험에 의해 메뉴품목의 최대판매량 기대치를 70% 정도로만 잡고 있다. 즉, 각 메뉴품목마다 70% 정도만 판매된다면 우수한 메뉴품목으로 평가할 수 있다는 것이다.

4가지 메뉴품목일 때 70%에 해당하는 평균선호도는 17.5%가 되는데, 비빔밥의 경우 메뉴믹스가 40%로 평균선호도(17.5%)보다 훨씬 높으므로 선호도분석에 따르면 고객의 선호가 매우 높은 품목으로 평가할 수 있다.

평균선호도 = (100 ÷ 메뉴품목 수) × 0.7 = (100 ÷ 4) × 0.7 = 17.5(%)

표 4-4 평균선호도

<table>
<tr><th>품 목</th><th>메뉴믹스(%)</th><th>품목수익(원)</th><th>평균수익(원)</th><th>평균선호도(%)</th></tr>
<tr><td>비빔밥</td><td>40</td><td>1,680</td><td rowspan="4">1,634</td><td rowspan="4">17.5</td></tr>
<tr><td>국 밥</td><td>14</td><td>1,460</td></tr>
<tr><td>갈비탕</td><td>16</td><td>1,750</td></tr>
<tr><td>회냉면</td><td>30</td><td>1,590</td></tr>
</table>

표 4-5 선호도 분석

메뉴품목	선호도비교	선호도분석
비빔밥	40%>17.5%	고(high)
국 밥	14%<17.5%	저(low)
갈비탕	16%<17.5%	저(low)
회냉면	30%>17.5%	고(high)

표 4-6 메뉴분석표

(1)	(2)	(3)	(4)	(5)	(6)	(7)	(8)	(9)	(10)	(11)	(12)
메뉴품목	판매량	메뉴믹스 (2)/(13)(%)	품목별 식음재료비	판매 가격	공헌이익 (5)−(4)	품목 총 원가 (4)×(2)	품목 총 매출액 (5)×(2)	품목 총 수익 (6)×(2)	수익성 분석(6)	선호도 분석(2)	메뉴판정
비빔밥	480	40	820	2,500	1,680	393,600	1,200,000	806,400	고	고	특상품(star)
국 밥	170	14	540	2,000	1,460	91,800	340,000	248,200	저	저	하상품(dog)
갈비탕	200	16	1,250	3,000	1,750	250,000	600,000	350,000	고	저	중상품(puzzle)
회냉면	360	30	910	2,500	1,590	327,600	900,000	572,400	저	고	상상품(plowhorse)
	(13)					(14)	(15)	(16)			
	총 판매량					총 원가	총 매출액	총 수익			
	1,210	100%				1,063,000	3,040,000	1,977,000			
						(17)		(18)		(19)	
						식재료비율 (14)/(15)×100		평균공헌이익 (16)/(13)		평균선호도 (100%/품목 수)×(70%)	
						35.0%		1,634원		17.5%	

(6) 메뉴매트릭스 작성

메뉴엔지니어링 분석표를 작성한 후 수익성, 선호도에 따른 메뉴매트릭스를 사용하여 메뉴품목을 분류하고 평가를 한다.

표 4-7 메뉴매트릭스

메뉴품목	수익성 분석	선호도분석	메뉴평가	메뉴판정
비빔밥	고(high)	고(high)	수익성 ↑, 선호도 ↑	특상품(star)
국 밥	저(low)	저(low)	수익성 ↓, 선호도 ↓	하상품(dog)
갈비탕	고(high)	저(low)	수익성 ↑, 선호도 ↓	중상품(puzzle)
회냉면	저(low)	고(high)	수익성 ↓, 선호도 ↑	상상품(plowhorse)

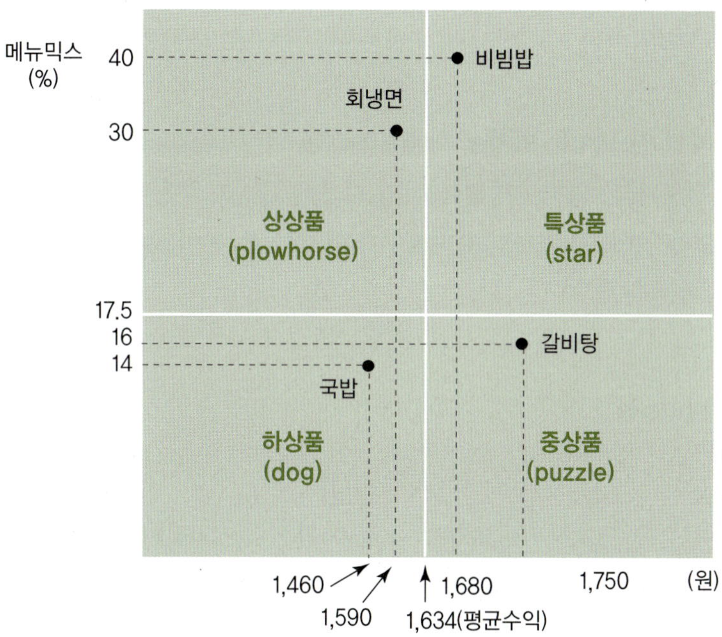

그림 4-20 실제 메뉴매트릭스

4. 메뉴매트릭스에 의한 메뉴관리방법

메뉴매트릭스에 의해 특상품(star), 상상품(plowhorse), 중상품(puzzle), 하상품(dog)으로 평가된 품목들은 제각각 일반적으로 권장되고 있는 관리방법, 즉 메뉴품목의 삭제, 메뉴판에서의 위치조정, 가격의 인상 또는 인하 등의 메뉴관리를 수행하여 기업의 경영수익 극대화를 도모하여야 하며 더불어 식당 경영자의 경험, 식당의 여건, 경영형태 등 여러 가지 정보를 종합하여 최종적으로 결론을 내려야 한다.

1) 특상품(st ar)

① 높은 수익성과 높은 선호도를 나타내는 품목으로 식당의 수익에 절대적으로 기여하는 품목이다.

② 메뉴의 품질, 1인 분량 등 현재의 수준을 엄격히 표준화 · 규격화하여 지속적인 수익을 유지하도록 한다. 품질, 양 저하에 관한 소문으로 중상품(puzzle)으로 떨어질 수 있다.

③ 메뉴판에서 가장 잘 보이는 위치에 재배치시킨다.

④ 본래 특상품 품목들은 가격탄력성이 적기 때문에 메뉴가격을 약간 상향조정해도 판매량에는 큰 변화가 없지만 현재도 수익률이 높은 편이므로 무리한 조정은 하지 않는 것이 좋다.

2) 상상품(plowhorse)

① 비교적 선호도는 높으나 수익이 낮은 품목이다.

② 신중히 가격인상을 도모하되(3,000원 → 3,300원 → 3,500원) 가격변동이 매출액에 미치는 영향을 고려해야 한다. 특정 식당에서만 볼 수 있는 독특한 메뉴품목일 때 아주 효과적이다. 가격인상에 대한 반발이 있을 경우 메뉴판의 재배치나 재포장을 하여 인상하기도 한다.

③ 메뉴판에서 고객 눈에 안 띄는 곳에 재배치시켜 고객수요를 낮추도록 유도한다.

④ 수익성을 높이기 위한 방법으로 식음재료비가 낮은 품목을 결합한 변형된 세트메뉴 개발을 고려한다.

⑤ 음식의 감량을 시도할 때는 가치를 감소시키지 않는 범위 내에서 변화가 눈에 띄지 않도록 극히 조심해야 한다.

⑥ 현재의 메뉴품목 판매를 위해 많은 인력이 필요하다면, 인력절감방안을 모색하여, 메뉴품목의 수익성을 높이도록 한다.

⑦ 미끼상품으로 고객을 흡인하는 품목으로 활용될 수 있으며, 리더메뉴(leader menu)로 불리기도 한다.

3) 중상품(puzzle)

① 수익은 높으나, 선호도가 낮은 품목이다.

② 수익성이 크므로 수요를 늘리는 방안을 모색해야 하므로, 메뉴판에서 가장 잘 보이는 곳에 재배치시킨다.

③ 수익성이 매우 높은 품목은 가격을 높게 책정된 경우일 수도 있으므로 가격인하를 통해 선호도를 높여 기업의 총체적인 판매수익을 극대화시키는 방안도 필요하다.

④ 식음재료의 보관수명이 짧거나, 많은 인력이 필요하며, 식당의 이미지와 관련이 없거나 향상시키지 못하는 품목은 삭제한다.

⑤ 광고, 테이블 텐트카드, 식당입구의 스탠드광고판 설치 등 프레젠테이션 변화를 통해 고객의 관심을 유발한다.

⑥ 메뉴품목의 이름을 친근감이 있거나 유행하는 것으로 바꿔 선호도를 높여 본다.

⑦ 품질, 일관성, 생산관리, 재고관리 등에 문제가 있으므로 메뉴품목 수를 제한한다.

⑧ 종사원의 권유판매를 유도하고, 특별요리로써 제공하여 판매수량을 높인다.

⑨ 더 큰 사이즈, 멋진 장식, 질 좋은 식음재료로써 메뉴품목의 가치를 증대시킨다.

4) 하상품(dog)

① 인기가 없고 수익이 낮아 손실을 가져오는 품목이다.

② 막중한 인건비, 식음재료 장기저장의 어려움을 초래한다면 메뉴에서 삭제한다.

③ 특정 잠재력이 있는 메뉴품목의 경우에는 가격인상으로 중상품 수준으로의 변화가 가능한 것이 있다. 어차피 선호도가 낮은 품목은 가격을 인상하면 좀더 높은 공헌이익을 올릴 수 있는 가능성이 있기 때문이다.

표 4-8 메뉴엔지니어링 분석표

일자 : ____________

식당명 : ____________ 음식 제공기간 : ____________

(1) 메뉴 품목	(2) 판매량	(3) 메뉴 믹스	(4) 품목별 식료원가	(5) 판매 가격	(6) 공헌 이익	(7) 품목 총 원가	(8) 품목 총 매출액	(9) 품목 총 수익	(10) 수익성 분석	(11) 선호도 분석	(12) 메뉴 판정
감자튀김	55	9.3	999	3,000	2,001	54,945	205,500	110,055	L	H	상상품
돈가스	51	8.6	3,744	12,000	8,256	190,944	601,500	421,056	H	H	특상품
샐러드	52	8.8	2,755	7,500	4,745	143,260	417,000	246,740	L	H	상상품
치킨가스	32	5.4	5,824	12,000	6,187	186,368	298,500	197,984	L	L	하상품
오믈렛	18	3.0	3,918	9,500	5,592	70,524	81,000	100,656	L	L	하상품
버거세트	58	9.8	2,166	8,500	6,334	125,628	535,000	367,372	L	H	상상품
스파게티	23	3.9	2,847	11,500	8,653	65,481	219,000	199,019	H	L	중상품
불고기덮밥	73	12.37	3,060	8,500	5,431	223,380	740,500	396,463	L	H	상상품
비프스테이크	85	14.4	4,371	15,000	10,629	371,535	1,019,000	903,465	H	H	특상품
함박스테이크	56	9.49	3,224	14,000	10,776	180,544	769,000	603,465	H	H	특상품
샌드위치	34	5.76	2,870	8,500	5,630	97,580	403,000	191,420	L	L	하상품
생선가스	53	8.98	1,585	12,000	2,415	349,205	628,500	286,995	L	H	상상품
	(13)총판매량 590	100%				(14)총 원가 2,059,194	(15)총 매출액 5,170,500	(16)총 수익 4,024,681			
						(17)식재료 비율 (14)/(15)×100		(18)평균 공헌이익 (16)/(13)		(19)평균선호도 (100%/품목수)×70%	
						34.79%		₩6,821		5.83%	

CHAPTER 5
식음료 원가관리

모든 기업의 목표는 주주가치의 극대화를 도모하는 것이고, 이는 경영수익 극대화를 통해 달성할 수 있다. 기업의 경영수익 극대화 방안으로 크게 두 가지 방법이 있는데, 우선 매출액 증대를 위한 마케팅 등의 노력으로 기업의 총 수입을 극대화시켜 이익을 향상시키거나, 효율적인 비용절감을 통해 이익을 극대화시켜 기업목표를 달성시키는 것이다.

기업의 경영수익에 직접 영향을 끼치는 비용항목에는 크게 인건비, 식음재료비 그리고 경비가 있으며, 이 경비에는 마케팅비, 수도광열비, 소모품비 등이 있다. 비용이 적으면 적을수록 이익은 많아지므로 비용을 적절히 관리하고 통제하는 활동은 모든 기업의 가장 중요한 경영관리사항이다.

그런데 대부분의 기업 특히 식음료산업의 경우에는 전체 비용 중에서 원가(식음재료비)가 차지하는 구성비는 매우 크기 때문에 기업의 전체 비용을 절감시키려는 광범위한 노력보다는 식음재료비관리, 즉 원가관리에 초점을 두게 되면 기업의 경영이익 증대에 보다 큰 효과를 나타낼 수 있다. 따라서 식음료산업에서는 비용관리보다는 원가관리라는 용어가 경영관리 부문에서 빈번히 사용되고 있다.

제1절 원가관리의 개념

1. 원가관리의 의의

원가관리(原價管理, cost control)란 원가절감을 목적으로, 원가수치(총 원가액, 원가율 등)를 관리수단으로 하여 경영활동의 여러 사항을 관리하는 것을 말한다. 즉, 원가관리는 향후 일정 기간 동안 경영활동에 의해 발생하게 될 원가의 계획을 추산하여 수립하고(계획원가 : 예산), 실제 경영활동의 결과 발생한 원가실적을 계획원가와 비교 · 대조하여, 그 차이의 원인을 분석한 후, 가능한 한 차이 원인을 제거함으로써 경영활동을 계획적으로 운영하려는 경영관리 기법이다.

특히 식음료경영에 있어서의 원가관리란 요리 및 음료의 생산과 관련된 식음재료의 통제를 중심으로 한 일련의 경영 기법을 뜻한다. 즉, 식당의 경영 방침에 의해 결정된 각 메뉴품목의 품질과 분량에 적합한 식음재료의 구매, 검수, 저장, 출고, 조리, 분량관리(meal portion controls), 판매가격결정 등과 관련된 사항들의 전반적인 경영관리를 통하여 이익의 극대화를 이룰 수 있도록 하는 것을 말한다.

식당의 상품을 구성하고 있는 원가 요소 중에서 가장 높은 비중을 차지하고 있는 항목이 식음재료비이므로, 기업의 경영상태를 측정하기 위해서는 바로 식음재료의 원가관리상태를 측정해야 하는 것이다. 적절한 식음재료의 관리는 생산활동에 필요한 식음재료를 필요로 하는 시기에 적합한 품질과 수량을 적정한 가격으로 준비하여 생산활동에 지장이 없도록 관리하는 기술이 요구된다.

특히 식음료상품은 타 상품에 비해 다품종 소량생산, 주문생산, 생산과 소비의 동시성 등의 특성을 지니므로 관리상태를 정확하게 파악하기란 쉽지 않다. 또한 음식생산에 직접적으로 필요한 식음재료는 모양, 품질, 특성 등의 다양성과 환경조건에 따른 수요와 공급의 심한 변동 등으로 여타 원자재들과 달리 균일화 · 규격화가 매우 어렵다.

따라서 생산계획에 따른 식음재료의 구분, 소요량 산출, 구매, 저장, 출고 등의 업무가 능률적으로 수행되도록 경영자, 구매관리직원, 조리사는 물론 모든 종사원은 과학적이고 효율적인 식음료 원가관리에 대한 지식습득과 실천으로 성공적인 식당운영이 되도록 노력해야 한다.

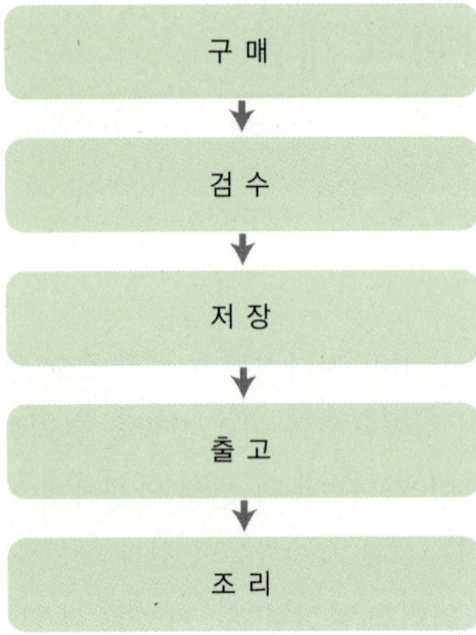

그림 5-1 원가관리 업무

그러나 단지 이익만 추구하는 잘못된 원가관리로 인해 품질이 저하되고 경쟁력이 떨어지는 부정적인 결과가 나올 수도 있으므로 지속적인 경영 이익 향상을 위해서는 체계적이고 합리적인 최적의 식음료 원가관리가 필요하다.

여러 개의 식음료업장을 운영하고 있는 호텔에서는 식음재료의 원가관리는 물론, 식음재료비의 예산계획과 원가분석 등 보다 복잡하고 세분화된 업무를 전담하는 식음료 컨트롤러(food & beverage controller)가 근무하고 있다.

2. 원가관리의 목적

식음료산업의 경우 인건비와 식음재료비의 비중은 절대적이다. 인건비의 경우 고급 식음료업장일수록 서비스의 질에 중점을 두기 때문에 그 비중이 커지게 되는데, '서비스 품질' 유지 필요성과 전사적인 인사관리를 통한 노동생산성 향상에 주력해야만 할 것이다.

또한 식음재료비는 식음료업장의 다양한 등급과 유형을 불문하고 전체 매출액의 약 30~40%를 차지하고 있음을 고려할 때, 효율적인 식음료 원가관리는 곧 기업의 수익 증대에 직접적으로 공헌할 수 있어 그 중요성은 매우 큰 것이다.

식음료업장 경영에 있어서의 상품인 메뉴품목에서 필요로 하는 식음재료의 구매로부터, 생산, 판매에 이르는 업무흐름을 관리(통제)하여, 경영 방침에 의하여 결정된 일정의 원가율을 유지하는 내부 통제적인 계수관리의 체계적 수행에 그 목적이 있다. 즉, 식음료 원가관리의 궁극적 목적은 업장의 체계적인 식음재료관리를 위한 업무수행으로 식음료 원가절감을 통해 업장의 경영 이익을 증대시키고자 하는 데에 있으며, 효율적인 원가관리의 수행으로 다음의 업무활동에도 기여할 수 있다.

① 적정한 수익을 유지하면서도 많은 고객으로부터 선호도가 좋은 메뉴개발에 기여한다.
② 메뉴의 품질개선에 이바지한다.
③ 수익성이 좋은 메뉴의 판매가격결정을 위한 주요 자료로서 활용된다.

특히 식음재료는 가장 효율적으로 원가절감을 할 수 있는 전략적인 관리 대상임에도 불구하고 관리를 소홀히 함으로써 구매비용의 상승, 음식의 품질저하, 재료관리 비용의 증가 등을 초래하여 결국은 메뉴의 원가상승 → 가격상승 → 고객이탈 → 매출감소 → 경영수익 감소의 결과를 초래하는 경우가 많으므로 적합한 재료관리의 노하우가 절대적으로 필요한 부분이다.

이와 같이 식음재료는 업장의 여러 비용항목 중에서 가장 큰 비중을 차지하기 때문에도 중요하지만, 그 특성상 부패, 손실 또는 도난될 가능성이 높기 때문에 체계적인 관리가 중요하다. 예를 들어 특정 메뉴품목에 대한 원가가 높게 나타나는 경우에 그 원인이 구매, 검수, 판매, 과대한 분량, 조리상의 손실, 도난, 부정확한 예측 등의 요인 중에서 어디에 있는가를 발견해 내어 해당 관리업무를 통제해야 하는 것이다.

이렇듯 식음료 원가관리는 메뉴품목의 생산에 관련된 식음재료만의 관리를 의미할 뿐 기타 인건비 등 일반제조업체의 원가계산과는 구별된다. 그러나 식음료 원가관리는 단순히 식음료 원가율을 계산하는 그 자체가 목적이 아니고, 원가율의 동향을 지표로 하여 영업의 방향을 이미 결정된 경영 방침에 도달할 수 있도록 관리하는 데 그 진정한 목적이 있다.

업장의 성공과 실패는 식음재료를 효과적으로 관리하는 경영 능력에 좌우되기 때문에 경영자, 관리자 그리고 모든 종사원들이 식음료 원가관리에 적극적으로 협조해야 한다.

3. 원가관리의 과정

식음료업장의 원가관리과정은 식음재료의 이동과정에 대한 관리로써 완성된 하나의 식음상품이 생산 · 판매되기까지의 식음재료의 구매(purchasing), 검수(receiving), 저장(storing), 출고(issuing) 등 일련의 조직적 연계과정에 대한 관리를 말한다.

이와 같은 관리과정들의 근본적인 목적은 식당이 경영 방침에 의해 결정한 메뉴품목의 품질, 분량, 가격의 기준에 맞게 생산함으로써, 모든 고객에게 제공되는 음식의 질과 양을 희생시키지 않고 최적 원가율을 유지시켜, 목표이익을 달성하는 데 있다.

효율적인 식음료 원가관리는 다음과 같은 과정으로 구성된다.

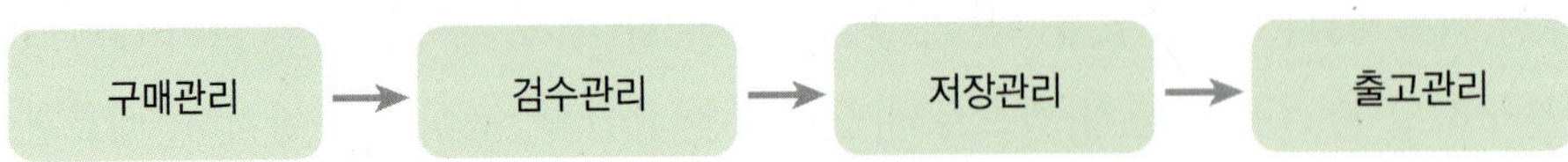

그림 5-2 **효율적 식음료 원가관리과정**

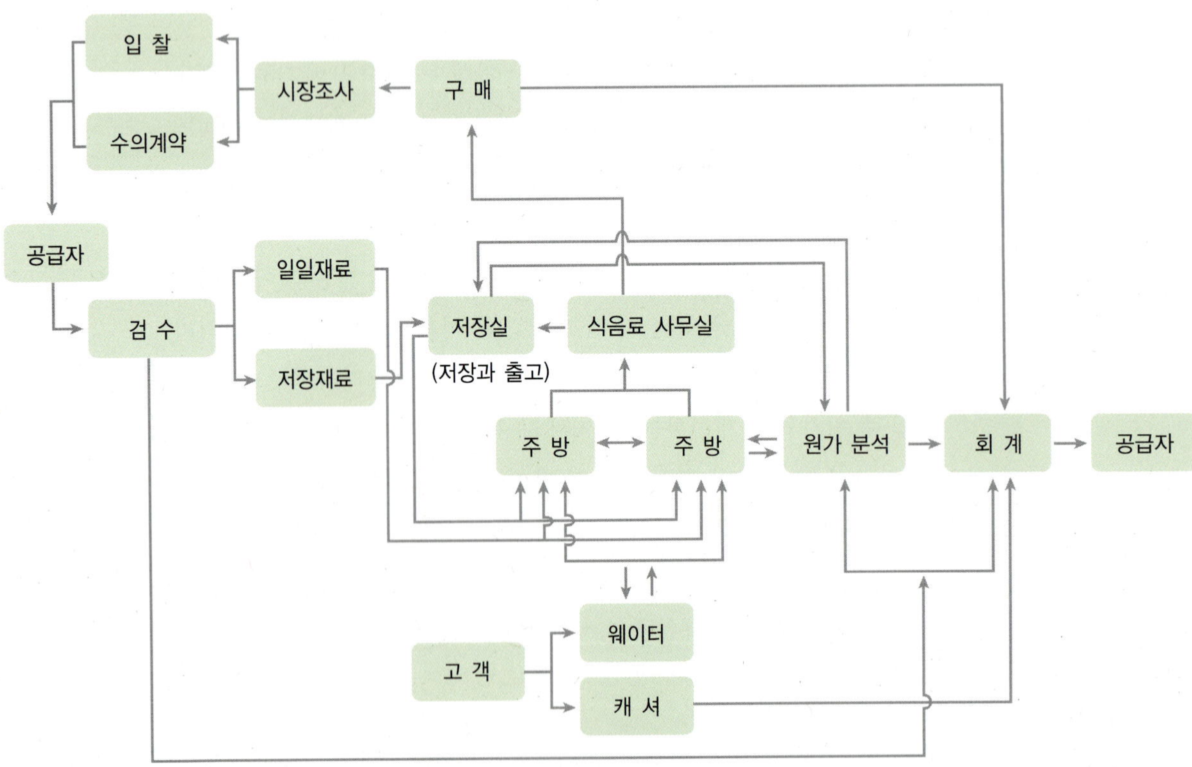

그림 5-3 **원가관리 흐름도**

제 2 절 구매관리

1. 구매관리의 중요성

구매관리는 식음재료의 이동과정 중 첫 단계로써, 식음재료의 구매활동은 곧 조리원가에 직접적인 영향을 미치게 되므로 원가관리의 기초가 된다. 최적의 재료를 경제적인 가격으로 적기에 구매함으로써 원가절감을 도모할 수 있으며, 이것은 곧 경영이익의 증대를 의미하는 것으로, "Well buying is half sale" 이라는 말이 생길 정도로 구매관리의 중요성은 강조되고 있다. 따라서 식당 메뉴의 생산과 품질유지에 있어 구매관리는 무엇보다 중요한 업무임을 인식해야 한다.

반면 부적당한 식음재료의 구매는 과도한 낭비 또는 생산을 지연시키는 요인이 될 수 있으며, 재료부족 문제는 판매기회의 상실 혹은 유휴시간(idle time)으로 인한 원가상승원인을 야기하게 된다.

예를 들면 너무 소량의 식음재료를 구매하게 되면 재고부족으로 고객이 주문한 음식을 제공하지 못하는 경우가 생기게 되고, 이는 판매의 기회를 잃게 되어 고객에게는 실망을 줄 것이며, 기업은 이익창출의 기회를 잃게 될 것이다. 반면 과다한 식음재료 구매는 불필요한 과잉재고로 인해 자금이 저장실에서 묶이게 되므로 기업의 운영자금 부족을 초래할 수 있다.

투기적 구매, 특별할인을 통한 특정 품종의 일시적 다량구매, 무계획적 구매, 전문

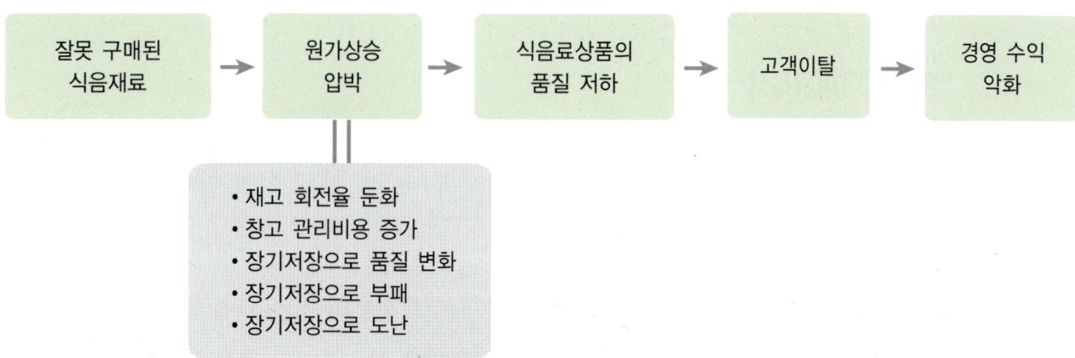

그림 5-4 구매관리의 중요성

성이 결여된 구매 등으로 인한 재고회전율의 둔화, 저장실 관리비용의 증가, 장기저장으로 인한 식음재료 품질의 변화, 부패, 도난 위험 등 경영수익 악화의 근본 요인 제거는 구매단계에서 관리되어야 할 것이다.

한편 경영자들은 모든 원재료를 무조건 외부로부터 구입하여 사용할 것인지, 혹은 자체 생산하여 내수에 충당할 것인가를 결정하는 데도 주의를 기울여야 하는데, 품질, 재료비, 인건비 등 종합적인 소요비용 등을 포함하는 정책적인 차원에서 검토해야 한다.

2. 구매관리의 의의

구매관리란 필요한 시기에 가장 경제적인 비용으로 식당의 상품생산에 적합한 최적의 재료를 구매하기 위한 과학적인 경영관리활동을 말한다. 즉, 구매관리는 식음료 사업을 위해서 필요한 원재료를 적정한 시기의 구매, 적정량의 구매, 최적 품질의 재료구매, 적절한 공급자의 선정, 적정한 가격의 구매를 목표로, 식음료의 준비, 조리 등 생산을 원활히 할 수 있도록 하는 식음재료관리의 첫 단계이다.

특히 구매관리 업무는 단순히 적정한 물품을 구매하는 것만이 아니라, 식음료사업을 계획, 통제, 관리하는 경영활동으로 인식되어야 한다. 구매관리업무가 고객에게 제시할 상품의 가격결정은 물론, 상품의 질과 수익성에 직접적으로 관련되어 있을 뿐만 아니라 원가관리에도 많은 영향을 미치는 분야이기 때문이다. 효율적인 구매관리 업무는 식음재료의 원가절감으로 경영 이익의 극대화를 이룰 수 있으므로 가장 중요한 식음재료관리단계라고 판단할 수 있다.

3. 구매관리 업무

식음재료의 구매를 위해서는 기업 내 여러 부서들이 상호 연계 업무를 수행하게 되는데, 다음의 흐름으로 이루어진다.

① 식음부서는 필요한 재료의 출고의뢰서를 작성하여 저장실에 요청한다.
② 저장실은 출고의뢰서에 기재된 재료를 해당 식음부서로 출고한다.
③ 저장실은 주문할 재료의 구매의뢰서를 작성하여 구매부서에 요청한다.

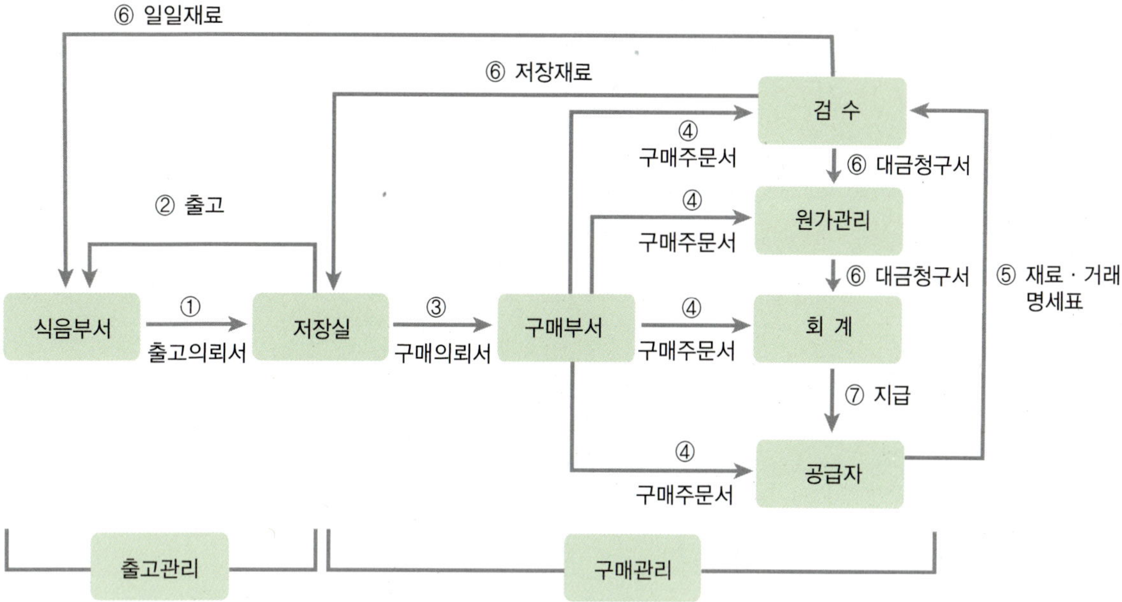

그림 5-5 **구매과정**

④ 구매부서는 필요한 재료에 대한 구매주문서(4매 작성)를 검수부서, 원가관리부서, 회계부서, 공급자에게 보낸다.
⑤ 검수부서는 공급자로부터 배달된 재료와 거래명세표를 확인한다.
⑥ 검수부서는 저장재료는 저장실에 배치하고 일일 재료는 직접 식음부서에 보내며 재료대금청구서를 회계부서로 보낸다.
⑦ 회계부서는 공급자에게 재료비를 지급한다.

위의 업무흐름 중에서 구매업무는 각 식음료업장의 크기, 메뉴품목 종류 등에 따라 차이가 있으나 일반적으로 다음과 같은 절차를 갖는다.

① 무엇이 얼마만큼 필요한가를 결정한다.
② 구매대상 식음재료의 품질, 수량 내용을 검토한다.
③ 시장조사(가격, 품질, 조건 등)를 실시한다.
④ 샘플을 수집한다.
⑤ 적절한 공급자를 선정한다.
⑥ 구매주문서를 작성 · 발송한다.
⑦ 구매결과를 평가한다.

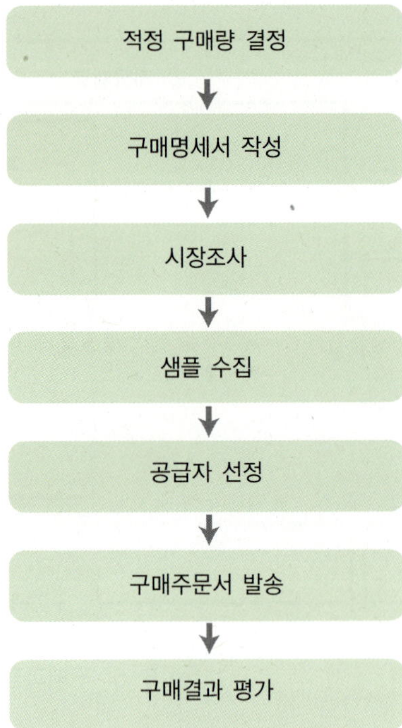

그림 5-6 구매관리 업무절차

구매관리 업무 중에서 가장 핵심적인 내용은 다음과 같다.

① 적정구매량의 결정
② 최적 재료의 구입(품질)
③ 적당한 시기 구매
④ 구매가격의 관리(가격)
⑤ 공급자의 선정(안정적 공급, 납기)

1) 적정구매량의 결정

주방에서는 필요한 만큼의 각 품목별 식음재료의 적정재고량이 항상 유지되어야 한다. 따라서 구매담당자는 신속하고 정확하게 재고량을 파악하여 구매 필요성 여부를 판단해야 한다.

과다주문(over-ordering)의 경우 식음재료 구입에 과다한 자금이 지출되어 운영자금이 부족하게 되고, 저장실 관리비용도 증가하게 만든다. 또한 장기간 저장으로 식

적정구매량 결정 시 고려사항

- 메뉴품목의 선호도 : 예상 판매량
- 실시간 품목별 재고조사
- 수송 지연, 품목 변경, 비상사태에 대비한 안전수준 재고량 보유
- 재료 구입가격의 변동
- 재료의 저장 가능한 수명
- 저장시설의 수용능력
- 재료의 보관 · 취급비용
- 주문비용
- 공급자의 배달비용
- 상업적 표준 포장단위 : 최소주문단위
- 재료공급 시장의 동향 : 재료의 주산지, 계절적 변동 요인 및 재료의 공급 한계

음재료의 품질 저하를 초래하며, 손상되기 쉽고, 도난과 부정행위 우려도 늘어난다.

반면 정확하지 못한 재료소요량 산출로 인해 미달주문(under-ordering)이 발생하면 고객의 메뉴주문 시 재료부족으로 판매기회를 놓칠 수 있으며, 나아가 긴급구매주문으로 조달시간 지체와 높은 구매가격의 부담을 초래한다. 또한 소량구매로 할인기회도 상실하게 된다. 따라서 적정한 구매량을 결정하는 일은 경영수익에 커다란 영향을 끼치는 중요한 업무이다.

식음재료는 일일재료(direct purchase item)와 저장재료(store purchase item)로 구분된다. 일반적으로 15일 기간 내에 재구매가 이루어지면 일일재료, 그 이상이면 저장재료로 나뉘는데, 신선채소, 횟감, 떡 등의 품목들은 일일재료에 속하고, 저장실에 보관이 가능한 품목들은 저장재료에 속한다. 이들은 각각 다른 방법으로 구매량이 결정된다.

(1) 일일재료 구매량

일일재료는 보통 일반적 사용량을 근거로 필요 구매량을 산출하며, 특별행사나 휴일 등을 고려하여 구매량을 결정한다. 일일재료 구매는 월 2회 정도 정기적으로 견적서를 제시한 공급자 중에서 전체 재료의 원가를 가장 낮게 제공한다는 업체를 선택하여 일괄구매하거나, 각 재료마다 공급자를 따로따로 선택하여 구매하는 경우가 있다.

> 필요구매량 − 현재재고량 = 구매량(부족량)

(2) 저장재료 구매량

저장재료 구매량은 최저 · 최대주문시스템(min/max order system)을 사용하여 결정한다.

생산량에 기초한 구매량 결정을 위해서는 1인분 분량크기 및 일정 기간 동안 판매될 전체 소요량에 대한 예측 등이 필요하다.

① 최저재고량(minimum level)은 항상 일정 재고량을 유지해야만 하는 최저재고수준을 의미하며, 보통은 안전수준과 동일한 정도를 보유한다.

② 안전재고량(safety level)은 배달지연, 부패나 정상적 사용량을 초과한 경우를 대비하여 보유하는 재고량을 의미한다. 최저재고수준에 이르면 추가 주문을 반드시 해야 한다.

③ 최대재고량(maximum level)은 최대로 저장이 가능한 재고수준으로서, 안전재고량과 월 사용량을 합한 수준의 재고량이다.

예를 들어 하루에 4상자를 사용하는 원두커피의 배달기간은 2일이다. 주문시점과 월 사용량, 최저 · 최대재고량, 안전재고량의 계산은 다음과 같다.

- 월사용량 : 30일 × 4상자 = 120상자
- 안전재고량 : 2일 × 4상자 = 8상자(= 최저재고수준, 최저주문수준)
- 조달기간사용량 : 2일 × 4상자 = 8상자
- 주문시점 : 안전재고량 + 조달기간사용량 = 8 + 8 = 16상자
- 최대재고량 :

주문시점	16 상자
월사용량	(+) 120
	136
조달기간사용량	(−) 8
최대재고량	128

또는 최대재고량은

$$월사용량+안전수준=120상자+8상자=128상자$$

이때 과학적이고 계획적인 구매가 이루어지도록 하기 위해 표준구매명세서를 사용하는데, 이는 구매 입찰의 견적기준 및 검수기준이 되고 요리의 규격, 품질, 원가관리의 기초가 된다.

2) 최적 재료의 구입

구매관리에서 최적의 품질이라 하면 단순히 최고가를 나타내는 재료의 품질을 의미하는 것이 아니라, 메뉴상의 각 요리품목에 대하여 업장 경영자에 의해 이미 결정된 특정수준의 기준에 일치하는 정도의 품질을 말한다. 즉, 업장의 목표고객층 욕구를 만족시키기 위한 메뉴품질을 기준으로 구매할 재료의 품질을 결정하는 것이다. 예를 들어 쇠갈비구이 메뉴품목을 판매하는 식당의 경우, 호텔 내의 특급식당인 경우에는 고급한우갈비로 식재료를 사용할 것이며, 중산층 주거지역의 식당이라면 가격경쟁력을 생각해야 하기 때문에 수입 냉동갈비의 사용도 고려할 것이기 때문이다.

또한 같은 식음재료라 해도 사용되는 업장이나 메뉴품목에 따라 제각각 다른 품질의 재료구입을 요구하는 경우도 있다. 예를 들면 디저트용 케이크의 장식용 토핑으로는 크고 색상이 선명한 딸기를 구매해야 하지만, 생과일주스용으로는 모양이나 크기와는 상관없이 딸기를 구매하여 재료비를 절감할 수 있는 것이다.

따라서 메뉴의 품질 일관성을 유지시키기 위해서는 구매명세서를 갖고 있어야 한다. 구매할 필요품목에 대한 정확한 내용의 기술이 필요하기 때문이다. 구입재료에 대한 기술이 부정확하거나 혹은 미약할 경우 불필요한 비용의 발생 요인이 되어 잘못을 수정하더라도 최소한 시간적 지연으로 인한 손해를 피할 수 없게 된다. 관련 부서 모두 구매명세서 내용 요건을 정확하게 파악할 수 있도록 상세하게 기술해야 한다.

(1) 구매의뢰서와 구매주문서

구매활동은 구매명세서를 기초로 한 저장재료 구매의뢰서(purchase requisition)와 일일재료 구매의뢰서가 작성됨으로써 시작된다. 구매의뢰서는 부서와 물품코드

구매주문번호 : ____________ 주문일 : ____________

지급조건 : ____________

공급업자 : ____________ 발송지 : ____________

주 소 : ____________ 주 소 : ____________

배달일 : ____________

주문수량	상 태	배달단위	단위가격	총 가격

총 가격 : ____________

그림 5-7 구매주문서의 예

(product code) 및 상품명 · 재고량 · 구매가격 · 공급업자 등의 항목으로 구성되어 있다.

일일재료 구매의뢰서는 생선류 · 채소류 · 과일류 · 육류 등과 같이 신선도와 보관 등의 문제로 매일 구매해야 하는 식음재료에 대한 의뢰서를 말한다. 각 부서에서 작성된 저장재료 구매의뢰서와 일일재료 구매의뢰서에 따른 구매주문서(purchase order)가 공급자에게 전달된다. 식음재료가 배달되었을 때 검수 담당자가 구매주문서의 내용과 일치하는지 검사하게 되고, 마지막으로 원가관리자(cost controller)는 정기적인 원가산출을 하게 된다.

(2) 구매명세서

구매명세서(purchase specification)는 구입하고자 하는 식음재료의 품목명, 사용목적, 품목설명(구매품목의 품질에 대한 정보), 품목에 대한 요구사항(생산지, 등급, 상표), 품질검사 수행에 관한 설명, 특별한 주의 및 요구사항(포장 및 배달 요구사항) 등을 명시하고 있다.

구매명세서에 의한 구매관리의 장점

- 계획적인 활동으로 신속하고 정확하며, 경제적 · 효율적인 구매행위가 되도록 한다.
- 식음재료품목의 표준화 · 규격화로 품질관리기준을 제시한다.
- 구매자 · 납품업자 · 실사용자 사이에 명확한 의사소통을 이루게 한다.
- 구매담당자 부재 시 다른 직원이 그 직무를 대신할 수 있도록 해준다.
- 원가관리의 기초자료로 유용하게 사용된다.

<table>
<tr><th>식품명</th><th colspan="3">달걀(냉장)</th></tr>
<tr><td rowspan="4">관능</td><td rowspan="4"></td><td>외관</td><td>표면이 깨끗하고 거칠거칠한 것</td></tr>
<tr><td>색상</td><td>옅은 갈색에 난황은 노란색,
난백은 맑고 투명한 것</td></tr>
<tr><td>냄새</td><td>이취 없는 것</td></tr>
<tr><td>기타</td><td>깨뜨려 봤을 때, 흰자의 높이가 높고, 노른자가 봉긋 솟아 있으며, 탄력이 있는 것</td></tr>
<tr><td rowspan="5">표시사항</td><td colspan="2">보관온도</td><td>냉장보관(0~10℃)</td></tr>
<tr><td colspan="2">보존기간</td><td>냉장보관 시 1주</td></tr>
<tr><td colspan="3">제품명, 유형, 영업허가번호, 원료명 및 함량, 실중량, 유통기한, 보관방법,
제조원 및 판매원, 포장재질, 등급판정에 대한 표시여부 확인</td></tr>
<tr><td rowspan="2">등급판정</td><td colspan="2">1^+, 1, 2, 3등급으로 구분</td></tr>
<tr><td colspan="2">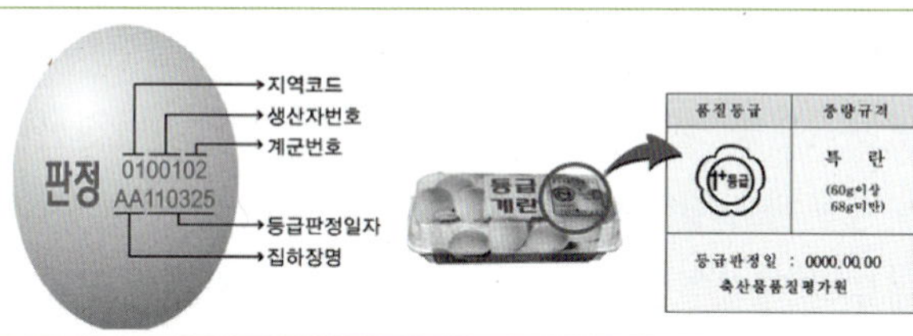
</td></tr>
<tr><td>반품대상</td><td colspan="3">• 곰팡이 냄새 및 기타 불쾌한 냄새가 나는 경우
• 달걀 표면에 이물질이 붙어 있는 경우
• 껍질에 금이 가 있거나 깨져 있는 경우
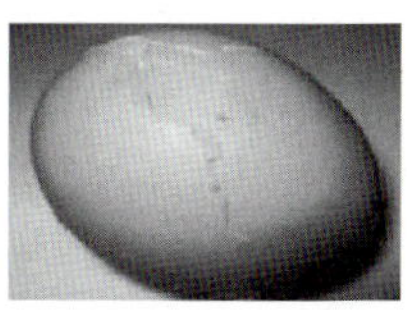 </td></tr>
</table>

그림 5-8 구매명세서의 예

출처 : 식품의약품안전처(2017). 개방형 주방 음식점 위생관리 매뉴얼, p.16

또한 공급자의 구매품목에 대한 정확한 이해를 돕기 위하여 품질, 업장의 사용목적, 실제사용량 등도 정확하게 기술되어야 한다. 구매 도구로 구매명세서보다 객관적인 브랜드의 상품을 구매할 수도 있다.

구매명세서에 기록된 사항들은 식음재료를 청구하거나 수령할 때 구매자, 공급자, 검수자를 위한 지침 또는 점검표가 되는 유용한 자료로 사용된다. 일반적인 재료품목이 아닌 특별한 품목을 구입하고자 할 때는 보다 상세한 설명이 명시된 구매명세서가 요구된다. 정확한 구매명세서의 작성은 구매자와 납품업자 간의 불명확한 의사소통으로 인한 실수를 줄이고, 불필요한 비용지출을 막을 수 있게 해준다.

3) 구매가격의 관리

구매관리의 가장 중요한 목적은 가장 경제적인 가격으로 식음재료를 획득하는 것이다. 경제적 가격이란 반드시 최저가를 의미하는 것은 아니다. 예를 들면 초특가 할인판매품목의 경우 배달이 제대로 되지 않거나, 품질이 보장되지 않기 때문이다. 또한 깐 양파, 깐 마늘같이 기본적으로 다듬어진 원재료의 구매는 재료구매단가는 조금 높다하여도 보조조리사의 인건비를 절감할 수 있기 때문에 총체적인 메뉴원가는 낮아질 수 있다.

구매원가 절감 측면에서 구매가격 인하를 도와 주는 요인은 다음과 같다.

① 여러 품목의 동시 주문으로 구매비용을 절감한다.
② 구매단위를 조사하여 경제적인 구매단위로 변경한다.
③ 대량구매로 할인혜택을 받는다.
④ 재료의 가격추세를 분석하여 산출시기에 맞춘 구매활동으로 구매단가를 낮춘다.
⑤ 여러 공급업체의 가격을 비교, 협상한다.
⑥ 다른 식당과의 공동구매를 통해 가격인하를 추구한다.
⑦ 공급업체의 프로모션을 이용하여 구매한다.
⑧ 생산자와 직접 거래하여 중간거래비용을 절감한다.
⑨ 가능하면 현금지급으로 할인혜택을 받는다.

4) 공급자의 선정

식음재료의 공급자 선택 시에는 가격과 품질 이외에도 공급자의 경영 규모 및 설비 상태, 입지조건, 배달 서비스 등 여러 요소들을 고려해야 한다. 공급자에 대한 조사방법으로는 예비조사, 면접, 실지 방문조사 등이 있다.

다음은 공급자 선정 시 고려할 사항이다.

① 품질과 양의 일관성
② 납기이행의 충실성
③ 공급의 안정성(공급자의 경영상태 파악)
④ 공급자 직원의 직무수행능력과 태도
⑤ 식음부서와의 협조상태
⑥ 잠재고객이 될 공급자

선정 후에는 공급자를 평가 · 관리하여야 하며, 우수한 공급자에 대해서는 보상과 지원을, 불량한 경우에는 능력을 배양할 수 있도록 지도 · 육성하고, 필요시에는 제재도 가할 수 있어야 한다. 평가방법은 납기준수율, 품질수준 유지에 필요한 관리능력, 가격, 협력 정도로 평가할 수 있다.

한편 공급자의 선정은 곧 협력회사 관리와 연계되기 때문에 상호 의존적 관계로 발전할 수 있도록 협력회사와의 관계를 우호적으로 유지해야 한다. 그렇게 함으로써

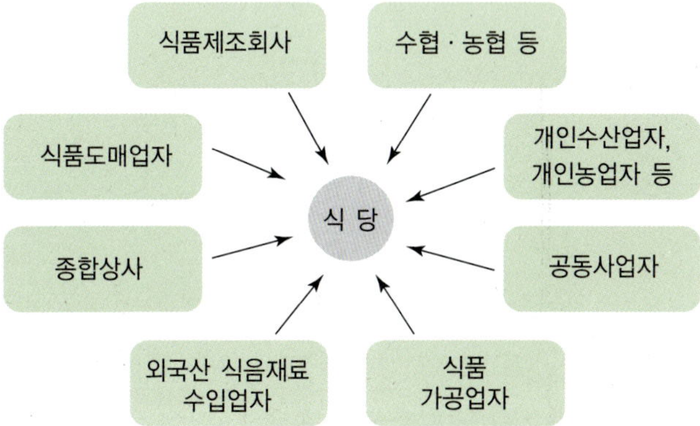

그림 5-9 식음재료 공급자의 여러 형태

효율적인 식음재료관리가 이루어지며, 원가절감에 기여할 수 있다. 식음재료관리의 목표인 최소의 재고량 유지를 위한 무재고 시스템의 단계까지 도달하기 위해서는 협력회사의 협조 없이는 이루어질 수 없는 것이다.

4. 구매 담당자의 자격

구매 업무는 최적의 재료를 경제적인 가격으로 조달함으로써 원가절감을 도모하여 식당의 이익창출에 결정적인 기여를 할 뿐만 아니라 메뉴의 질을 유지시키는 중요한 업무이다. 구매 담당자는 식당에 납입되는 모든 식음재료를 결정하는 사람으로서 비전문적인 구매결정이 식당의 수익성과 평판유지에 큰 문제를 야기하게 됨을 인식해야 한다.

효율적인 구매관리를 위해 구매 담당자는 다음과 같은 전문지식을 갖추어야 한다.

① 산지에 관한 전문지식

② 시장 변화에 관한 전반적 지식

③ 식음재료 유통과정의 이해

④ 식음재료의 특성, 영양성분, 보존기간 및 변질에 관한 지식

⑤ 식음재료의 감별법과 새로운 식음재료의 조사 · 연구

⑥ 식음재료 구매 시 조건(포장단위, 표기중량 등)의 이해

제 3 절 검수관리

식음재료의 검수관리란 납품된 식음재료의 가격, 수량, 품질, 규격, 성능 등을 검수하여, 주문서의 계약사항과 상이점이 있는가를 명확히 함으로써, 수량부족 또는 불량품에 대한 신속한 처리를 하여, 조리시간에 지장을 초래하지 않고 최상의 식음재료를 확보하는 데 그 목적이 있다. 검수 업무는 식당 메뉴품질의 유지와 지속적인 관리에 기여할 수 있는 중요한 업무이다.

1. 검수관리의 의의

검수관리(receiving management/control)란 구매명세서에 의거하여 주문한 식음재료를 수령할 때, 가격, 수량, 품질, 규격, 성능 등의 측면에서 주문서의 내용과 배달된 식음재료와 일치하는지의 여부를 검사하고, 일치할 경우에만 식음재료를 수령하는 활동을 말한다. 이 외에도 납기조사, 수령재료의 운반관리, 검수장 및 검수장비관리, 검수 관계서류의 작성 및 관리 등의 활용도 있다.

식음재료의 검수는 육류 · 생선류 · 달걀류 · 채소류 · 과일류 · 냉동식품 등 품목별 검수기준에 근거하여 판단하며, 보통 육류는 다른 식음재료보다 고가품목이므로 검수일자 · 공급자 · 무게 · 수량 · 가격이 표기된 미트태그(meat tag : 육류 꼬리표)를 부착하여 보관한다. 특히 고가품목의 경우 철저하게 중량을 확인해야 한다.

2. 검수관리 업무

검수절차는 배달된 식음재료의 수령 → 확인 → 합격품 운반(불합격품 처리) → 검수보고서 작성(미입고 및 반품통보서 작성)의 절차로 이루어진다.

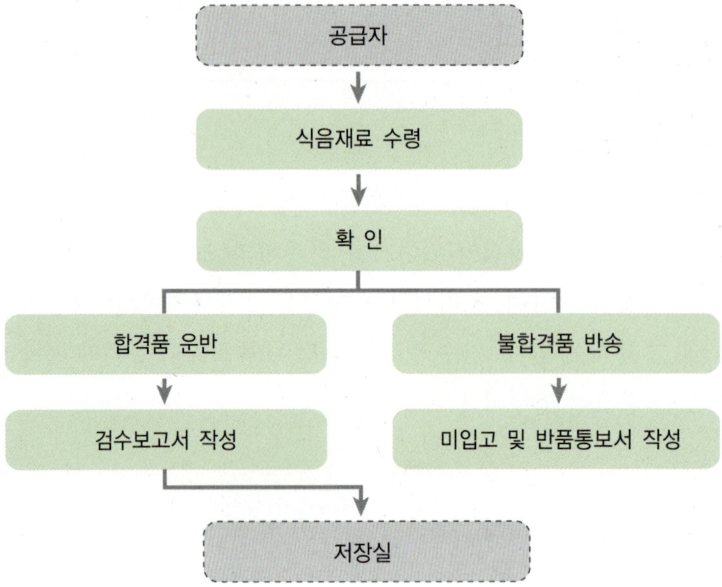

그림 5-10 검수관리 업무

1) 식음재료 수령

검수업무를 효율적으로 관리하기 위해서 업장의 특성과 영업시간 등을 고려하여 품목별 납품시간을 사전에 설정한다. 예를 들면 과일, 채소, 생선 등과 같이 신선도를 요하는 품목은 아침시간대에, 냉동품목이나 곡물류 등과 같이 저장재료 등은 오후에 납품되도록 계획한다. 수령 장소는 저장실로의 운송통로와 가까운 곳에 두고, 수령지역 내의 외부인 출입을 제한한다.

2) 식음재료 확인

검수담당자는 수령한 재료의 수량, 규격, 품질 등을 공급자의 거래명세표(invoice : 송장, 물품대금청구서)와 구매명세서를 근거로 하여 작성한 구매부서의 구매의뢰서와 비교 · 검토한다. 한편 정확한 계량도구와 척도를 사용하여 검수작업의 정확성을 기해야 한다.

3) 합격품 운반

검수가 끝난 식음재료는 신선도를 유지할 수 있도록 적절한 저장실이나 조리실로 신속하게 옮긴다. 이는 저온 냉장식품의 품질저하와 도난 및 부정행위를 방지하기 위해서이다.

구매한 식음재료 중에서 육류나 냉동생선류는 구매원가도 높고, 대량 구매하여 비교적 장기간 비축하기 때문에 미트태그 시스템을 활용한다. 수령한 식음재료를 효율적으로 저장하고, 수시로 정확한 재고를 측정하기 위해 태깅(tagging), 즉 물품에 꼬리표를 붙이는 작업을 하는 것이다. 검수 담당자는 물품수령 시 꼬리표를 달아서 저장실에 보관하는 작업을 한다. 미트태그는 주방에서 식음재료 출고의뢰서를 작성하여 저장실에서 식음재료가 출고될 때 출고의뢰서와 마트태그를 대조한 후 재료를 출고시키게 되므로 도난 및 부정 통제를 목적으로 사용된다. 또한 꼬리표는 입고된 날짜 및 가격(원가)에 대한 정보가 기록되므로 식음재료 원가계산이 용이하며, 입고된 식음재료는 선입선출(FIFO : First-in First-out)에 의해 차례로 출고시켜, 재료의 품질관리를 돕는다.

meat tag

tag 번호 : 1298-91
입고일자 : ______ 년 ______ 월 ______ 일
납품회사 : ______________________
조각의 수량 : ______________ 중량 : ______________
구매단가 : ₩______________ 총액 : ₩______________

(to store room)

그림 5-11 미트태그(meat tag)

4) 불합격품 처리

구매명세서와 일치하지 않는 불합격품은 반품 혹은 크레디트메모를 작성한다. 예를 들어 공급자가 품질이 낮은 물품을 제공하거나 수량, 중량이 미달되게 납품할 수도 있고, 내용물의 신선도가 떨어지거나, 얼음의 무게 및 포장용기의 무게를 중량에 포

함시킬 수도 있기 때문에 식음재료수령 시에는 물품의 무게 및 크기 등을 측정할 수 있는 계량도구와 시설을 갖추어야 한다.

크레디트메모

배달된 식음재료의 품질이나 수량 등에 차질이 발견되었을 경우 반품하지 않더라도 크레디트메모(credit memo)기록을 작성하여 구매명세서와의 차이를 명확히 밝히는 서류이다. 이것은 대금지급청구서에서 차이금액만큼 차감하는 매출 에누리를 위한 증빙서류가 된다. 크레디트메모는 식음재료 공급자의 신용평가를 목적으로 작성·이용된다. 그러므로 검수 담당자가 이것을 작성한 후엔 반드시 공급자가 보낸 배달인의 사인을 받아두어야 한다.

크레디트메모 양식

공급자 :	기일 :
주소 :	
반품의 원인 :	
주문한 사람 :	
송장 :	
받은 날짜 :	
배달인의 사인 :	

5) 검수보고서 작성

검수 담당자는 인수한 식음재료에 대한 검수결과 내용을 일일검수보고서(daily receiving report)에 작성하며, 검수 담당자의 서명을 한다. 이 단계에서 재료의 소유권이 공급자로부터 업장으로 이전된다. 검수보고서는 식료재료와 음료재료로 나누어 기록하며, 식료재료는 다시 일일재료와 저장재료로 분류한다. 일일재료 품목은 부패되기 쉬운 재료로서 저장실로 운반되지 않고 주방에 직접 보관되었다가 조리되어 사용된다. 이때 물품관리에 대한 책임은 검수 담당자에서 주방 담당자에게 이전된다.

표 5-1 일일검수보고서

(단위 : 원)

납품회사명	거래명세표	수 량	단 위	품 명	분 류		단 가	총 액
					저장재료	일일재료		
서울상사	10111	25 30	kg kg	당근 양배추		✓ ✓	400 200	10,000 6,000
부산정육	6281	110 200	kg kg	등심 갈비	✓ ✓		10,000 8,000	1,100,000 1,600,000
삼미음료	70616	100 300	병 병	법주 펩시콜라	✓ ✓		6,000 80	600,000 24,000

납품회사명	매입액		재료원가배분		
	품목소계	거래명세표	일일재료	저장식재료	저장음재료
서울상사	10,000 6,000	16,000	10,000 6,000		
부산정육	1,100,000 1,600,000	2,700,000		1,100,000 1,600,000	
삼미음료	600,000 24,000	624,000			600,000 24,000
합 계	3,340,000	3,340,000	16,000	2,700,000	624,000

출처 : Hilton International Co.(1996), Operating manual for F & B control

6) 미입고 및 반품 통보서 작성과 송부

주문서에 있는 품목이 배달날짜에 도착하지 않거나, 검수 중 반품된 품목은 구매 담당자나 경영자에게 즉시 통보해야 한다.

3. 검수 담당자의 자격

검수 업무는 업장 메뉴품질의 유지와 지속적인 관리에 기여할 수 있는 중요한 업무이다. 검수 담당자는 업장에 납입되는 모든 식음재료를 확인하고 인수 혹은 반품을 결정하는 사람이기 때문에, 적당한 검수태도는 불량한 식음재료 인수에 의한 재산가치의 감소를 초래할 뿐만 아니라 음식의 질이 떨어져 품질에 불만을 품은 고객의 상실까지 유발하여, 원가상승과 요리의 매출감소라는 최악의 사태를 초래하는 요인이 된다.

검수 업무에 관여하는 직원은 규모에 따라 다르나, 검수 담당자를 따로 두어 구매와 검수업무를 분리시켜야 한다.

효율적인 검수를 위해 검수 담당자는 다음과 같은 전문지식을 갖추어야 한다.

① 구매명세서 숙지
② 도량형 기기 조작법 습득
③ 식음재료 시장동향, 신제품 출하, 가격정보에 상당한 지식 필요
④ 식음재료 보관방법과 각종 검수 관련 보고서 작성에 관한 지식 필요
⑤ 특정요리의 조리과정 및 특성을 숙지
⑥ 공급자와의 좋은 유대 관계 유지
⑦ 4 Is', 즉 지식(intelligence), 성실(integrity), 관심(interest), 식음재료에 대한 정보(information about food & beverage)가 무엇보다 중요

제 4 절 저장관리

식음재료는 재고자산(在庫資産, inventory)으로서 현금과 다름없는 식음료업장의 자산이다. 그 형태가 식음료이기 때문에 당장 먹거나 마실 수 있는 것들이 많은 까닭에 도난 우려가 크므로 보안을 철저히 해야 한다. 또한 재료의 폐기를 최소화하거나 방지하기 위해서는 올바르게 보관할 수 있는 저장시설과 그에 따른 체계적 관리가 필수적이다.

1. 저장관리의 의의

저장관리(storing management/control)는 적정한 장소, 온도 등 적정조건에 식음재료를 보관함으로써 최상의 품질을 유지시키고 부패에 의한 손실, 부정유출 및 도난을 방지하려는 활동이다. 저장은 검수관리와 출고관리를 연결하는 중요한 관리과정이며, 생산하고자 하는 음식의 질에 직접적인 영향을 미치는 중요한 업무이다. 올바르지 못한 저장관리로 인한 재료의 폐기는 원가상승을 야기하며, 손상된 식음재료로 조리하여 고객에게 제공하는 것은 고객의 건강측면과 마케팅 측면에서 많은 문제를 야기할 수 있다.

저장관리의 업무내용은 식음재료의 인수, 도난방지, 저장재료의 질적 수준 유지, 재고보유량에 대한 정확한 정보를 구매부서에 제공하는 것과 그 밖에 재고관리에 필요한 조사 및 기록 업무 등이다.

2. 저장관리의 목적

식음재료의 저장관리는 검수된 식음재료가 상품화될 때까지 재료를 일정한 장소에 보관하는데, 식음재료의 적절량을 유지하고, 그 품질을 보존하며, 부패 · 분실 · 절도 등에 의한 재료의 손실발생을 최소화하고, 주방에 신속하고 경제적으로 재료를 원활히 공급하는 것이 목적이다. 최소의 재고를 보유하면서도 재료부족으로 인한 손해발생, 재고유지비용 및 재료 주문비용을 최적화하여 총 재고관리비용을 최소화하는 것이 궁극적인 목표라고 할 수 있다.

식음재료를 효율적으로 저장 · 관리하기 위해서는 다음과 같은 원칙이 필요하다.

① 식음재료를 위생적으로 보관함으로써 고객의 건강에 기여하며, 나아가서 국민의 건강을 증진시킨다는 기업의 사회적 책임을 수행한다.
② 도난을 방지하고, 폐기에 의한 손실을 최소화함으로써 적정재고량을 유지한다.
③ 출고량을 조절하여 조리 시 재료낭비를 방지하고, 재료낭비로 인한 식음료원가 상승을 통제하며, 먼저 입고된 식음재료부터 출고하는 선입선출을 품질관리 측면에서 실행한다.
④ 일일 출고량은 일일 식음료 원가계산의 자료근거가 되므로 정확한 출고량을 파악 · 관리하여 정확한 회계자료를 제공하고자 하는 목적이 있다.

3. 저장관리방법

식음재료는 누구나 손쉽게 식별하고 그 위치를 확인할 수 있도록, 저장 초기단계에서 종류별, 특성별, 사용용도별 등 다양한 분류방법에 의해 저장되어야 한다. 재료별로 식별하기 쉽고 온도, 습도, 통풍 등 제반 여건을 충분히 고려하여 저장해야만 한다.

효율적인 저장을 위해서는 다음과 같은 사항을 고려해야 한다.

① 보안
② 품질유지
③ 기록보관

1) 보 안

식음재료는 도난의 우려가 가장 큰 식당의 자산이다. 과실 혹은 도난에 의한 손실을 방지하기 위하여 저장 담당자에 대한 보증보험을 마련해야 한다. 저장실에 대한 안전수단은 다음과 같다.

(1) 잠금장치

각각의 저장실(대형 냉동실, 냉장실, 건조저장실, 주류저장실)들은 물품이 입출고될 때만 제외하고 항상 잠겨 있어야 한다.

(2) 출입통제

저장실의 출입을 제한해야 한다. 오직 권한이 부여된 직원에게만 저장실 출입을 허가한다.

(3) 특수저장실

고가품들은 저장실 내에서 특수 캐비닛 등으로 특별 저장해야 한다.

(4) 안전설계

보안을 염두에 두고 저장실을 설계해야 한다. 천장을 통한 침입 방지, 적절한 출입문의 수와 크기, 저장실 벽의 강도와 높이 등을 고려한다.

2) 품질유지

식음재료를 장기간 보관하는 경우 질적 · 양적 손실은 불가피하다. 올바르지 못한 저장관리로 인한 식품의 폐기는 원가상승을 야기하며, 손상된 식음재료로 조리하여 고객에게 제공하는 것은 고객의 건강 측면과 마케팅 측면에서 많은 문제를 야기할 수 있다.

오늘날의 식당 고객들은 음식의 질적 수준과 위생상태를 가격과 동일하게 중요한 요인으로 고려한다는 사실을 상기하여야 한다.

(1) 선입선출

식음재료의 신선도를 최대한 유지하기 위해서는 먼저 저장된 순서에 따라 출고시키는 선입선출법(FIFO : First-in First-out)을 사용하는 것이 바람직하다. 가장 오래된 재료들이 우선적으로 사용되어야 식음재료의 저장기간이 짧아져 자연적인 변질위험을 줄일 수 있기 때문이다. 선입선출을 하기 위해서는 저장실에 입고시키기 전에 재료에 인수날짜를 기록하는 것이 매우 유용하다. 특히 유효기간에 유념하고 재료를 저장실에 저장할 때도 들어온 순서대로 구분 · 적재하여 관리한다.

(2) 적절한 온도 · 습도 유지

저장에 있어 중요한 것은 보관에 따른 손실을 최소화하기 위해 온도, 습도 및 환기를 유지하는 것이다. 온도 · 습도계를 비치하여 저장하는 재료의 성격에 따라 일정한 온도와 습도를 유지해야 한다. 저장실의 적정온도 유지는 식음재료의 고유한 맛과 향, 식품 고유의 특성을 유통기한 동안 그대로 유지할 수 있으며, 위생상의 변질과 부패로 인한 손실을 최소화할 수 있다. 건조저장실의 저장온도는 10~21℃, 냉장실은 7℃ 이하, 냉동실은 −18℃ 이하로 유지한다. 특히 건조저장 물품들은 햇빛이 차단되어야 하며, 냉동실의 온도 변화가 없어야 하고, 냉동식품표면적은 작게 하여 냉동으로 인한 건조를 방지하여야 한다.

(3) 저장실 크기와 위치

각종 식음재료는 적정한 공간과 간격을 두어 저장하여야 한다. 저장실의 면적은 건조품의 경우 2~4주 분량을 저장할 수 있어야 한다. 일반적으로 업장의 좌석 1개당 저장실의 크기는 5m²(약 0.15평)이며, 호텔의 경우 객실 1개당 15m²(약 0.45평)로 산정하는 방법도 있다. 즉, 저장실의 면적은 서비스의 형태, 구매와 재고에 대한 정책, 메뉴, 조리방법, 종사원의 서비스 수준, 업체의 입지, 유통 시스템의 효율성에 따라 결정된다. 더불어 재료 자체가 점유하는 점유 공간 이외에도 물자운반 장비의 가동 공간도 함께 고려되어 공간을 확보해야 한다.

근래에는 21세기 현대 유통시스템의 획기적인 변화로 배달소요기간이 매우 단축되었으며, 전 세계 자유무역의 여파로 호텔 및 고급 식음료업장의 고급식음재료 구입이 보다 쉬워져서 각 사업장의 저장고는 갈수록 작아지고 있는 추세이다.

재료의 특성과 사용빈도에 따라서 보관위치를 결정하는데, 저장실은 검수부서와 동일한 층에, 주방과 근접이 용이한 곳에 위치시켜 재료의 이동거리를 줄인다. 또한 무거운 재료, 즉 밀가루, 설탕, 곡류 등은 출입구 가까이 저장한다. 한번 정한 각 재료의 저장위치는 고정시키고 재료마다 이름표를 부착하여 재료가 저장실 어디에 있든지 쉽게 재고위치를 파악할 수 있도록 관리의 효율성을 높인다.

이 외에도 재료의 품질유지를 위해서 저장실 전구 등은 파손을 대비하여 망을 씌워 재료손상을 방지하고, 방제작업을 주기적으로 해서 쥐와 해충의 서식을 미연에 방지하며, 오염과 먼지를 피하기 위해 정기적으로 청소를 해야 한다. 손상된 재료가 발생하여 폐기해야 할 경우에는 반드시 담당 관리자의 허가를 받아야 한다.

3) 기록보관

재고보유량에 대한 정확한 정보를 구매부서에 제공하고, 그 밖에 재고관리에 필요한 조사 및 기록업무는 효율적인 저장관리에 필수적이다.

모든 식음재료는 재고카드(bin card)에 의해 출고될 때까지 그 수량과 잔고를 기입해야 한다. 저장 담당자는 재고카드에 기록된 물품의 재고량을 파악하기 위하여 주기적으로 실제재고조사를 실시해야 한다. 이로써 식음재료의 과잉저장 및 과소저장이 일어나지 않도록 하는 것이 효율적인 저장관리를 위한 최선의 방법이다. 과잉저장의 경우에는 운영자금이 식음재료비 지급으로 부족하게 되고, 보관비용이 늘어나며, 저장 중에 식음재료의 변질, 진부화, 유통기한 경과 등의 경제적 손실을 초래한다. 반면 과소저장은 판매 적기에 재료공급이 안 되어서 매출 감소가 되며, 급히 구입하려 하면 고원가의 식음재료를 어쩔 수 없이 구매할 수밖에 없는 상황이 생길 것이다.

식음재료의 경우 저장 중에 발생하는 자연적인 재료 손실에 대해서는 반드시 정확하게 기록을 해야 하는데, 식음원가율에 영향을 주기 때문이다.

또한 재고카드의 작성은 재료의 저장위치를 명확하게 알려 주므로 재료를 언제든지 손쉽게 찾아 쓸 수 있도록 하는 데 도움이 된다.

저장관리 책임자는 특별 혹은 정기적으로 재고조사 파악을 하여 재고카드와의 대조로 식음재료의 이상 유무 확인과 동시에 다음과 같은 사항의 이행도 관리해야 한다.

① 식음재료 입고일자 기록 관리
② 적합한 출고절차(청구서 접수 등)의 준수
③ 선입선출 출고방법 이행
④ 적정재고 유지

⑤ 과잉저장 품목

⑥ 장기저장재료의 관리

⑦ 변질, 부패 품목

⑧ 저장실의 위생청결, 정돈상태 등

품목명 : 토마토수프 **공급자 :** 영동상사				
단위/단가 : 3.2kg/$20				
최고재고량 : 48	**최저재고량 :** 8	**재주문 수량 :** 16		
일 자	**입 고**	**출 고**	**잔 고**	**금 액**
7. 1 기초재고			36	720
7. 6 출고의뢰서 253		4	32	640
7. 8 출고의뢰서 261		5	27	540

그림 5-12 **재고카드(bin card)**

제 5 절 출고관리

출고관리는 식음재료 관리활동과정에서 이루어지는 가장 마지막단계의 관리활동으로, 저장된 식음재료를 각 사용부서에 공급하는 일련의 과정이다.

1. 출고관리의 목적

출고관리는 허용된 저장실 직원만이 저장실 출입을 하도록 엄격히 통제하며, 실제 주방에서 요구하는 식음재료와 저장재료의 조정활동을 하고, 출고된 식음재료의 가격과 양을 측정하여 재고기록표에 기재한다. 이로써 일별 저장실 총 재료소비량과 재료소비액(식음료원가)을 산출하고, 매일 실제재고량을 파악하여 적절하게 재고량 관리를 꾀할 수 있도록 하며, 식음재료의 추가 구매량을 결정하는 데 그 목적이 있다.

2. 출고관리의 의의

출고관리(issuing management/control)는 식음재료를 청구하고 출고하는 일련의 업무를 뜻하며, 식음료 운영관리 흐름에서 저장과 조리활동에 연계되는 중요한 관리과정이다.

각 주방 조리장의 출고의뢰에 따라 식음재료의 출고가 이루어지는데, 통상 출고를 기준으로 해서 식음재료가 소비된 것으로 간주하고 당일의 식음재료원가로 본다. 즉, 매일매일 출고되는 식음재료의 원가는 통상 일일 재료소비액(식음재료원가)이 된다. 따라서 각 주방의 출고의뢰금액은 곧 각 주방의 당일 재료원가이므로, 각 업장의 수납원에 의해 기록된 매출액에서 차감하면, 당일 각 업장의 영업이익을 산출할 수 있게 된다. 그러므로 출고관리에 의해 원가관리와 재고관리에서 필요한 원가율에 관한 자료가 생성되는 중요한 관리과정인 것이다.

각 업장 매출액－당일재료원가＝각 업장의 영업이익

3. 출고관리 업무

식음재료의 출고는 반드시 식음재료 출고의뢰서의 제출에 의해 이루어져야 한다. 이는 매일매일의 재료청구와 인출에 관한 권한을 제한하여 업장의 자산을 보전하고 원가절감효과를 꾀하기 위함이다. 출고의뢰서는 제작 시 인쇄된 일련번호순으로 사용이 되는데, 그만큼 중요한 관리양식이다. 예를 들면 냉동 바닷가재 혹은 육류의 경우 출고의뢰서 1매로써 몇 백, 몇 천만 원 상당의 고가품 자산이 저장실로부터 인출되기도 한다.

출고절차를 살펴보면 다음과 같다.

① 각 주방 책임자의 서명이 있는 출고의뢰서를 접수한다.

② 저장실 직원은 저장실로부터 해당 식음재료를 각 주방의 수령자에게 직접 출고한다. 출고의뢰서 접수순서에 따라 재료를 출고한다. 그러나 예측하지 못했던 식음료 행사예약으로 인한 긴급한 식음재료 소요에 따른 청구가 있을 때에는 예외적 조치가 가능하다.

③ 출고의뢰한 식음재료가 최저 재고량에 근접하게 되면 구매의뢰서를 작성하여 구매부서로 보낸다.

④ 출고된 식음재료는 출고의뢰서에 기입되며, 이를 수령자가 확인 · 서명한다. 수령자는 출고의뢰서 사본과 함께 식음재료를 해당 주방으로 바로 운반한다.

⑤ 한편 주방에서는 출고되어 해당 주방으로 운반된 식음재료를 최초 청구자인 주방 책임자가 출고의뢰서의 사본내용과 재료를 일일이 대조하여 최종 재확인을 한다.

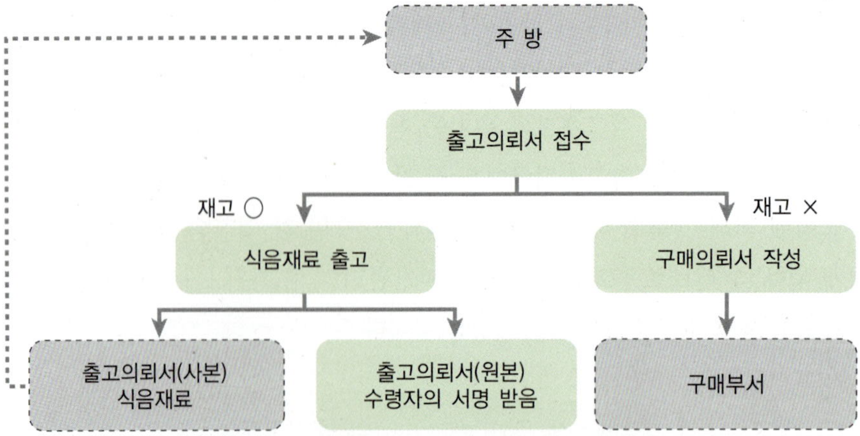

그림 5-13 출고관리 업무

1) 선입선출법

출고관리는 식음재료의 신선도를 최대한 유지하기 위하여, 먼저 저장된 순서에 따라 출고시키는 선입선출법을 사용하는 것이 바람직하다. 가장 오래된 재료들을 먼저 사용함으로써 저장실에서 식음재료가 부패하거나 유효기간 등을 넘겨서 원래의 가치를 상실하는 것을 예방하기 위한 관리방법이다. 음식의 품질은 물론, 고객의 안전에도 중요할 뿐만 아니라, 저장실에서 손실될 수도 있는 식음재료를 효율적으로 관리함으로써 원가관리에도 많은 도움을 줄 수 있다.

2) 식음재료 출고의뢰서

저장 중인 식음재료에는 많은 고가품이 있어, 식음재료 출고의뢰서는 현금청구서와 마찬가지의 가치를 지닌다고 볼 수 있다.

주방에서 조리 · 생산하는 시점에서 식음재료가 필요하면 출고의뢰서에 누가, 언제, 무엇을, 얼마만큼 필요로 하는지 적어 주방책임자의 승인을 받아 저장실 직원에게 제출하면, 저장실 직원은 요구하는 재료가 저장실에 있는 한 출고해야 하는데, 언제, 누구에게, 무엇을, 얼마만큼 출고하였는가 하는 정보를 재고카드에 기록한다.

식당에 따라 각기 양식과 매수가 다를 수 있으나, 보통 3매로 작성되어 원본은 저장실에, 첫 번째 사본은 청구하는 조리부서나 바, 두 번째 사본은 원가관리부서에 보관된다.

입고된 식음재료를 전산 또는 수작업에 의해서 품목마다 기록 · 관리하는 재고카드가 있는데, 저장된 품목이 출고되면 재고카드에 기록되어 언제, 무엇이, 어디로, 얼마만큼 출고되어, 어느 정도의 재고물품이 남아 있는지 기록 · 정리된다. 하루의 출고업무가 종료되고 출고된 식음재료의 수량과 원가, 수령한 업장을 정리하여 식음료원가관리자에게 보내면 원가관리자는 출고의뢰서를 집계하여 하루의 식음료원가를 계산하는 자료로 이용한다.

식음재료의 출고의뢰서는 일련번호를 가진 지정양식에 의해 작성되어야 하며, 재고평가기준(예 : 선입선출법), 품목별 수량단위기준을 미리 정해 둠으로써 혼란을 방지해야 한다.

출고의뢰서

부서 : ______________ 부서 코드번호 : ______________ 일자 : ______________

REQ'S	단 위	코 드	항 목	단 위	양	REQ'T	단 위	코 드	항 목	단 위	양
	kg	3220001	밀가루	kg			병	1315001	식용유	병	
	kg	3235002	설 탕	kg							

주문 담당자 : __________ 수령 담당자 : __________ 출고 담당자 : __________ 확인자 : __________

그림 5-14 **출고의뢰서**

3) 통제사항

식음재료의 잘못된 출고는 식당 자산의 유출을 의미하고, 이는 곧 원가증대 요인으로써 식당의 이익을 감소시키는 것이 된다. 따라서 출고관리 책임자는 수시로 다음과 같은 통제를 실시하여 관련 종사자들의 업무 기강을 확립해야 한다.

① 필요시 식음재료의 저장실 재고카드(bin card)의 수량과 실제 보유수량을 임의 추출하여 대조 확인한다.

② 불시에 운반 중인 왜건에 적재된 식음재료 품목별 수량과 출고의뢰서에 기록된 수량을 대조 검사한다.

③ 주방 및 바에 보관하고 있는 출고의뢰서의 사본을 수거하여 원본과 대조하여 이상 유무를 확인한다.

④ 출고의뢰서 또는 소정의 절차에 의하지 않고 식음재료의 출고가 이루어진 이후 정리하는 행위를 점검한다.

⑤ 출고의뢰서의 내용점검 및 추가기록사항은 반드시 출고 담당자와 수령자가 상호 확인하고 서명 · 날인을 해야 한다.

제6절 재고조사

1. 재고조사의 의의

재고조사(inventory)란 업장이 보관하고 있는 식음재료를 품목별로 수량, 상태 및 위치를 실제로 정확하게 파악하고, 장부의 기록과 대조하여 차이가 발생된 경우, 그 원인을 규명하는 관리활동이다. 따라서 재고조사를 통해 정확한 재고자산을 파악하고, 정확한 식음재료원가를 산출하며, 재고자산관리과정에서의 문제점을 찾아 내는 데 있다.

무계획적인 방법과 부주의한 재고조사는 불필요한 경비를 지출하게 되고, 결과적으로 부정확한 재고조사결과를 초래한다. 재고조사를 시행할 때는 각 관련 부서에 일정표를 사전에 배부하도록 한다.

2. 재고조사 절차

① 식음재료 원가담당 책임자와 저장실 책임자가 공동으로 재고조사를 실시하며, 필요시 관련 부서의 입회하에 실시할 수 있다.

② 저장실 재고조사일(주로 매월 말로 임의 선택하여 재고조사하며, 연말에는 전체 품목을 조사한다)은 모든 식음재료의 출고가 정지되어야 하며, 저장실 담당자별로 동시에 이루어져야 한다.

③ 주방재고조사는 매월 말 시행하며 주방 내 재고 중 특수한 경우(일상적 수준과 현격한 차이가 발생한 경우)에는 실제 측정하여 평가하고, 그 이외의 경우는 전월과 동일수준으로 재고금액을 평가한다. 재고조사 시 주요 품목에 대해서는 선별하여 실제 측정하여야 한다.

④ 바 재고조사는 반드시 전체를 정확하게 실제 측정하여 조사해야 한다.

⑤ 재고조사자는 조사 후 장부상 재고와 실제재고와의 차이 및 품질변질상태 유무, 폐기처리 등에 대한 보고를 하여야 하며, 재고차이에 대한 사항은 저장실 책임자가 그 원인을 분석하여 원가담당 책임자에게 반드시 서면으로 통보하여야 한다. 원가담당 책임자는 마감된 저장실재고금액의 과부족에 대하여 원칙대로 회

계처리하며, 그에 대한 원가증감 요인을 분석하여야 한다.

⑥ 작성된 저장재료장부는 영구보관을 요하는 회계자료로서 임의로 처분하지 않는다.

3. 재고조사방법

기간별로 정기재고조사, 특별재고조사(수시), 월말재고조사, 일일재고조사 등으로 분류하며, 장소별로 저장실재고조사, 주방 및 바 재고조사로 분류하고, 폐쇄 정도에 따라 폐창식 재고조사와 개창식 재고조사로 분류한다.

① 정기재고조사는 일정시점을 기준으로 반복적으로 되풀이되는 재고조사방법이다. 어떤 방법의 재고조사가 되든 회계년도 내에 2회 이상 실시하는 것이 바람직하며, 고가품이면서도 부패성인 품목은 담당자의 결정에 따라 수시로 실시하는 것이 좋다.

② 특별재고조사는 식당의 식음재료 저장실관리 책임자나 담당자가 교체되었을 때와 같이 특별한 필요에 의해 실시하는 방법이다.

③ 폐창식 재고조사(complete shutdown inventory)란 일정시점을 기준으로 저장 · 관리되어 있는 모든 재고품목에 대하여 일체의 출납을 중단하고 실제로 재고조사를 실시하는 것이다. 그러나 긴급을 요하는 출고는 가능하다.

④ 개창식 재고조사(open inventory)는 재고조사 대상품목에 대해서는 조사기간 중 입출고를 일체 중단하는 반면, 재고조사를 받지 않는 품목은 계속 입출고를 실시할 수 있는 방법이다. 호텔의 식음료업장이 영업을 하면서 재고조사를 실시하는 경우를 말하며, 일일식료재료와 출고과정을 거친 품목으로서 중앙주방의 조리완성품, 가공품, 소스 등과 각 주방의 양념류에 대한 재고조사방법으로 개창식 재고조사법을 이용할 수 있다.

4. 재고량 측정방법

식음재료의 재고량 측정방법으로는 계속기록법(perpetual inventory system)과 실제재고조사법(physical inventory system)이 있다.

1) 계속기록법

저장실로 입고되는 식음재료의 양과 각 주방으로 출고되는 식음재료의 양을 발생일별, 내용별로 계속적으로 기록하는 방법이다. 이 방법은 언제든지 장부상 식음재료의 재고량을 손쉽게 파악할 수 있으므로 적정수준의 재고량을 유지 · 관리하기에 좋은 반면 장부관리를 위해 많은 시간과 인력이 요구되는 단점이 있다.

그러나 계속기록법을 택한 경우에도 장부 재고량 기록의 정확성을 검증하기 위해서는 주기적으로 실제 저장실에 남아 있는 식음재료의 재고조사를 수행해야 한다.

2) 실제재고조사법

식음재료 장부를 매일매일 기록하지 않고 저장실에 남아 있는 식음재료의 수량을 조사(재고조사)하여 재고량을 결정하는 방법이다. 즉, 평소(회계기간 중)에는 식음재료의 계속적인 입 · 출고 기록을 생략하고, 결산(월말이나 연말 같은 회계기간 말) 때에 실제재고조사를 통해 재고량을 한꺼번에 산정하는 것이다.

사실 식당 경영 현장에서는 계속기록법에 의해 모든 식음재료의 입 · 출고에 관한 정확하고 계속적인 기록을 하기에는 시간과 인력 문제로 많은 어려움이 있어 이 방법을 많은 기업이 택하고 있다. 그러나 실제적인 재고조사를 실시하기 전까지는 식음재료의 재고량을 정확하게 계산할 수 없는 단점이 있다.

정기적으로 일 년에 1회 정도 재고조사를 실시하는 업장의 경우 실제 사용된 식음재료의 양은 다음의 공식으로 산출할 수 있다.

> 전기재고량 + 당기구매량 = 이용 가능한 총 수량
> 이용 가능한 총 수량 – 기말재고량 = 당기소비량

그러나 실제재고조사법에서 산출된 당기소비량은 이용 가능한 총 수량에서 실제 조사를 통해 파악한 기말재고량을 차감하여 결정되는 것으로써, 이 중에는 도난, 증발, 파손 및 기타 원인에 의해 재료의 감소량도 포함될 수 있다. 이는 식음원가율이 실제보다 높게 나타날 수 있음을 의미하며, 또한 도난과 파손 등의 수량 파악이 안 되어서 식음재료의 기초적인 통제관리 문제를 야기하게 된다.

따라서 재고자산의 수량결정 시 실제재고조사법만으로는 충분하지 못하므로 계속

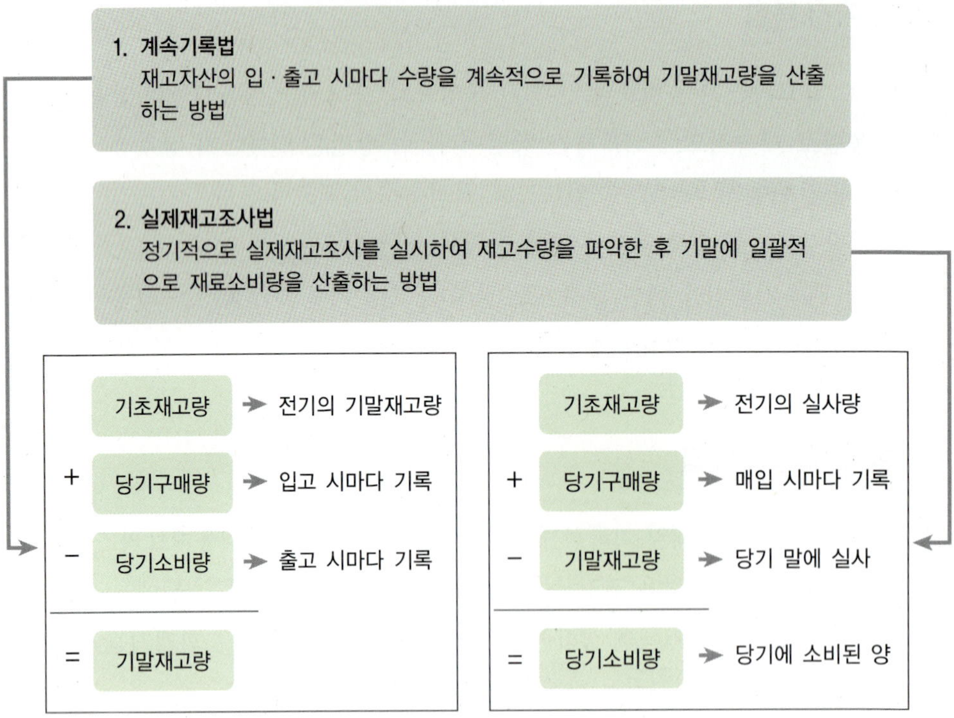

그림 5-15 재고자산의 재고량 측정방법

기록법을 병행하여 출고에 의한 소비량과 여러 원인에 따른 감소량을 구분하여 평가해야 한다.

5. 재고자산의 단가결정방법

출고된 식음재료비(재료원가)나 기말재고자산의 금액은 '수량×단가'로 결정된다. 이 중에서 수량은 앞에서 살펴본 계속기록법이나 실제재고조사법에 의해 결정된다.

재고자산의 단가결정은 반드시 재고자산의 실제흐름과 일치할 필요가 없기 때문에, 재고자산을 일정하게 입 · 출고된다는 가정하에서 당기의 재료비와 기말재고자산의 가액을 결정할 수 있다. 재고자산의 매입단가가 변동하는 경우에는 재료비(재료원가)와 기말재고자산의 금액이 달라지기 때문에, 이는 이익의 크기에 중대한 영향을 미치게 된다.

재고자산의 단가결정방법은 어떠한 방법을 이용하느냐에 따라서 기말재고자산의

개별법	재고자산의 매입단가를 개별적으로 식별하여 매입가격별로 판매된 것과 재고로 남은 것을 구별하여 매출원가와 기말재고액을 결정하는 방법
선입선출법	상품의 실제물량흐름과는 관계없이 먼저 구매한 상품이 먼저 판매된다고 가정하여 매출원가와 기말재고액을 결정하는 방법
후입선출법	상품의 실제물량흐름과는 관계없이 최근에 구매한 상품이 먼저 판매된다고 가정하여 매출원가와 기말재고액을 결정하는 방법
평균법	재고자산원가의 평균치를 사용하여 매출원가와 기말재고액을 구하는 방법

그림 5-16 재고자산의 단가결정방법

금액은 과소 또는 과대평가될 수 있기 때문에 담당자가 임의로 평가해야 할 일은 아니며 기업의 정책적인 판단이 필요하다.

1) 개별법

개별법(specific identification method)은 재고자산의 매입단가를 개별적으로 식별하여 매입가격별로 출고된 것과 재고로 남은 것을 구별하여 재료원가와 기말재고액을 결정하는 방법이다.

그러나 현실적으로 재고자산의 종류가 많고 거래가 빈번한 경우에는 실무에서 사용하기가 번거롭고 관리비용이 너무 많이 소요된다.

따라서 개별법은 거래의 빈도가 많지 않고 수량이 적은 고가품에서나 사용할 수 있는 방법이다.

2) 선입선출법

먼저 입고된 식음재료가 먼저 출고되는 방법을 적용하여 출고단가를 정하는 방법을 선입선출법(FIFO : First-in First-out)이라 한다. 재료원가는 전에 구입한 재료의 원가로 구성되며, 기말재고는 최근의 매입원가로 표시되므로 매입순법이라고도 하며, 원가의 흐름과 물량의 흐름이 거의 유사하게 일치한다.

계속기록법이나 실제재고조사법에 의하여 재고량을 산출하여도 기말재고액과 재료원가의 결정에 있어서 동일한 결과가 나온다는 장점이 있다.

그러나 인플레이션이 발생할 경우 이익이 과다 표시되므로 영업 이익의 과다계상이라는 단점이 있다. 외국과의 위탁경영계약수수료는 주로 영업 이익에 비례하므로 이 방법에 의한 재고자산평가를 외국의 경영회사는 선호한다.

3) 후입선출법

선입선출법과는 반대로 나중에 입고된 것이 먼저 출고되는 방법을 적용하여 출고단가를 정하는 방법을 후입선출법(LIFO : Last-in First-out)이라 한다. 기말재고는 당기에 구매한 재료 중 가장 오래 전에 구매한 재료의 원가로 구성되므로 매입역법이라고도 한다.

주로 고인플레이션하에서 이 방식을 적용하는데, 최근 매입한 높은 단가에 의해 재료원가가 계산된다.

4) 평균법

재고자산 단가의 평균치를 사용하여 재료원가와 기말재고액을 구하는 방법을 평균법(average cost method)이라 한다. 평균법에는 기말에 일괄하여 회계기간 동안의 총 구입액을 전체구입수량으로 나누어 평균단가를 계산하는 총 평균법(total average cost method), 재료가 입고되고 출고될 때마다 단가를 구하는 이동평균법(moving average cost method)이 있다.

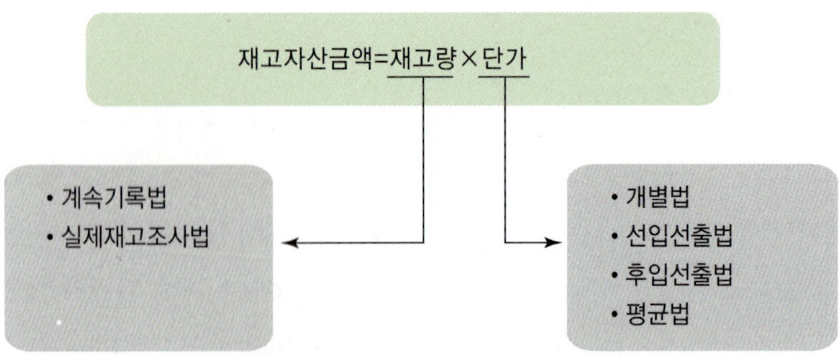

그림 5-17 재고자산 금액 결정

제7절 표준원가관리

1. 표준원가관리의 의의

원가관리의 중요성이 증대됨에 따라 원가기록의 정확성과 원가관리의 효율성을 위하여 표준원가계산은 많은 식음료사업체의 원가관리방법으로 자리 잡고 있다.

표준원가관리란 식당의 모든 활동단계를 대상으로 하여 미리 표준이 되는 원가를 정해 놓은 표준원가(standard costs)를 설정하고 실제원가(actual costs)를 측정하여 표준원가와 비교함으로써 그 차이를 발견해 내고, 그 원인 분석을 통하여 원가절감을 꾀하기 위한 경영관리 기법이다. 즉, 표준원가란 목표원가를 뜻하며 목표달성이 가능한 작업조건하에서 당연히 지켜져야 하는 원가수준을 의미하는데, 실제 발생된 원가와의 차이 발생 원인을 분석함으로써 식음경영관리의 비능률 요인을 제거하여, 실제원가를 정상적이고 능률적인 작업조건에서 발생되는 표준원가에 근접시키기 위해 노력하는 경영관리 기법이 표준원가관리이다.

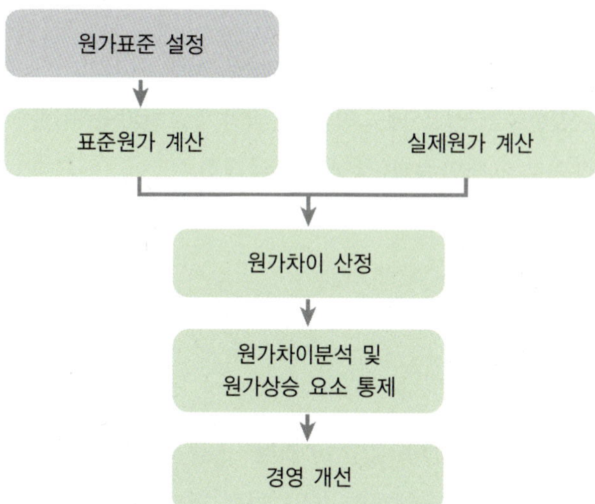

그림 5-18 표준 원가관리 절차

2. 표준원가관리의 필요성

업장의 식음재료비, 즉 식음료원가는 총 매출액에서 제일 큰 비중을 차지한다. 업장에 따라 약간의 차이가 있다고 할지라도 매출액에서 절대적인 비중을 원가가 차지하고 있으므로 보다 과학적이고 합리적인 원가관리는 이익을 극대화시키게 되므로 식당경영에서의 성공 요인이다.

업장의 식음재료는 구매, 검수, 저장, 출고되어 조리과정을 거친 다음 적당한 분량의 메뉴로 완성되어 고객에게 적절한 수준의 가격으로 판매되는 과정이 반복되는데, 표준원가관리를 통해 각 작업방법의 표준화, 조리의 표준화와 메뉴의 표준화를 도모하여 효율적인 원가관리가 수행되는 것이다.

표준원가는 실제원가를 평가하는 비교기준, 또한 업장경영자들의 업무능률을 측정하기 위한 정보 등을 제공하기 때문에, 식음료산업에서는 경영합리화, 효율화를 도모하기 위한 방법으로서 일찍부터 발달하였다.

표준원가관리는 식음재료의 이동에 따른 각 단계별 원가의 흐름을 능률적으로 관리하는 것으로, 이의 필요성은 다음과 같다.

① 고객수요에 따른 정확한 식음재료 필요량 예측
② 예측에 따른 적절한 식음재료의 구매
③ 식음재료의 조리, 판매과정에서의 낭비와 손실발생 제거
④ 1인분 분량의 적절한 조절로 메뉴의 질과 식음재료원가율 유지
⑤ 적정 판매가격으로 고객만족과 경영수익 극대화
⑥ 각 업장의 성과분석 평가 용이

3. 표준원가관리방법

식음재료의 원가는 재료의 구매 → 검수 → 저장 → 출고→ 조리 → 분량관리 → 판매가격결정에 이르는 제 활동을 수행하는 동안 여러 형태로 발생한다. 식음재료의 품질유지나 불필요한 관리비용을 최소화하기 위해서는 각 단계별 표준의 설정, 교육 및 관리활동에 따른 경영노력이 필요하다.

1) 표준화 대상 업무

현대적인 식음료 표준원가관리는 식음재료의 취급에 관한 일련의 작업 표준화를 전제로 하는데, 다음과 같은 다섯 가지 표준화업무(5 standards)가 있다.

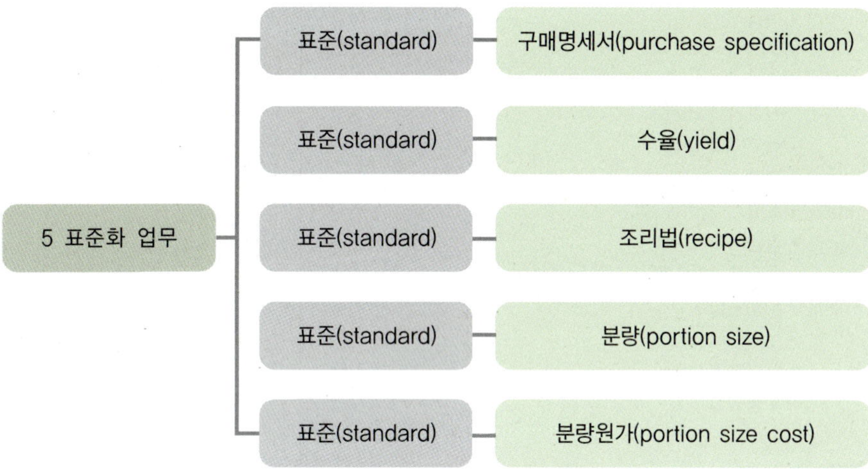

그림 5-19 **표준화 업무**

(1) 표준구매명세서

구입하고자 하는 식음료품목에 대한 품질, 규격, 중량, 수량, 기타 질적 특성 등에 관하여 사전에 설정한 표준을 기재한 명세서를 표준구매명세서(standard purchase specification)라 한다. 즉, 식음재료의 정확한 품명, 등급, 상표, 교역조건, 품질명세, 구매의 계량단위(예 : box, gram, case 등), 포장단위, 산지지정 등이 상세히 기재된다. 일반적인 식음재료품목이 아닌 특별한 품목을 구입하고자 할 때는 더욱 세부적인 설명이 기재된 표준구매명세서가 필요하다.

표준적인 식음재료의 구매명세서는 업장의 구매정책, 구매방법, 메뉴에 필요한 식음재료를 품질관리적 측면에서 작성하는데, 구매책임자, 조리책임자, 식음료 부문의 관리자 및 원가관리책임자 등의 상호 협조하에 작성된다. 또한 이것은 시장, 산지, 계절, 공급자 등의 형편을 현실적으로 고려하여야 하며, 항상 업장의 필요성에 일치하는지를 확인하기 위해 정기적으로 재검토되어야 한다.

표준구매명세서에 기록된 사항들은 식음재료를 청구하거나 수령할 때 구매담당자, 공급자, 검수담당자를 위한 지침 또는 점검표가 되는 유용한 자료로 사용된다.

패티(햄버거의 부분)

- 직경
- 두께
- 무게
- 쇠고기의 비율
- 쇠고기의 종류
- 지방의 비율
- 쇠고기 저미는 법
- 양념
- 끈지게 하는 법
- 냉동방법
- 온도관리
- 수송용기
- 수송방법

⋮

빵

- 직경
- 높이
- 밀가루 종류
- 설탕의 양과 종류
- 버터 · 마가린의 양과 질
- 이스트의 지정
- 소금의 양
- 반즈의 무게
- 굽는 법
- 기포의 크기
- 색깔
- 형태
- 참깨
- 온도관리
- 수송방법

⋮

그림 5-20 **표준구매명세서(햄버거의 사례)**

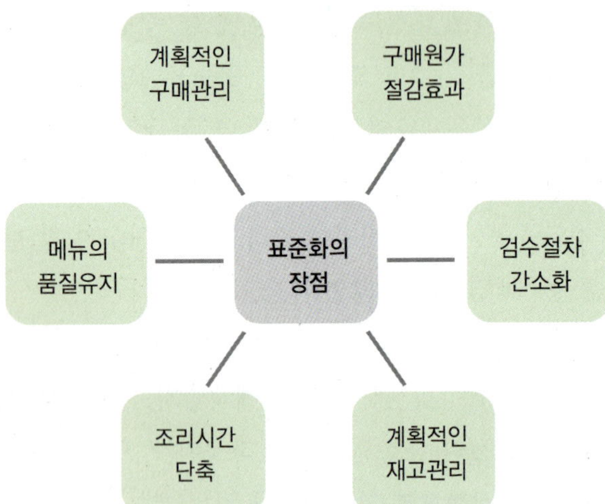

그림 5-21 **표준구매명세서의 장점**

표 5-2 표준구매명세서의 장단점

장 점	단 점
• 필요한 식음재료의 양을 정확하게 파악 • 구매원가 절감 효과 • 구매의 표준설정 및 일관성 유지 • 공급자 간의 가격, 품질 경쟁 및 비교 가능 • 검수절차의 간소화 • 재고관리의 최적화 • 조리 규격과 메뉴의 질적 관리 • 추정판매가격 산정 등에 유용하게 활용	• 표준구매명세서 작성에 많은 시간과 노력이 필요 • 재료 수령을 담당하는 직원의 업무 증가

(2) 표준수율

구입한 일정량의 식음재료를 다듬은 후에 메뉴조리에 직접 사용할 수 있는 양을 표준수율(standard yield)이라 한다. 즉, 수율(또는 완성률)이란 투입에 대한 산출량을 말하며, 식음료산업의 생산성을 측정하는 대표적 지표이다. 예를 들면 횟감용 생선은 통째로 구매하나, 꼬리, 머리, 지느러미, 내장 등을 제거하고 생선회로 만들 수 있는 양만 남기는데, 이것이 바로 수율(yield)이다.

재료의 구매 당시 중량과 먹을 수 있게 된 상태의 중량차이는 식음재료의 손실이며, 이는 감손(waste)을 의미한다. 감손은 식음재료의 준비, 조리나 저장 등 모든 과정에서 발생하며, 감손율이 높다면 식음원가율이 높아짐을 의미하므로, 수익을 창출하는 기업경영을 위해서는 수율 또는 감손율의 관리에 항상 주의를 기울여야 한다. 높은 수율을 위해서는 무엇보다도 양질의 재료와 숙련된 종사원 및 조리상의 주의가 필요하다.

한편 감손은 정상적으로 발생하는 경우와 비정상적으로 발생하는 경우로 나눌 수 있다. 표준수율은 정상적 감손을 감안하여 설정해야 한다. 비정상적 감손 부분은 원인을 분석하고 이를 제거할 수 있는 대책을 세움으로써 생산성 향상을 꾀할 수 있다.

$$수율 = 100\% - 감손율$$

표준수율을 기초로 합리적인 표준원가산출이 가능하게 된다. 각 메뉴품목별 표준수율을 산정해 놓으면 구입된 일정량의 재료로부터 얼마만큼의 요리가 메뉴로서 생산될 수 있는가를 결정함으로써 예상고객 수에 맞춰 필요한 식음재료구매량을 정확하게 산출해 낼 수 있게 된다. 이로써 식음재료 공급부족에 따른 문제를 제거해줄 뿐만 아니라 재료의 낭비를 관리하는 데도 도움을 준다. 또한 표준분량의 결정과 메뉴의 판매가격결정에도 도움을 준다.

(3) 표준조리법

업장의 특정 메뉴를 조리하기 위하여 설정된 표준적인 식음료조리과정에 대한 기술서를 표준조리법(standard recipe)이라 한다. 즉, 각 메뉴품목에 대해서 맛, 모양, 비용 등을 항상 동일한 수준의 품질로 고객에게 제공할 수 있도록, 구체적인 재료량, 조리방법, 장식방법, 서빙 방식 등에 관하여 기술해 놓은 것이다.

표준조리법의 작성은 요리를 만들어 가며 직접 실측하는 것이 제일 정확하며, 맛 또는 분량의 문제가 있을 경우에는 조절하고 즉시 원가관리부서에 알려야 한다. 원가율이 너무 높거나 낮은 표준조리법이 되어서는 안 되는데, 이러한 메뉴들은 업장의 수익성에 영향을 끼치기 때문이다.

한편 조리사는 표준조리법을 숙지하여 언제, 어디서, 누가 같은 음식을 만들어도 맛, 질, 양 등의 변화가 있어서는 안 되며, 주방장, 총 주방장은 표준조리법대로 조리되고 있는지 수시로 체크하여야 한다.

(4) 표준분량

고객에게 일정가격에 판매되는 메뉴품목별 1인분의 크기, 수량, 무게 등을 나타내는 명세서이다. 표준분량(standard portion size)의 크기는 영업장형태, 고객의 기대수준, 식음료원가, 판매가격 등에 의해서 영향을 받는다.

어느 고객에게나 똑같은 분량의 음식을 제공해야 하므로, 계량기구(접시, 저울, 크기별 유리잔, 국자, 서빙스푼 등)를 이용한 정확한 양을 고객에게 제공할 수 있도록 표준분량표를 작성해 각 업장의 요소요소에 배치하여야 한다. 이로써 업장은 메뉴의 일관성을 유지할 수 있어 고객만족의 기초가 되는 것이다.

그러므로 표준분량은 모든 메뉴품목에 대해서 설정하여야 한다. 즉, 전채, 빵, 주요리, 채소류, 후식 및 음료 등 모든 코스의 모든 품목에 대해 판매되는 표준분량을 결정하여야 한다. 또한 분량의 크기는 고객이 지불한 가격수준에서 최대 만족을 줄

분량(몇 인분)		표준 분량크기	항목 코드	구매 명세와 금액				
수 량	단 위	재 료	일자 :		일자 :		일자 :	
			단 가	금 액	단 가	금 액	단 가	금 액
		총 원가						
		1인당 원가						
		판매가격						
		원가율						
번 호		항 목		식당이름				

그림 5-22 **표준조리법**

표 5-3 표준조리법의 장단점

장 점	단 점
• 재료절감 • 예측가능한 조리 산출량 측정 가능 • 조리 감독업무의 축소 • 조리과정이 계획적 • 주방장 부재 시에도 일관된 메뉴품질 유지 • 미숙련 조리사의 교육훈련에 기여 • 조리 규격과 메뉴의 질적 관리 • 표준분량 산출과 표준원가계산에 도움	• 표준조리법에 대하여 조리사 등 일부 종사원들이 부정적 반응 • 기존의 조리법을 수정하거나 종사원을 공부시키는 데 많은 시간이 필요

수 있도록 결정되어야 하며, 결정된 표준분량은 계속적으로 고객에게 제공되는지를 수시로 점검해야 한다.

이와 같은 표준분량에 의한 판매는 메뉴의 판매예측에 따른 식음재료 표준소비량이 추산되어 재료절감을 도모할 수 있고, 식음원가를 일정하게 유지할 수 있어 업장의 목표이익을 실현시킬 수 있게 된다. 또한 고객에게는 음식의 양이 과다하게 제공되거나, 과소하게 제공되는 것을 방지할 수 있으므로 원가의 상승과 고객의 불평을 막을 수 있다.

(5) 표준분량원가

표준조리법에 따라 식음료 상품을 조리하는 데 소요되는 비용을 표준분량원가(standard portion size cost)라 하며, 조리법상 재료의 원가를 표준조리법 표준분량에 의한 분량 수로 나누어 계산할 수 있다. 업장에서 판매하는 특정요리에 대한 판매가격의 책정은 다음의 요인에 의하여 결정되어야 한다.

① 재료원가
② 조리과정에 투입된 인건비
③ 식음재료 및 인건비를 공제한 매출 총 이익의 비율 및 크기
④ 메뉴에 대한 판매성향
⑤ 메뉴에 곁들여 제공되는 부재료비
⑥ 동급 식당에서의 판매가격
⑦ 목표이익 달성에 타당한 판매가격
⑧ 메뉴와 서비스의 질적수준
⑨ 식당의 장식 및 분위기

이 외에도 판매가격의 책정에 대한 그 밖의 요인들로써 메뉴와 서비스의 질적 수준과 식당의 장식 및 분위기도 중요한 요인에 속한다.

2) 식음재료 원가차이의 분석

표준원가계산은 식음재료의 표준원가를 기준으로 생산과정에서 발생 가능한 낭비요인을 파악하고 그에 따른 시정조치를 하기 위한 관리작업이다.

원가차이(cost variance)란 실제원가와 표준원가의 차액을 말하며, 표준원가차이라고도 한다. 원가관리 및 성과평가 등에 유용한 회계정보를 얻기 위해 원가차이를 세부적으로 분석하는 것을 원가차이분석이라고 한다.

원가차이는 제품단위당의 원가표준과 실제원가를 비교하는 것이 아니라, 실제 제품생산량에 따른 표준원가와 실제원가를 비교하는 것이다. 표준원가와 실제원가의 차이를 분석하면 '원가의 상승 및 하락' 의 원인이 판명되고, 그 결과 원가상승 요소의 통제가 가능하게 되는 것이다.

원가차이는 수량의 차이, 가격의 차이로 나타나는데, 그 원인은 표 5-4와 같다.

표 5-4 원가차이의 원인

수량차이	가격차이
• 조리방법의 변경 • 조리설비의 정비 불량 • 조리사의 부주의 • 불량, 하급재료의 이용 • 운반, 보관관리의 실패 • 감손의 증대 • 잔여식음재료 활용미숙 • 도난, 절도의 발생	• 시장가격의 변동 • 긴급주문 • 매입할인의 변동 • 구매방침의 오류 • 구매계약의 오류 • 운임 등 부대비용의 변동 • 거래처 선정의 오류 • 부적당한 표준가격 설정 • 경제적 주문량의 미달, 초과 • 식음재료 품질수준의 변화

CHAPTER 6
식음료 마케팅

마케팅(marketing)은 시장을 연구하는 학문이며, 공급, 경쟁, 수요, 환경, 기타 관련 요소의 상호 작용 및 모든 현상이 이루어지는 '시장' 이 사업의 성패를 100% 좌우한다는 이론이다.

미국 마케팅학회(AMA : America Marketing Association)에서는 1968년에 이미 마케팅의 정의를 '제품과 서비스를 생산자로부터 소비자 또는 사용자에게 흐르도록 하는 기업활동의 수행' 이라고 내림으로써 그 창출효용을 강조하고 있다. 그러나 1983년에는 '개인과 조직의 목표를 충족시킬 수 있는 교환을 야기시키는 아이디어, 제품 및 서비스 등의 개념화, 가격결정 촉진 및 유통을 계획하고 수행하는 과정' 이라고 마케팅의 정의를 내림으로써 '교환' 의 개념을 포함시키게 되었다.

코틀러(Philip Kotler)도 '마케팅이란 교환과정을 통하여 욕구의 필요를 충족시키는 인간활동' 이라 정의를 내렸는데, 역시 '교환' 의 개념이 포함되어 있다.

최근 외식산업에서는 마케팅의 중요성이 더욱 부각되어 체인점을 비롯한 소규모의 영세 점포까지도 마케팅의 개념을 도입하고 있는 실정이다.

많은 개인이나 기업들이 먹는 장사는 절대로 실패가 없다는 옛말을 믿고 용기 있게 외식산업에 진출을 꾀하지만 심화되는 경쟁 속에서 복잡한 사회구조와 다양한 소비자의 기호 및 유행에 발맞추어 나가지 않고서는 고객을 확보할 수가 없는 게 현실이다.

제 1 절 식음료 마케팅의 출현

식음료업장의 종류가 다양해지고 규모가 커짐에 따라 마케팅의 중요성에 관심을 기울이게 되었다. 무분별한 영세 외식업체의 양적 증가로 시장규모는 팽창했으나 외식경영 기법의 부재로 수익성 면에서의 부진을 면치 못하는 실정이다.

1955년 레이 크록(Ray Croc)은 당시 미국 가정에서의 가족구성원에 관심을 두어 '맥 콘셉트(Mac Concept)' 를 외식산업에 획기적으로 도입시켰다. 대부분의 미국 가정에서 2.7명의 자녀를 둔 어머니들이 가처분소득의 증가로 외식의 기회가 급속히 증가하게 되었고 그들 대부분이 자동차를 타고 생활함에 초점을 맞추었다. 자녀에게 가장 알맞은 상품을 고안해 내고 자동차 생활에 적합한 시스템을 도입하여 맥도날드의 QSC, 즉 음식의 품질(quality : hot, delicious), 서비스(service : fast, kind, no argument), 청결(cleanliness : neat, clean in-and-outside, see-through big glasses) 세 가지 개념을 확고히 고객에게 인지시킴으로써 오늘날 세계적인 명성을 떨치게 된 것이다.

1. 식음료 마케팅의 개념

시장을 통해서 개인의 욕구를 만족시키고자 노력하고 경쟁기업과 대응하여 최대의 이익을 추구하고자 기업이 행하는 모든 활동을 마케팅이라 할 수 있다.

21세기 자유경쟁사회에서는 어떻게 하면 고객에게 호평받는 식당이 될 수 있을까에 주력해야 한다. 고객에게 알맞은 식당, 고객의 욕구와 기대에 부응하는 음식과 서비스를 고객이 원하는 때에, 원하는 방법으로, 어울리는 장소에서 제공하는 활동이 필요하다. 식음료 마케팅은 식음료상품의 판매 촉진과 고객의 편의및 서비스를 위한 경영활동이므로 종래의 일방적 방법이 아닌 고객의 유형과 요구, 태도 등을 중시하는 양방적 방법을 사용하는 것이 바람직하다.

고객의 욕구와 필요를 정확히 파악하고 업장의 문제가 아닌 고객의 문제를 해결해야 하며 고객의 욕구(needs)와 필요(wants)에 부합되는 상품, 즉 고객의 문제를 해결할 수 있는 제품과 서비스를 창조해야만 한다.

마케팅에서의 욕구와 필요 · 문제 · 가치

- needs : state of felt deprivation
  부족을 느끼는 상태를 말하며 인간이 만족하기 위하여 충족하여야 하는 기본적인 조건으로 모든 인간에게 있어서 정도의 차이는 있으나 공통적인 현상이라 할 수 있는 목마름, 배고픔 등이 이에 해당
- wants : How people communicate their needs
  욕구를 충족시키기 위한 여러 형태의 수단으로서 동일한 욕구에 대한 필요는 다양한 개인 특성에 따라 다르게 표출
- problem : Gap between needs & wants and satisfaction
  궁극적인 만족감과 욕구 및 필요의 차이가 적을수록 문제해결이 용이(gap이 적을수록 문제해결 용이)
- value : Customer's estimate of the products overall capacity to satisfy needs.
  소비자가 자신의 욕구를 만족시키는 제품과 서비스의 모든 능력에 대한 최종적 평가. 이 가치는 교환에 의해 창출

2. 식음료 마케팅의 발전과정

마케팅 개념의 시대적 발전과정을 보면 초기에는 생산지향적 개념이 강했다. 공급이 수요에 못미쳐 생산만 잘 하면 팔려 나갈 수 있다는 개념으로 생산성만이 중요시되던 시대이다. 그러나 생산량이 많아지면서 잘 만들어야만 팔릴 수 있다는 상품지향적 시대가 오고 이어서 좋은 제품도 팔리지 않으면 소용없다는 판매지향적 시대가 이어졌으며, 좋은 제품을 생산하여 판매하는 것이 기업의 사명이 아니라 소비자가 원하는 제품이어야 한다는 고객지향적, 즉 마케팅지향적 시대에 돌입하여 마케팅의 중요성이 대두되었다. 더 나아가 이제는 사회를 이용하여 영리만 추구하여 벌어들이기만 하는 기업이 아니라 사회에서 획득한 수익을 사회를 위해 환원, 기여하고자 하는 사명감을 가진 기업을 원하는 사회환원적 시대에 돌입하였다.

1) 생산지향적 개념

생산지향적 개념은 제품 생산의 부족으로 수요(고객)가 공급(기업)을 초과하던 시대, 즉 원자재 자체가 부족하였기 때문에 생산성에만 초점을 맞추던 1900년에서 1930년대 초반까지의 개념이다. 이는 시장의 필요에 의해서만 제품을 생산하는 개념이므로 일부 특정고객에게만 혜택이 돌아가게 되어 일반고객에 대한 혜택은 무시되었다고 할 수 있다. 생산에만 초점을 맞춰 공급량만 늘리면 이윤추구가 가능하였다.

2) 제품지향적 개념

공급과 수요가 비슷해진 상황에서는 소비자가 선호하는 기존의 제품이나 그 형태에 따라 우수한 개량품을 개발하지 않으면 안 된다는 개념이다. 품질 좋은 제품을 생산하면 팔릴 수 있다는 개념으로서 소비자의 욕구충족에 대한 개념은 약한 상태를 말한다.

3) 판매지향적 개념

공급량이 증대하면서 수요를 앞지르게 되면 품질 좋은 제품을 아무리 많이 만들어도 팔리지 않을 수 있음을 나타낸다. 기업이 판매촉진에 대한 노력을 기울이지 않는 한 소비자는 기업의 제품을 대량으로 구입하지 않을 것이므로 좋은 제품을 만들어 판매활동이 잘 이루어지도록 촉진활동을 적극적으로 해야 함을 강조한다.

4) 마케팅지향적 개념

1950년대 초부터 나타난 새로운 경영이념으로써 소비자의 욕구가 다양해짐에 따라 제품의 질은 물론 다양한 욕구 충족에 초점을 맞추어야 기업의 이윤추구가 가능하다는 것이다. 즉, 조직의 목표는 소비자의 욕구충족에 맞추어 결정되어야 하며 다양한 경쟁 속에서도 고객에게 더욱 효과적 · 효율적인 만족을 제공해야 함을 의미한다. “Goods are bought not sold”, 즉 제품은 팔리는 것이 아니라 구매되어야만 하는 것이며 기업의 사명은 좋은 제품을 생산하여 판매하는 데만 있는 것이 아니라 고객이 원하는 제품을 생산해야 함을 나타낸다.

표 6-1 마케팅 개념의 발전과정

개 념	배 경	목 표
생산지향적(production concept)	수요>공급	판매량 증대에 의한 이윤추구
제품지향적(production concept)	수요=공급	판매량 증대에 의한 이윤추구
판매지향적(selling concept)	수요<공급	판매량 증대에 의한 이윤추구
마케팅지향적(marketing concept)	소비자 욕구 다양화	소비자 욕구충족에 의한 이윤추구
사회지향적 (societal marketing concept)	사회적인 책임 중시	소비자 욕구충족에 의한 이윤추구와 공공복리증진

5) 사회지향적 개념

사회지향적 개념은 가장 새로운 마케팅 개념이다. 1970년대 들어 환경파괴, 자원부족, 인구폭발, 소비자의식의 전환 등과 같은 시대적 상황 및 환경의 변화 속에서 기존의 마케팅 개념으로는 기업의 존속, 성장에 위협을 느끼게 되었다. 소비자불만, 환경문제, 정치적 · 법률적 요인 등에 의해, 기업의 마케팅활동이 큰 영향을 받게 되었고 이러한 시대에 기업이 성공적으로 존속하기 위해서는 사회적인 책임을 중시하는 마케팅활동이 필수적으로 이루어지도록 변천하게 된 것이다. 즉, 품질 좋은 제품을 생산하여 소비자 욕구 충족뿐만 아니라 사회복지, 공공복리 증진에까지도 책임을 지는 기업개념을 가져야 한다는 것이다.

3. 식음료판매와 마케팅

일반적으로 마케팅은 판매와 동일한 개념으로 인식되기도 하는데, 마케팅(marketing)과 판매(sales)의 차이는 의미 그 이상의 것이다.

판매는 판매인의 욕구가 초점이지만 마케팅은 고객의 욕구가 초점이기 때문이다. 판매는 식당의 상품을 현금으로 바꾸려는 판매자의 욕구가 선행되며, 마케팅은 그 상품을 통해서 고객의 욕구를 만족시켜 주려는 생각과 그 상품을 생산, 분배, 소비하게 하는 일에 관련된 제반사항을 의미하게 된다.

1) 식음료판매 : 상품지향적 개념

마케팅 개념이 등장하기 이전에는 판매량만이 중요시되었다. 새로운 상품이 개발되면 촉진전략과 판매전략을 통해 구매자를 찾고 설득해야 하므로 모든 것이 상품에서 시작해서 상품으로 끝났다. 즉, 판매란 고객에게 '상품을 판매하기 위한 모든 대내외적 활동 및 전략' 을 말하는 것이다. 판매는 마케팅의 일부이며 업장의 상품을 고객이 요구하도록 독려시키는 활동이기 때문에 고객이 업장에 와서 종사원들의 태도 여하에 따라 영향을 받는 경우도 많다.

2) 식음료 마케팅 : 고객지향적 개념

마케팅은 고객(또는 잠재적 고객)에게 초점을 두고 고객이 정확하게 무엇을 찾고 있으며 어떠한 욕구를 충족시키려고 하는지를 파악하여 업장에서의 상품과 일치되도록 하는 지속적인 노력이라 할 수 있다.

고객이 '무엇(What)' 을 원하는가, 그리고 '왜(Why)' 그것을 원하는지를 연구한 후 고객욕구를 만족시킬 수 있는 독특한 상품과 서비스를 개발해야 하므로 이익은 판매량으로부터 발생하는 것이 아닌 지속적인 고객의 만족에서 발생한다는 장기적 안목의 개념이다. 마케팅은 금전적인 접근보다는 대인적 접근에 초점을 맞추는 것이므로 고객에 관한 집중적 관리가 중요하다고 볼 수 있다.

고객의 필요와 욕구를 파악하기 위해서는 미래의 고객이 어떻게 변화할 것인가 파악해 볼 필요가 있는데, 학자들의 견해에 따르면 미래 전 세계 고객의 취향은 거의 비슷해질 것이며 각 국적별 문화적 차이를 함께 공유하게 될 것이라 진단하고 있다.

미래의 고객

- 미래의 고객은 어떤 양상으로 변할까?(What will the guests of tomorrow be like?)
- 그들은 오늘의 고객과 어떻게 다를까?(How will they differ from today's guests?)
- 그들은 어떤 환대를 받고자 할까?(What hospitality offerings will they want?)
- 그들은 어떤 종류의 서비스를 기대할까?(What kind of service will they expect?)
- 그들은 광고 등에 대해 어떻게 반응을 보일까?(How will they react to advertising, merchandising, and personal selling?)

제 2 절 식음료 마케팅 전략

기업은 기업의 목표와 장점을 어떠한 고객에게 어떠한 방향으로 기여할 것인지를 나타내는 기업의 사명에 따라 전반적 마케팅의 전략을 세우게 된다. 또한 실현 가능한 판매량 및 비용에 대한 목표를 세우고 적절한 이익을 낼 수 있도록 하는 전략이 필요한데, 환대산업의 거시적 시야의 각도에 따라 그 전략계획은 달라질 수 있다.

1. 식음료 마케팅 조사 및 상황분석

AMA(American Marketing Association)에 의하면, 마케팅 조사란 정보를 통해 소비자, 고객, 대중을 마케터와 연결하는 기능을 말하며 마케팅 조사를 함으로써 기존 및 잠재고객에 대한 상세한 정보를 얻게 되며 새로운 표적시장도 찾아내게 된다.

마케팅 조사는 사업성공의 여부를 위해 예상 장소를 분석하고, 궁극적으로 사업주의 사업 참여 여부를 결정하게 되는데, 주요 분석 요인으로는 위치분석, 인구통계적 분석, 경쟁분석, 재정분석을 들 수 있다.

위치분석이란 레스토랑 사업에 있어서 가장 중요한 위치를 선정하는 것으로서 주

기업의 미션(mission statement)

- Our vision is to be the world's best 'quick service restaurant'
  This means opening and running great restaurants and providing quality, service, cleanliness and value.(QSCV)……McDonald's
- It's first responsibility is to it's customers, its second to its employees, its third to its community, and its fourth to its stockholders……(Johnson & Johnson)
- The customer is our boss, quality is our work, and value is our goal……(Mars company)
- People are our important asset
- We will be the best at what we do
- We aim exceed expectations

변 및 인접지역의 인구수, 주차가능성 및 접근 용이성 등을 파악하는 것이다.

인구통계적 분석은 연령, 성별, 결혼유무, 자녀 수, 가족 평균수입 등에 따른 잠재 고객을 파악하고 그들이 선호하는 서비스의 품질, 가격, 형태 등을 결정하는 것이다. 또한 경쟁업체의 장단점을 분석하는 경쟁분석(competitor analysis)에 바탕을 두고 예상고객을 파악함으로써 재정분석과 타당성 조사의 근간을 이루게 된다. 마지막으로 재정분석(financial analysis)의 결과를 토대로 레스토랑의 장래 수익과 비용을 예측할 수 있게 되는 것이다.

그러나 누구나 마케팅 조사를 통해 의사결정을 하는 것은 아니다. 막대한 시간과 비용의 소모가 따르고 조사설문의 신뢰성(reliability) 있는 응답을 기대하기 어려울 수도 있으며 더욱이 경쟁업체에게 중요 경영정보를 공개함으로써 모방의 기회를 주기도 하므로 전혀 조사를 하지 않는 경우도 많다. 과거 경험에 의한 직관이나 개인의 판단력에 의존하여 경영의사 경정이 이루어지는 경우도 많다.

2. 시장세분화와 표적시장

마케팅 전략을 수립할 때에는 기본 단계로 STP 전략, 즉 시장세분화(Marketing segmentation), 표적시장 선정(Targeting) 그리고 포지셔닝(Positioning)이 이루어져야 하고 이에 따라 마케팅 목표를 달성하기 위해 마케팅 믹스전략이 수립되어야 한다.

1) 시장세분화

마케팅 전략을 개발하는 첫 단계는 전체시장을 공통적 특징을 지닌 잠재 고객 그룹으로 나누는 과정 즉, 시장세분화이다. 이 과정에서 나누어진 전체시장의 한 부분을 세분시장 또는 부분시장이라고 부른다.

다시 말해서, 시장세분화는 공통된 특성을 공유하며 유사한 욕구와 욕망을 소유한 사람들을 하나의 집단으로 분류하고, 특정 서비스에 가장 관심이 많은 세분시장을 찾아내어 마케팅 프로그램의 목표로 삼는 과정이다. 이러한 시장세분화를 통한 이점은 무엇보다도 시장기회를 보다 쉽게 발견할 수 있고 선정된 세분시장에 집중적으로 비용과 노력을 집중시킬 수 있으며 선정된 세분집단의 욕구와 필요를 분명히 파악할 수 있다는 것이다.

특히 외식기업은 전체시장의 규모가 너무 크고 소비자들의 욕구나 구매 관습이 다양하기 때문에 최상의 기회를 제공할 수 있는 세분시장에서 경쟁하는 것이 유리할 것이다. 따라서 시장세분화를 통해 레스토랑 고객 계층을 각각 서로 다른 욕구와 성향, 구매동기, 인습 등을 가진 개별시장으로 분류하고 이들의 욕구가 무엇이며 어떻게 만족시켜 줄 수 있는가를 파악한 후 이해한다면 고객의 욕구를 충족시키고 나아가 새로운 고객을 확보할 수가 있다.

그러나 시장세분화를 정교하게 하면 할수록 비용이 많이 들게 되고 최적의 표적시장을 선정할 때도 어려움이 많이 따르게 되므로 마케팅 전문가들은 다양한 시장세분화 기준을 가지고 있다. 어떠한 단일적인 방법이 옳다거나 그른 것은 아니라서 다양한 기술들이 혼합되어 사용되고 있는데, 일반적으로 다음과 같은 방법으로 시장을 세분화하고 있다.

(1) 지리적 변수

지리적 변수, 즉 지역, 인구밀도, 기후, 행정구역에 따라 시장을 구분하는 것을 지리적 세분화라 한다. 호텔 레스토랑의 지역 특색에 맞는 메뉴 개발, 미국 동부의 진한 커피와 서부의 연한 커피 등 취향을 반영한 커피시장을 구분하는 것이 그 예이다.

지역별로 시장을 세분화하게 되면 그 과정이 용이하고 간단한 장점이 있지만 지리적 변수에만 의존하여 구매집단을 세분화하기에는 미흡한 경우도 많다.

(2) 인구통계적 변수

인구통계적 변수, 즉 나이, 성격, 생활양식(life style), 소득, 종교, 인종, 성별 등에 따른 세분화는 가장 널리 사용되고 있는 방법이다. 어린이만을 대상으로 하는 상품의 색깔이나 사이즈, 여성들의 지위 향상에 따른 여성 취향 식당 디자인 등이 그 예라고 할 수 있다. 또한 고소득층을 위한 고급 식당(full-service restaurant), 저소득층을 위한 일반 식당(limited-service restaurant), 학생들을 위한 카페테리아(cafeteria) 등은 소득에 염두를 둔 시장 세분화이다. 즉, 저소득층이나 학생은 배고픔 해소나 가격에 민감하고 장년층들은 맛보다 건강 위주로 식음료 구매가 이루어질 것이며 가족모임에는 화합분위기에, 젊은이의 이벤트 시에는 문화적 가치에 비중을 두게 됨을 염두에 두는 것이다.

(3) 행동분석적 변수

행동변수에 의한 시장세분화 방법을 최선으로 여기는 학자들이 많다. 구매 계기, 추구편익, 사용경험 여부, 사용률, 충성도, 구매준비단계 등에 따라 세분집단을 형성하는 방법이다. 하지만 이 변수들의 구별이 명확하지가 않고 수치화하는 것이 모호하기 때문에 사실상 세분화하기가 어려운 점이 많다.

그 이외에도 환경과 소비가 변함에 따라 시장을 분류하는 심리적 세분화와 배고픔, 건강, 가족화합, 분위기, 문화적 가치 등과 같은 혜택에 따라 시장을 세분화하는 방법 등 다양한 변수를 들 수 있다.

시장세분화의 목적달성을 위한 잠재시장 선택 기준

- 측정가능성(measurable) : 수치화된 정확도로 측정 가능한 표적시장 선정이 중요하다.
- 잠재성(substantial) : 독립적으로 투자해도 충분할 만한 규모의 세분시장이어야 한다.
- 접근가능성(accessible) : 시장진입이 가능한 시장이어야 한다.
- 방어성(defensible) : 경쟁사와 공유되지 않도록 세분시장이 방어되어야 한다.
- 지속성(durable) : 장기적 잠재력을 가진 세분시장을 선정해야 한다.
- 경쟁성(competitive) : 세분시장에 맞는 서비스와 제품을 제공하여야 경쟁력이 있다.
- 동질성(homogeneous) : 다른 세분시장과는 이질적이어야 하며, 같은 세분시장 내에서는 서로 동질적이어야 한다.
- 양립성(compatible) : 기존의 시장과 갈등을 일으키지 않고 양립할 수 있어야 한다.

2) 표적시장 선정

외식기업에서의 시장 선정 전략으로는, 다른 기존 세분시장과의 차이점을 무시하고 마케팅을 시행하는 비차별적 마케팅 전략, 전체시장에서 각기 세분시장에 적합한 접근법으로 마케팅을 시행하는 차별적 마케팅 전략, 단일표적시장이나 몇 개의 표적시장을 선정하여 집중적으로 마케팅을 시행하는 집중 마케팅 전략 이렇게 3가지가 있다.

(1) 비차별적 마케팅 전략

비차별적 마케팅 전략(undifferentiated strategy)은 전체시장이나 한 시장의 가장 큰 하위시장을 상대로 하나의 마케팅 믹스를 적용하는 전략이다. 이것은 고객의 욕구에 어떠한 차이점이 있는가보다는 소비자의 행동, 구매동기 중에서 공통점에 초점을 맞추려는 것이므로 대중 마케팅(mass marketing)이라고도 한다. 세계적 기업인 맥도날드가 어린이 전체시장을 대상으로 하는 전략은 좋은 예가 될 수 있다. 비차별적 마케팅 전략의 장점은 제품의 표준화, 대량생산을 통한 규모의 경제 등으로 차별화 전략보다 마케팅 비용이 절감된다는 점이다. 하지만 이 전략의 단점은 표적시장 내의 목표고객 모두를 만족시키기는 힘들기 때문에 이 시장이 또다시 세분화되어 다른 경쟁제품이 나타날 수가 있고 이로 인해 시장점유율이 낮아질 수도 있다는 것이다. 따라서 대부분의 구매자에게 호소할 수 있는 일반적인 제품과 마케팅 프로그램을 설계하여야 하고, 새로운 세분시장에 적용할 수 있는 마케팅 믹스를 개발해서 차별적 마케팅 전략으로 바꿔가는 융통성 또한 갖추어야 한다.

(2) 차별적 마케팅 전략

차별적 마케팅 전략(differentiated strategy)은 세분화된 다수의 하위 시장의 특성에 맞도록 각각 다른 마케팅 믹스를 만드는 전략이다. 몇 개의 표적시장을 정하고 각각 차별화된 마케팅 믹스를 적용하게 되므로 다양한 고객을 만족시킬 수 있다. 그러나 차별화된 시장의 경우 세분시장의 수가 많아지기 때문에 이에 따른 마케팅 믹스를 수행하기 위해 생산원가, 일반관리비, 판매 촉진비, 재고관리비 등의 비용이 증가하게 되므로, 충분한 자금력을 가지지 못한 기업은 이 전략을 수행하기 어렵다. 예를 들어 국내 기업인 CJ 푸드빌(CJ Foodville)에서는 다양한 세분시장에 적합한 여러 개의 브랜드, 즉 VIPS, Seafood Ocean, N-Grill, China Factory 등을 운영하여 각 세분시장별 차별화 전략을 실행하고 있다.

(3) 집중적 마케팅 전략

집중적 마케팅 전략(concentratod strategy)은 하나 또는 소수의 세분시장에서 전문화된 마케팅 믹스를 수행하는 전략이다. 이 전략은 특화된 시장에 경영자원을 집중하기 때문에 기업의 자원이 부족하여 전체 시장을 지배하기 힘들 때 선택하게 된다. 따라서 표적시장에 맞는 전문적인 마케팅 믹스로 고객의 욕구를 만족시켜 특정시장에서 시장점유율을 높일 수 있다는 장점이 있다. 최근 채식주의자들만을 위한 전문식당이나 국적별 특정 식당만을 취급하는 레스토랑들이 그 예라고 할 수 있겠다. 그러나 집중적 마케팅 전략은 기업의 성장을 특정 세분시장에만 전적으로 의존하게 되므로 높은 위험성을 감수하기도 한다.

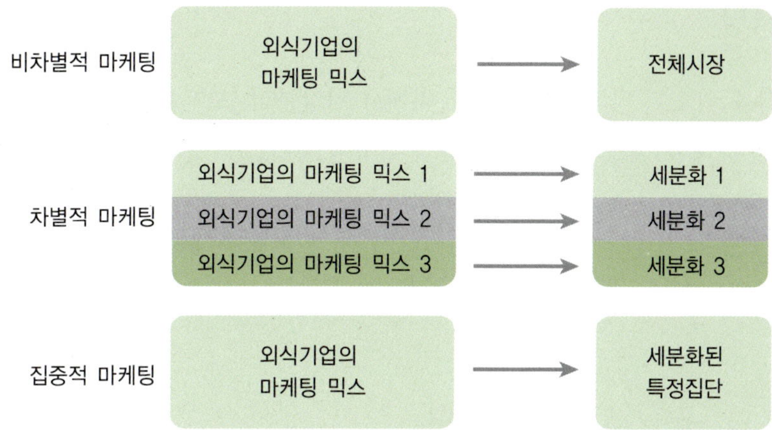

그림 6-1 시장 선정 전략의 3가지 대안

표 6-2 표적시장 선정에 따른 마케팅 전략

전략구분	특 징	장단점
비차별적 마케팅 전략	• 통합된 표적시장 접근 • 대중시장 겨냥 • 보편성 높은 제품	• 경제적 • 규모의 경제 • 시장기회 적음 • 설탕, 채소 같은 필수품에 활용
차별적 마케팅 전략	• 다수의 표적시장 접근 • 다양한 소비자 니즈에 맞게 각 세분시장별 마케팅 전략 수행	• 소비자 인식 · 이미지 강화 • 마케팅 믹스 복잡 • 비용과다 · 수익저하 우려 • 각 세분시장이 명확할 경우에만 가능
집중화 전략	• 단일 표적시장 접근 • 특정 세분시장에만 대응 • 틈새시장(niché)	• 한정된 자원으로 효율 극대화 • 마케팅 활동을 전문화 • 특정시장에서의 거점 확보 • 고객욕구 변화 시 위험 • 호텔의 자원이 제한적이거나 추가적인 세분시장 진출을 위한 교두보를 확보하고자 할 때

3) 포지셔닝

시장세분화를 기초로 정해진 표적시장 내에서 시장분석, 고객분석, 경쟁분석 등 마케팅 조사를 통해 고객들의 마음에 전략적 위치를 계획함을 포지셔닝(positioning)이라 한다.

기업은 포지셔닝전략을 통해 기업의 이미지를 표적시장 내의 고객에게 부각시키게 된다.

3. 식음료 마케팅 믹스 전략

모든 마케팅 계획은 타당한 수익성과 함께 매출 및 비용에 대한 목표가 설정되어야 한다. 마케팅 전략은 시장의 여건과 기업의 역량을 접합시키기 위한 장기적인 기본 방책이며 현실적이면서도 정확하고 적극적인 활동으로 임해야 하는 것이다.

마케팅 믹스란 '기업이 표적시장에 원하는 반응을 얻을 수 있도록 하기 위해 혼합하여 사용하는 통제 가능한 전술적 마케팅 도구의 집합' 이라고 정의를 내릴 수 있으며 현대 마케팅의 주요 개념 중 하나이다.

마케팅 전략은 마케팅 믹스의 기틀 위에서 잘 설정되어야 하는데 일반적으로 마케팅 믹스는 4P's, 즉 제품(product), 가격(price), 촉진(promotion) 그리고 유통(place)으로 구성되어 있다. 그러나 환대산업이나 외식마케팅에서는 서비스 특성을 고려하여 참여자(people), 물적 증거(physical evidence), 서비스 생산과정(process)의 추가적인 변수를 포함하여 7P's로 전략을 세우고 관리하여야 한다.

마케팅 믹스에서 추가된 3P's에서 참여자는 서비스를 전달하는 과정에 존재하는 종사원, 고객 자신과 같은 공간에 있는 또 다른 고객을 의미하며 고객이 서비스 품질을 지각하는 데 영향을 미친다.

물적 증거는 공간의 분위기나 시설 등 서비스 환경으로 고객이 받을 서비스를 예측하거나 종사원의 생산성과 고객의 구매의사 결정에 영향을 미친다.

서비스 생산과정은 서비스 시작에서부터 종료까지의 절차, 활동의 흐름을 말하는데 고객에게 가시적으로 보이게 되므로 경쟁자와의 차별화를 통해 고객 만족을 이끌어 낼 수 있도록 설계되어야 한다.

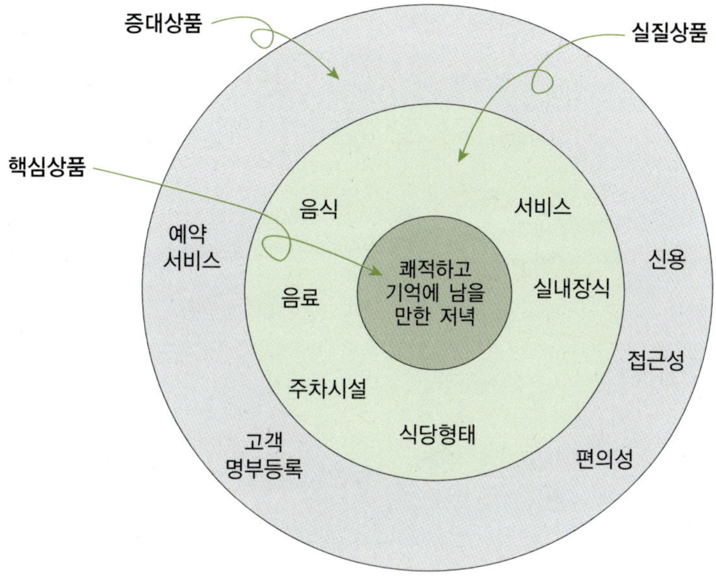

그림 6-2 마케팅 제품 전략

제품 전략과 수명주기(product life cycle)

- 도입기(introduction stage) : 제품의 발생단계로서 원가에 근거하여 시장에 성공적인 진입을 목표로 한다.
- 성장기(growth stage) : 제품에 대한 시장의 호응도가 높아지는 단계이므로 시장 점유율을 높이는 데에 주안점을 두어야 한다.
- 성숙기(maturity stage) : 제품이 시장에서 인정을 받기 시작하는 단계로서 판매량의 증가와 함께 안정되는 단계이므로 이익의 극대화를 꾀하도록 한다.
- 쇠퇴기(decline stage) : 마지막단계로서 우수한 대체재가 나타나거나 제품에 대한 시장에서의 호응도가 떨어지고 시장에서의 퇴진이 시작되는 단계이다.

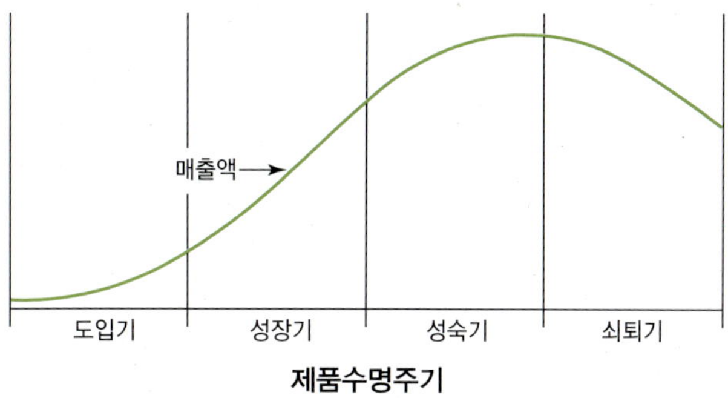

표 6-3 제품수명주기의 단계별 특징 · 목표 · 전략

내 용	도입기	성장기	성숙기	쇠퇴기
판매량	적음	증가율이 매우 높음	최대	급격히 감소
비 용	높음	계속 낮아짐	낮음	낮음
이 익	낮음	계속 높아짐	최대	계속 낮아짐
경 쟁	거의 없음	계속 증가	최대 수준에서 안정됨	감소
마케팅 목표	제품 인지 및 구매 유도	시장점유율 극대화	이익 극대화	비용절감 및 브랜드 축소
제품 전략	기본 제품 제공	제품 계열, 서비스 확대	브랜드 다양화	비인기 브랜드 제거
가격 전략	원가에 근거	시장 침투 가격	경쟁사와의 조화 및 할인	가격 인하
광고 전략	제품 소개 및 인지	대중시장에 대한 제품인지 제고	브랜드 차별화 및 혜택 강조	고충성도 브랜드와 광고비 인하
판매촉진 전략	구매 유도를 위한 적극적 예산 투입	수요 확대를 고려한 예산 인하	브랜드 다양화에 조화된 적극적 예산 투입	최소의 예산
유통 전략	선별적 유통 채널	유통 채널의 확대	유통 채널의 최대화	유통 채널의 최소화

1) 제품 전략 : 어떠한 상품으로 판매할 것인가?

식음료업장에서는 고객의 필요와 욕구를 충족시키고 기억에 남을 만한 추억거리, 음식, 음료, 서비스, 분위기 등이 패키지(package)로 판매된다. 표적시장이 정해지면 그에 어울리는 식음료상품이 완전한 패키지로써 제공되는데, 식음료상품은 주로 다음과 같이 세 가지로 설명된다.

첫째, 고객에게 실질적으로 제공되는 기능적인 부분을 의미하는 핵심제품(core product)을 들 수 있다. 예를 들어 고메이 레스토랑(gourmet restaurant)에서는 맛있는 음식을 파는 것이 아니고 '쾌적하고 기억에 남을 만한 저녁' 을 판매하며, 스테이크하우스(steak house)에서는 스테이크를 파는 것이 아니라 스테이크를 굽는 소리와 총체적인 과정 및 서비스를 판매(Don' t sell the steak, sell the sizzle)한다는 것이다. 또한 구멍을 뚫는 드릴(drill)을 판매할 때는 '1/4인치 드릴' 을 파는 것이 아니라 '1/4인치의 구멍' 을 판매함을 의미한다.

둘째, 핵심제품 사용을 위해 보이는 물리적인 부분을 의미하는 실질제품(formal product)이 있다. 예를 들어 레스토랑의 시설이나 실내장식 또 상품에 대한 어느 정도 합당한 수준의 기대 서비스까지도 포함시킬 수 있다.

셋째, 고객들의 충분한 만족을 얻도록 하기 위한 추가적인 부분을 의미하는 증대제품(augmented product)이 있는데, 이는 주차 서비스, 예약 서비스, 접근성, 업장의 분위기, 고객 상호 관계 등을 예로 들 수 있다.

2) 가격 전략

가격이란 구매자가 판매자에게 지불하는 상품이나 서비스의 대가이므로 기업의 이윤추구와 소비자의 지불능력, 구매의욕 등을 만족시켜야 하는 이중적 성격을 띠고 있다. 이런 관점에서 가격결정 내지 가격정책은 언제나 전체 마케팅 전략의 범위 내에서 다루어져야 하며, 제품계획과 더불어 고려해야 할 사항이다.

가격은 소비자와의 최종 커뮤니케이션이며 가격 전략은 비용이 동반되지 않는 유일한 마케팅 전략이라 할 수 있다. 가격 전략 실행 시 염두에 두어야 할 또 다른 개념은 식음료상품의 가격 변동에 대한 수요의 변화이다. 이는 품질과 가격의 상관관계를 의미하는 가치에 근간을 둔 전략으로서, 가격변동에 대한 고객 민감도의 크기를 말하며 이를 가격에 대한 수요 탄력성이라 한다. 이는 수요량의 변화율을 가격 변화율로 나눈 수치이며 가격이 1% 변화하였을 때 수요량이 몇 % 변화하겠는가를 절대치로 나타낸 크기를 말한다. 재화의 수요량은 그 재화의 가격과 반대방향으로 변하므로 가격변화율은 수요량의 변화율과 서로 반대 부호를 갖게 된다.

$$\text{수요의 가격탄력} = \frac{\text{수요량의 변화율(\%)}}{\text{가격의 변화율(\%)}}$$

이와 같은 공식에서 탄력성이 1보다 큰 상품의 수요는 탄력적임을 나타내고 1보다 작은 수요는 비탄력적임을 나타내는 것이다. 수요의 가격탄력성은 메뉴 분석과 아울러 메뉴가격의 결정과 메뉴의 신설 및 제거로 인한 수익성 관리까지도 가능하게 한다.

수요의 가격탄력성에서의 일반규칙

- 대체재의 수가 많을수록 수요는 탄력적이다.
- 상품의 보급상태에 따라 다수가 소지한 경우는 탄력적이다.
- 구입비가 고가인 경우 탄력적, 저가인 경우 비탄력적이다.
- 사치품에 대한 수요는 탄력적, 필수품에 대한 수요는 비탄력적이다.
- 상품의 용도가 다양할수록 탄력적이다.
- 기간이 길어질수록 대비책 강구 여유, 대체재 등장의 가능성 때문에 탄력적이다.
- 재화의 범위가 좁을수록 넓게 정의된 재화의 수요에 비해 대체재를 찾기 쉬우므로 더 탄력적이다.
- 체면가격이 적용될 때 낮은 가격탄력성을 나타낸다.

3) 촉진 전략

(1) 식음료 판매촉진의 중요성

제품과 서비스의 판매증진을 위한 단기적인 혜택을 말하며, 판매촉진이란 촉진의 수단 중에서 광고 · 홍보 · 인적 판매를 제외한 모든 촉진수단으로서 그것이 가격이나 가치에 영향을 주는 단기적이고 자극적인 유인수단이라고 할 수 있다.

미국 광고회사협회는 '제품이 제공하는 본원적인 편익을 넘어서는 혜택을 제공하여 제품을 구입하도록 하는 활동' 이라고 판매촉진에 대해 정의하고 있다.

예를 들면, 제품의 일부를 고객에게 무료로 제공하거나 이용하게 하는 견본제시, 할인쿠폰 제공, 가격할인, 환불 등의 형태를 통해 고객을 유인하게 된다.

판매촉진 사례

- 성탄절, 신년, 추석, 어린이날, 어버이날 등의 특별 메뉴, 장식 및 적절한 프로그램
- 지역사회의 축제나 각종 행사와의 연계를 통한 판매촉진
- 인근 백화점의 특별 할인 판매 또는 패션쇼에의 협동 광고
- 연극, 연주회, 스포츠행사의 참관자에 대한 판매촉진
- 졸업, 진학, 회갑 등에 대한 선물로써 식음료상품 교환권의 판매촉진
- 계절 식품에 따른 특별 메뉴 제공

얼마 전부터 판매촉진의 비중이 광고에 비해 높아져 가고 있는데, 이는 광고비 상승, 광고매체의 혼란, 광고에 대한 법적 규제 등으로 광고의 효율성이 점차적으로 떨어지기 때문이다. 반면에 판매촉진은 소비자라든가 그 이외의 구체적 목표물에 대해 촉진방법을 다양하게 할 수 있으며 충성스러운 고객에 대한 보상이 가능하고 또한 기존 구매자들의 재구매율을 높여 준다는 점에서 그 비중이 상승되고 있는 것이다.

(2) 식음료 판매촉진의 사례

① 호텔 식음료장의 해피아워

호텔 내의 식음료업장에서는 양질의 상품을 제공함이 당연하지만 이는 제공되는 식음료의 품질만을 의미하는 것이 아니라 업장의 매혹적인 분위기, 적절한 서비스, 공연 등 무형적인 부분까지도 포함되어야 한다.

고객이 붐비지 않는 시간대에 저렴한 가격으로 음식 등을 판매함으로써 특정 시간을 공략한 전략적 프로모션으로 매출을 증진시킨다. 주로 초저녁 시간대(주로 6시에서 9시 사이) 고객은 해피아워에 맞춰 프리미엄 생맥주, 와인과 한 끼 식사로도 가능한 스낵류를 무제한 또는 저렴한 금액으로 레스토랑과 바에서 이용할 수 있다는 이점이 있다.

그림 6-3 밀레니엄 서울 힐튼호텔 BBQ 핫 해피아워

출처 : https://hilton.co.kr/hotel/seoul/millennium-seoul-hilton/campaign/4a0ecbdc7a6ad711e1d8d30693b7f82a#

② 옥토버 페스트(october feast)

매년 9월 셋째 주 토요일 정오부터 10월 첫째 주 일요일까지 16일간 열리며, 독일 국민은 물론 전 세계에서 수많은 관광객이 그 해 첫 생산된 맥주 맛도 보고 이 축제를 즐기기 위해서 모여 든다. 서울의 몇몇 특급호텔에서도 매해 옥토버 페스트를 즐기고자 독일에서 밴드를 초청해서 각종 게임과 함께 독일 맥주, 독일 음식 등 뮌헨의 축제 분위기를 그대로 재현한다.

③ 기 타

각 식음료산업에서는 판매 촉진을 위하여 단골고객 우대, 가격할인, 쿠폰 제공 및 무료 증정 등 프로모션 전략을 실시하고 있다.

예를 들어 대부분 바에서 실시하는 위스키 프로모션은 특정 위스키 회사와 계약하여 행사기간 동안 고객에게 사은품과 행운권 추첨을 통해 선물을 제공하는데, 직원들에게 동기 부여만 잘 된다면 매출에 많은 도움이 될 수 있다.

그림 6-4 판매촉진 전략

출처 : http://www.burgerking.co.kr

제 3 절 식음료 고객관리

고객(customer)이란 일반적 소비자의 개념을 뛰어넘는 의미를 가지고 있다. 고객이 없으면 기업과 서비스는 그 존재 가치조차 없다. 고객이란 단지 이익창출을 위한 판매 대상이란 인식에서 벗어나야 한다. 고객은 단지 서비스를 소비하는 것뿐만 아니라 그 생산과정에도 관여하기 때문에 서비스를 제공할 때에 가장 대표적으로 고려해야 할 점은 고객관리이다.

> If we argue with customers, we lose everything. They never come back!

1. 고객만족 서비스

1) 고객의 가치

고객의 가치(customer value)는 음식 및 서비스의 소유나 사용으로부터 고객이 얻을 수 있는 편익(benefit)과 그 음식 및 서비스를 얻기 위해서 지불한 비용 간의 차이를 말한다. 스타틀러 호텔의 창시자인 스타틀러(statler)는 "삶은 서비스이다."라는 말로써 모든 사람들에게 좀더 많은, 그리고 보다 나은 서비스를 제공해 줌으로써 발전하는 삶을 누리게 된다고 하였고, 토마스 피터즈(Thomas Peters)는 "고객은 외국인이다."라는 표현으로 그만큼 고객의 마음을 정확히 이해하기가 어려움을 표시했다.

고객의 가치는 서비스를 제공하는 사람에 의해 달라질 수 있으며, 고객이 가장 중요시하는 가치를 정확히 평가하고 고객의 입장에서 늘 생각한다면 고객의 가치는 충분히 이해될 것이다.

서비스 제공자인 종사원의 훌륭한 서비스는 고객만족으로 이어지고, 만족한 고객은 '구전 효과(word-of-mouth)'를 발휘하여 상품의 재구매를 유발함으로써 기업의 지속적 수익은 보장되는 것이다.

	기업 관점	고객 관점
관계 형성	제품이나 서비스 판매가 관계 형성의 목적	고객에 대한 이해가 관계 형성의 목적
가치 파악	보유하고 있는 제품이나 서비스에 대한 고객의 선호 여부에 초점	고객의 특성과 처한 상황을 중심으로 고객의 고민과 문제를 이해하는 데 초점
분석 결과물 활용	이미 내려진 의사결정을 정당화 • 취급하는 제품 및 서비스에 대해 잘 안다는 자만심	의사결정의 핵심적인 근거 • 고객만이 제대로 된 제품과 서비스를 만들어 줄 수 있다는 믿음
	고객 가치 창조에 한계	고객 가치 창조로 연결

그림 6-7 고객 가치 창조에 대한 시각 비교

출처 : 홍정석(2009). 고객 가치 창조, 시각부터 교정하자. LG Business Insight

2) 고객만족의 개념

고객만족(customer satisfaction)이란 서비스의 품질과는 상관없이 구매한 상품이나 업장이 얼마나 고객의 기대에 부응했는가를 나타낸다.

즉 식음료업장에서의 음식과 서비스 등의 수행(performance) 정도와 고객의 기대(expectation)수준을 비교하여 느끼게 되는 고객의 감정을 말한다. 경험한 상품과 서비스의 수행이 고객의 기대 이상인 경우 고객은 만족하게 되고 기대 이하인 경우에는 고객불만족을 초래하게 된다.

이처럼 고객의 주관적인 기대수준에 의해 만족과 불만족이 좌우되므로 객관적인 시각에서 아무리 높은 품질의 상품이나 서비스일지라도 개인의 기대치에 따라 만족

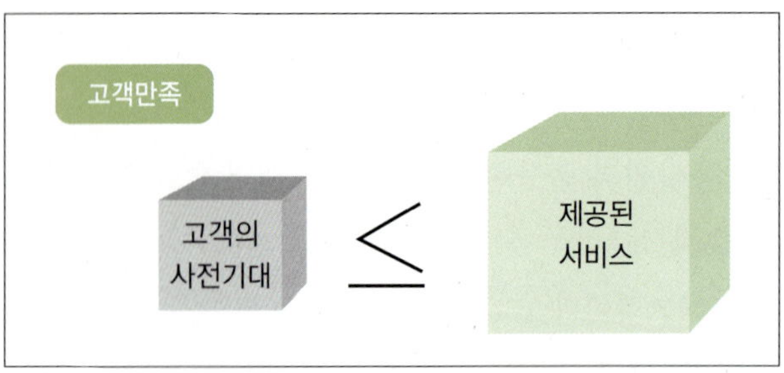

그림 6-8 고객만족의 정의

을 얻지 못하는 경우가 생긴다. 따라서 고객만족이란 고객의 욕구와 기대에 최대한 부응한 결과로써 제품과 서비스의 재구매가 이루어지고 아울러 고객의 신뢰감이 연속되는 상태를 의미하는 것이다.

3) 고객만족의 필요성

식음료기업에 있어서 고객만족이 필요한 이유는 무엇일까?

우선, 신규고객과 기존고객의 반복구매로 인해 기업의 매출이 증대되지만 신규고객 유치보다 기존고객 유지가 기업의 생존에 훨씬 유리하기 때문이다. 고객유지의 핵심은 바로 고객만족이며 만족한 고객은 반복구매를 하게 되고 나아가 다른 사람에게 서비스에 대해 좋게 평가할 뿐만 아니라 경쟁업체의 브랜드나 광고에는 관심조차 갖지 않게 되기 때문이다.

고객만족의 결과는 기업의 궁극적인 목적인 이익창출 결과를 초래하며 고객만족에 의한 긍정적인 경영 성과로 인한 매출신장이 최일선 서비스 종사원과 조직의 구성원을 존재하도록 해주고 나아가서는 사회 및 국가의 안정을 꾀하기 때문이다.

고객의 욕구가 날로 고급화 · 다양화 · 개성화되는 시점에서 고객지향적인 사고로 전환하여 고객만족 경영에 관심을 집중하는 것은 경쟁이 심화된 이 시점에서 당연한 일이다. 그러나 지속적인 고객만족 경영을 위해서는 고객만족을 창출하는 것도 중요

고객만족 서비스를 위한 10가지 법칙

- 고객을 먼저 알아보라.
- 첫인상을 좋게 하라.
- 고객의 기대감을 충족시켜라.
- 고객의 수고를 덜어 주어라.
- 고객의 의사결정을 용이하게 하라.
- 고객의 견해에 초점을 맞추어라.
- 고객의 시간 한계를 위반하지 마라.
- 고객이 회상하고 싶어 하는 추억을 만들어라.
- 고객들은 기분 나쁜 경험을 더 오래 기억한다.
- 고객이 빚지고 있다고 생각하게 하라.

출처 : Cornell Quarterly(1988)

하지만, 고객의 불만을 효과적으로 처리하여 고객충성으로의 전환을 꾀해야 함이 더욱 중요하다.

4) 고객충성도

고객충성도(customer loyalty)란 특정서비스 제공자에 대하여 반복적인 구매행동을 보이거나 특정서비스 제공자에 대해 정(+)의 태도적 경향을 보이는 정도를 말한다. 즉, 높은 고객충성도는 고객만족의 실현으로 말미암아 자사의 제품이나 서비스를 지속적으로 이용하도록 하여 기존고객의 이탈을 방지하고 고객관계를 높이는 결과를 초래한다. 고객불만 처리를 효과적으로 함으로써 단골고객을 충성고객으로 전환시킬 수도 있는 것이며 충성고객은 단순한 만족이 아닌 그 이상의 긍정적인 구전 효과를 가져오게 된다.

고객충성도 개념에는 '고객이탈률이 5% 감소하면 순이익은 25~85%의 큰 증가를 가져올 수 있다' 는 데에 그 기초를 두고 있다. 이는 고정고객일수록 가격에 대해 덜 민감하고 새로운 고객을 유치하는 것보다 비용이 적게 들어가기 때문이다. 기존고객이 유지되면 마케팅 광고비용 및 촉진활동 등의 비용이 줄어들게 되어 결국 새로운 고객을 유치하는 것보다 평균적으로 5배 정도의 비용이 덜 든다는 이론이다.

고객의 로열티 래더(loyalty ladder)

- 불특정다수(suspect) : 구매 가능자
- 잠재고객(prospect) : 제품을 알고 있는 구매 가능자
- 시험구매자(trial buyers)
- 고객(customer)
- 반복구매자(repeat buyers)
- 단골고객(clients) : 타 제품 구매 거부자
- 충성고객(advocate)
- 사도고객(aposte) : 주변 사람들에게 자사제품 권유

※ 기업에 부(−)의 태도적 경향을 보이는 고객

- 인질고객(hostage) : 내부고객과 같이 자사의 제품을 사지 않을 수 없는 고객
- 용병고객(mercenary) : 다년 충성도 고객, 작은 실리와 이해에도 제품을 변경하는 고객

출처 : Considine & Raphael

자사에 대한 충성도가 높은 충성고객이란 첫째, 특정상품을 정기적으로 반복구매하는 고객, 둘째, 그 기업에서 제공하는 다양한 품목의 제품과 서비스를 포괄적으로 구매하는 고객, 셋째, 다른 사람들에게 그 업체나 상품 및 서비스를 추천하는 고객, 넷째, 경쟁업체의 유인 전략에 동요하지 않는 고객, 다섯째, 고객으로서의 보유기간이 긴 고객을 의미한다.

5) 고객관계관리

경쟁이 극심한 경쟁사회 속에서 충성고객을 유지함은 참으로 어렵다. 기업에서는 고객과 보다 발전된 관계를 유지하기 위해 관계마케팅에 관심을 기울일 수밖에 없다. 따라서 기업은 고객제일주의를 추구하고 창의적 · 혁신적 변화를 통해 경쟁우위를 차지하도록 함으로써 고객이 자사의 서비스를 외면하기 전에 고객의 욕구를 파악하고 경영에 직접 반영시키는 프로그램을 필요로 하게 되었다. 이는 기존고객의 이탈

패스트푸드점별 높은 평가를 받은 항목은?

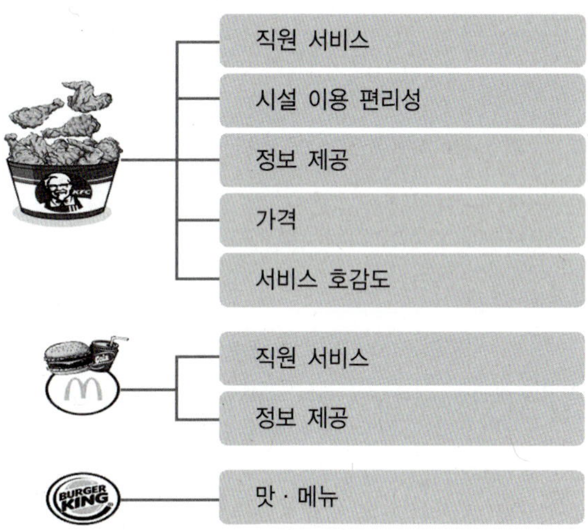

출처 :
https://post.naver.com/viewer/postView.nhn?volumeNo=10678869&memberNo=10005291&mainMenu=LIVING

을 막기 위한 '조기경보 시스템' 프로그램으로써 이러한 마케팅의 가치 창출을 위한 고객관계관리(CRM : Customer Relationship Management)의 개발이 이루어졌다.

고객관계 관리는 선별된 우수고객들이 지속적 수익 창출을 가져오도록 장기적 고객관계를 유지하도록 관리하는 것을 말한다.

2. 고객불평처리

불만족고객의 고충실태에 의하면 불만족 고객 중 고충을 말하는 사람은 4%에 불과하고 나머지 96%는 다만 화만 내고 두 번 다시 오지 않는다고 한다. 고충을 말한 사람 중 56~70%는 고충이 해결될 경우 그 기업과 또 다시 거래하고 싶어 하며 그 비율은 해결이 신속하게 처리될 경우 96%까지 상승한다. 이때 고객만족경영을 추구하려면 단순히 불만족한 고객이 자발적으로 불평, 불만을 이야기할 때까지 기다려서는 안 됨을 의미한다. 고객 불평 토로의 기회를 극대화시키기 위한 고객제안제도를 마련하거나 신속하게 고객의 불평을 처리할 수 있도록 종사원들의 교육훈련 및 기타 노력을 강화시켜야 한다는 것이다.

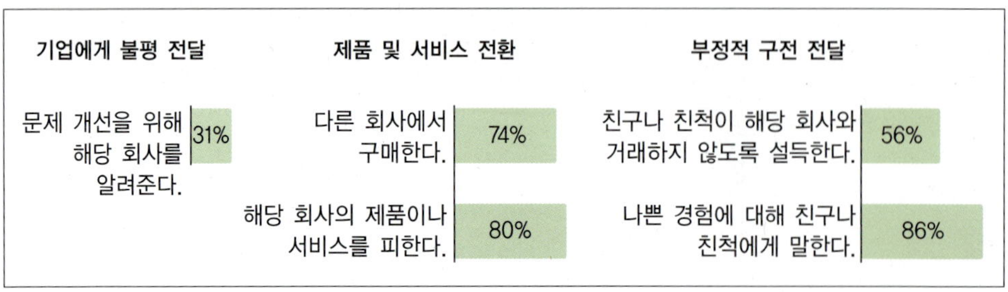

그림 6-9 소비자 불평 행동 유형

출처 : 김나경(2009). 침묵에 가려진 소비자 불평, LG Business Insight 인용

1) 불평의 발생 요인

식음료 서비스에 대한 평가는 고객의 극히 주관적인 판단에 의해 이루어지므로 서비스 제공측에서는 미세한 부분까지 배려해야 한다.

대체로 고객은 다음과 같은 원인으로 불만을 토로한다.

① 전화를 오랫동안 받지 않았을 경우
② 말씨가 퉁명스럽거나 난폭할 경우
③ 접객태도가 나쁠 경우
④ 음식에 불순물이 들어 있을 경우
⑤ 음식 맛에 이상이 있을 경우
⑥ 뜨거워야 할 음식이 뜨겁지 않거나, 차가워야 할 음식이 차갑지 않을 경우
⑦ 접시 및 기물에 흠이 있거나 불순물이 묻어 있을 경우
⑧ 주문한 것과 다른 경우나 누락된 부분이 있을 경우
⑨ 시간이 너무 지체될 경우
⑩ 설비 및 시설의 미비로 신체나 의복이 손상되었을 경우
⑪ 부주의와 불결로 인해 파리 등의 해충이 업장 내에 있을 경우
⑫ 종업원의 용모 불결 및 업장 분위기가 산만할 경우

2) 불평의 처리방법

미국 호텔 역사의 산증인인 호텔 왕 스타틀러(startler)는 호텔경영에서의 서비스의 개념을 한마디로 "고객은 항상 옳다(Guest is always right)."라고 정의하였다. 이 말은 기업에 대한 잘못을 지적해 주는 사람이나 고객에 대해서는 이의나 변명이 있을 수 없다는 것을 의미하며, 오히려 고객의 지적이나 불만사항을 주의 깊게 경청함으로써 시정하고자 하는 자세가 서비스 발전의 원동력이 됨을 의미한다. 고객의 말에 이의를 제기하면 고객은 불만족하게 되고 불만족한 고객은 다시는 돌아오지 않기 때문이다.

고객불평 발생 시는 일단 자신의 의견을 배제하고 고객의 말을 경청함이 매우 중요하다. 항상 긍정적인 자세로 고객의 입장에서 정확한 원인 파악과 불평에 대한 해결방안을 강구하고 고객만족을 위한 조치를 취해야 한다. 문제 해결 후에는 고객만족 여부를 확인함으로써 고객불평이 고객 감동차원으로 이어질 수 있도록 하여 신뢰감을 높이고 고객 재방문으로 유도하거나 고정고객으로 유치시키도록 한다.

고객불평 처리 요령 중 가장 중요한 것은 고객의 불쾌한 감정이나 불만 등을 최후

까지 전부 듣고 고객의 흥분을 가라안친 후 메모를 하도록 하며 절대로 책임 회피를 해서는 안된다는 것이다. 고객불평의 원인을 분석하여 서비스요원에 기인한 것인지 신속히 파악하여야 하며, 신속한 응대와 진지한 사과로써 기업의 이미지가 흐려짐을 막도록 해야 한다. 절대로 변명이나 논쟁은 피해야 하며 고객의 입장에서 성의를 갖고 처리에 임하도록 한다.

고객불평 발생 시에는 지배인이나 캡틴(captain)에게 보고한 후 모든 사항을 육하원칙에 준해서 일지에 기록한다. 이는 같은 종류의 실수나 성격이 다른 기타 불평의 원인을 미연에 방지할 수 있게 하기 위함이기도 하고 종사원교육자료로도 활용되며 고객의 기호파악을 용이하게 해주는 자료가 되기도 한다.

표 6-4 고객불평처리

고객불평 발생 시의 보고사항(육하원칙)	
Who(누가)	주체적 인물
When(언제)	시간
Where(어디서)	장소
What(무엇을)	내용
Why(왜)	발생 이유
How(어떻게)	처리방법

3) 식음료 고객불평 사례별 응대 요령

① 고객이 주문한 와인에 이물질이 들어 있다고 불평하는 경우

고객이 흥분하여 불평을 말하더라도 담당지배인과 해당 서비스요원은 끝까지 조용히 내용을 청취한 후 불편하게 한 점에 대해 정중히 사과한다. 지배인은 다시 직접 주문을 받아 즉시 새로운 와인으로 준비해 주고 정산 시에는 대기자세로 서서 고객이 불평한 와인 1병은 무료로 제공하는 등의 고객의 마음에 흡족한 보상이 이어지도록 한다.

② 종사원의 실수로 뜨거운 수프를 엎질러 고객이 불평하는 경우

찬 물수건으로 재빨리 준비해서 닦아 주어야 하지만 서비스요원이 남자이고 고객이 여성인 경우에는 자칫하면 2차적인 문제를 유발할 수도 있으므로 가장 가까이 있는 적합한 여직원을 불러서 대신 시키는 것이 바람직하다. 지배인은 해당 서비스요원과 함께 테이블로 가서 정중하게 사과한 후 화상 여부를 확인하고, 필요시에는 즉시 응급차를 대기시켜 가까운 병원을 찾는다.

화상이 경미한 경우 음식 값에 대한 할인을 해주거나 세탁비 등을 지급할 수 있지만, 정도 이상의 화상을 입었을 경우에는 전액 치료비 및 보상금을 합의하여 제공해야 한다. 식음료 팀장은 간단한 선물을 준비하여 다음날 피해 고객을 방문하고 위로 및 보상의 자세를 충분히 취함으로써 기업의 이미지 손상을 막고 나아가서 지속적으로 단골고객화하는 데에 힘써야 한다.

③ 주문한 음식 제공이 지연되어 고객이 불평하는 경우

우선 고객의 불평내용을 조용히 끝까지 청취한 후 정중히 사과하고 보고받은 지배인은 주방으로 가서 주문한 음식을 체크한 후 신속히 준비하도록 한다. 음식이 준비되는 동안 지배인이 메뉴설명을 하면서 고객의 기분을 전환시키고 특별 후식을 무료 제공한다든가 각종 행사 시 브로셔를 우송하여 단골고객화하도록 유도한다.

3. 습득물 처리 서비스

1) 분실 · 습득물 처리의 중요성

분실물, 습득물의 신속한 처리는 종사원의 양심을 고객에게 보여 주는 가장 중요한 마케팅 수단이 될 것이다.

업장 내에서 고객이 소지품을 분실하였거나 깜빡 잊고 간 모든 물건들에 대한 업장 내규를 정하여 그에 따라 안전하게 보관 · 처리 후 고객에게 신속하게 되돌려 준다. 주인이 나타나지 않을 경우에는 내규에 따라 정당하게 처분하도록 하는 서비스 이행이 대단히 중요한 것이다.

2) 습득물 처리 및 보관기간

모든 습득물은 분류별로 습득물 대장에 기록 · 관리한다. 보관함은 항상 안전 자물쇠로 채워 놓으며 특히 현금, 중요 서류, 고가의 귀중품 등은 안전금고에 보관하도록 한다.

업장 내에서 습득한 모든 물건은 발견 즉시 책임자에게 보고되어야 하며 그 습득 경로 등을 기록한 습득물 대장과 함께 당직 지배인에게 전달되어야 한다.

습득물 대장에는 날짜, 습득물 번호, 발견 장소, 습득물 개요, 발견자 등을 기록하며 그 처리 여부에 대한 기록까지 남도록 한다. 습득물에 대한 문의 및 전화는 일괄적으로 고객의 편리한 서비스를 위하여 프론트의 당직지배인에게 일임하는 것이 좋다. 분실물 처리 시 유사한 다른 습득물과의 혼돈을 피하고 문의한 고객에게 신뢰할 수 있는 정확한 정보 및 회답을 주도록 함이 또한 중요하다.

습득물에 대한 우송 청구가 있을 경우에는 날인한 우송청구서가 있어야만 하며 우송은 등기우편을 원칙으로 하여 수취 확인이 되도록 해야 한다.

(분실물 및 습득물 처리)

분실물 습득일(date found) : ______________________________

분실물 습득신고일(date registered) : ______________________________

습득장소(location) : ______________________________

____

습득물 내용(articles) : ______________________________

____

____

____

____

분실물 습득자(found by) : ______________________________

분실물 보관자(collected by) : ______________________________

날짜(date) : ______________________________

그림 6-10 분실물 대장의 예

〈예〉

국내 기업 자체 내규에 따른 보관기간

- A급 : 현금, 중요 서류, 보석류, 고가의 귀중품 등은 습득일로부터 1년 보관 후 처리
- B급 : 의류, 가방, 책, 핸드백, 신발 등은 습득일로부터 6개월 보관 후 처리
- C급 : 소모품, 기타 서류 등은 습득일로부터 3개월 보관 후 처리

기업의 규정에 따른 습득물 보관

- 부패되기 쉬운 품목(perishable items) : 24시간 보관하고 찾아가지 않으면 습득한 자에게 되돌려 준다. 이는 정직한 종사원에 대한 포상 배려 차원이라 할 수 있다.
- 알코올류(liquor) : 일정 시간 보관 후에 호텔의 식음료부서에 귀속시킨다.
- 잡지, 서적, 소품 종류(magazine, books, small items, etc.) : 일정기간 보관 후 역시 발견자에게 돌려 주거나 경우에 따라서는 필요한 곳에 기증하기도 한다.
- 귀중품(all valuable items) : 담당자에게 넘겨 주어 후런트에 있는 금고(safe deposit)에 보관하다가 6개월 후 경영층의 결정에 따라 처분한다.

FOOD AND BEVERAGE MANAGEMENT

PART 3

식음료산업의 업장관리

CHAPTER 7 서비스 기본 원칙과 기법

CHAPTER 8 식음료시설 및 기물관리

CHAPTER 9 식음료 안전과 위생관리

CHAPTER 7
서비스 기본 원칙과 기법

서비스의 어원은 라틴어 'sorvenor(노예)' 에서 비롯되었으며 'servant' 로 변환되어 오늘날 'service(봉사)' 로 발전하였다. 서비스란 이용가능한 자원이 사용가치를 실현하는 과정, 즉 노동을 하는 행동의 개념으로 식당에서의 서비스는 영업 효과의 극대화를 위하여 이용 고객에게 헌신 · 봉사하는 자세라 할 수 있다.

표 7-1 서비스의 의미

구 분		내 용	서비스
S	Smile	미소로 고객으로 하여금 편안함을 느낄 수 있도록 한다.	안락의 서비스
E	Eye contact	고객과의 시선 접촉은 관심, 환영을 표시한다.	관심의 서비스
R	Reaching out	고객의 기대와 욕구에 부응하여 단골고객을 창출한다.	노력의 서비스
V	Viewing	고객을 특별하게 여김으로써 고객들로 하여금 돈을 쓸 만한 가치가 있는 곳이라 느끼게 한다.	고품격 서비스
I	Inviting	진실로 감사하다는 느낌으로 고객이 다시 찾을 수 있게 한다.	지혜의 서비스
C	Creating	서비스를 창출하여 고객의 필요와 욕구를 충족시켜 줄 수 있게 한다.	고객만족 서비스
E	Excellence	종사원과 고객에 대한 서비스의 우수함을 통하여 고객 만족이 최고임을 의미한다.	고객 감동 서비스

출처 : 박영배(2006), 식음료서비스관리론, pp. 24~25 재인용.

제 1 절 서비스의 개념

서비스 본질은 고객에게 세심하고 성실한 자세로 신속하게 정확한 내용을 전달하며 정직한 마음가짐으로 도와 주고 봉사하는 자세를 유지하는 것이다. 일반적으로 식음료 서비스는 고객에 대한 식음료 판매와 그에 따른 모든 물적 · 인적 서비스를 제공하는 환대행위라고 할 수 있다. 파라슈라만(Parasuraman, 1991) 등은 "고객은 서비스에 대해 그들 나름대로의 특정한 기대수준을 가지고 있으며 이것이 서비스를 적정 서비스와 기대 서비스로 구분하게 한다. 그리고 개인의 욕구와 받아들이는 서비스수준을 허용영역이라고 한다. 이 허용영역은 아코디언처럼 늘어나기도 하고 줄어들기도 하기 때문에 각 개인에 따라 다르며, 동일한 고객에 있어서도 상황에 따라 달라질 수도 있다"라고 하였다. 켈리와 데비스(Kelly와 Davis, 1994)는 기대수준이 허용영역 이하로 떨어지게 되면 고객은 서비스 실패를 자각하게 된다. 서비스 실패는 사소한 것에서부터 심각한 것에 이르기까지 다양하게 나타난다고 하였다. 그러므로 고객이 느끼는 서비스 실패에 대한 대응방법 또한 여러 가지가 될 수 있고 대응방법에 따라 고객이 느끼는 회복 정도 또한 다를 것임을 알 수 있다. 따라서 고객 개개인의 기호와 취향, 필요 욕구가 다르므로 정형화되고 표준화된 서비스를 제공하기 힘들고 고객의 가치 판단에 따라 만족도와 평가기준이 달라지므로 고객에게 항상 새로운 서비스 제공을 위한 지속적인 노력과 개선이 이루어져야 한다. 또한 서비스 수요 창출의 극대화를 위해 고객의 요구를 파악하고 고객만족을 위한 최상의 상품을 구비하여 제공하여야 한다.

1차적 서비스	→	자세, 동작에 의한 친절 표시
2차적 서비스	→	신뢰감, 정직성, 성실성
3차적 서비스	→	가족적 · 안정적 분위기 조성

그림 7-1 서비스의 기본 요소

표 7-2 서비스 오감

오 감	기 능	서비스 연출
촉 각	접촉을 통하여 교감신경을 자극함	악수, 포옹 등의 스킨 터치, 물건의 감촉
후 각	감각을 일깨워 주고 가장 오랫동안 기억하게 함	청결성, 통풍, 환기
미 각	연대감을 조성하고 사교성을 높여 줌	식음료의 대접, 맛, 음식의 온도 등
청 각	좋은 소리는 집중력, 안정감, 몰입하게 함	BGM(배경음악), 소음차단
시 각	모든 감각의 통일(보는 것이 곧 믿는 것)	서비스 종사자의 외모, 실내 · 외 분위기, 배열의 안정감

출처 : Mennerpia CS 연구소 교육자료(2007)

1. 서비스 특성

1) 무형성

서비스는 규격화되어 있는 생산제품이 아니기 때문에 사전에 품질을 평가할 수 없고 구매하기 전에 만져 볼 수 없는 것으로 서비스에 대한 인식을 하기 어렵다. 따라서 서비스는 형체가 있어 소유할 수 있는 것이 아니므로 심리적으로 느껴야 하는 무형의 가치재이다.

2) 다양성

서비스는 생산자와 소비자의 주관에 따라 누가, 언제, 어디서, 어떻게 제공하는가에 상품의 가치가 변할 수 있다. 따라서 서비스 상품의 품질은 표준화뿐만 아니라 동질의 상품을 연속적으로 생산하고 경험하기가 어려운 상품이다. 이러한 다양성을 극복하기 위해서 유능한 종사원의 확보와 교육 훈련을 통해 고객 만족에 대한 품질관리를 지속적으로 추구해야 한다. 또 서비스 평가는 고객의 특성에 따라 달리 나타날 수 있으므로 고객 중심적 관점에서 체계적이고 과학적인 접근이 필요하다.

3) 소멸성

서비스는 미리 생산, 저장하여 수요 발생 시 이를 제공할 수가 없다. 또한 생산 및 서비스활동을 고객이 현장에서 직접 경험하게 되므로 일단 제공된 서비스는 진열한 상품처럼 질이 나쁘다는 이유로 교환해 줄 수 없다. 이렇게 생산과 소비가 동시에 발생하므로 저장이 불가능한 소멸성이 그 특성으로 나타난다.

4) 비분리성

서비스는 동시에 같은 장소에서 생산되고 소비된다. 즉, 서비스는 변환과정 중에 제공자와 고객 사이의 고도의 상호 작용이 이루어져야 한다.

종사원의 경우 고객에게 어떠한 서비스를 제공하는가, 그리고 어떻게 하는가 등에 따라 지속적인 구매의사결정에 영향을 미칠 수 있기 때문에 서비스 질은 서비스 제공자와 분리될 수 없는 것이다.

5) 매체성

서비스는 다양한 고객의 욕구를 만족시키기 위한 인적 서비스로 규격화되고 자동화된 기계설비에 의해서는 제공될 수 없다. 따라서 이러한 인적 서비스는 단독 상품으로 고객에게 판매되는 것이 아니라 상품을 구매하는 고객에게 전달하기 위한 매체 역할을 한다.

2. 서비스 마인드

1) 봉사성

서비스는 환대산업의 주요 상품이다. 식음료 종사원은 고객에게 형식에 치우친 사무적이고 수동적인 서비스를 해서는 안 된다. 항상 마음에서 우러나오는 최상의 친절 정신으로 고객 서비스에 임해야 한다.

2) 청결성

고객이 이용하는 공공장소와 제반시설 및 집기류 등의 청결상태에서 고객이 불편함을 느끼지 않도록 깨끗이 유지해야 하며 철저한 위생관념으로 고객이 신선함과 쾌적함을 느낄 수 있도록 해야 한다.

3) 능률성

종사원들이 가장 효율적인 업무를 수행하기 위해서는 고객에 대한 인사에서부터 서비스에 이르기까지 모든 업무가 능동적으로 이루어져야 함은 물론 정확한 업무의 흐름을 파악하고 효과적으로 일을 처리하여 능률을 높여야 한다.

4) 경제성

종사원의 가장 큰 사명으로 최소의 경비로 최대의 영업 이익을 높여야 하므로 항상 절약정신과 주인의식을 갖고 직무와 관련하여 운영에 소요되는 경비의 지출을 최대한 절감하여 이익증대에 이바지해야 한다. 즉, 식당의 고가 기물관리에 만전을 기하고 전기, 수도, 종이, 리넨류 등의 낭비를 막으며 접시, 글라스를 조심히 다루어서 파손율을 최소한으로 줄여야 한다.

5) 정직성

식당은 그 업무가 인위적으로 서비스를 제공해야 하는 것으로 정직성이 무엇보다 요구된다. 회사와 종사원, 종사원과 고객 간에 믿으며 원만한 협조체제를 형성하여 서로 신뢰하는 관계로 업무에 임해야 진정한 서비스의 댓가가 생산될 수 있는 것은 물론 영업신장과 아울러 지속적인 발전이 이루어질 수 있다.

6) 환대성

식당의 종사원은 다른 분야에서 종사하는 사람보다 환대성이 보다 투철하여야 한다. 고객이 들어서면 정중한 인사와 미소를 잃지 말고 테이블까지 안내를 하고, 나갈 때에도 다시 찾아 올 수 있도록 정중히 인사하면서 환송하여야 한다.

3. 서비스 품질

서비스 품질에 대한 미국마케팅학회(American Marketing Association)는 "서비스를 판매목적으로 제공하거나 또는 상품 판매와 연계되어 제공되는 제 활동, 편익, 만족" 이라고 정의를 내렸으며 '판매 대상' 과 고객의 효용 및 만족을 창출할 수 있는 '무형의 행위' 라는 측면이 강조되어 왔다. 이러한 서비스의 특징은 바로 고객과의 상호 작용을 통하여 고객의 효용 및 만족을 얼마나 충족시켰는가를 고객 스스로가 평가하고 그 가치를 가격으로 계산하여 지급하게 된다.

외식산업에서의 서비스 품질에 관한 연구는 1990년대에 이르러 본격적으로 활발히 이루어져 왔으며 '고객 욕구 충족' 이라는 전략적 품질의 개념에 관심을 갖게 됨

표 7-3 고객 욕구 5단계별 내용

단 계	욕 구	내 용
1단계	생리적 욕구 (식욕, 생명유지)	• 맛, 위생상태, 휴식공간이 편리하고 쾌적한가? • 환경 친화적인가? • 정직한가?
2단계	안전 및 안정의 욕구 (질병, 화재, 상해 등)	• 편의시설은 안전한가? • 화재 · 도난위험은 없는가? • 주차시설은 편리한가?
3단계	사회적 욕구 (소속감과 친밀감 등)	• 친절히 대해 주는가? • 가족처럼 친절한가? • 사회적 · 양심적 · 도덕적인가?
4단계	지위 및 존경 욕구 (자신이 가치 있는 존재)	• 나를 알아 주는가? • 기억하는가? • 모든 고객에게 친절하고 평등한가?
5단계	자아실현의 욕구 (이상의 실현)	• 대가의 가치가 있는가? • 다음에 또 오고 싶은가? • 후회스럽지 않고 만족스러운가?

출처 : Mennerpia CS 연구소 교육자료(2007)

표 7-4 서비스 품질 결정 요인에 관한 항목(SERVQUAL 모형)

요 인	정 의	항 목
유형성 (tangibles)	물리적 시설, 설비, 종사원의 외모	현대적 시설
		설비의 외관
		종사원의 깔끔하고 단정함
		서비스와 관련된 제반 자료(설명서, 팸플릿의 외형)
신뢰성 (reliability)	약속한 서비스를 신뢰할 수 있고 정확하게 수행하는 능력	서비스의 약속시간 준수
		고객이 문제에 처하였을 때 성심성의를 다 보임
		첫 번에 제대로 서비스를 수행함
		약속시간에 서비스를 제공함
		작은 실수조차 없는 완벽함
반응성 (responsiveness)	고객을 도우려는 의지와 즉각적인 서비스의 제공	서비스 제공시간의 정확한 약속
		종사원들의 신속한 서비스 제공 자세
		종사원들의 언제나 능동적인 고객 지원 자세
		아무리 바빠도 고객의 요청에 응하는 종사원
확신성 (assurance)	종사원의 지식과 예절, 믿음과 자신감을 보이는 능력	고객에게 확신을 주는 종사원들의 행동
		고객에게 주는 거래의 안정성
		항상 고객에게 친절한 종사원
		고객의 어떤 문의에도 대답 가능한 종사원
공감성 (empathy)	고객에게 주의를 기울이고 고객 기호에 대한 관심	고객 개인에 대한 관심
		고객에게 편리하게 시간대 조절
		고객에게 개인적인 관심을 보이려는 종사원의 태도
		고객에게 최대한 이익을 주려는 노력
		고객 욕구에 대한 종사원들의 이해

출처 : A. Parasuraman, V. A. Zeithaml, and L. L. Berry(1990), Delivering Quality Service, Free Press, New York, pp. 181~183.

표 7-5 서비스 품질 측정 도구 비교

모 형 구 분	SERVQUAL	SERVPERF
연구자	파라슈라만 등	크로닌과 테일러
측정방법	고객의 기대와 지각의 차이 측정	성과 측정
개 념	서비스에 대한 지각된 성과 평가와 이전에 갖고 있던 기대와의 차이가 서비스 품질에 대한 만족을 설명할 수 있다.	서비스 성과만이 서비스 품질 측정 수단으로 사용해야 한다.

으로써 품질의 주관적 성질이 부각되었다.

파라슈라만 등(Parasuraman et., 1990)은 SERVQUAL 모형을 통해 서비스 품질을 고객의 기대와 지각의 차이로 평가하였는데, 고객의 기대는 개인적인 욕구나 경험 등이 영향을 미치며, 지각은 서비스를 받기 전 기대와 실제 경험한 서비스를 비교한 결과로 서비스가 수행되는 방법도 영향을 미칠 수 있다. 즉, 서비스 품질은 고객의 기대 충족 여부에 의해 판단된다.

이에 반해 크로닌과 테일러(Cronin & Taylor, 1992)는 서비스 품질의 측정에서 성과만을 중요시한 SERVPERF 모형을 개발하였다. 특히 새로 시작한 신종 서비스업이나 고도의 지식이 필요한 서비스의 경우 고객의 기대가 형성되기 힘들고 또 형성되었다고 해도 고객마다 편차가 너무 크므로 측정 결과를 비교하기 힘들다. 이런 경우 서비스의 성과만을 측정하여 고객의 욕구를 파악하고 서비스의 개선책을 모색하는 것이 바람직하다고 하였다.

일반적으로 서비스 품질은 고객에게 가장 큰 만족을 줄 수 있는 상품, 특정 서비스의 우수성에 관한 개인의 전반적 판단 혹은 태도라고 할 수 있다.

4. 고객 접점 서비스

1) 접점 서비스의 개념

리처드 노먼(Richard Normann)은 고객의 마음속에 내재하고 있는 서비스 품질에 대한 정의를 "고객과 서비스 제공자 사이의 상호 작용을 결정적 순간(MOT, moments of truth)"이라고 표현하고 있다. 식음료 분야는 특성상 서비스 요원과 고객과의 많은 접촉에 의해 서비스 전달이 이루어지는데, 서비스 요원과 고객이 접하는 매 순간마다 기업의 성패가 좌우됨을 의미하는 말이다.

오늘날 서비스에서 기본 용어가 된 고객 접점 서비스는 서비스 인카운터(service encounter)라고 불리며, 호텔과 레스토랑 등의 서비스 현장에서 MOT로 통용되고 있다.

고객 접점 서비스는 넓은 의미로는 고객과 상호 작용이 가능한 모든 것, 즉 종사원, 물리적 시설, 기타 가시적 요소를 포함하는 '고객이 서비스와 직접적으로 상호 작용하는 기간'으로, 좁은 의미로는 인간활동을 강조한 '인적 상호 작용(face to face)'으로 정의를 내릴 수 있다. 따라서 고객 접점 서비스는 적어도 2명 이상의 사람 사이에서 발생하기 때문에 복합적인 관점에서 접점 서비스를 이해하여야 한다.

MOT(Moments of Truth)

스페인의 투우 용어 'Moment de la Verdad'로 투우사가 '소의 급소를 찌르는 순간', '피하려 해도 피할 수 없는 순간', '실패가 허용되지 않는 매우 중요한 순간' 등을 의미하며 1984년 리처드 노먼에 의해 처음 소개되었다. MOT는 서비스 업체에서의 고객과 서비스 제공자 간의 독특한 상호 작용으로 그 순간에 일어나는데, 기업 광고를 보는 순간이나 브랜드를 접하는 순간, 전화 예약을 하는 순간, 대금 청구서를 받아든 순간 등 조직의 여러 자원과 직·간접적으로 접하는 순간이 될 수 있다. 1987년 스칸디나비아 항공사 사장인 얀 칼슨(Jan Carlzon)은 저서 ≪Moments of Truth≫에서 접촉 순간의 중요성을 강조하면서 MOT를 다루었고 이후 고객과의 접점을 표현하는 대표적인 용어가 되었다.

2) 접점 서비스의 중요성

고객 접점 서비스는 고객의 만족과 재구매 의사를 결정하는 데 중요한 영향을 미친다. 서비스의 제공기간 동안 모든 접점은 중요시되어야 하지만 특히 초기 접점은 매우 중요하다고 볼 수 있다. '100−1=99'가 아닌 '100−1=0'과 같은 서비스 원리가 적용되기 때문이다. 즉, 많은 서비스 접점의 순간 중 어느 한 순간이라도 부정적인 경험을 하여 서비스 질을 나쁘게 평가하면 나머지 긍정적인 경험조차도 모두 나쁘게 평가할 수 있다.

고객들에게 중요한 결정적 순간은 상호 접촉의 길고 짧음에 관계없이 서비스에 대한 인상을 좌우하는 중요한 순간이다. 그러나 모든 고객 접점 서비스가 똑같이 중요한 것만은 아니며 모든 서비스가 고객 접점 서비스가 아닐 수 있기 때문에 식당 경영자들은 고객 접점 서비스 중에 고객만족에 영향을 미치는 결정적인 순간을 포착하여 경영 전략을 세워 효과적인 경영을 위해 활용해야 한다.

3) 접점 서비스의 유형

서비스 과정에서 다음과 같은 여러 가지 유형의 접점 서비스가 이루어진다.

(1) 대면 접점

식음료 서비스의 경우 고객이 업장을 방문하여 좌석안내를 받는 순간부터 고객과 서비스 요원과의 대면 접점은 이미 시작되는 것이다. 음식 주문과 함께 다양한 식음료 서비스를 제공받으면서 지속적으로 접촉이 이루어지고 계산과 함께 업장을 떠나는 그 순간까지 대면 접점은 이어진다. 이러한 대면 접점은 다른 서비스 접점의 유형에 비해 서비스 질을 파악하는 범위나 그 요소가 매우 복잡하다. 이는 서비스 요원의 행동적인 서비스 외에 비언어적인 행동, 즉 그들의 복장, 용모 등에 의해서도 서비스의 질에 대한 평가나 고객만족도가 달라지기 때문이다.

(2) 전화 접점

전화를 통해 식음료 구매를 위한 전화 문의나 예약 등은 주로 전화 접점으로 이루어진다. 종사원의 응답태도나 식음료 상품과 업장에 대한 지식, 신속성 등에 따라 고객은 서비스의 질을 평가하게 되는데, 전화 접점을 시작으로 고객을 성공적으로 맞이하게 되면 자연스럽게 향후 대면 접점으로 이어질 수 있게 된다.

(3) 원격 접점

직접적인 인적 접촉이 없이 이루어지는 경우로써 인터넷을 통한 식당 예약, 자동 티켓 발매, 통신판매 등이 이에 해당한다. 최근에는 인터넷의 대중화로 원격 서비스의 중요성이 더욱 부각되고 있다.

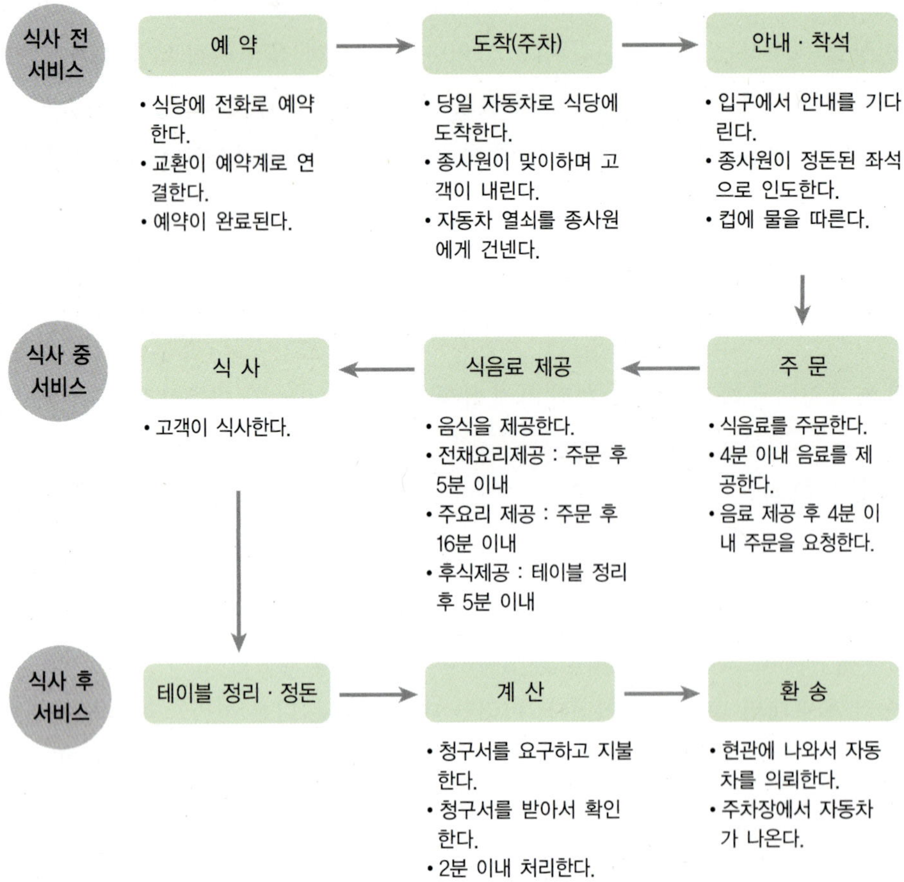

그림 7-2 고객 접점 서비스 흐름도

출처 : Zeithaml, V. A. & Bitner, M. J.(1997), Service Markcting, McGraw-Hill, pp. 102~132. ; Wykoff, D. Duryl(1984). New Tools for Achieving Service Quality, The Comell HRA Quarterly, Nov. 87. ; 김성혁(2002), 외식 · 조리 마케팅, p. 353. ; 정용해(2006)의 내용을 재구성.

제 2 절 서비스의 기본 원칙

식당 종사원들의 태도와 서비스는 식당의 이미지와 영업에 직접적인 영향을 미치므로 업무 수행을 원활히 하기 위해서는 모든 서비스 기법을 습득하고 몸에 익혀야만 한다. 특히 종사원과 고객이 접촉하는 순간, 주차장에 차를 세울 때, 입구에 들어설 때, 음식을 주문할 때, 식사할 때, 계산할 때, 출구로 나갈 때 등 고객이 식당에 들어오는 순간부터 나갈 때까지 서비스 품질에 대한 고객의 인식은 아주 짧은 순간이지만 서비스에 대한 인상을 좌우하게 된다.

1. 종사원의 기본 자세

1) 태 도

서비스를 담당하는 종사원으로서의 태도는 가장 중요하고 기본이 되는 것으로 무엇보다도 제일 요구되는 것은 몸에 익은 세련된 태도이다.

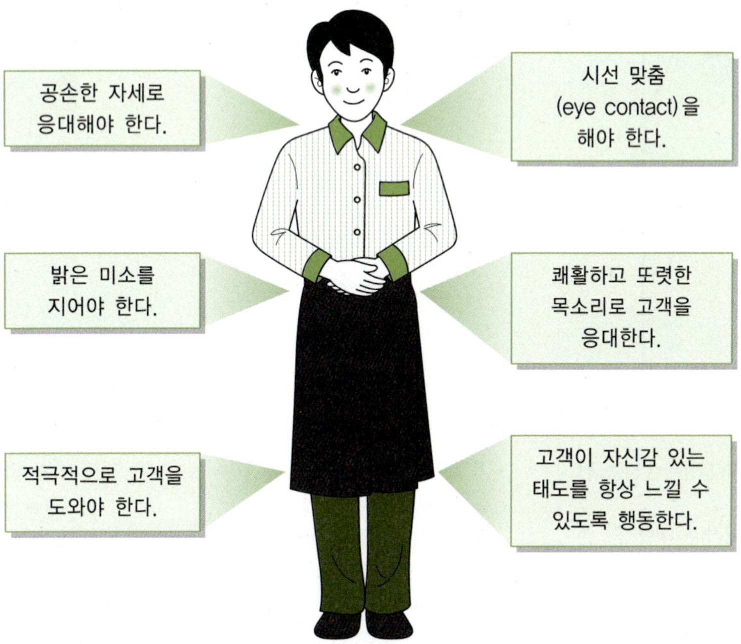

그림 7-3 일반적 표준 서비스

(1) 보행법

항상 고객을 주시하고 가슴을 펴서 등을 곧게 하고 정면을 바라보며 어떤 경우에도 뛰지 않는다.

(2) 자 세

의자, 탁자, 벽, 기둥 등에는 절대로 기대어 서 있지 않으며, 양손은 뒤로 하지 않고 가슴을 펴고 바른 자세를 취한다. 대기 시에는 두 다리의 뒤꿈치는 붙이고, 앞은 45° 가량 벌리며 양손은 약간 주먹을 쥐고 편안히 내리고 있는다. 휴식 시의 자세는 어느 한 쪽 다리에 중심을 두고 다른 한 쪽 다리는 가볍게 앞으로 내민다.

(3) 인 사

인사는 예절의 기본이며 인간관계의 시작이다. 또한 직장 동료 간에는 우정의 상징이며 상사에게는 존경심의 표현이다. 이와 같이 인사는 서비스의 성패를 결정하는 첫 번째 관문으로 서비스의 시작이고 손님맞이의 기본이 되며 자신의 인격과 교양을

① 목 례	② 경 례	③ 최경례
• 복도를 지나가는 손님을 만났을 때 • 식사 중이거나 대화 중 손님을 방해할 경우	• 가장 일반적인 인사법 • 출근 시 상사나 일반 내방객을 맞이하거나 환송할 때	• VIP 고객 또는 마음을 담은 감사나 미안함을 표현할 때

그림 7-4 손님맞이 시 다양한 인사법

밖으로 표현하는 것이다. 인사는 고객에게 감사하는 마음으로 예절바르고 정중하며 밝고 명랑하게 해야 한다.

2) 용모와 복장

서비스 업무를 수행하는 데 바른 몸가짐은 모든 행동의 기본이며, 단정한 용모와 복장은 고객으로부터 호감을 받는 첫 번째 조건이다. 따라서 고객에게 좋은 서비스를 제공하기 위해서는 종사원의 깨끗하고 단정한 용모 및 복장이 필요하다.

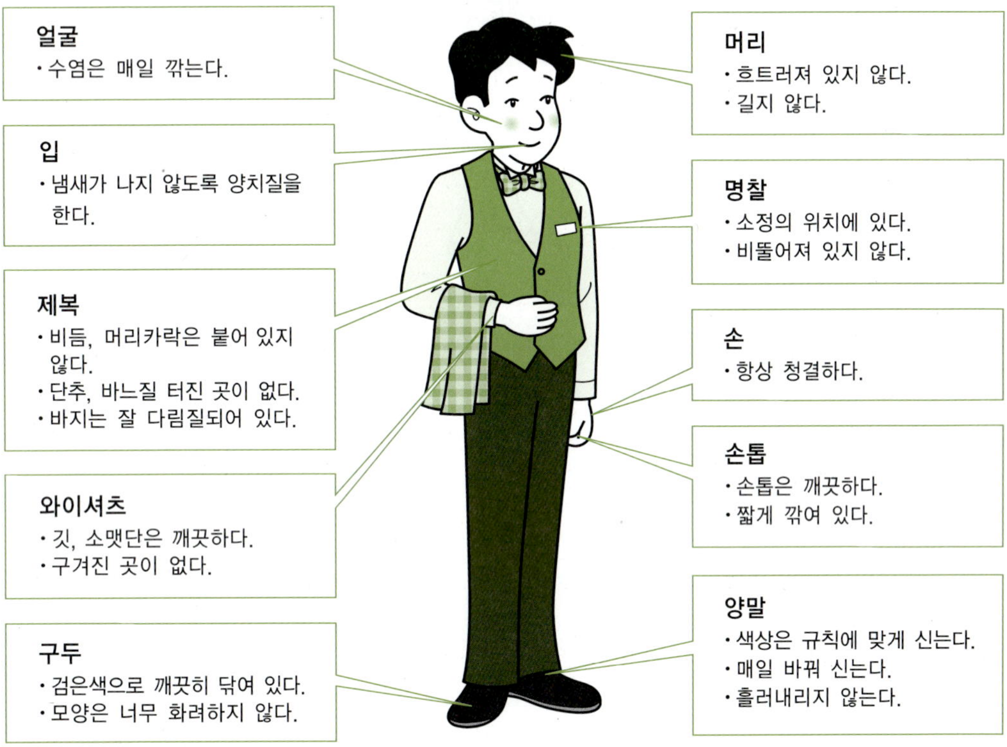

그림 7-5 남자 서비스맨의 용모와 복장

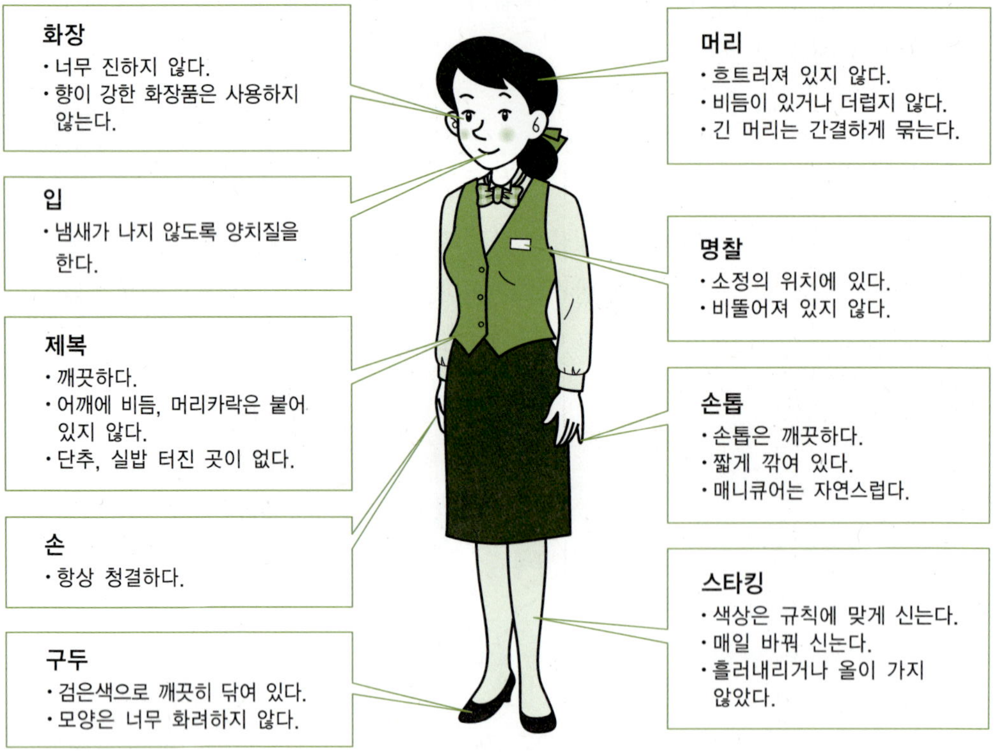

그림 7-6 여자 서비스맨의 용모와 복장

2. 전화 응대

전화는 상품을 판매하는 데 필수 불가결한 기구이며 고객과의 의사소통을 위한 매개체로 전화를 받는 사람의 말씨, 음성만으로 상대의 이미지가 결정되어 버린다. 따라서 전화벨이 울리면 신속하게 받아야 하며 세 번 이상 울리기 전에 즉시 응답하고 밝은 미소와 명랑한 음성으로 무엇이든지 도울 수 있다는 마음이 상대에게 전달되도록 해야 한다.

말을 할 때는 목소리의 크기, 높낮음, 속도에 주의하며 분명하고 정중하게 우선 인사말, 식당명, 직책, 이름을 밝힌 다음 고객의 이름과 용건을 듣는다. 항상 메모와 필기구를 준비하여 바로 메모하는 습관을 가져야 한다.

가급적 이해하기 어려운 전문용어 사용은 피하고 이해하기 어려운 것이 있을 경우

납득이 갈 때까지 정중히 물어 이해하며 들은 용건은 반드시 메모하여 복창한 후 확인한다.

통화 중 상사나 동료에게 질문 또는 의논할 때 수화기를 반드시 아래로 향하게 하고 손바닥으로 잘 막은 다음 말을 하고, 고객이름은 경칭을 사용하여 실수하는 일이 없도록 한다. 시간이 필요한 일의 경우 일단 전화를 끊고 가능한 한 빠른 시간 내에 답변을 한다.

말을 전달해야 할 경우 고객 이름과 용건, 전화번호 등을 정확히 메모하여 틀리지 않게 전하고 가능한 한 부탁받은 시간을 메모하여 용건의 전달 여부를 점검한 다음 통화 마지막에 본인의 이름, 전화번호를 다시 한 번 분명히 이야기한다.

본인이 담당하고 있지 않은 용건의 전화를 받았을 때나 담당자가 자리에 없을 경우 용건을 충분히 확인한 후 정확히 담당자에게 인계하여야 하며 전화를 다른 부서로 연결하는 행위는 절대로 하지 말아야 한다.

전화를 끊을 때는 "감사합니다." 등 감사 인사를 하고 상대방이 끊고 나서 조용히 내려 놓는다.

3. 예 약

고객과 식당 간에 날짜, 시간, 인원, 메뉴, 가격 등을 상호 약속하는 것을 말하는 것으로 고객이 계획하고 있는 행사를 차질 없이 진행할 수 있도록 예약 담당자는 고객의 모든 요구사항을 정확히 접수하여 철저한 사전 준비를 통해 효율적인 서비스로 제공하여야 한다. 만약 예약된 시간으로부터 일정한 시간 이상 경과할 경우 필요에 따라 다른 고객에게 판매할 수 있으나 반드시 예약 고객에게 알려 주어야 한다. 또 고객이 예약을 취소하고자 할 때는 취소하는 사람의 성명, 연락처, 시간, 취소일자 등을 기재함으로써 예약 운영에 차질이 없도록 한다.

예약접수방법으로는 고객이 직접 내방하여 하는 예약, 전화에 의한 예약, 팩스나 편지 또는 인터넷 등에 의한 방법이 있다.

4. 고객 영접 및 안내

1) 영 접

고객이 식당으로 들어서게 되면 안내 담당자는 입구에서 다정한 자세로 접근하여 미소 띤 얼굴로 정중하게 안내한다.

① 미소 띤 얼굴로 아침, 점심, 저녁 등 시간에 알맞은 인사를 한다.
② 한국어, 외국어 등 고객의 국적에 알맞은 언어로서 대화한다.
③ 예약대장을 보고 고객의 예약 여부를 확인한 다음 일행의 인원 수를 확인한다. 예약 고객일 경우 이름을 불러 줌으로써 친밀감을 갖도록 한다.
④ 예약 고객일 경우 시간, 테이블, 특별 준비사항 등을 확인한 후 한발 앞서서 지정된 장소로 안내한다. 그러나 깨끗이 치워지지 않고 세팅이 완료되지 않은 테이블에 고객을 안내해서는 안 된다.
⑤ 예약을 못한 고객일 경우, 고객이 원하는 장소 및 테이블의 가능 여부를 확인하여 가능한 한 고객이 원하는 바를 최대한으로 수용한다.
⑥ 테이블이 없을 경우 대기실에서 기다리도록 정중하게 얘기하고 대기자 명부에 기입한 후 빈 테이블이 생길 때 즉시 순서에 따라 좌석배정을 한다.
⑦ 기다리는 고객이 많을 경우에는 고객이 얼마 동안 기다려야 하는지를 솔직하게 이야기하며 이때 기다릴 시간을 너무 차이가 나게 말해서는 안 된다.
⑧ 고객이 특별한 좌석 요구가 없을 경우에는 모든 구역에 골고루 손님을 받도록 나누어 배정 안내한다. 그러나 고객이 특별한 테이블을 지정하여 앉기를 원할 때에는 예약되어 있지 않는 한 그 테이블에 앉도록 안내한다.
⑨ 한 테이블에 고객을 합석시켜서는 안 되고 부득이 합석시킬 경우 먼저 고객에게 양해를 구하여야 한다.
⑩ 고객이 앉기 쉽도록 두 손으로 의자 등받이를 잡아 가볍게 빼고 앉을 때 두 손과 무릎을 사용하여 살며시 민다.
⑪ 착석 순서는 노약자, 어린이, 지체부자유자 또는 여성순으로 앉도록 돕고 호스트가 마지막으로 착석하도록 돕는다.
⑫ 착석이 완료되면 메뉴판을 주고 손님이 도착했다는 신호를 테이블 담당자에게 알리며 바빠서 보지 못했을 경우에는 담당자에게 다가가서 확인해 준다.

⑬ 한 구역에 너무 많은 고객이 몰리지 않도록 적절히 안내하고 한 구역으로 몰릴 경우 종사원의 수를 조정하여 좋은 음식과 최상의 서비스를 기다림 없이 제공하여야 한다.

⑭ 안내 담당자는 연회행사, 공연시간, 각 업장의 영업시간과 일반적인 안내 등 식당 내의 모든 정보를 제공할 수 있어야 한다.

⑮ 안내 담당자는 서비스 구역 내에서 고객에게 밝은 미소로 감사한 마음을 가지고 환송하며, 항상 미소 짓는 얼굴로 서비스의 마무리를 하여야 한다.

⑯ 고객의 불평이 있는 경우 담당 책임자에게 즉시 보고하고, 고객과 다투어서는 절대로 안 된다.

2) 고객 유형별 안내

좌석을 배정할 때 고객의 연령, 성별 등을 고려하여 테이블로 안내함으로써 고객의 만족도를 충족시킨다.

① 젊은 남녀고객은 벽 쪽 조용한 테이블로 안내한다.

② 혼자 온 고객은 벽 쪽 전망이 좋은 창가 테이블로 안내한다.

③ 연로한 고객이나 지체부자유한 고객은 입구에서 가까운 테이블로 안내한다.

④ 어린이 동반 고객은 다른 고객에 방해되지 않도록 구석에 있는 테이블로 안내한다.

⑤ 식당 분위기를 흐리거나 다른 고객에게 좋지 못한 영향을 미치는 고객이 있을 경우 책임자에게 속히 연락하여 적절한 조치를 취하여야 한다.

⑥ 멋있고 호화로운 옷을 입고 있거나 인기 있는 고객은 식당 중앙 테이블로 안내하여 다른 고객들에게 자랑스럽게 보이도록 한다.

⑦ 똑같은 옷이나 유사한 옷을 입은 여성은 서로 떨어진 좌석으로 안내한다.

⑧ 정복 차림 군인이나 경찰 고객은 다른 고객 눈에 잘 띄지 않는 곳으로 안내한다.

⑨ 서로 모르는 고객끼리의 합석은 원칙적으로 하지 않는다.

⑩ 외국인, 내국인을 균형이 이루어지도록 테이블 배정에 신경을 쓴다.

5. 주문받기

주문은 고객의 취향에 맞게 판매 가능한 상품을 제공하는 계약행위로 이 과정에서 종사원이 취할 자세 및 예의, 행동 또는 사용하는 언어는 고객의 입장에서 생각할 때 가장 훌륭한 방법으로 이루어지지 않으면 안 된다. 따라서 항상 몸가짐, 예의, 사용하는 언어, 상품지식 등을 연구하고 배우는 자세를 갖도록 해야 한다.

1) 자 세

고객의 취향에 맞는 상품이나 의도적으로 판매하고자 하는 상품을 판매하기 위해서는 첫째로, 고객이 업장을 찾아준 데 대한 감사 또는 환대의 마음이 전달되도록 예의바르고 정중하게 인사를 한다. 둘째로, 인사가 끝나고 주문받을 때는 어떤 자세를 취하는 것이 고객이 자유롭고 편안한가를 염두에 두면서 주문을 받아야 한다.

① 고객의 왼쪽에서 주문을 받는다.
② 항상 펜과 메모용지를 준비하여 주문받을 시 메모 용지에 받아 적는다.
③ 주문은 여자로부터 남자, 호스티스, 호스트의 순으로 받는다.
④ 주문받을 시에는 똑바로 선 자세에서 고개를 약간 숙여서 받는다.
⑤ 주문은 정확하고 잘 알아볼 수 있도록 기록하고 복창하여 재확인한다.
⑥ 특별 메뉴나 준비가 안 되는 요리는 매일 점검하여 정확히 알고 있어야 한다.
⑦ 요리나 음료의 내용을 제대로 설명할 수 있도록 상품지식에 대해 충분히 알고 있어야 한다.
⑧ 고객 이력 카드(guest history card)를 통해 단골고객의 기호를 미리 파악해 둔다.
⑨ 간단하고 정확하게 메뉴를 설명해야 한다.
⑩ 요리에 사용하는 재료 및 소요시간 등을 알고 정확히 대답해야 한다.
⑪ 요리 주문 후에는 음료주문을 받아야 한다.
⑫ 주문을 다 받은 후 "감사합니다."라고 꼭 인사를 한다.

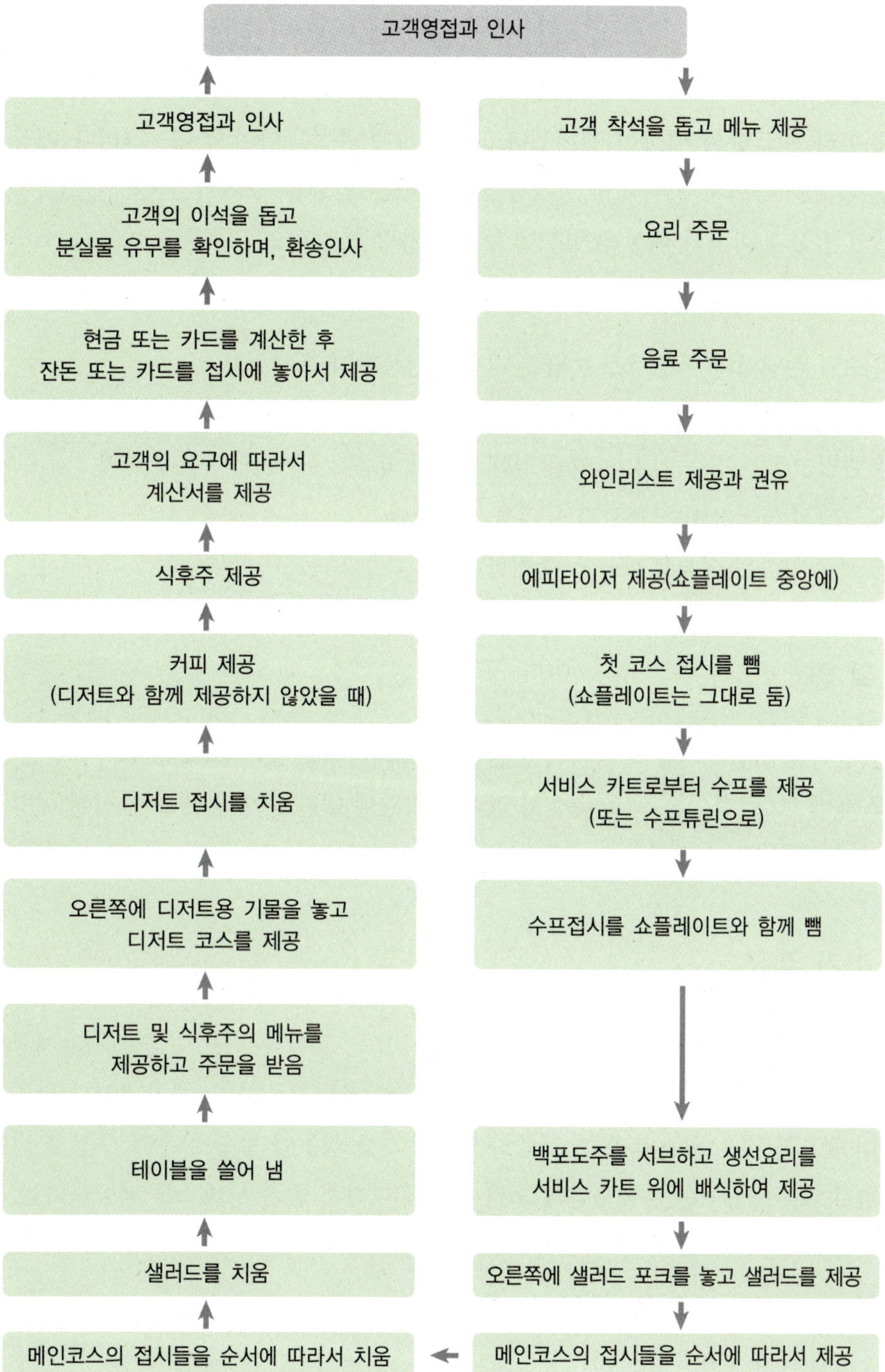

그림 7-7 고객 서비스의 흐름도

출처 : 지계중 외(2007), 호텔 식음료실무론, p. 60.

2) 추 천

고객에게 요리나 음료를 추천할 경우 자부심을 갖고 자기가 담당할 고객의 주문 여하에 따라서 그날의 매상이 결정된다고 생각하며 주문받아야 한다. 그러나 매상을 너무 의식한 나머지 고객에게 고가품을 강매하는 인상을 주어서는 안 되므로 항상 고객의 입장과 회사의 매상을 염두에 두면서 가장 합리적으로 주문을 받도록 노력해야 한다.

① 고급 손님이나 비즈니스 손님인 경우 고가품부터 추천한다.
② 친지나 일반 가족 손님인 경우 중간가격 품목부터 추천한다.
③ 단골고객인 경우 기호 파악을 잘해서 고객의 기호에 맞게 추천을 한다.
④ 그날의 특별요리나 계절별 요리를 추천한다.
⑤ 새로 입하된 식재료 메뉴를 추천한다.

3) 확 인

모든 음식을 추천하거나 고객이 주문한 음식에 대해서는 철저히 확인하는 습관을 갖도록 해야 한다. 확인은 차후 음식의 질이나 수량에 대한 문제 발생을 사전에 예방하고 양질의 서비스를 제공하고자 하는 데 그 의의가 있다.

4) 추가 주문

고객이 주문한 음식이 제대로 준비되고 있는지 또는 질이나 양이 주문한대로 제공되었는지를 철저히 살피고 고객이 주문한 내용대로 완벽히 음식이 제공되었다 할지라도 더 필요한 것은 없는가 또는 부족하지 않은가를 염두에 두면서 추가 주문을 받아야 한다. 이 추가 주문은 종사원의 노력 여하에 따라서 좋은 서비스를 제공한다는 측면과 유실되는 매출을 찾는다는 데 그 의의가 있다.

① 초대된 손님과 호스트가 있는 테이블에서는 음료인 경우 호스트에게 서비스하면서 추가 주문을 받는다.
② 식사 중인 고객의 경우는 식사가 거의 끝나갈 무렵 정중히 더 필요한 것은 없는지를 확인한다. 만약에 고객이 요리를 더 주문하는 경우가 있으면 "예, 잘 알았

습니다. 곧 준비하겠습니다."라고 대답을 하고, 더 필요 없다고 하면 그 말이 끝나자마자 곧바로 디저트를 추천하여 주문을 받도록 한다.

6. 테이블 서비스

1) 음식 서비스

① 요리를 제공하기 전에 고객의 주문 내용에 따라 요리에 맞는 기물로 테이블 세팅을 고친다.

② 음식이 담겨진 접시는 왼손으로 들고 고객의 오른쪽에서 오른손으로 제공한다.

③ 음식을 큰 접시에 담아서 제공할 때는 고객의 왼쪽에서 오른손으로 제공한다.

④ 식음료 제공 시 양발의 간격을 25~30cm 정도 벌리고 무릎을 구부려 높낮이를 조절하여 편안하고 안정감을 주도록 한다.

⑤ 음료를 제공할 때는 고객의 오른쪽에서 오른손으로 제공하며 빵과 요리에 따른 소스를 제공할 때 고객의 왼쪽에서 보여 준 후 제공하는 것이 원칙이다.

⑥ 식음료 제공 시 반드시 "주문하신 ○○ 또는 ○○요리 올려 드리겠습니다. 맛있게 드십시오."라고 정중히 얘기한다.

⑦ 서빙할 때나 그릇을 치울 때 트레이나 접시가 고객의 머리 위를 스쳐지나가서는 절대로 안 된다.

⑧ 접시를 쥘 때는 절대 엄지 손가락이 접시의 테 안쪽으로 들어가지 않도록 주의해서 잡는다.

⑨ 무늬나 마크가 들어 있는 접시, 그릇은 무늬나 마크가 고객의 정면에 오도록 하고 접시를 놓을 때는 고객의 앞쪽 테이블 끝에서 약 2cm 정도 안쪽으로 살며시 놓는다.

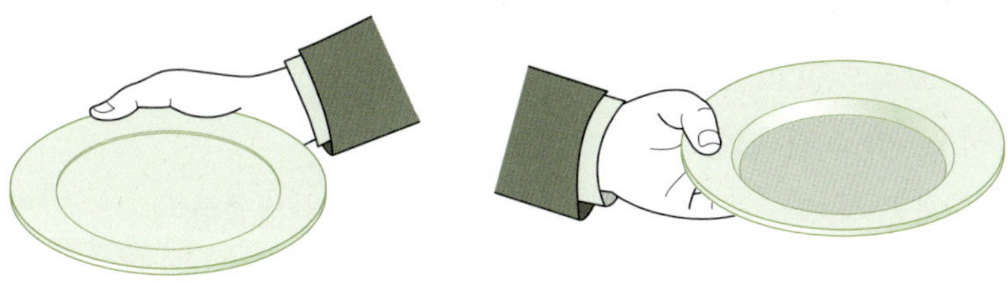

그림 7-8 접시 잡는 법

⑩ 고객 테이블 앞에서 직접 조리해야 하는 요리일 때는 고객의 취향을 물어 본 후 기호에 맞게 조리한다.

⑪ 비운 기물을 치울 때는 오른손으로 손가락을 완전히 편 채 기물을 가리키며 "맛있게 드셨습니까? 치워 드리겠습니다." 또는 "치워도 되겠습니까?"라고 반드시 고객에게 물어 본 후 치운다.

⑫ 기물을 다룰 때는 절대 소음이 나지 않도록 취급해야 한다.

⑬ 음식은 시계 도는 방향으로 주빈, 여성(또는 연장자), 직위 고하, 호스티스, 호스트순으로 제공한다.

⑭ 병에 든 양념류는 항상 병 입구를 깨끗이 하고 마개를 열기 쉽게 살짝 덮어 둔다.

⑮ 집기류는 절대로 맨손으로 운반하지 않으며 쟁반이나 냅킨에 싸서 운반한다.

⑯ 메인 코스를 마지막 고객이 끝냈을 때 빈 접시를 빼며 식탁에 찌꺼기가 떨어져 있으면 암타월(arm towel)로 살짝 훔쳐 낸다.

⑰ 디저트가 나가기 전에 모든 집기류를 치우며 글라스웨어와 디저트용 기물만 남겨 둔다.

⑱ 식사가 끝난 뒤의 빈 접시나 글라스웨어는 모두 고객의 오른쪽에서 오른손으로 빼낸다.

⑲ 고객이 순서에 틀리게 기물을 사용했을 때는 이에 사용한 것을 빼고 새로운 기물을 갖다 놓는다.

2) 음료 서비스

① 음료는 오른쪽에서 오른손으로 제공한다.

② 글라스웨어는 위생상 반드시 1/3 하단 쪽을 손끝으로 가볍게 쥐어야 하며 고객의 오른쪽에 놓는다.

③ 테이블에 글라스웨어를 놓을 때 절대 소리가 나서는 안 되며 놓은 후에는 반드시 고객 앞으로 1cm 정도 살며시 밀어 놓으며 "주문하신 ○○○입니다. 맛있게 드십시오."라고 말을 한다.

④ 칵테일 제공 시 반드시 머들러(muddler)를 꽂아서 제공한다.

⑤ 테이블보를 사용하지 않는 경우 반드시 코스터(coaster)나 칵테일 냅킨을 깔고 제공한다.

3) 맥주 서비스

① 맥주와 맥주잔은 반드시 차갑고 깨끗이 보관된 것을 제공한다.
② 맥주를 따를 때는 잔에 70% 정도 채우고 나머지 30%는 거품이 솟아오르도록 천천히 잘 조절하여 따른다.
③ 맥주를 따를 때는 맥주병이 잔에 닿지 않도록 1~2cm 정도 띄어서 따른다.
④ 잔에 채우고 남은 맥주병은 상표가 고객 앞으로 향하도록 잔 위쪽에 놓는다.

4) 물 서비스

① 물을 따르기 전 반드시 주전자 표면에 묻어 있는 물방울이 흘러내리지 않도록 암타월로 닦아 내어 테이블이나 고객의 옷에 물방울이 떨어지지 않도록 한다.
② 물을 따를 때는 고객의 오른쪽에서 오른손으로 물 잔에 70% 정도 따르며 식사가 끝날 때까지 항상 70% 정도 유지하도록 해야 한다.
③ 물을 따를 때 물주전자가 잔에 닿지 않도록 2cm 정도 높은 위치에서 따른다.
④ 물을 따를 때 잔을 손으로 들어서는 안 된다.

5) 빵과 버터 서비스

① 빵 바구니에 담아서 제공할 때는 고객의 왼쪽에서 보여 주고 어느 것을 먹을 것인지 공손히 물어 본다.
② 빵을 집을 때는 위생상 반드시 집게를 사용하여 제공한다.
③ 빵바구니에 담아서 테이블에 놓을 때는 고객이 쉽게 집을 수 있는 위치에 놓는다.
④ 개인용 버터 볼은 빵바구니 위쪽에 놓고 버터 접시에 담아서 제공할 때는 고객이 쉽게 먹을 수 있는 위치에 놓는다.

6) 사이드 디시 서비스

요리에 따라서 같이 제공해야 하는 크래커, 마늘빵, 안초비, 레몬 등 사이드 디시(side dish)는 빵접시 위쪽에 놓고 적당한 시기에 치운다.

7) 수프 서비스

① 수프 볼(soup bowl)에 담아서 제공할 때는 고객의 오른쪽에서 제공한다.
② 수프 튜린(tureen)에 담아서 제공할 때는 먼저 준비된 빈 수프 볼을 고객의 오른쪽에서 중앙에 놓은 후 암타월을 알맞게 접어서 왼손으로 수프 튜린을 감싸 쥔다.
③ 고객의 왼쪽에서 수프 볼에 튜린을 가까이 대고 오른손으로 수프 국자를 사용하여 흘러 내리지 않도록 조심하며, 수프 볼에 80% 정도 담는다.

8) 핑거볼 서비스

① 고객이 손을 사용해야 하는 뼈나 껍질이 있는 요리 또는 과일 서비스 시 제공된다.
② 미지근한 물을 담고 레몬 조각이나 파슬리를 띄운다.
③ 놓는 위치는 육류 포크 바로 위쪽이나 경우에 따라 유동적일 수도 있다.

9) 샐러드 서비스

샐러드는 고객의 오른쪽에서 제공하며 샐러드드레싱은 반드시 고객의 왼쪽에서 드레싱을 선택하도록 한 후 샐러드 위에 끼얹는다.

10) 빈 접시 치우기

① 식사가 끝난 빈 접시는 큰 접시서부터 작은 접시순으로 같은 크기의 접시를 모아서 치우고 볼, 잔 등은 트레이를 사용해서 치운다.
② 고객이 남긴 음식, 포크, 나이프는 분리하여 한 접시에 잘 모으고 소리가 나지 않도록 조심한다.
③ 디저트 서비스를 위해서 물잔, 와인잔을 제외한 불필요한 기물은 테이블에 남아 있지 않도록 깨끗이 치운다.

그림 7-9 와인잔 잡는 법

11) 와인 서비스

① 백포도주는 잔에 2/3 정도, 적포도주는 1/2 정도 담아 제공한다.

② 와인를 따를 때는 테이블보에 떨어지지 않도록 조심하며, 따르고 난 후 병을 세울 때는 병목을 왼쪽으로 자연스럽게 틀어 올리면서 세운다. 병 입구에 맺힌 와인이 흘러내리지 않도록 암타월로 살짝 닦는다.

③ 와인 병이 잔에 닿지 않도록 조심해서 제공하며 잔을 쥘 때는 스템(stem)을 잡도록 한다.

와인 서빙 시 수칙

- 먼저 호스트에게 상표(label)를 보인 후 병마개를 딴다.
- 30mL 정도 따라 호스트에게 먼저 맛을 보게 한다.
- 호스트의 오른쪽에 앉아 있는 손님부터 시작해서 호스트를 맨 나중에 제공한다.
- 연회의 경우에서와 같이 식사보다 먼저 와인이 선택되면 메인디시(main dish) 바로 전에 와인을 제공한다.
- 와인이 한 종류 이상 제공될 때 지정된 코스 바로 전에 적당한 와인을 제공한다.
- 백포도주는 8~10℃로 잔의 3/4 혹은 2/3 정도 따른다.
- 적포도주는 14~20℃로 잔의 2/3 혹은 1/2 정도 따른다.

12) 테이블 정리

① 테이블을 정리하기 전 고객에게 반드시 양해를 구한 후 방해가 되지 않도록 고객 왼쪽에서 조심스럽게 정리한다.

② 메인 디시가 끝나고 디저트가 서비스되기 전 쓰레받기를 사용하여 테이블 위 빵 부스러기 등은 깨끗이 치운다.

③ 테이블보가 소스, 음식 찌꺼기 등으로 지저분할 때는 테이블보와 같은 색의 깨끗한 서비스 냅킨을 깐다.

13) 디저트 서비스

① 디저트의 종류에 따라 디저트 나이프와 스푼은 고객의 오른쪽에, 디저트 포크는 고객의 왼쪽에 세팅하고 디저트 포크만 세팅할 때는 고객의 오른쪽에 놓는다.

② 조각 케이크 또는 파이를 제공할 때는 뾰족한 부분이 고객 앞으로 오도록 한다.

③ 케이크 또는 파이에 아이스크림을 함께 제공할 때는 고객 오른쪽에 디저트 스푼을, 왼쪽에 디저트 포크를 세팅한다.

④ 디저트와 음료가 끝나면 더 필요한 것이 없나 확인 후 계산서를 홀더(bill holder)에 끼워 보여 준다.

14) 커피나 차 서비스

① 커피잔은 항상 커피잔 워머(warmer)에 넣어 미리 뜨겁게 데워 둔다.

② 잔은 고객의 오른쪽에서 손잡이가 오른쪽으로 향하도록 물컵 아래쪽에 놓고 스푼은 잔의 앞부분에 손잡이와 평행되게 얹어 놓는다.

③ 설탕 볼, 크리머에 충분한 양이 들어 있는지를 확인한 후 손잡이가 고객 쪽으로 향하도록 하여 고객이 쉽게 집을 수 있는 위치에 세팅한다.

④ 커피 제공 온도는 80℃ 정도가 좋으며 잔에 80% 정도 채운다. 차도 80℃ 정도가 좋으며 차 주전자를 사용하여 티백을 넣어 주전자 채로 제공하거나 뜨거운 물과 티백을 따로 제공한다.

⑤ 커피 크림은 항상 냉장고에 보관하여 차갑고 신선한 것을 사용하며 제공 전 반드시 이상 유무를 확인한다.

⑥ 차를 제공할 때는 칵테일 피크(pick)에 끼운 레몬 조각 2쪽 또는 뜨거운 우유를 준비하여 고객의 기호에 맞게 제공한다.

⑦ 고객이 커피를 다 마셔갈 즈음 더 마실 건지를 물어본 후 더 원할 경우 제공한다.

⑧ 아이스커피나 아이스티는 긴 유리잔에 얼음을 넣고 차게 식힌 커피나 차를 잔에 70% 정도 따른 후 빨대나 설탕 시럽을 같이 제공하며, 아이스티에는 반드시 레몬 조각을 같이 제공한다.

15) 재떨이 교체

① 재떨이에는 항상 담배꽁초가 2개 이상 넘지 않도록 깨끗한 재떨이로 교체한다.

② 재떨이 마크는 항상 고객의 정면에서 똑바로 보이도록 세팅한다.

③ 재떨이를 교체할 때는 담뱃재가 테이블 위나 음식에 날리지 않도록 깨끗한 재떨이로 소리가 나지 않게 가볍게 덮어서 같이 뺀 후 덮었던 깨끗한 재떨이를 그 자리에 놓는다.

④ 재떨이에는 더러운 자국이나 물기가 있어서는 안 되며 금이 갔거나 흠이 있는 재떨이는 사용하지 않도록 한다.

⑤ 재떨이를 사용할 때는 반드시 트레이를 사용하며 미끄러져 깨지거나 소음이 나지 않도록 한다.

⑥ 사용된 성냥은 세팅 시 재사용해서는 안 되며, 성냥을 켤 때는 불티가 고객 쪽으로 튀지 않도록 성냥개비를 몸쪽으로 향해 그어서 켠다.

16) 계산서 청구

① 계산은 계산대에서 이루어지는 것이 원칙이나 테이블에서 고객이 요구할 때는 계산서를 갖다 준다.

② 고객에게 계산을 받기 전에 계산서의 기재 사항을 확인한다.

③ 계산서는 반드시 홀더에 끼워서 보여 주고 영수증과 거스름돈은 준비된 캐시 트레이(cash tray)에 담아 공손히 준다.

④ 고객이 수표로 지불할 때는 수표 뒷면에 고객의 이름, 연락처 등을 반드시 기재한 후 받도록 한다.

⑤ 신용카드로 계산 시 불량 여부를 확인한 후 카드 청구서에 금액을 기재하여 계산서와 함께 고객의 서명을 받은 다음 고객용 영수증을 준다.

⑥ 후불로 할 경우 고객의 주민등록증 등 신분 확인과 명함 등을 받아 지배인에게 보고한다. 후불인 경우 계산서에 서명을 받고 가격을 이야기 한 다음 영수증은 주지 않는다. 용지에 기재사항을 정확히 기입하여 계산서와 함께 담당자에게 준다.

⑦ 호텔 투숙객인 경우 고객의 방 열쇠와 방 번호를 확인하고 이름과 사인을 정확히 받도록 한다.

제 3 절 서비스 형태에 따른 서비스 기법

식당에서의 단골 손님을 확보하고 시장을 개척하는 경영의 철학은 어떤 서비스를 제공해야 하는 것으로서 연회의 형태, 메뉴의 종류와 종사원의 숙련 정도 등에 따라 형태를 달리하여 최상의 서비스를 해야 한다. 대표적 서비스 형태인 미국식 서비스, 프랑스식 서비스, 러시아식 서비스, 뷔페 서비스에 대한 요령은 다음과 같다.

1. 미국식 서비스

① 테이블을 세팅한다.
② 안내 담당 종사원이 고객의 착석을 돕고 메뉴를 제공한다.
③ 물을 제공하고 버터를 놓는다.
④ 음료 주문을 받는다.
⑤ 음료를 고객의 오른쪽으로 제공한다.
⑥ 식사 주문을 받는다.
⑦ 빵을 제공한다.
⑧ 와인 리스트를 제공하고 주문된 음식에 알맞은 것으로 권유한다.
⑨ 와인이 끝났으면 유리잔을 뺀다.
⑩ 애피타이저를 고객의 중앙에 제공한다.
⑪ 첫 코스의 접시를 치운다.
⑫ 고객의 중앙에 수프를 제공한다.
⑬ 수프 접시를 쇼플레이트와 함께 치운다.
⑭ 고객의 왼쪽에서 메인코스의 접시를 중앙으로 놓는다.
⑮ 메인 코스가 끝나면 양념그릇 → 디너 접시 → 샐러드 접시 → 빈 와인잔 → 남은 식기의 순서에 의하여 테이블을 정리한다.
⑯ 테이블 위를 쓸어 낸다.
⑰ 디저트와 식후 음료의 메뉴를 제공하고 주문을 받는다.
⑱ 고객 중앙에 디저트를 놓는다.

⑲ 디저트 접시를 치운다.
⑳ 커피를 제공한다.
㉑ 식후 음료를 제공한다.
㉒ 계산서를 제공하고 계산을 돕는다.
㉓ 고객이 일어날 때 도와 주고 분실물이 없는가를 살펴본다.
㉔ 테이블을 깨끗이 정리하고 다시 세팅한다.

2. 프랑스식 서비스

① 테이블을 세팅한다.
② 지배인이나 셰프 드 랑(chef de rang)이 고객의 착석을 도와 주고 메뉴를 제공한다.
③ 물을 제공한다(commis de rang).
④ 음식 주문을 받는다(chef de rang).
⑤ 와인 리스트를 제공하고 권유한다(chef de vin).
⑥ 카나페를 서비스 한다(commis de rang).
⑦ 애피타이저를 쇼플레이트 위 중앙부에다 서브한다(commis de rang).
⑧ 애피타이저 그릇만 뽑아 낸다.
⑨ 서비스 카트로부터 수프를 제공한다(commis de rang).
⑩ 수프 그릇을 쇼플레이트와 함께 뽑아 낸다.
⑪ 샐러드 포크와 나이프는 고객 오른쪽에서 제공하고 샐러드를 고객의 중앙 위쪽에 놓는다(commis de rang).
⑫ 샐러드 접시를 치운다.
⑬ 카트 위에서 생선요리를 플래터에 준비한 다음 고객의 오른쪽으로 서브한다(chef de rang).
⑭ 생선 코스를 치우고 메인 코스를 준비한다.
⑮ 메인 코스도 생선요리 서비스와 같은 방법으로 제공한다(chef de rang).
⑯ 메인 코스 접시들은 양념그릇 → 디너 접시 → 샐러드 접시 → 빈 와인잔 → 남은 식기의 순서대로 치운다.

⑰ 테이블 위에 있는 빵 부스러기를 쓸어 낸다(commis de rang).

⑱ 디저트 코스에 사용될 스푼, 포크는 고객의 오른쪽에서 제공한다. 이때 디저트 와인을 서비스한다(commis de vin).

⑲ 디저트를 고객 중앙에 놓아 제공한다.

⑳ 디저트 코스를 치운다.

㉑ 커피를 서브한 다음에 초콜릿이나 쿠키를 같이 제공한다(commis de rang).

㉒ 브랜디나 코디얼 등 식후 음료를 제공하면서 경우에 따라서는 같이 담배도 제공한다(chef de rang).

㉓ 커피나 식후 음료가 끝나면 적당한 시간에 더 필요한 것이 있는지를 물어 본 다음 계산서를 제공한다. 이때 너무 서둘러 고객이 빨리 떠나라는 느낌을 갖도록 해서는 안 된다.

㉔ 고객의 현금이나 카드를 받아서 계산한 후 잔돈 또는 카드를 계산서 홀더 위에 올려 돌려 준다.

㉕ 고객이 자리에서 일어날 때 도와 주고 분실물이 없는지 확인한다.

㉖ 테이블의 청소와 재정비를 한다.

3. 러시아식 서비스

① 모든 음식이 주방에서 완전히 조리되고, 주방장이나 요리사에 의해 플래터에 담겨진 다음 홀로 운반된다.

② 주방에서 운반된 음식은 식지 않도록 데우는 기구에 놓아 둔다.

③ 식당 홀에 비치되어 있는 워밍 스탠드(warming stand)로부터 뜨거운 접시를 가져다가 각 고객의 정면에다 놓는다.

④ 뜨거운 빈 접시를 놓을 때는 고객의 오른쪽으로 들어가서 고객 중앙에 접시를 놓는다.

⑤ 접시가 놓이면 종사원은 주빈으로부터 시작하여 시계 도는 방향으로 돌면서 플래터 서브를 한다. 이때 종사원은 왼손에 플래터를 들고, 각 고객의 왼쪽으로 들어가, 왼발을 약간 내 디딘 자세로, 플래터를 접시에 가까이 접근시키고 오른손으로 서비스 스푼과 포크를 사용하여 음식을 덜어 놓는다.

⑥ 수프 서비스는 수프 튜린에 담아 밑 부분을 암타월로 받쳐 왼손으로 견고히 잡는다. 고객의 왼쪽으로 들어가서 고객 중앙에 놓여 있는 수프 접시에 오른손으로 수프 국자를 사용하여 덜어 준다.

⑦ 플래터 서비스를 위한 테이블 세팅은 식사에 필요한 모든 테이블 기물을 미리 세팅하는 것이 통례이다.

4. 뷔페 서비스

① 고객이 도착하기 전에 각 테이블에 버터와 빵을 놓고 얼음물을 부어 놓는다. 만약 빠른 서비스가 필요할 때는 테이블에 커피잔과 설탕, 크림 등을 함께 준비한다.

② 고객들은 뷔페 테이블로 가서 애피타이저를 가져온다.

③ 종사원들은 고객이 첫 코스를 끝냈을 때 빈 접시를 치우고, 바르게 기물을 사용하였는지를 살펴본다. 잘못 사용하여 다음 것이 없을 때는 재빨리 준비해 놓는다.

④ 고객이 메인코스를 가져오면 종사원들은 고객 테이블을 살펴보아 물이나 버터를 재공급하고, 커피, 차, 우유 등을 지금 마실 것인가 또는 디저트와 같이 마실 것인가를 물어 본다.

⑤ 메인 코스가 끝나면 모든 테이블 기물과 버터접시, 버터나이프, 빵 접시 등을 치워야 한다.

⑥ 테이블 위의 빵 부스러기 등을 쓸어 낸다.

⑦ 고객이 디저트를 가져오면 종사원은 두 번째 커피와 물을 재공급한다.

⑧ 디저트를 다 먹고 난 다음에 접시를 치워야 한다.

M E M O

CHAPTER 8

식음료시설 및 기물관리

제 1 절 테이블웨어의 종류와 취급법

1. 은식기류

은식기류는 순은제와 은도금의 두 종류가 있는데, 순은제는 가격이 비싸고 관리가 어려워 은도금 기물을 주로 사용하고 있다. 일반 식당에서는 가격이 싸고 비교적 관리가 쉬운 고급 스테인리스스틸을 많이 사용하기도 한다. 식당에서 사용하고 있는 은식기류의 종류는 서비스 트레이, 나이프와 포크, 스푼 및 기타 서비스 기물 등이 있다.

취급 요령은 다음과 같다.

① 사용된 기물은 지정된 개수통에 모으며 부딪쳐서 찌그러지거나 흠이 생길 우려가 많으므로 절대 던져 넣거나 한꺼번에 쏟아 넣어서는 안 된다.

② 은기물류와 스테인리스스틸 종류는 반드시 따로 구분하여 모아 기물의 손상을 방지한다.

③ 모인 기물은 세척기에서 뜨거운 물로 세척액을 사용하여 충분히 씻어 낸다.

④ 세척 후 기물을 종류별로 가지런히 모은다.

① 해산물용 포크
② 생선용 포크(샐러드와 디저트용으로 사용되기도 한다)
③ 디너포크
④ 생선용 나이프
⑤ 디너나이프
⑥ 버터나이프
⑦ 스테이크용 나이프
⑧ 아이스크림이나 파르페 스푼
⑨ 서빙용 스푼
⑩ 맑은 수프용 스푼
⑪ 티스푼
⑫ 크림수프용 스푼
⑬ 데미타스스푼(demitasse spoon)
⑭ 바닷가재용 피크(lobster pick)
⑮ 바닷가재용 포크
⑯ 달팽이용 포크
⑰ 달팽이용 집게
⑱ 설탕용 집게
⑲ 서빙용 혹은 얼음용 집게
⑳ 서빙용 포크
㉑ 서빙용 스푼
㉒ 케이크용 서버
㉓ 빵 부스러기 수집기(crumber)
㉔~㉖ 카빙용 세트(포크, 나이프, 샤프닝 스틸)

그림 8-1 서비스용 은식기류

⑤ 뜨거운 물을 용기에 따로 준비한다.

⑥ 종류별로 분류된 기물을 왼손에 적당량 쥐고 용기에 든 뜨거운 물에 담갔다가 핸드타월로 기물의 손잡이를 감싸 쥐고 오른손으로 음식이 닿는 부분부터 손잡이 쪽으로 물기가 완전히 제거되도록 신속한 동작으로 깨끗이 닦는다. 특히 나이프를 닦을 때는 칼날이 바깥쪽으로 향하도록 닦아야 하며 핸드타월이 칼날에 스쳐 찢어지지 않도록 주의한다.

⑦ 여러 종류의 기물을 한꺼번에 닦을 때는 반드시 포크부터 닦고 변색된 기물은 광택제로 깨끗하게 윤을 내어 사용한다.

⑧ 잘 닦인 기물은 종류별로 가지런히 모아서 기물함 또는 규정된 보관장소에 깨끗하게 비치한다.

⑨ 깨끗하게 준비된 기물로 테이블 세팅을 할 때는 음식이 닿는 윗부분을 손으로 잡거나 만져서는 절대 안 되고 반드시 손잡이 부분을 비스듬히 잡아 가능한 한 손자국이 나지 않도록 취급하며, 운반할 때 소음이 나지 않도록 트레이를 사용한다.

2. 도기류

도기류는 취급과 운반 시에 깨지지 않도록 상당한 주의를 요하며, 금이 가거나 깨졌거나 오점이 있는가를 확인한 후 이런 것들이 있으면 폐품 처리해야 한다.

또한 식기와 식기끼리 부딪치지 않도록 항상 조심해서 다루어야 하며 운반 시 한꺼번에 많은 양을 취급하지 않도록 한다.

도자기 취급요령은 다음과 같다.

① 접시 취급 시에는 접시의 테두리 안쪽으로 손가락이 절대 들어가지 않도록 잡아야 한다.

② 요리가 담긴 접시를 쥘 때는 맨 먼저 잡은 접시를 왼손 엄지손가락과 두 번째 손가락을 사용하여 접시 위 테두리와 밑바닥 테두리를 가볍게 쥐고 둘째 접시는 첫째 접시 밑으로 접시를 겹쳐 나머지 손가락으로 받쳐 든다. 접시를 잡은 후에는 손목을 약간 안쪽으로 구부리고 둘째 접시 테두리 위와 왼손 팔목 부분에 세 번째 접시를 올려 놓으면 3개를 들 수 있다. 이때 여러 개의 접시를 한꺼번에 겹쳐 들 때는 다른 접시가 요리에 닿지 않도록 조심해야 한다.

표 8-1 접시의 크기와 용도

명 칭	크 기	용 도
쇼플레이트 (show plate)	28~35cm	• 플레이스 접시(place plate), 세팅 접시(setting plate) 또는 언더 접시(under plate)라고도 함 • 장식용 접시로 메인 코스가 시작되기 전 치움
디너접시 (dinner plate)	25~27cm	• 스테이크, 로스트 등 메인요리, 스파게티, 전채요리, 샌드위치, 햄버거 등을 담는 데 사용
런천접시 (luncheon plate)	23~24cm	• 과일이나 케이크 등의 나눔 접시로 사용
디저트접시 (dessert plate)	18~21cm	• 오드블, 과일, 샐러드, 디저트 등에 사용 • 뷔페 스타일의 경우 개인 접시용으로 사용
빵접시 (bread plate)	15~18cm	• 케이크, 초콜릿, 과자, 샌드위치용으로 사용
수프접시 (soup plate)	23~25cm(지름) 2.5~5cm(테두리) 3.8cm 이상(깊이)	• 수프나 스튜용으로 사용

표 8-2 볼의 크기와 용도

명 칭	형 태	크 기	용 도
부이용 컵 (bouillon cup)		9.5cm	• 맑은 수프를 담는 데 사용
시리얼 볼 (cereal bowl)		14cm	• 오트밀 볼이라고도 함 • 샐러드나 파스타 등을 포크로 먹을 때 사용 • 수프나 시리얼처럼 스푼으로 먹는 음식을 담는 데 사용 • 약식 식사에 사용
핑거 볼 (finger bowl)		10cm(지름) 5~6cm(높이)	• 식후 과일을 먹은 후 손끝을 씻는 데 사용
램킨 (ramekin)		7~11cm(지름) 4~5cm(깊이)	• 치즈, 우유, 크림으로 구운 요리에 사용

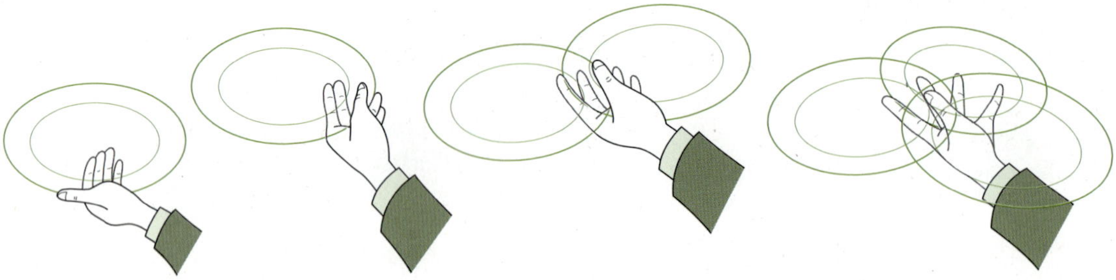

그림 8-2 접시 드는 요령

③ 접시를 들고 운반할 때는 몸 바깥으로 벌어지지 않도록 몸 안쪽으로 접시를 밀착하여 들어야 하고 접시 든 팔을 흔들면서 걷거나 전후좌우 경계를 소홀히 해서는 안 된다.

④ 사용한 접시를 치울 때는 맨 먼저 잡은 접시에 왼손 엄지와 새끼 손가락을 접시 위로 걸치고 나머지 손가락으로 접시 밑을 받쳐 손가락 사이에 가볍게 끼운다.

⑤ 포크는 왼손 엄지 손가락과 접시 사이에 끼워 잡고 나이프는 포크 밑으로 가지런히 끼워 바닥에 기물이 떨어지는 것을 방지한다.

⑥ 다음 접시는 왼손 팔목 부분 위에 올려 놓고 나이프는 손에 든 접시의 포크 밑으로 가지런히 끼운 다음 음식물은 나머지 포크로 밑접시에 쓸어 담는다.

⑦ 그 다음 접시도 같은 요령으로 처리하여 포개며 절대 소음이 나지 않도록 해야 한다.

3. 글라스웨어류

글라스웨어(glassware)는 원통모양과 굽 달린 모양의 두 종류로 크게 나눌 수 있으며 각종 잔은 디자인과 용도, 용량에 따라 모양이 다양하며 취급 시 파손될 우려가 많으므로 각별히 조심하여 손실이 없도록 해야 한다.

글라스웨어의 취급요령은 다음과 같다.

① 잔을 쥘 때는 반드시 밑부분을 잡아야 하고 손잡이 달린 잔은 손잡이 부분을 쥐어야 하며 윗부분이나 잔 안에 손가락을 넣어 잡아서는 안 된다.

② 잔을 운반할 때는 손으로 운반하는 방법과 트레이로 운반하는 방법이 있으며 원

통모양의 글라스웨어는 반드시 트레이를 사용하여 운반한다.

③ 트레이로 운반할 때는 잔이 미끄러지지 않도록 트레이에 매트 또는 냅킨을 깔고 무게가 한쪽으로 쏠리지 않도록 중심 자리부터 잔을 붙여서 놓으며, 내용물이 담긴 잔을 운반할 때는 조심해서 다루고 전후좌우 경계를 소홀히 해서는 안 된다.

④ 손잡이 달린 잔을 손으로 운반할 때는 손잡이 부분을 손가락 사이에 끼워서 윗부분이 아래쪽으로 향하도록 거꾸로 들고 잔과 잔끼리 부딪치지 않도록 조심해서 운반하며 놓을 때는 맨 마지막에 끼운 잔부터 역순으로 내려 놓는다.

⑤ 한꺼번에 많은 양의 잔을 운반할 때는 글라스 랙(glass rack)을 사용하도록 하며 용도에 맞는 랙을 필히 사용해야 한다.

⑥ 글라스 랙을 사용하여 세척기에 잔을 세척한다.

⑦ 용기에 뜨거운 물을 따로 준비하여 세척된 잔을 한 개씩 수증기에 쏘여 깨끗이 닦는다.

⑧ 닦기 전에는 금이 갔거나 깨어진 것이 있는지 확인한 후 닦도록 한다.

⑨ 닦을 때는 냅킨을 펼쳐 잡은 후 한쪽 엄지손가락과 냅킨을 잔 안쪽에 넣고 나머지 손가락은 잔 바깥 부분을 쥐며 다른 한쪽 손은 잔 밑바닥을 냅킨으로 감싸 쥐고 무리한 힘을 가하지 않도록 잔을 가볍게 돌려 가면서 닦는다.

⑩ 닦는 순서는 윗부분부터 안팎을 닦은 후 손잡이 부분과 밑바닥을 차례대로 물기가 없도록 깨끗하게 닦는다.

⑪ 수증기를 쏘여도 얼룩이나 물자국 등이 닦이지 않을 때는 뜨거운 물에 담갔다가 닦는다.

⑫ 닦은 후에는 먼지 또는 얼룩이나 물자국 등이 깨끗하게 닦였는지 철저히 점검해야 한다.

4. 리넨류

리넨의 종류에는 식탁의 청결을 위해 식탁 위에 까는 면직류나 마직류로 만든 주로 흰색의 테이블보(table cloth)와 테이블보의 더러움을 방지하거나 식탁에 식기나 기물을 놓았을 때 소리가 나지 않도록 테이블보 밑에 까는 밑 깔개(under cloth)가 있으며, 촉감을 부드럽게 하기 위해 털로 다져진 천이나 면 종류의 천이 사용된다. 또한 회의나 리셉션 등에 사용되는 회의용(meeting cloth)은 주로 무늬가 없고 촉감이 부

표 8-3 글라스웨어의 종류와 용도

명 칭	형 태	용 량	용 도
고블릿 (goblet)		300mL	• 물, 칵테일 중 롱 드링크에 사용 • 맥주, 비알코올성 음료에 사용
적포도주잔 (red wine glass)		180mL 이상	• 적포도주의 향기가 밖으로 나가지 못하도록 용량이 크고 너비가 넓으며 잔 입구가 안쪽으로 더 오므라져 있음
백포도주잔 (white wine glass)		150mL 이상	• 한 번에 적은 양이 들어 가는 작은 잔 사용
샴페인잔 (champagne glass ; saucer)		135mL	• 스파클링 와인(sparking wine)용
샴페인잔 (champagne glass ; flute)		150mL	• 스파클링 와인용 • 거품을 오랫동안 유지하고, 육안으로 즐길 수 있음
칵테일잔 (cocktail glass)		120mL	• 위스키 글라스(whisky glass)라고도 함
브랜디잔 (brandy glass)		300mL	• 브랜디용의 향이 밖으로 퍼지지 않도록 하기 위한 것 • 잔의 크기와는 관계없이 30mL 정도 따르는 것이 일반적임
셰리와인잔 (sherry wine glass)		90mL	• 셰리나 포트 와인을 마실 때 주로 사용

<table>
<tr><td>리큐르잔
(liqueur glass)</td><td></td><td>50mL</td><td>• 스트레이트잔, 코디얼(cordial) 잔이라고도 함
• 식후 술을 마실 때 사용</td></tr>
<tr><td>필스너
(pilsner)</td><td></td><td>180mL 이상</td><td>• 맥주용</td></tr>
<tr><td>저그
(jug)</td><td></td><td>500mL</td><td>• 맥주용</td></tr>
<tr><td>하이볼
(high ball glass)</td><td></td><td>200mL 이상</td><td>• 알코올과 비알코올성을 혼합한 롱 드링크(long drink)나 비알코올성 칵테일, 여러 가지 과일 주스, 청량음료 등에 사용</td></tr>
<tr><td>올드패션드잔
(old fashioned glass)</td><td></td><td>240mL</td><td>• 온 더 록스 스타일의 칵테일과 위스키를 마실 때 사용</td></tr>
<tr><td>샷잔
(shot glass)</td><td></td><td>30mL</td><td>• 위스키와 스피릿(spirit) 등을 스트레이트로 마실 때 사용</td></tr>
<tr><td rowspan="3">디캔터
(decanter glass)</td><td></td><td rowspan="3">720mL</td><td>• 와인용</td></tr>
<tr><td></td><td>• 브랜디용</td></tr>
<tr><td></td><td>• 위스키용</td></tr>
</table>

출처 : 오경화 외(2004), 테이블 코디네이트, p. 59 재구성.

드러운 털을 다져 만든 천이 사용된다. 그 밖에 식탁의 장식품이면서 고객이 식사 중 입이나 손을 닦거나 음식을 흘려 옷이 더러워지는 것을 방지하기 위해 사용되는 냅킨(napkin) 그리고 기물이나 집기류 등을 닦을 때 사용되는 세척용(wash cloth)이 있다.

사용 시 주의사항은 다음과 같다.

① 사용과 보관을 청결하게 해야 한다.
② 사용 목적 이외에 사용해서는 안 되며 규격 및 용도에 맞게 사용해야 한다.
③ 세탁된 리넨을 보관할 때는 규정된 장소에 종류별로 구분해서 사용이 편리하도록 잘 정돈하여 비치하고 구겨지거나 먼지가 묻지 않도록 깨끗하게 보관해야 한다.
④ 리넨에 기름이나 음식물 등으로 인해 얼룩이 생기지 않도록 다루어야 하며 사용된 리넨 위에 핀, 이쑤시개, 음식물 등이 있을 때는 깨끗하게 쓸어 낸 후 세탁이 용이하도록 일정하게 접는다.
⑤ 찢어졌거나 흠집 또는 얼룩이 있는 리넨은 사용해서는 안 된다.
⑥ 사용한 리넨은 리넨 카트에 모아 땅바닥이나 정해진 장소가 아닌 곳에 방치하지 않도록 한다.

5. 카 트

모든 카트류는 항상 청결하게 관리하여야 한다. 또한 고객 앞에서 사용되는 목적 이외에는 다른 용도로 사용해서는 안 된다.

카트류의 안전관리사항은 다음과 같다.

① 난폭하게 운전을 하지 않는다.
② 체중을 싣지 않는다.
③ 무리하게 많은 짐을 싣지 않는다.
④ 벽 또는 테이블 등에 부딪치지 않도록 한다.
⑤ 끌고 다녀서는 절대 안 되며 두 손으로 안전하게 밀고 다닌다.
⑥ 요리는 반드시 상단에 싣고 그 밖에 다른 준비물은 하단에 싣도록 한다.
⑦ 사용 후에는 반드시 정해진 장소에 원위치 해야 한다.
⑧ 알코올 램프나 레쇼페(rechauffe)가 갖추어진 카트를 다룰 때는 용기가 넘어지

거나 쏟아지지 않도록 각별히 조심하며, 연료를 채울 때는 용기에 70~80% 정도 담아 불을 붙였을 때 연료가 끓어 넘치지 않도록 한다.

6. 트레이

트레이 종류는 모양뿐만 아니라 재질도 다양한데, 전통적으로 은제품류나 스테인리스스틸을 많이 사용하였으나 보관상 어려움 및 사용상 불편함 때문에 현재는 플라스틱으로 만든 값싸고 위생적인 트레이를 많이 사용하고 있다.

1) 원형 트레이

종사자들이 고객 서비스 시 가장 많이 사용하는 트레이로 지나치게 무겁거나 크면 업무 능률을 저하시키고 너무 작으면 비효율적이다. 크기는 30~50cm가 적당하고 운반 시에는 미끄럽지 않도록 천이나 매트를 깔아서 사용한다.

2) 사각형 트레이

고객에게 음료나 식사를 동시에 서비스할 때 주로 사용한다. 이것은 주로 은제품이 많은데, 후식을 제공할 때나 특별 행사의 테이프 컷팅 시 보조 수단, 쟁반에서 직접 음식 등을 고객에게 제공할 때 사용한다.

3) 타원형 트레이

대체적으로 은제품이 많은데, 격식이 높은 식당에서 서비스에 필요한 음식이나 기물을 쟁반 위에서 고객에게 직접 제공할 때 주로 사용한다.

4) 직사각형 트레이

보다 많은 기물을 한꺼번에 운반할 때 주로 사용하는 것으로 연회 행사 시 한꺼번에 많은 음식을 제공하거나 스테이션에서 빈 기물을 대량으로 치울 때, 각 스테이션으로 조그만 기물을 대량으로 옮길 때 사용한다.

7. 테이블과 의자

테이블의 높이는 국제적인 표준규격으로 72~75cm이며, 폭은 4인용 정사각형의 경우 가로, 세로가 각각 85~90cm 정도가 적당하다. 긴 식탁일 경우 가로가 120cm, 세로가 85cm 정도로써 식탁이 여러 개 이어져 있을 때는 한 사람이 쓸 수 있는 간격을 60cm 정도로 한다.

의자의 높이는 42~45cm로서 앉는 부분의 넓이는 50cm×50cm가 적당하다.

1) 테이블의 종류

(1) 직사각형(rectangular)

보통 식사용 테이블로 많이 사용되는데, 뷔페 테이블을 만들 때 여러 개를 연결하여 사용하기도 한다.

(2) 정사각형(square)

단독으로 사용되는 경우는 많지 않고 보편적으로 테이블의 모양을 꾸밀 때 다른 테이블의 보조로 사용된다. 각종 미팅 시 OHP나 빔프로젝터 등을 올려 놓는 것으로 사용된다.

(3) 원형(round)

연회 행사 시 식사용으로 가장 많이 사용하는 테이블로 일반적으로 8인용과 10인용이 있으며 세팅 시 먼저 밑 깔개를 깔고 그 위에 테이블보를 깐다.

(4) 서핀타인형(serpentine)

초승달모양의 테이블로 일명 '크레센트(crescent)' 라고도 한다. 이 테이블은 단독으로 사용하지 않고 다른 테이블과의 조화로 여러 가지 모양을 낼 때, 구불구불 뷔페 테이블을 만들 때 주로 사용된다.

표 8-4 테이블의 크기와 종류

테이블 종류	좌석수별	규격(cm)			배치장소
		가 로	세 로	높 이	
정사각형	2인용	62~90	62~90	72~75	중앙, 구석
	4인용	85~90	85~90	72~75	중앙, 구석
직사각형	4인용	110	90	72~75	창가, 벽
	6인용	150	90	72~75	창가, 벽, 중앙
원 형	2인용	80~90(지름)		72~75	중앙
	4인용	90~110(지름)		72~75	중앙
	6인용	130~150(지름)		72~75	중앙

(5) 하프 라운드형(half round)

반원형으로 타원형의 형태를 연출할 때 직사각형 테이블의 끝부분에 붙여 사용한다. 연회에서 소수 인원의 조찬 메뉴일 경우에 연출할 수 있는 형태이다.

(6) 쿼터 라운드형(quarter round)

단독으로 사용하지 않고 테이블의 끝처리나 뷔페 테이블을 꾸밀 때 주로 사용한다.

2) 테이블 배치

① 테이블은 고객의 활동에 불편이 없도록 해야 한다.
② 정해진 규격이 일정해야 한다.
③ 견고하고 흔들리지 않아야 한다.
④ 서비스를 하는 데 불편이 없는 충분한 공간을 유지해야 한다.
⑤ 이동 테이블은 정사각형이 좋다.
⑥ 고객의 수에 알맞은 테이블을 배치한다.
⑦ 고객들 간 보안이 유지될 수 있도록 배치한다.
⑧ 테이블과 의자가 차지하는 넓이는 일반적으로 2.3m×2.3m 정도이다.

식당의 필요한 좌석 수를 산출하는 공식은 다음과 같다.

$$S = R \times N \times 60\text{분}/T$$

S : 필요한 좌석 수, R : 1분간 이동률
N : 식당수, T : 좌석 회전율

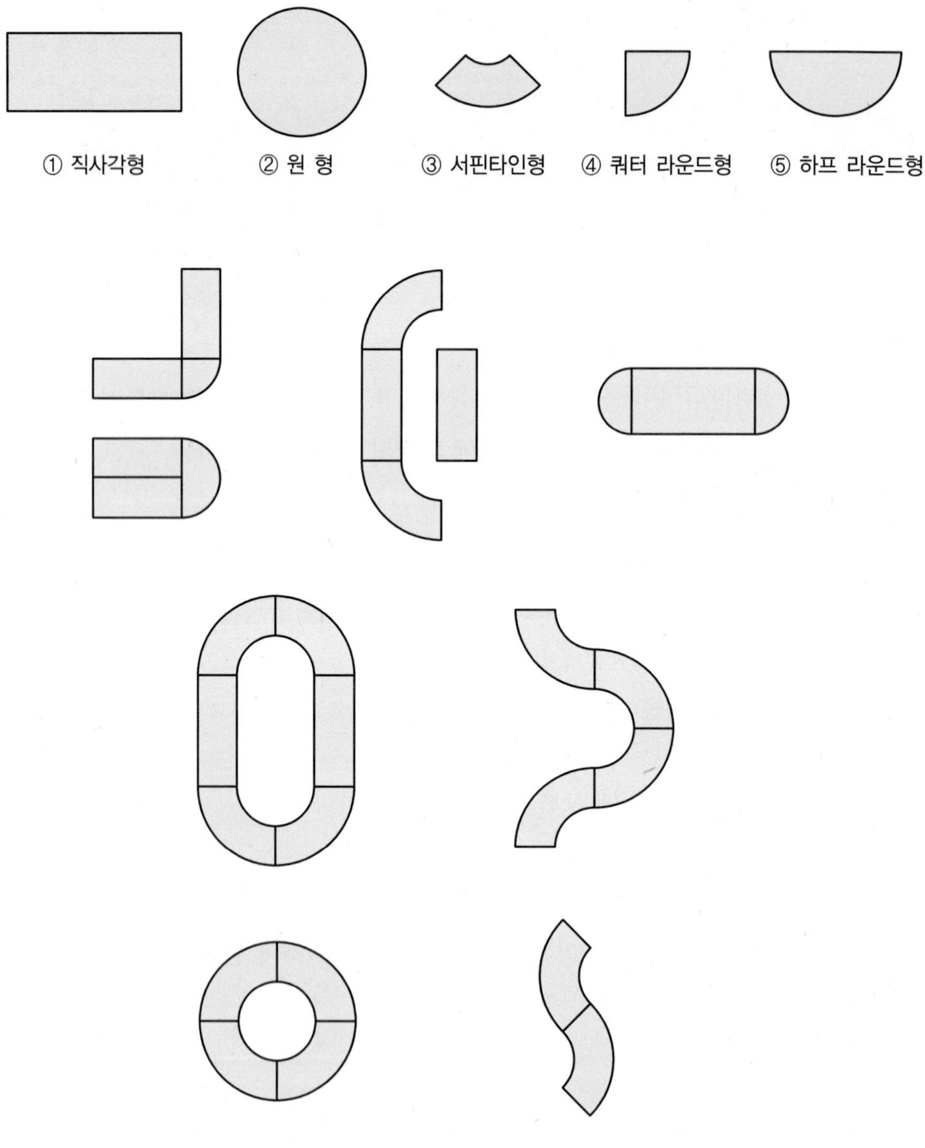

그림 8-3 **테이블 모양과 배치방법**

제 2 절 테이블 세팅

테이블 세팅은 고객이 식사하기에 편리하도록 알맞은 각종 기물을 준비하며 미리 예상되는 고객의 요구를 충족할 수 있도록 경우에 따라서는 특별한 준비물 등을 바르게 갖추어 놓는 사전 준비작업으로 각 업장의 분위기를 최대한 연출해서 그곳만의 특성과 멋을 표현할 수 있어야 한다.

1. 영업준비

일명 미장쁘라스(mis-en-place)라고 하는데, 식당에서 고객이 안락한 분위기에서 숙달된 종사원의 서비스에 의해 최상의 서비스를 받고 환송을 받으며 출발할 때까지의 영업에 필요한 모든 사전 준비로 식당 내의 청결상태, 환경정리와 정돈, 식탁의 배치와 고정, 각종 리넨류 준비, 사이드 스테이션(side station)의 기물류 보충상태를 완벽히 준비하는 것이다. 이런 사전 준비는 바쁜 영업시간에 에너지와 시간의 낭비를 줄여 효율적인 서비스 제공을 가능하게 한다.

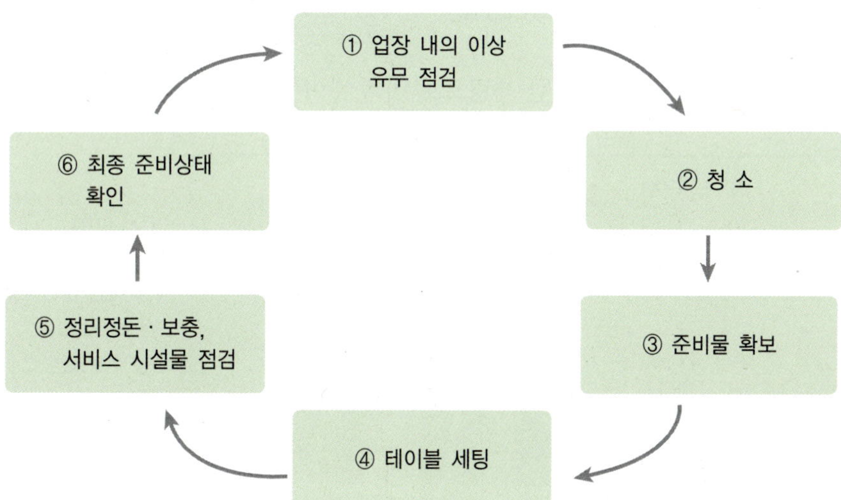

그림 8-4 영업준비 순서

출처 : 남택영(2002), 호텔 식음료서비스 실무경영, p. 65.

2. 테이블 세팅 종류

1) 기본 세팅(basic setting)

서양식 식당에서 영업장을 오픈하면서 항상 기본적으로 준비되어 있는 세팅으로 모든 코스에 공통적으로 제공되는 메뉴에 대한 세팅이다.

① 수프스푼
② 육류용 나이프
③ 샐러드용 포크
④ 육류용 포크
⑤ 빵과 버터 접시
⑥ 버터나이프(버터스프레드)
⑦ 물 잔
⑧ 소금병
⑨ 후추병
⑩ 쇼플레이트
⑪ 냅 킨

그림 8-5 기본 세팅

2) 조식세팅(Breakfast setting)

호텔에서 간단한 아침식사를 위한 세팅으로 미국식 아침식사 형태의 세팅이다.

① 나이프
② 포 크
③ 빵과 버터 접시
④ 버터나이프
⑤ 수프스푼
⑥ 커피잔
⑦ 커피용 스푼
⑧ 물 잔
⑨ 소금병
⑩ 후추병
⑪ 냅 킨

그림 8-6 조식 세팅

3) 정식 세팅(table d'hôte setting)

서양식 식당에서 격식 있는 정찬(full course)을 제공할 때 서비스하는 세팅이다.

제공되는 요리의 코스가 다양하지만 일반적으로 7~8코스가 주를 이루고 있다.

기물은 은제품을 사용하나 경우에 따라서는 스테인리스스틸 제품을 사용하기도 한다. 센터피스는 촛대나 꽃으로 화려하게 장식하기도 한다.

① 쇼플레이트
② 냅 킨
③ 애피타이저 나이프(오르되브르 나이프)
④ 수프스푼
⑤ 생선용 나이프
⑥ 육류용 나이프(앙트레 나이프)
⑦ 애피타이저 포크(오르되브르 포크)
⑧ 생선용 포크
⑨ 샐러드용 포크
⑩ 육류용 포크(앙트레 포크)
⑪ 음료용 스푼
⑫ 디저트용 포크
⑬ 버터나이프(버터 스프레드)
⑭ 빵과 버터 접시
⑮ 버터 볼
⑯ 물 잔
⑰ 백포도주잔
⑱ 적포도주잔
⑲ 샴페인잔
⑳ 후추병과 소금병

그림 8-7 정식 세팅

4) 특별식 세팅(special setting)

호텔이나 연회 행사 때 그날의 특별 메뉴나 이벤트 시 제공되는 메뉴에 맞게 서비스하는 세팅이다.

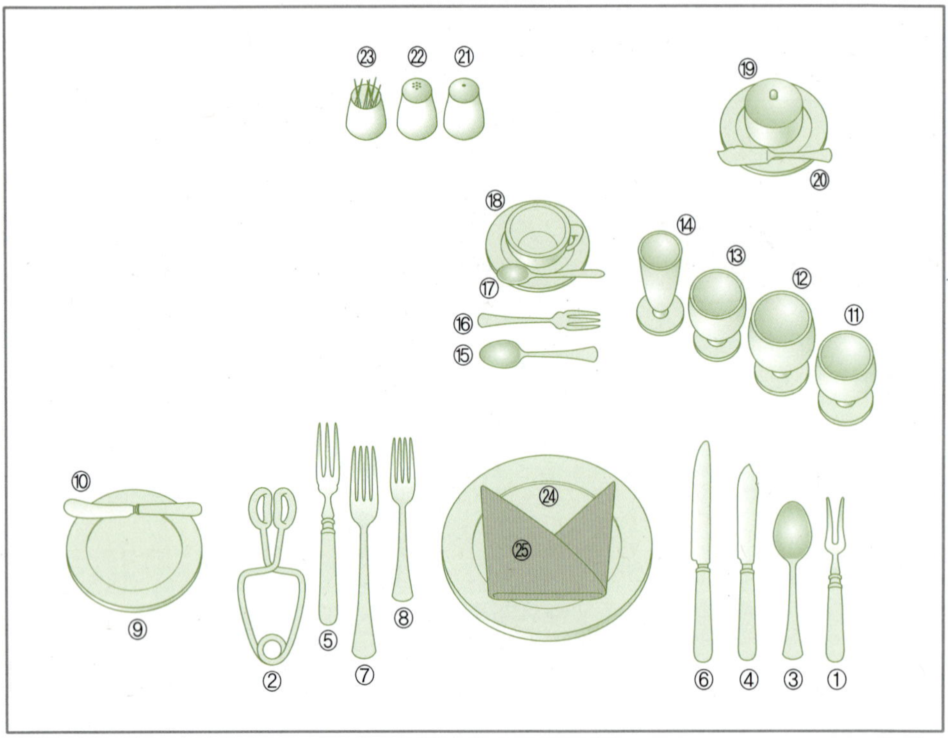

① 달팽이요리용 포크
② 달팽이요리용 집게
③ 수프용 스푼
④ 생선용 나이프
⑤ 생선용 포크
⑥ 육류용 나이프(앙트레 나이프)
⑦ 육류용 포크(앙트레 포크)
⑧ 샐러드용 포크
⑨ 빵과 버터 접시
⑩ 버터나이프
⑪ 백포도주잔
⑫ 적포도주잔
⑬ 물 잔
⑭ 샴페인잔
⑮ 디저트용 스푼
⑯ 디저트용 포크
⑰ 커피스푼
⑱ 커피잔
⑲ 버터 볼
⑳ 버터나이프(버터 스프레드)
㉑ 소금병
㉒ 후추병
㉓ 이쑤시개용
㉔ 쇼플레이트
㉕ 냅 킨

그림 8-8 특별식 세팅

3. 테이블 세팅의 기본 원칙

① 쇼플레이트와 은기물류는 식탁 끝에서부터 2cm 정도의 간격을 두고 놓는다.
② 기물류의 배열은 전체적인 균형을 이룰 수 있도록 적당한 간격으로 보기 좋게 놓는다.
③ 빵 접시의 중앙선과 쇼플레이트의 중앙선이 일치하도록 배열한다.
④ 나이프는 칼날이 안쪽으로 향하게 한다.
⑤ 버터나이프는 빵 접시 위에 오른쪽으로 1/4 정도 되는 부분에 포크의 배열선과 맞춰 놓는다.
⑥ 물잔은 나이프의 끝쪽 연장선과 디저트스푼 및 포크의 중앙 배열선이 교차되는 곳에 놓는다.
⑦ 와인잔은 물잔의 오른쪽 아래쪽으로 45° 대각선상에 놓는다.
⑧ 센터피스의 배열은 테이블 종류와 세팅 인원에 따라 달라질 수 있으나 일반적으로 왼쪽부터 후추, 소금, 꽃병의 순으로 배열한다.
⑨ 쇼플레이트를 사용하지 않을 때는 냅킨을 놓아서 기준을 삼는다.

4. 테이블 세팅 시 유의사항

1) 센터피스

테이블 중앙을 장식하기 위한 제반 물건을 말하는 센터피스(centerpiece)는 기본적으로 가장 먼저 테이블의 중앙 부분을 정하고 고객수에 따라 구분할 필요가 있다.

① 꽃병, 양념통 세트, 촛대, 과일접시, 과자, 빵바구니 등이 일반적으로 장식된다.
② 꽃은 주위의 색과 잘 조화되어야 한다.
③ 장식의 높이는 앉아서 상대방의 얼굴을 마주 볼 수 있어야 한다.
④ 향기가 너무 짙은 꽃은 바람직하지 못하다.
⑤ 양념통 세트는 고객의 손이 쉽게 닿을 수 있도록 2~3명에 한 세트를 놓는다.
⑥ 모든 센터피스는 식사에 지장을 주어서는 안 된다.

2) 나이프와 포크

식당에 따라 다소 차이가 있으나 기본은 다음과 같다.

① 나이프는 날이 안쪽으로 향하게 해서 오른쪽에 수직으로 놓는다.
② 포크는 날 부분을 위로 향하게 해서 왼쪽에 놓는다. 단, 프랑스식 세팅일 경우 포크의 날을 바닥으로 향하게 한다.
③ 손잡이는 식탁 끝에서 1.5~2cm 가량 위로 올려서 세팅한다.
④ 버터나이프는 빵과 버터 접시의 오른쪽 위에 포크와 나란히 놓는다.
⑤ 기본 세팅을 먼저 해놓고 고객의 주문에 따라 추가로 세팅한다.

3) 글라스웨어

① 물잔을 중심으로 와인잔을 놓는다.
② 물잔은 육류 나이프의 약 1.5~2cm 정도 위에 세팅한다.
③ 물잔을 중심으로 마름모꼴이나 사선형으로 백포도주잔, 적포도주잔, 샴페인잔의 순서로 놓는다.
④ 너무 많은 잔이 놓이면 고객이 부담스러워하므로 한 사람의 고객 앞에 한꺼번에 4개 이상을 세팅하는 일이 없도록 한다.
⑤ 잔은 반드시 손잡이나 밑 부분을 잡아야 한다.
⑥ 입이 닿는 윗부분을 잡아 손자국이나 오점을 내서는 안 된다.

4) 기 타

① 수프스푼은 나이프 오른쪽에 나란히 놓는다.
② 쇼플레이트 윗부분에 버터 접시 또는 버터 볼을 놓는다.
③ 빵과 버터 접시 위쪽에 빵 바구니를 놓는다.
④ 재떨이를 놓을 경우 테이블 중앙에 두며 성냥은 상표가 앞으로 오게 세워 놓는다.
⑤ 디저트를 제공하기 전에 테이블 위의 물잔, 포도주잔을 제외하고 모든 기물을 치운다. 재떨이는 새로운 것으로 바꾸고 디저트용 기물을 세팅한다.
⑥ 스푼과 포크가 함께 필요한 경우 스푼은 오른쪽에, 포크는 왼쪽에 세팅한다.

⑦ 두 기물 간의 간격은 디저트용 접시에 비례하여 세팅한다.
⑧ 커피나 차는 미리 세팅하지 않는다.
⑨ 커피나 차를 제공할 때는 컵 받침 접시보다 약간 큰 접시 위에 종이 냅킨이나 둥근 도이리(doily)를 깔고 그 위에 컵 받침 접시를 놓아 컵과 함께 제공한다.
⑩ 커피스푼은 고객이 쉽게 볼 수 있도록 컵 앞에 수평으로 놓는다.

5. 냅킨 접는 법

1) 광대모자

① 냅킨의 반을 접어 아래에서 위로 올린다.
② 손으로 아래 중앙을 잡고 오른쪽부터 느슨하게 중앙으로 만다.
③ 꼭지가 생기도록 귀퉁이를 맞춘다.
④ 돌아가며 가장자리를 접은 다음 바닥에 세운다.

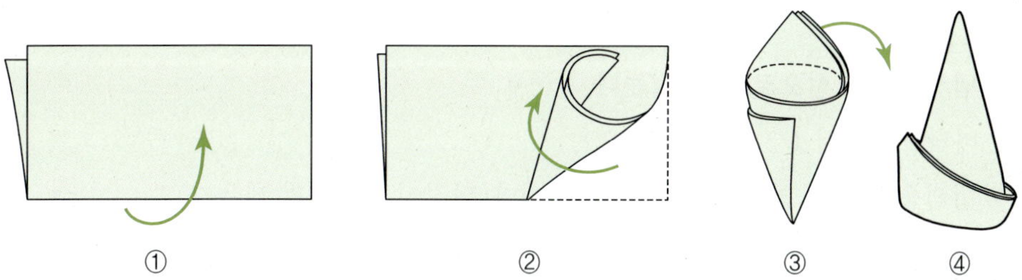

그림 8-9 광대모자 접기

2) 장미형

① 4개의 귀퉁이를 중심점으로 접는다.
② 다시 4개의 귀퉁이를 중심점으로 접는다.
③ 냅킨을 뒤집어서 4개의 귀퉁이를 중심으로 접는다.
④ 가운데를 단단히 잡고 각 귀퉁이를 당겨 세워 꽃모양을 만들고 가운데 모인 모서리 부분도 당겨서 올려 세운다.

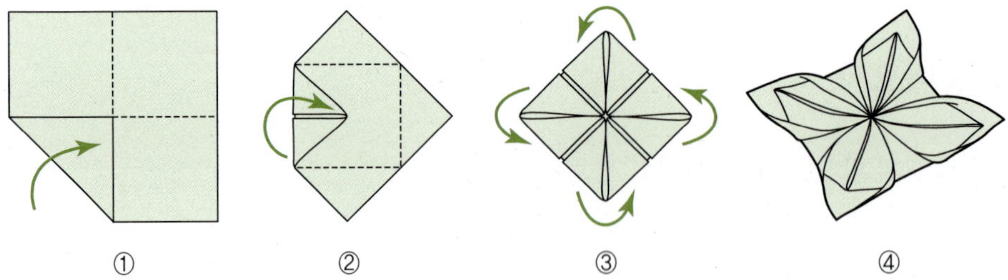

그림 8-10 장미형 접기

3) 촛불형

① 냅킨을 대각선으로 반을 접는다.
② 바닥으로부터 1/3 정도를 접는다.
③ 냅킨을 위로 돌려 아래에서 위로 돌린다(뒤집어 90° 돌려 세운다).
④ 아래에서 위로 돌려 만다.
⑤ 귀퉁이를 안으로 접어 넣고 접힌 부분을 손으로 벌려 세운다.
⑥ 꼭지점의 한 층을 아래로 내린다.

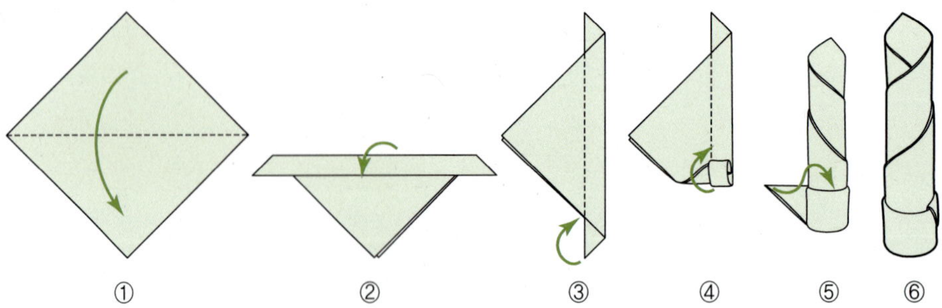

그림 8-11 촛불형 접기

4) 주교모자형

① 냅킨을 위에서 아래로 접는다.
② 중심선으로 양쪽 모서리를 접는다.
③ 뒤집는다.
④ 반을 접어 모서리를 뺀다.
⑤ 왼쪽으로 삼각형 모양이 생기도록 접는다.
⑥ 오른쪽으로 삼각형 모양이 생기도록 접는다.
⑦ 바닥을 벌려 똑바로 세운다.

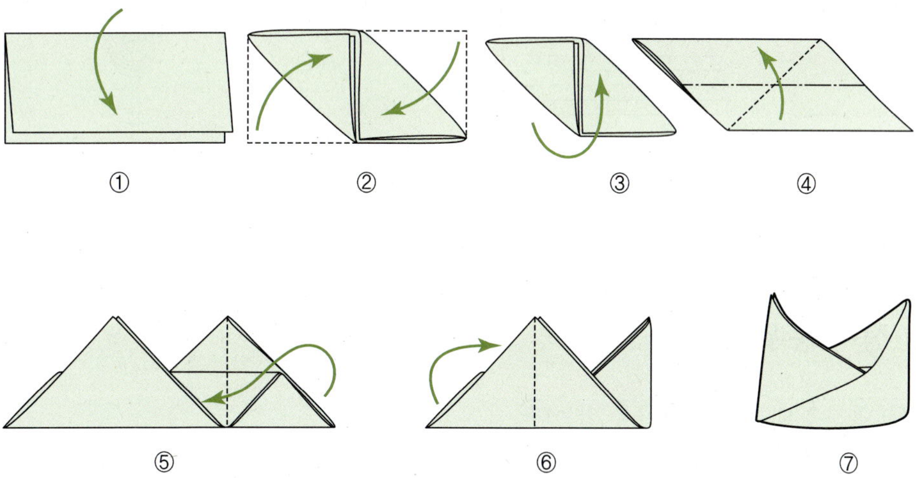

그림 8-12 주교모자형 접기

5) 고블릿 부채형

① 냅킨을 반으로 접는다.
② 아래에서 위로 접는다.
③ 하단의 1/3을 접어 고블릿에 넣는다.
④ 상단을 펼친다.

①　②　③　④

그림 8-13 고블릿 부채형 접기

6) 장미 봉우리형

① 냅킨을 대각선으로 반을 접는다.
② 양 측면이 꼭지점에서 만나도록 접는다.
③ 냅킨을 뒤로 돌려 바닥에서 2/3 정도를 접는다.
④ 다시 뒤로 돌려 양쪽 측면을 서로 접어 한쪽 고리에 넣는다.
⑤ 냅킨을 돌려 바닥에 세운다.

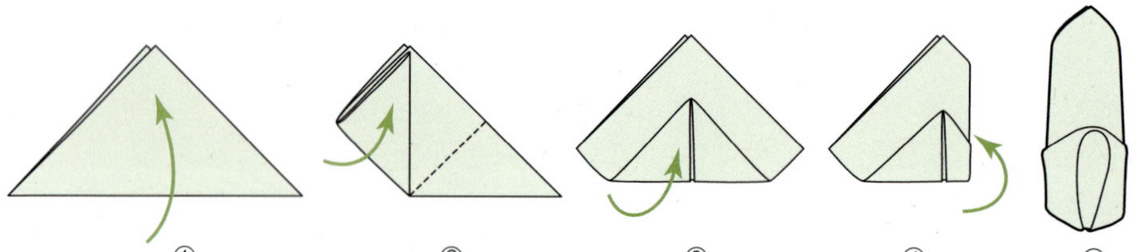

①　②　③　④　⑤

그림 8-14 장미 봉우리형 접기

7) 부채형

① 냅킨을 반으로 접는다.
② 바닥에서부터 아코디언과 같이 냅킨의 2/3 정도까지 접는다.
③ 바깥쪽으로 반을 접는다.
④ 접지 않은 부분 위에서부터 대각선으로 접어 주름 연결 부분에 넣는다.
⑤ 접었던 부분을 부채형태로 펼친다.

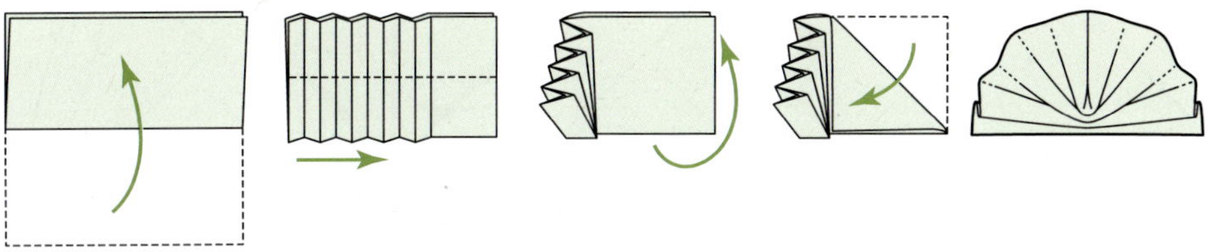

①　②　③　④　⑤

그림 8-15 부채형 접기

8) 추기경 모자형

① 냅킨을 대각선으로 반을 접는다.
② 끝이 상단 꼭지점에서 만나도록 접는다.
③ 뒤집어 하단을 2/3 정도 접은 다음 다시 반을 아래로 접는다.
④ 둥글게 만다.
⑤ 한쪽 끝을 다른 쪽으로 넣는다. 접은 하단을 벌려 바로 세운다.

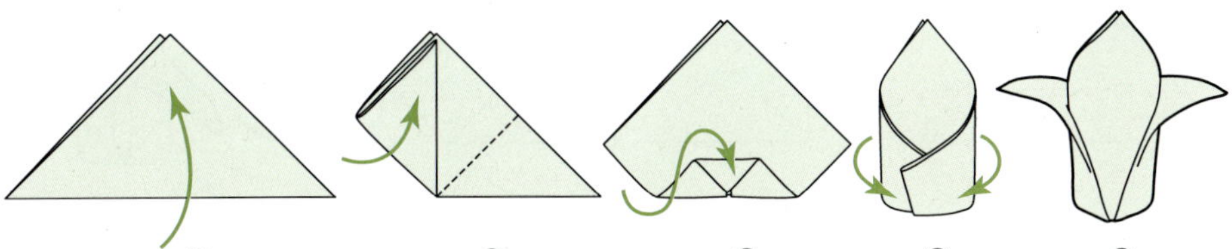

①　②　③　④　⑤

그림 8-16 추기경모자형 접기

9) 피라미드형

① 냅킨을 대각선으로 반을 접는다.

② 끝이 상단 꼭지점에서 만나도록 접는다.

③ 뒤집어 반을 접는다.

④ 가운데를 접어 삼각형으로 세운다.

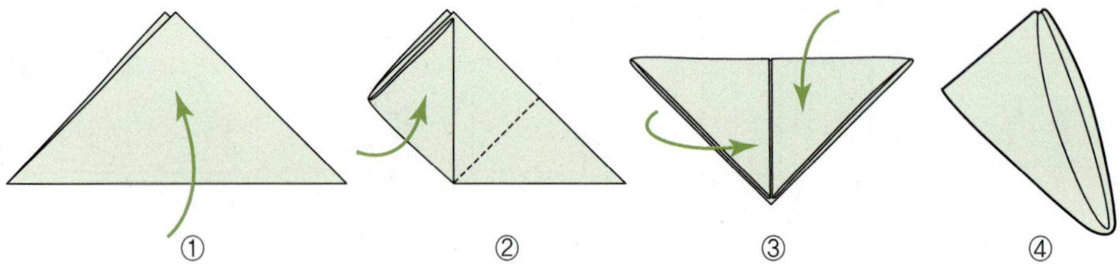

그림 8-17 피라미드형 접기

10) 왕관형

① 대각선으로 반을 접는다.

② 꼭지점에서 만나도록 귀퉁이를 접는다.

③ 아랫면을 위로 2/3 정도 접은 다음 다시 반을 아래로 접는다.

④ 냅킨을 뒤로 돌려 한쪽 끝을 반대쪽 끝 사이에 넣어 고정한다.

⑤ 양쪽 끝을 아래로 내려 모양을 만든 다음 세운다.

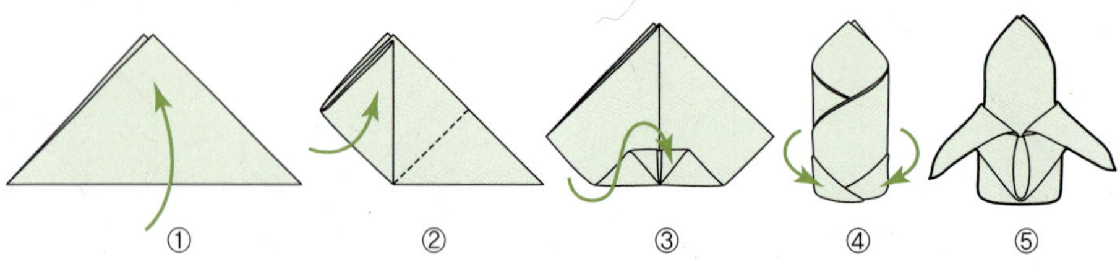

그림 8-18 왕관형 접기

11) 포켓형

① 냅킨을 4등분하여 접은 상태에서 위의 귀퉁이 부분을 화살표만큼 접는다.
② 다시 한번 점선 부분만큼 접는다.
③ 냅킨의 다음 한 꺼풀을 ①과 똑같이 접는다.
④ ②와 같이 점선만큼 다시 접는다.
⑤ 두 번째 접은 부분을 첫 번째 접은 부분 속으로 조금만 끼워 넣는다.
⑥ 냅킨을 삼등분하여 점선 부분만큼 뒤로 접는다.
⑦ 오른쪽 부분을 ⑥과 똑같이 뒤로 접는다.
⑧ 뒤의 모서리 부분을 안으로 끼워서 풀리지 않도록 한 다음 기물을 집어 넣는다.

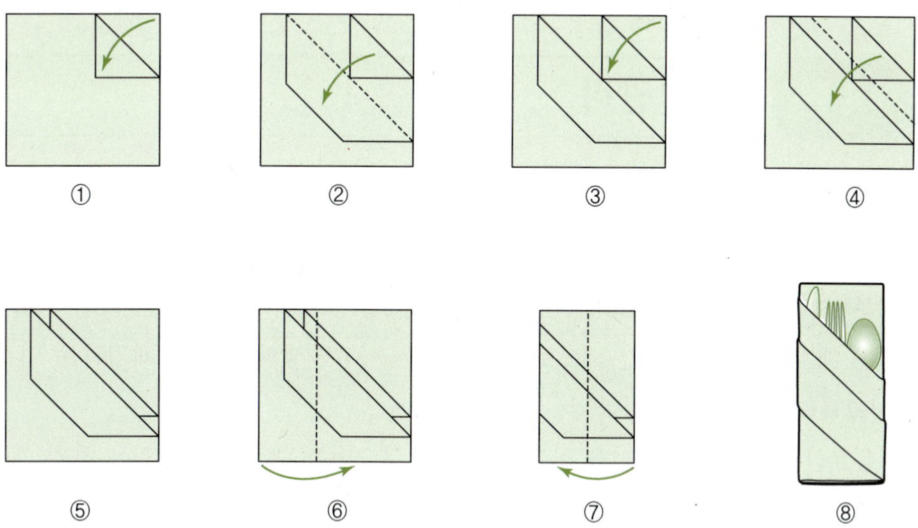

그림 8-19 포켓형 접기

CHAPTER 9

식음료 안전과 위생관리

제 1 절 안전관리

안전이란 위험이나 상해로부터 자유로운 존재상태, 즉 사고의 위험이 없는 상태를 유지하는 것을 말한다. 사고의 위험이 없는 상태를 유지하기 위해서는 사전에 위험요인을 배제하지 않으면 안 되므로 안전관리는 사고발생의 위험을 제거하는 업무, 즉 사고관리라고도 할 수 있다.

식음료산업은 다양한 시설을 갖추고 불특정 다수인을 대상으로 영업을 하기 때문에 예상하지 못한 각종 위험과 사고가 잠재되어 있다. 식당의 물적 시설의 결함이나 종사원의 부주의 또는 물리적 · 화학적 위험 요소가 내재되어 있는 작업환경 때문에도 안전사고가 발생할 수 있다. 고객이 안심하고 식당을 이용할 수 있도록 하기 위해서는 직원들의 안전의식을 강화하고, 발생 가능한 안전사고를 사전에 예방하도록 지속적인 교육을 제공해야 한다.

안전관리는 고객의 안전뿐만 아니라 종사원의 작업안전에도 비중을 두어야 하며 업장이나 주방시설의 안전을 위하여 제도적으로 철저한 관리와 교육 및 훈련을 실시해야 한다.

1. 시설안전

시설의 안전이란 크게 업장안전과 주방안전으로 나누어 생각할 수 있는데 이는 주로 전기와 화기에 대한 철저한 주의를 요한다. 그 외에도 출입문, 바닥, 계단, 비상벨, 장애자 시설, CCTV 등을 포함한 시설의 안전문제 등이 고려되어야 한다.

업장의 안전을 위협하는 모든 요인들이 제거, 수정되어야 하고 모든 장비나 기계의 구조와 표면도 잘 손질되어야 한다. 특히 바닥재 선정 시 미끄러지지 않는 특별한 재질을 사용해야 하며, 출입구, 복도, 작업대 등에도 적당한 조명을 유지하고, 안전장비를 충분히 구비해야 하며 무엇보다도 자격 있는 안전점검자의 점검이 항상 이루어지도록 해야 한다. 만약에 사고가 발생하였을 경우에는 어떠한 경우라도 정확한 사고기록을 남겨 놓고 그에 적절한 후속조치가 이루어져야 한다.

1) 일반적인 전기사고의 예방

① 전기제품 사용 전에는 해당 전원의 전압(110/220V)을 확인하고 허용된 정격전압의 전기제품을 사용한다.

② 전원이 산화성 물질, 날카로운 모서리, 거친 표면, 고열물질 등에 노출되지 않도록 사전에 확인한다.

③ 사용한 전기제품은 스위치를 끄고 전원 플러그를 뽑아 둔다.

④ 피복이 손상된 전선은 교체하거나 테이프로 감은 후 사용하고, 파손된 플러그는 교체 후 사용한다.

⑤ 사용하는 모든 전기제품은 정기적으로 점검을 받는다.

⑥ 전기제품의 이상이 있을 때에는 임의로 보수하지 말고 전문가에게 의뢰한다.

⑦ 전기, 기계, 기구 등의 설비는 건조한 곳에 보관한다.

⑧ 전원 분전반을 임의로 조작하지 말고 높은 전압의 설비 근처에는 관계자만 출입하게 한다.

⑨ 습기가 많은 곳이나 물이 새는 곳에서의 전기설비 사용은 금지하고 물 청소 시 전기제품에 물기가 스며들지 않도록 조심한다.

2) 화상사고의 예방

① 고열을 발산하는 조리기구, 접시 닦는 기계, 커피 자판기 등은 정확한 사용법을 알고 사용하도록 하며 사용 시의 위험도에 대해서도 사전에 숙지하도록 한다.
② 늘 화기 취급에 유의하고, 화기가 있는 주변의 정리정돈을 철저히 한다.
③ 알코올 점화 시는 점화상태를 수시로 확인하고 점화된 상태에서 이동하는 일이 없도록 한다.
④ 연소 중인 알코올 가까이에는 다른 알코올통을 보관하지 않는다.
⑤ 사용이 끝난 알코올은 덮개를 반드시 덮어서 보관한다.

3) 주방에서의 안전사고 예방법

불과 기름을 다루고 칼, 가위 등의 날카로운 기구들이 비치되어 있는 주방에서는 특히 안전에 주의를 기울여야 한다.

주방이나 back-side에서의 안전사고 예방법을 들어보면 다음과 같다.

① 바닥의 물기를 완전히 제거한다.
② 깨진 물건의 잔해가 있을 수 있으므로 항상 깨끗하게 청소한다.
③ 조리사들이 일하는 근처로의 접근을 자제한다.

그림 9-1 업장 주방의 정리정돈

④ 항상 많은 물건이 이동하는 곳이므로 기구나 기물들이 무너지거나 떨어지지 않도록 최대한 조심한다.

⑤ 칼이나 기계류, 뜨거운 음식물과 물을 조심하도록 하고 특히 칼을 가지고 뛰거나 장난하는 일이 없도록 한다.

⑥ 언제나 정리정돈을 잘하여 주방 기물이 떨어지는 일이 없도록 한다.

⑦ 음식물 찌꺼기를 정해진 곳에 정확히 버려야 한다.

⑧ 가스(도시가스, 부탄가스 등)의 관리가 철저히 이루어져야 한다.

2. 종사원의 안전

서비스기업에서의 인적 자원은 매우 중요한 역할을 맡고 있으며 기업의 내부 고객으로서 사생활 보호도 받아야 하며 대고객 서비스의 향상을 위해서 종사원들의 안전을 더욱 보호해야 한다.

무심코 생긴 한 번의 사고가 '기업의 황폐화'를 유발하게 되고 그 영향이 오랫동안 지속되기 때문에 안전은 기업 내의 전 고용인들에게 첫 번째 우선순위일 수밖에 없다.

종사원들의 안전사고 방지를 위해 가장 기본적으로 지켜야 할 사항은 다음과 같다.

① Take adequate time
충분한 시간을 갖도록 한다.
서둘러 안전하지 못하게 해야 할 일들은 하나도 없다.

② Correct unsafe conditions immediately
안전하지 않은 부분은 즉시 시정하도록 한다.
스스로 시정 못하면 관리자에게 즉각 보고해라.

③ Do it safely the first time
누구나 안전하게 바른 태도로 업무에 임하는 것이 사고를 막는 가장 최선의 길이다.

1) 작업 시의 통행

종사원들은 일정시간에 매우 바쁜 업무를 하게 되는 경우가 많아 급하게 걷거나 달리는 경우가 흔히 있다. 그러나 급한 마음과 행동은 보행 안전사고의 큰 원인이 됨을 명심해야 한다. 출입문을 열고 닫을 때는 서서히 하도록 습관화함도 중요하다.

무거운 물건을 운반하면서 충돌을 피하기 위해 일정 통행 방향을 정해 놓는 방법도 있다. 코너에서 급회전하지 말고 전방의 시야를 확보하도록 하며 움직이는 물체와 접근하여 보행하게 될 때에는 안전거리를 유지한다. 주변의 장애물을 잘 살피고 발이 걸려 넘어지는 일이 없도록 하는 주의가 필요하며 무엇보다도 보행 시에 주머니에 손을 넣어서는 안 된다는 것을 명심해야 한다.

계단 이용 시에는 절대로 뛰지 않으며 보행자 간의 안전거리를 유지해야 하고 내려갈 때에는 난간을 잡는 것이 안전하다. 계단에는 불필요한 물건을 놓지 않아야 하고 모래, 물, 기름 등이 떨어져 있는지 확인 후 적절한 조처를 해야 한다. 무엇보다도 중요한 점은 작업에 알맞는 복장과 신발을 선택하는 것이다.

2) 물건 이동 시 주의사항

물건의 중량, 작업의 자세 그리고 작업의 시간과 그 강도에 의하여 종사원들의 요통증세가 일어날 수 있으므로 입사 직후부터 그 예방법을 숙지시켜야 한다.

① 손이 닿지 않거나 보이지 않는 물건을 들 때의 주의사항을 숙지한다.
② 돌출 부분이 있는 리넨 뭉치는 조심해서 살펴야 한다.
③ 무거운 물체는 두 손 전체로 잡도록 하고 한 발을 앞으로 하여 균형을 잡도록 한다.
④ 물건을 들어 올릴 때는 머리와 등을 곧게 하고 다리는 약간 구부리며 허리가 아닌 다리근육을 이용해야 한다.
⑤ 무거운 물건을 들 때는 두 발에 체중이 가도록 하고 발을 넓게 벌려 허리를 낮춘다.
⑥ 깨진 유리조각이나 금속조각들은 별도의 수거함에 버리도록 한다.
⑦ 끝이 뾰족한 물건들은 자신의 몸과 먼 방향으로 아래를 향하게 드는 것이 안전하다.
⑧ 바닥 카펫 등에 유리나 금속조각이 있을 수 있으므로 무릎을 꿇을 때는 미리 살

펴보아야 한다.

⑨ 유리제품과 리넨류는 따로 분리해 두도록 한다.

3) 주방 작업 시의 요령

주방에서 사용하는 주방기기나 바닥, 전기, 온도, 복장 등에 대해 안전상 유의할 사항을 살펴보면 다음과 같다.

① 바닥은 항상 물기가 없는 상태로 유지한다. 만약 물을 흘렸다면 즉시 닦아야 하고 기름을 떨어뜨렸다면 반드시 세제를 사용해 닦는다.

② 신발은 미끄러지기 쉬운 가죽창이나 부드러운 고무창이 아닌 견고한 고무창이어야 한다.

그림 9-2 주방 내부 신발

③ 주방에서 전기를 사용하는 모든 기구에 대한 전원 스위치의 위치를 기억해 둔다.

④ 적정한 온도가 지정되어 있는 기구는 늘 온도를 확인하고 적정 온도의 범위를 벗어나면 즉시 조리장에게 보고한다.

⑤ 튀김용기를 운반할 때는 뜨거운 기름을 넣은 상태가 아니어야 하고 튀김용기에 물이 들어가지 않도록 한다.

⑥ 날카로운 주방기기에 손을 다치지 않도록 주의하고 칼은 반드시 일정한 자리에 놓는다.

⑦ 복장을 단정하게 하여 불이 붙거나 뜨거운 기름이 묻을 염려를 감소시킨다.

⑧ 뜨거운 석쇠 위에 물을 떨어뜨리면 수증기에 화상을 입을 수 있으니 주의하도록 하고 석쇠 사용 후에는 석쇠에 남아 있는 기름이 튀는 것을 방지하기 위해 잘 닦아 두도록 한다.

⑨ 화력조절은 어디에서, 어떤 방법으로 할지 알아 둔다.

VIPS의 안전수칙

- 업무에 적합한 신발류(미끄러지지 않는 것)를 착용한다.
- 바닥에 물기가 있으면 즉시 닦는다(미끄럼 방지).
- 전기 스위치, 모터 등은 반드시 마른 손으로 다룬다.
- 무겁거나 큰 물건은 동료와 함께 운반한다.
- 점내 소화기 위치와 작동방법을 확실히 터득한다.
- 플로어 사용 기물 및 도구(실버류, 더스터 등)를 던지지 않는다.
- 기물 및 도구는 바르게 사용하고 사용 후 반드시 제자리에 둔다.
- 기물 및 도구로 사람이나 물건을 가리키지 않는다.
- 안전용어를 생활화한다(뒤로 지나갑니다, 뒤에 있습니다).
- 사고가 발생하면 즉시 점장 또는 시간대 책임자에게 보고한다.

출처 : CJ 푸드빌(CJ Foodville), 종사원을 위한 핸드북

3. 고객안전

고객들의 안전을 완전하게 책임질 수 없다면 성공적인 경영은 불가능하다. 특히 화재 발생 시에는 고객뿐 아니라 종사원의 안전에도 큰 위험이 따르기 때문에 식음료업장에서의 화재 발생 시 대피 요령의 숙지는 물론, 정기적인 화재예방교육과 훈련을 철저히 해야만 한다.

1) 화재 예방에 대한 조치

식음료업장은 항상 불이 가까이 있고 가스가 있으며, 많은 전열기구들이 있어서 화재발생에 많이 노출되어 있다. 부주의로 인한 실수나 소홀함이 곧바로 대형사고로 이어지므로 전 종사원은 항상 화재에 대한 경각심과 예방정신을 갖고 근무에 임함으로써 고객들의 안전을 지킬 수 있어야 한다.

① 사전점검을 통해 화재 발생 위험 요인을 파악하고 제거한다.
② 화기 취급 담당자는 자리를 비우는 일이 절대로 없도록 한다.
③ 담배꽁초는 완전히 불이 꺼졌는지 확인한 후 일반 쓰레기와 분리해서 버린다.

④ 화재 시의 연소 확대를 방지하는 방화문의 작동을 수시로 확인한다.
⑤ 소화기구 주위 및 비상구 통로에 장애물의 적재를 금지한다.
⑥ 전기기구의 사용 전후 점검을 생활화한다.
⑦ 최종 퇴근자는 담당구역을 점검한 후 퇴근한다.
⑧ 소화기, 소화전의 사용법 및 위치를 숙지하고 화재 발생 시의 진압 요령 및 인원 대피요령 등을 종사원 매뉴얼에 포함시키고 평소 종사원교육에 활용한다.

2) 화재 발생 시 대피요령

① 화재 발생 시에는 안내원의 지시에 맞춰 통로의 유도등을 따라 낮은 자세로 침착하고 질서 있게 신속 대피한다.
② 화재 시 경보기의 벨을 눌러 다른 사람에게 화재사실을 알리고, 비상구 등을 통하여 대피한 후에는 반드시 문을 닫아 화재와 연기의 확산을 지연시킨다.
③ 화재의 진행방향에 주의하며 막다른 골목을 피해야 한다.

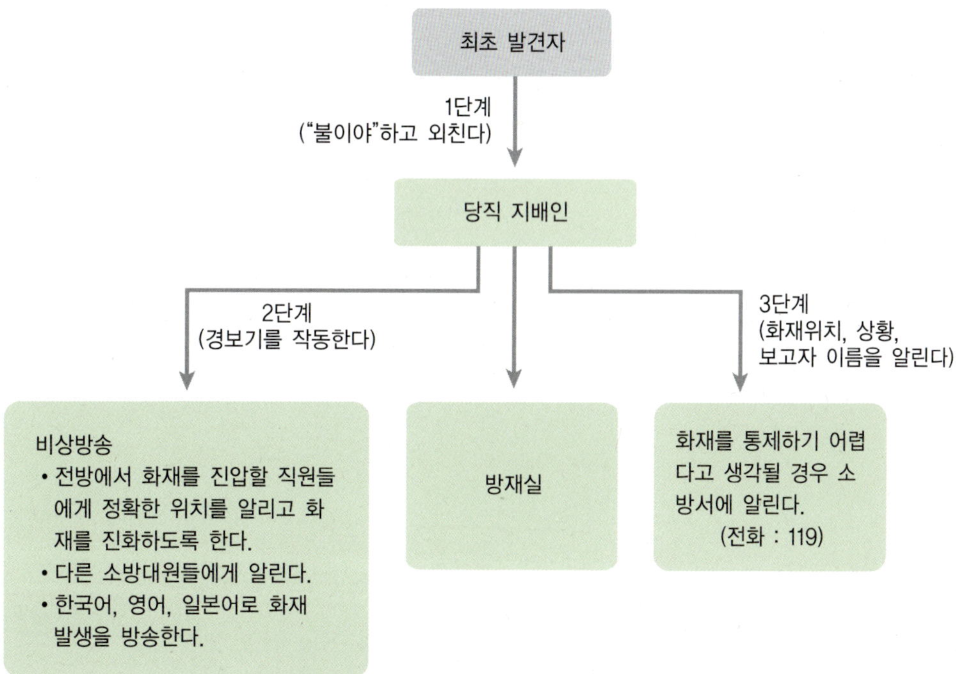

그림 9-3 화재발생 시 대처요령의 예

④ 아래층으로 대피가 어려울 경우 옥상으로 대피하여 구조를 요청한다.

⑤ 연기가 창문이나 문틈 사이로 새어 들어 오면 담요나 시트, 양말 등을 물에 적셔 틈을 막아야 하며 낮은 자세로 바닥에 엎드려 짧게 숨을 쉬도록 한다.

⑥ 실내에 물이 있으면 불에 타기 쉬운 물건이나 칸막이, 커튼 등에 물을 뿌려 확산을 지연시킨다.

⑦ 계단에 들어서기 전에 연기나 불길이 확산되었는지를 확인한 후 조심해서 대피해야 한다.

⑧ 건물 내에 화재가 발생한 경우 불길이나 연기가 주위까지 번져 대피가 어려울 때에는 무리하게 통로나 계단을 통하여 대피하기보다는 건물 내에서 안전 조치를 취한 후 외부로 알려 구조를 기다린다.

⑨ 위급한 상태일지라도 침착하게 구조를 기다려야 하며 창밖으로 뛰어 내린다든가 불길이 있는 출입문을 함부로 열어서는 안 된다.

제 2 절 위생관리

1. 시설위생

식음료 시설에서의 위생관리는 사업의 성패를 결정하는 큰 요인 중 하나이다.

시설을 위생적으로 유지하기 위한 첫 번째 요인은 청소의 용이성이다. 청소를 자주 할 수 있어야 흙이나 먼지, 곤충, 미생물 등의 부착이나 침투를 막을 수 있기 때문이다. 두 번째 요인은 기구 · 기물의 적절한 배치이다. 이는 작업의 편의성 외에도 일관된 청결작업의 흐름을 원활하게 하고 쓰레기의 처리도 용이하게 하기 때문이다.

고객들의 건강을 해치거나 위협하는 일들이 빈번하게 일어난다면 고객들은 그 시설을 더 이상 원하지 않게 될 것이다.

1) 업장위생

(1) 배관과 하수설비

하수관 시설이 파손되면 지하수나 파손된 수도관을 통하여 음용수를 오염시켜 장티푸스, 콜레라, 이질, 간염과 같은 수인성 전염병의 위험에 노출되게 된다. 하수도는 오물이 넘치지 않게 하고 바닥의 물이 잘 빠져나가도록 해야 한다. 하수도 물은 세균과 먼지, 유해한 화학물 등의 불순물이 많이 섞여 있어서 음식물이나 집기류와 철저히 분리되어야 한다. 하수도관과 하수도 주변은 적어도 1주일에 한 번씩 솔로 잘 닦고 암모니아나 염소계 소독제로 소독해야 한다.

(2) 급수시설

도시 상수에 대한 안전성과 위생적인 문제가 사회문제화되면서 식품취급시설에서도 안전한 물을 충분히 공급받는 일에 관심이 커졌다.

업체 스스로가 지하수를 개발하여 사용하거나 지하수를 상수의 보조수단으로 쓸 때에는 수질의 안전성을 확보하기 위해 주기적으로 공인기관의 검사를 받아야 한다. 만일 생수를 공급받는다 하여도 주기적으로 수질검사를 받아야 한다. 그리고 허가 여부, 용기의 위생 및 파손 여부를 확인하고 경우에 따라 납품된 생수의 검사도 업체 스스로가 하여 철저한 위생관리를 해야 한다.

온수공급시설은 수량과 수온을 충분히 확보하여야 한다. 이는 세척의 효율성을 높이고 살균력 또한 가지고 있기 때문이다.

(3) 화장실과 수세시설

화장실은 접근이 용이해야 하고 일반인뿐 아니라 노약자나 장애자도 손쉽게 사용할 수 있도록 기능적이어야 하며, 손님과 직원용 화장실을 별도로 분리하는 것이 바람직하다. 통행하는 손님으로부터 음식물이나 식기류에 나쁜 균이 전염될 수 있기 때문에 어떠한 경우에라도 손님이 화장실을 가기 위해 조리구역을 통과하는 일이 있어서는 안 된다.

그림 9-4 맥도날드 화장실

수세시설은 깨끗하고 위생적으로 관리되어야 하고 화장실에 가까울수록 좋다. 세제나 비누는 오물이나 미생물을 외부로부터 제거하는 기능은 있으나 살균의 가능성은 낮기 때문에 간단한 수세과

표 9-1 업장 위생의 예(변화되는 고객 취향)

대 상	전 종업원, 고객, 공급자
안 건	작업장 내 금연구역
내 용	종업원, 고객, 공급자들의 안전하고 건전한 환경조성을 위하여 '타코(TACO)' 사는 미시건의 실내 청정 규정(clean air act)에 따른 내용을 규정하기로 함. 즉, 1994년 1월 1일부터 다음과 같은 이유로 시설 내에서의 흡연을 금함 • 우리는 안전하고 건전한 식음료 생산을 원함 • 우리 식당의 구조상 금연구역을 따로 두지 않음으로써 모두에게 쾌적함을 제공하기로 함 이 시책의 성공 여부는 흡연자, 비흡연자 모두의 사려 깊고 신중한 협조에 달려 있으므로 모두가 책임감 있게 협조해 주기를 바람

주 : 미시건의 타코벨 지배인들은 이 문구를 로비에 붙여 놓음으로써 새로운 금연시책을 고객들에게 알림

정이 진정한 청결과는 일치하지 않는다. 손을 말리는 데는 종이타월이나 전기 건조기, 1회용 타월장치가 좋다. 보통 타월은 다수인이 공동으로 사용하기 때문에 비위생적이다.

2) 주방위생

(1) 주방 내부 설계

주방 내부 설계 시 바닥재의 선택이나 벽, 조명, 페인트, 환기장치 등을 철저히 고려해야 한다.

① 주방 바닥

주방의 바닥재는 주방의 안전과 위생에 있어 가장 중요하다. 바닥재는 재질이 수분을 얼마나 잘 흡수할 수 있는가를 먼저 따져 보고, 그 충격에 얼마나 잘 견디는가도 고려해 보아야 한다. 근래에 개발된 에폭시라는 바닥재는 다른 재질에 비해 비용이 매우 저렴하고 흡습성이 적어 위생적이며 탄성이 좋아 잘 견디고 미끄럼을 방지하여 안전사고도 줄일 수 있다.

바닥과 벽 사이의 연결 틈새는 정기적으로 보수하여 벌어진 틈새에 세균과 해충이 서식할 수 없게 한다.

② 주방 벽

바닥재와 마찬가지로 벽도 흡습성이 낮고 탄성이 좋으며 쉽게 청소할 수 있고 소음을 최대한 흡수해야 한다. 또한 밝은색 조명을 일정하게 퍼지게 하여 때와 먼지를 잘 보이게 한다. 타일 사이에 틈새나 구멍이 있으면 때와 먼지가 끼고 세균과 해충이 번식하므로 세라믹 타월 같은 매끄럽고 방수가 되는 재질로 각 타일 사이를 꼼꼼히 메워야 한다.

페인트는 음식물에 들어가서 음식물을 오염시키는 물리적 위험의 소지가 있으므로 사용하지 않는 것이 더 좋다.

③ 주방 천장

주방의 천장은 기름 종류의 증기와 조명기구 등이 부착되어 화재의 위험성이 높으므로 석면계통의 재료를 쓰며 비닐계의 도장 마무리를 한다. 천장의 고도는 환기장치 등을 통해서 충분히 통기성을 유지할 수가 있기 때문에 너무 높을 필요가 없다. 그러나 너무 낮은 천장은 공기순환과 심리적 관점에서 좋지 않기 때문에 피하는 게 좋다.

④ 흡입 및 배기장치

대부분 조리시설에는 미립체가 흩날리고, 굽는 데 따른 연기, 삶고 가열하는 데 따른 수증기 발생 등으로 여러 형태의 공기오염을 일으킨다. 이 때문에 흡입구와 배기구를 설계하여 환기하고 청정공기를 들여보낼 필요가 있다.

후드면의 흡입속도는 0.25~0.5m/sec, 전체의 환기량은 20~40m^3/hr로 하는 것이 일반적이다. 시설 내 온도는 25℃ 이하, 습도 60% 전후로 조정하는 것이 이상적이지만 계절에 따라 약간의 차이가 있다.

환기가 불충분하면 비위생적인 식품이 만들어지며, 자주 청결을 유지하여 실내 온도 및 습도를 적정수준으로 관리하는 것이 중요하다.

주방과 객장 내의 조리과정 중 발생한 증기, 기름기, 열 등을 외부로 배출하는 환풍

그림 9-5 교토만주 만드는 주방 내부 모습

역시 중요한 요소로서 공기를 배출하여 고객과 직원 모두를 안전하고 건강하게 한다.

창문이나 문을 열어 놓는 것만으로는 환풍이 잘 된다고 할 수 없다. 오히려 문을 열어두면 외부의 해충이나 먼지가 들어올 수 있기 때문이다. 음식물을 가열하거나 튀기고 볶는 조리기구 주변에는 특히 환풍시설이 잘 갖추어져 있어야 한다.

(2) 주방의 작업 공간 구분

주방은 조리가공을 하고 고객에게 요리를 제공하는 장소로서 그 주변에 필요시설이 유기적으로 연계되어야 한다. 최근에는 종사원의 동기부여에 깊은 관계가 있는 후생복지시설 확보도 중요한 사항으로 고려해야 한다.

① 탈의실 및 휴게실

주방 내의 작업은 상당한 중노동이고 서서하는 작업이 대부분이며 동시에 위생적인 면에서 유의하여야 하는 작업이다. 그러므로 신발과 위생복으로 갈아입을 수 있는 탈의실, 휴게실과 샤워시설이 필요하며 전용 화장실이 있어야 한다. 크기는 사람 수에 비례하는 면적을 확보하고 남녀별로 구분한다.

② 반입 및 검수구역

반입지역은 외부와 직결하고 있으면서도 외부인의 눈에 잘 띄지 않는 곳으로 물품을 내리기 적합한 곳, 검수장소는 반입구와 가까운 곳이 편리하다. 반입 · 검수공간은 바닥과 벽이 상하고 더러워지기가 쉬우므로 청소하기 편하고 청결을 유지하기가 쉬워야 한다. 또한 세면대나 청소 도구를 씻는 대형 세면대, 청소기구함 등이 있어야 한다. 식자재의 무게를 측정할 수 있는 검품대와 저울을 준비하는 것이 좋다.

③ 임시보관장소

검수 후의 보관을 위한 정리작업을 하는 곳으로 검수하는 곳과 겸용하여 사용하기도 한다. 식자재에 따라서 직접 다듬기 지역으로 운반하는 경우도 있다. 검수지역이 다듬기실과 조리실 옆에 위치하게 되면 주방 내에 업자의 출입이 잦게 되어 위생적으로 문제가 되기 쉽다. 그러나 현실적으로 다듬기실과 조리실의 경계를 하나하나 구분하기는 어려우므로 검수공간과 창고를 명확히 구분하고 다듬기실과 조리실 사이에 창고기능을 갖춘 완충공간을 설치하여 동선을 줄이는 방법도 있다.

④ 식품보관장소

식자재의 신선한 보관을 위해서는 상온보관대와 저온보관대가 필요하다. 식품보관용 냉장 · 냉동실을 주방 내에 설치하는 경우는 가능한 한 반입구에 가까운 곳으로 하고 소형 냉장고와는 구별하여야 한다.

각종 창고, 특히 식품고의 내부는 건랭하여야 하며, 통풍이 잘 되고 직사광선이 닿지 않아야 되며 쥐, 파리 등의 침입을 방지하는 방충망 또한 필요하다.

⑤ 전처리실

업소의 규모가 클수록 어육류와 채소류의 다듬기실을 분리하여 위생관리를 해야 하며, 청결구역으로서 외부 사람들의 출입을 차단하여 완전히 구분한다.

다듬기 공간은 많은 물을 사용하게 되므로 배수를 위해 바닥에 기울기를 충분히 주어야 하고 배수 파이프는 너무 각지지 않도록 해야 한다. 겨울에는 상당히 추울 수도 있는 곳이므로 지나친 한랭상태를 방지하기 위하여 환기장치와 난방장치를 설치해야 한다.

⑥ 가열 조리구역

현재 중소규모 외식업소에서는 냉열 혼합형의 레이아웃으로 사용되고 있지만 이 구역은 따로 완전하게 구분되는 것이 원칙이다. 이곳은 열, 증기, 연기, 냄새가 많이 발생하는 고온 다습한 공간이어서 환기설비가 필수적이므로 그 주위에 집중적으로 후드(hood)를 설치하되 옥외 배기구 위치에 주의하여야 한다.

⑦ 메뉴 차림대

조리된 후 공용으로 메뉴 차림대를 사용한다. 조리로서는 끝마침이 되므로 주 주방에서 구분된 독립코너로 두는 것이 일반적이며 바닥 마감은 완전히 건조시키는 것이 바람직하다.

⑧ 식기세척지역

음식찌꺼기가 떨어지기 쉽고, 식기잡음, 증기 등이 많이 발생하는 곳이므로 배기와 환기, 흡음장치를 잘 갖추도록 해야 한다. 조도는 200럭스 정도가 적당하며 위생적인 면에서 살균등도 필요하고 잔반처리를 위해 일시 냉동처리, 잔반처리기 등이 요구되기도 한다.

2. 식품위생

위생이란 건강한 상태를 조성하고 유지하는 것을 말하며, 위생을 뜻하는 'sanitation'의 어원은 라틴어의 'sanitas', 즉 건강이란 말에서 기원되었다.

식품은 의약으로 섭취하는 것을 제외한 모든 음식을 말한다. 식품위생은 식품, 첨가물, 기구 및 용기와 포장을 대상으로 하는 음식물에 관한 위생을 말한다.

1955년 세계보건기구(WHO) 환경위생 전문위원회에서 정의한 바에 의하면 식품위생이란 "식품 그 자체뿐만 아니라 식품의 생육, 생산, 제조, 유통, 소비까지 일관된 전 과정을 위생적으로 확보하여 최종적으로 사람에게 섭취될 때까지 모든 단계에서 식품의 안전성, 건전성 및 완전 무결성을 확보하기 위한 모든 수단을 뜻한다."라고 하였다.

또한 우리나라 식품위생법에서도 식품위생을 '식품, 첨가물, 기구 또는 용기와 포장을 대상으로 하는 음식에 관한 위생'이라고 정의하고 있다.

결론적으로 식품위생이란 그 식품의 생산, 제조, 유통, 소비에 이르기까지 위생성을 확보하고 음식물과 기타 시설 및 용기 등에 의해 발생하는 오염으로 인한 각종 질병을 방지하기 위한 수단이라고 할 수 있다.

1) 식품위생의 중요성

식생활의 급격한 변화와 각종 화학공업의 발달, 인구의 도시집중화로 인해 환경오염이 식량자원을 오염시키는 등 식품위생상 새로운 문제들이 제기되고 있다. 또한 불량식품이나 부정식품이 유통되지 않도록 철저히 관리함과 동시에 식품위생법 시행규칙 제2조 관련에 의하여 다음과 같은 내용의 식품위생관리를 엄격히 실시해야 한다.

① 식품 등을 취급하는 원료보관실, 제조가공실, 포장실 등의 내부는 항상 청결을 유지 · 관리하여야 한다.

② 식품 등의 원료 및 상품 중 부패 · 변질이 쉬운 것은 냉동 · 냉장시설에 보관 · 관리하여야 한다.

③ 식품 등의 보관, 운반, 진열 시에는 일정한 식품 등의 기준 및 규격이 정하고 있는 보존 · 보관기준에 적합하도록 관리하여야 한다.

④ 식품 등의 제조, 가공, 조리 또는 포장에 직접 종사하는 자는 위생모를 착용하는

등 개인 위생관리를 철저히 하여야 한다.

⑤ 식품 등의 제조, 가공, 조리에 직접 사용되는 기계, 기구 및 음식기는 사용 후에 세척 · 살균하는 등 항상 청결하게 유지 · 관리하여야 한다.

⑥ 식품접객업소의 경우 냉면, 육수, 칼, 도마, 행주 등은 기준 및 권장규격에 적합하도록 관리하여야 한다.

2) 식음재료의 위생

(1) 식음재료의 관리

식음재료 구입 시의 유의점과 보관상, 그리고 조리 시 관리해야 할 부분에 대해 살펴보기로 한다.

① 구입 시

- 병이나 캔에 담긴 음식을 구입할 때에는 완전히 밀봉된 것을 구입하여야 한다. 캔이 찌그러졌거나 병에 금이 생기거나, 혹은 뚜껑이 완전히 밀폐되지 않은 음식을 섭취했을 때에는 세균이 번식할 위험이 많다.
- 달걀을 구입할 때에는 케이스를 열어 보고 파손되지 않았는지 확인해야 하며 반드

그림 9-6 식자재 구매요령

시 냉장 보관되어 있는 달걀만을 구입하도록 한다.

• 차가운 음식과 뜨거운 음식은 맨 마지막에 쇼핑하도록 한다. 집에 도착하기 전에 온도가 변하는 경우가 많기 때문이다.

② 보관 시

• 음식을 구입한 후 가능한 한 빨리 냉장 보관해야 될 것들은 냉장고에 집어넣어야 한다.

• 신선한 과일과 채소들은 흐르는 물에 깨끗이 씻어 내거나, 적당한 솔을 사용하여 잔여물을 닦아 낸다.

• 조리되지 않은 쇠고기, 닭, 해산물, 달걀 등은 주방에 세균을 번식시킬 수가 있다. 이러한 식품이나 식품으로부터 흘러나온 수분은 다른 식품들로부터 멀리 떨어뜨려 놓는 것이 좋다.

• 식품에서 흘러나온 수분을 행주로 닦아냈다면 그 행주를 다시 사용하기 전에 꼭 세탁해야 한다. 종이로 된 타월은 사용한 후 버리는 것이 좋다.

• 고기, 생선류, 해산물은 녹을 동안에도 차가운 온도를 유지해 주어야 한다.

• 먹고 남은 음식은 곧바로 냉장, 혹은 냉동 보관해야 한다.

표 9-2 육류 및 생선류의 권장 저장온도 및 보관기간

분류	품명	보관온도(℃)		최적보관기간 (최장보관기간)		비고
		냉장	냉동	냉장	냉동	
육류	쇠고기	4	−12~−18	3일~5일	1개월~3개월	냉장 또는 냉동 상태로 보관
	돼지고기	4	−12~−18	2일~3일	15일~1개월	
가금류	닭고기	4	−12~−18	2일~3일	15일~1개월	
생선류	생선류	4	−12~−18	1일~2일	15일~1개월	
패류	패류	4	−12~−18	1일~2일	15일~1개월	
기타어육류	두부류	4	−12~−18	1일~2일	15일~1개월	찬물에 담갔다가 냉장시키거나 찬물에 담가 보관
	달걀	4	−12~−18	7일~2주	15일~1개월	씻지 않고 냉장 상태로 보관
기타어육류	어묵	4	−12~−18	2일~5주	15일~1개월	냉장 상태로 보관
갑각류	게, 새우	4	−12~−18	1일~2일	(3~4개월)	

표 9-3 채소류의 저장온도 및 보관기간

분류	품명	보관온도(℃)	최적보관기간 (최장보관기간)	보관상태
채소류	엽채류	4~6℃	1일	채소를 씻은 상태
		15~26℃	3일	채소를 씻지 않은 상태
	근채류	4~6℃	2일	씻은 상태
		15~25℃	3개월	무 : 보관일 7일
	과채류	7~10℃	5일	씻은 상태
		15~25℃	3일	무 : 보관일 7일
	감자류, 뿌리채소류	20℃	(7~30일)	씻지 않은 상태

③ 조리 시

- 주방과 손은 항상 깨끗하게 유지해야 한다.
- 음식을 만진 후에는 20초 동안 따뜻한 물과 비누로 꼭 손을 씻도록 한다.
- 음식에 닿은 식기류는 모두 깨끗이 닦아야 한다.
- 도마는 사용한 후에 거품이 있는 따뜻한 물로 닦아서 잘 말린 후에 쓰도록 한다(주방용 살균 표백제를 사용해도 좋다).
- 쇠고기나 닭고기를 사용한 음식을 조리할 때에는 가능하면 식품용 온도계를 사용하도록 한다.

음식물 관리요령

- 좋은 재료를 구매하여 위생적으로 저장 · 관리한다.
- 시설의 청결상태를 유지하고, 조리기구 및 식기 등의 소독을 철저히 한다.
- 종업원의 개인위생을 철저히 감독한다.
- 조리작업장이나 식품저장고에 유독 · 유해물질을 보관하지 않는다.
- 정체불명의 어패류나 버섯은 조리하지 않으며, 계절에 따라 유독한 것은 그 시기에는 취급하지 않는다.
- 식품위생법을 준수한다.
- 식품조리 및 취급에 종사하는 사람의 정기건강진단 및 보건교육을 철저히 한다.

• 생선을 조리할 때에는 칼집을 내서 고루 익을 수 있게 해야 한다.
• 달걀은 흰자와 노른자를 완전히 익혀야 한다.

(2) 식중독에 대한 이해

식중독이란 의학적으로 엄밀한 의미에서 특정한 질병으로 분류하지 않으므로 일정한 정의를 내리기 어렵다. 그러나 음식물로 인한 질병 중 가장 흔하고, 여러 종류의 원인 때문에 발생하는 질병이 식중독이다. 최근에는 식품뿐만 아니라 식품과 관련 있는 첨가물, 기구 및 용기, 포장 등 때문에 발생하는 위생상의 위해나 사고도 일괄적으로 식중독으로 취급하는 경향이 있다.

표 9-4 식중독의 원인균 및 물질

<table>
<tr><th colspan="2">분류</th><th>종류</th><th>원인균 및 물질</th></tr>
<tr><td rowspan="4">미생물 식중독 (30종)</td><td rowspan="2">세균성 (18종)</td><td>감염형</td><td>살모넬라, 장염비브리오, 콜레라, 비브리오 불니피쿠스, 리스테리아 모노사이토제네스, 병원성대장균(EPEC, EHEC, EIEC, ETEC, EAEC), 바실러스 세레우스, 쉬겔라, 여시니아 엔테로콜리티카, 캠필로박터 제주니, 캠필로박터 콜리</td></tr>
<tr><td>독소형</td><td>황색포도상구균, 클로스트리디움 퍼프린젠스, 클로스트 리디움 보툴리눔</td></tr>
<tr><td>바이러스성 (7종)</td><td>–</td><td>노로, 로타, 아스트로, 장관아데노, A형 간염, E형 간염, 사포바이러스</td></tr>
<tr><td>원충성 (5종)</td><td>–</td><td>이질아메바, 람블편모충, 작은와포자충, 원포자충, 쿠도아</td></tr>
<tr><td colspan="2" rowspan="3">자연독 식중독</td><td>동물성</td><td>복어독, 시가테라독</td></tr>
<tr><td>식물성</td><td>감자독, 원추리, 여로 등</td></tr>
<tr><td>곰팡이</td><td>황변미독, 맥각독, 아플라톡신 등</td></tr>
<tr><td colspan="2" rowspan="5">화학적 식중독</td><td>고의 또는 오용으로 첨가되는 유해물질</td><td>식품첨가물</td></tr>
<tr><td>본의 아니게 잔류, 혼입되는 유해물질</td><td>잔류농약, 유해성 금속화합물</td></tr>
<tr><td>제조 · 가공 · 조장 중에 생성되는 유해물질</td><td>지질의 산화생성물, 니트로아민</td></tr>
<tr><td>기타물질에 의한 중독</td><td>메탄올 등</td></tr>
<tr><td>조리기구 · 포장에 의한 중독</td><td>녹청(구리), 납, 비소 등</td></tr>
</table>

출처 : http://www.mfds.go.kr/fm/content/view.do?contentKey=13&menuKey=124

식중독이라 할 때는 소화기를 거쳐 음식물과 관련하여 들어 오는 유독 · 유해한 미생물이나 화학물질에 의하여 비교적 급성의 생리적 이상이 일어나거나 때로는 만성적인 축적에 의하여 일어나는 건강장해를 말한다.

① 식중독의 분류

식중독은 그 원인 물질에 따라 생물학적 식중독, 화학적 식중독, 자연독 식중독으로 분류할 수 있으며, 식중독의 원인이 되는 균이나 원인물질을 살펴보면 표 9-4와 같다.

- 미생물 식중독 : 일정한 수 이상으로 증식한 세균 · 곰팡이 · 바이러스가 몸안에 들어오거나 이들이 만들어 낸 독소 등을 함유하는 식품을 섭취함으로써 발병하는 경우를 말한다.
- 화학적 식중독 : 수은, 납, 비소 등 중금속류, 농약, 첨가물 등의 화학물질에 의한 식중독을 말한다.
- 자연독 식중독 : 복어의 독, 마비성 패독 등의 동물성 자연독이나 독버섯, 감자싹 등의 식물성 자연독에 의한 식중독을 말한다.

② 식중독의 발생

외식업장에서 가장 빈번히 발생하는 식중독의 원인은 식품 취급상의 부주의, 위험성을 함유한 음식물, 음식을 다루는 과정 등을 들 수 있다.

일반적인 식중독 발생의 경우를 살펴보면 다음과 같다.

- 더운 음식을 잘못 식혔을 경우
- 음식을 잘못 데우거나 조리한 경우
- 감염된 비위생적인 직원의 식품취급행위에 의한 경우
- 며칠 전 미리 준비해 놓은 오염된 음식으로 조리한 경우
- 이미 조리가 완료된 음식물에 오염된 날 식재료가 첨가되었을 경우
- 미생물 배양에 적절한 온도에 음식물을 방치한 경우
- 미생물을 박멸할 정도의 온도로 음식물을 데우지 못한 경우
- 비위생적인 조리기구와 장비에 음식물이 오염된 경우
- 쥐, 파리, 바퀴벌레 등의 박멸시나 쓰레기 처리 시에 위생적인 관리가 부족한 경우

③ 식중독의 예방

식중독을 예방하기 위해서는 음식물관리, 온도관리, 수분관리, pH관리가 필수적이며 식중독 예방 일일 점검표를 작성하여 철저히 관리해야 한다.

- 음식물관리 : 모든 세균이나 박테리아가 살아 남기 위해서는 영양공급원을 필요로 하고 있다. 육류, 생선, 가금류 등 높은 단백질을 함유한 음식물은 세균이 번식하기 좋은 여건을 갖고 있다. 우리가 흔히 사용하고 있는 달걀, 잡곡, 채소류에도 세균이 성장할 수 있는 영양분을 충분히 갖고 있기 때문에 이러한 재료로 만들어진 음식물은 완성 후에도 관리를 철저히 하여야 한다. 따라서 일단 조리된 음식은 즉시 사용함을 원칙으로 하며 불가능한 경우 밀봉냉장, 냉동 등의 적절한 조치를 취해야 한다.
- 온도관리 : 온도는 세균의 번식과 사멸에 가장 중요한 요소로 작용한다. 일반적으로 세균은 0℃ 이하와 80℃ 이상에서는 발육하지 못하며 고온보다는 저온에서 대체로 저항력이 강하다. 대부분의 세균들은 16~49℃에서 가장 빠르게 증식하는 것으로 알려져 있다. 그렇지만 세균의 증식가능 온도는 이보다 더 넓은 4~60℃로, 시간에 비례하여 증식한다. 따라서 음식을 만들어 보관할 때는 60℃ 이상으로 가열한 후 4℃ 이하로 냉각하여 보관하는 것이 세균의 증식을 억제하는 방법이기도 하다. 즉, 차가운 음식은 차갑게, 뜨거운 음식은 뜨겁게 보관하는 아주 작은 실천이 온도 변화에 따른 세균번식을 예방하는 가장 중요한 방법이 되는 것이다.

음식물 온도관리요령

- 음식물을 식히는 과정에서 자주 저어 식는 시간을 단축시킨다.
- 일단 한 번 냉각한 음식물을 고객에게 제공할 때는 필요한 양만큼 덜어서 데운다.
- 미리 데워야 하는 음식은 일단 100℃ 이상 가열한 후 보관한다.
- 냉각한 음식을 보관하는 냉장고의 온도는 4℃ 이하를 유지할 수 있도록 한다.

- 수분관리 : 세균의 발육증식은 수분을 필요로 하므로 건조식품에서는 발육증식이 어렵다. 세균증식에 적합한 수분활성도는 0.85 이상인 경우가 보통이다. 수분활성도가 0.85 이하인 경우에는 식품에서 미생물의 증식이 억제되지만 건조상태에

표 9-5 식중독 예방 일일 점검표

구 분	점검사항	점검결과		비 고
		적	부	
개인위생	• 설사 · 발열 · 구토 및 화농성 질환 여부	○	○	
	• 가족 및 동거인의 상기 질환 여부	○	○	
	• 위생모 · 위생복 · 작업화 등의 청결 여부	○	○	
	• 손세척 및 소독의 필요 숙지 여부	○	○	
	• 손톱의 청결 및 장신구(반지 등) 착용 여부	○	○	
원료 및 조리 · 가공식품 취급	• 부패 · 변질 및 무신고(허가), 무표시제품 등 사용 여부	○	○	
	• 저장조건, 포장 · 용기 등의 적정상태	○	○	
	• 교차오염 방지를 위한 구분보관 여부	○	○	
	• 적정보관 온도 준수 여부	○	○	
	• 가열조리식품과 비가열조리식품의 구분 여부	○	○	
	• 가열조리식품의 신속 냉각 및 적정 보관 여부	○	○	
	• 과채류 등 원료의 절단 시 세척 선행 여부	○	○	
	• 식품 제조 · 가공 · 조리 시 마스크 착용 여부	○	○	
조리 · 가공설비 및 시설	• 오염구역, 청결구역, 준청결구역 구분 여부	○	○	
	• 방충, 방서 및 이물질 혼입 방지 여부	○	○	
	• 육류, 채소류 등 원료별 조리기구의 구분 및 사용 여부	○	○	
	• 칼 · 도마 · 행주 등 조리기구 및 설비 등의 적정 세척, 소독 여부	○	○	
	• 작업장 내 수세시설 및 소독시설의 구비 및 작동 여부	○	○	
	• 작업장 바닥의 물고임 방지 및 배수구 개폐용이 여부	○	○	
기타 준수사항 이행	• 수돗물이 아닌 물을 사용할 경우 먹는 물 수질검사 여부	○	○	
	• 유통기한이 경과된 제품 진열 · 보관 또는 조리 · 가공 등 재사용 여부	○	○	
	• 쓰레기 및 쓰레기장의 청결관리 여부	○	○	
점검자 의견				

서 사멸되는 것은 아니다. 많은 식품이 건조상태의 제품이므로 유통과정에서 수분의 흡수를 차단하여 식품의 안전성을 확보하여야 한다.

- **수소이온농도(pH) 관리** : 일반적으로 세균은 중성 혹은 알칼리성에서 잘 번식되고, 효모나 곰팡이는 미산성에서 잘 번식된다. 수소이온농도(pH: hydrogen power)의 범위는 pH 1~14이며 그 범위 안에서 세균은 증식되고 존재한다. 물(H_2O)은 pH 7로 중성이고 pH가 낮을 수록 산성에 가깝고 pH 14로 갈수록 염기에 가깝다. 즉, pH 6.6~7.5 사이에서는 왕성하게 증식되지만 pH 4.6 이하로 떨어지면 증식이 정지되므로 적정한 pH관리는 매우 중요하다.

(3) 오물처리

주방 쓰레기는 쥐나 해충이 꼬이게 하고 다른 식품이나 기구, 장치를 오염시키기 때문에 외식업체에서는 아주 위험한 것이다.

그림 9-7 패스트푸드점의 분리수거함

음식물 찌꺼기에 대한 기본적인 수칙

- 쓰레기통은 물기가 새지 않아야 하고 방수가 되는 소재로 청소하기 쉽고 견고해야 한다. 아연도금물이나 플라스틱 제품이 가장 추천할 만하고 쓰레기통 내부에는 비닐주머니 또는 물에 잘 찢어지지 않는 종이 주머니를 사용한다.
- 쓰레기는 쓰레기통 이외의 다른 곳에 쌓아두어서는 안 된다.
- 쓰레기 하치장은 주방과 객장으로부터 떨어져 있는 널찍한 곳이어야 하며, 쉽게 청소할 수 있도록 설치해야 한다.
- 주방의 오물과 쓰레기는 가급적 재빨리 제거하여 악취와 세균이 발생하지 못하도록 해야 한다. 쓰레기통은 항상 꼭 맞는 뚜껑으로 덮어 둔다.
- 쓰레기 하치장에는 뜨거운 물과 찬물을 쉽게 공급할 수 있는 시설이 있어야 하고, 바닥에는 오물이 빠져나갈 수 있도록 하수구를 설치해야 한다.
- 쓰레기통은 안팎을 자주 청소하고 소독하여 냄새가 나지 않게 하고, 쥐, 고양이, 곤충의 접근을 막도록 한다.

(4) 안전관리인증기준(HACCP)의 이해

최근 외식기회의 증가와 초 · 중 · 고교 및 각 기업체에서의 단체급식 증가로 집단 식중독의 발생이 점점 늘어나고 있으며, 그 규모도 대형화되고 있는 추세이다.

식품제조 가공시설의 확장에 따른 가공식품의 대량생산, 여성의 사회진출에 따른 반조리된 음식이나 패스트푸드 식품의 증가, 전문급식업체의 증가, 교육훈련 프로그램의 부족에 따른 조리종사자의 개인위생의식 부족 등이 식중독사고의 요인으로 꼽힐 수 있다. 식중독 예방을 위해서는 기본 위생관리와 교육이 중요하며, 위해중점관리요소(HACCP) 시스템 도입을 확대해야 할 필요성이 강조된다.

① HACCP의 개념

HACCP(Hazard Analysis and Critical Control Point)의 개념은 식품관리자들에게 잠정적인 위험 요인을 사전에 알려 주어 즉각적인 조치를 취할 수 있도록 고안된 품질관리를 위한 예방체계로 미생물적인 관리에 역점을 두고 있다.

위험 요인 분석(hazard analysis)이란 잠정적으로 미생물이 증식할 수 있는 재료, 생산공정 중 위험한 단계, 식품안전에 영향을 미치는 인적 요인 등을 규명하는 것이다. 중점 관리요소(critical control point)는 식품생산단계 중에서 관리소홀로 인해 식품안전성에 위험을 초래할 수 있는 특정한 생산단계를 지칭하는 것이다. HACCP 시스템 도입의 성공 여부는 위해 요소의 정확한 규명과 이의 철저한 관리 · 감독 및 조리원의 교육 · 훈련에 의한 현장 실천에 달려 있다. 우리나라에서도 1995년 12월 개정된 식품위생법에 HACCP의 근거가 마련되었고, 1996년 5월에 HACCP 연구회가 발족되어 식품의 도축에서부터 생산에 이르기까지 HACCP 체제의 레시피(recipe) 정비와 인력의 교육 · 훈련에 관심을 기울이고 있다.

② HACCP 적용의 향후 방향

각 급식업소의 현실에 적합한 HACCP 시스템을 수립하기 위해서는 성공적으로 HACCP 시스템을 갖춘 급식소의 현황 파악이 우선적으로 요구된다. HACCP 시스템의 위생사고 예방 기능이 효과적으로 발휘되기 위해서는 HACCP 계획과 이를 뒷받침하는 지원 프로그램을 지속적으로 관리해야 한다. HACCP 담당자는 직무의 필요성과 깊이를 인식하면서 직무숙련을 쌓아야 하며, 조리 종사원을 포함한 HACCP 팀 전원에게 HACCP 교육훈련이 실시되도록 해야 한다.

표 9-6 식품안전관리인증의 적용대상

적용업종	세부업종 및 적용품목
식품제조 · 가공업소	과자류, 빵 또는 떡류, 코코아가공품류 또는 초콜릿류, 잼류, 설탕, 포도당, 과당, 엿류, 당시럽류, 올리고당류, 식육 또는 알함유가공품, 어육가공품, 두부류 또는 묵류, 식용유지류, 면류, 커피, 음료류, 특수용도식품, 장류, 조미식품, 드레싱류, 김치류, 젓갈류, 조림식품, 절임식품, 주류, 건포류, 기타 식품류
건강기능식품제조업소	영양소, 기능성 원료
식품첨가물 제조업소	식품첨가물, 혼합체제류
식품접객업소	위탁급식영업, 일반음식점, 휴게음식점, 제과점
즉석판매제조 · 가공업소, 식품소분업소, 집단급식소식품판매업소, 기타식품판매업소, 집단급식소	

3. 종사원위생

1) 보건위생

보건이란 신체적으로나 정신적으로 건강한 상태를 유지하는 것을 말하며, 보건관리란 기업이 근로자의 심신의 건강을 보호하고 증진하기 위하여 질병 또는 그 원인에 대하여 예방조치를 강구하거나 질병을 막아내도록 그 대책을 강구하는 활동이다.

기업은 기본적으로 직원들이 작업으로 인하여 얻게 되는 직업병에 세심한 주의를 기울이는 한편 신체적 · 정신적으로 건강한 상태를 유지하도록 해야 한다.

(1) 청 결

① 머 리

긴 머리는 뒤로 올려 묶거나 머리그물 또는 작업용 모자를 쓰도록 한다. 스프레이나 젤을 이용해서 항상 단정한 모습으로 작업에 임해야 하며 식음료를 다루는 업장이나 주방에서는 특히 머리카락이 흘러내리거나 음식에 떨어지지 않도록 해야 한다. 기름이 끼고 더러운 머리는 세균의 좋은 증식장소가 되므로 항상 청결하게 하고 비듬이 음식에 들어가지 않도록 세심한 주의가 요구된다.

② 목 욕

피부는 세포증식이 발생하기 쉽고 더러운 피부는 고객을 불쾌하게 하므로 잦은 샤워

표 9-7 여성 종사원의 두발위생의 예

유 형	내 용
짧은 커트형	• 길이가 지나치게 짧아서는 안 된다. • 남성적 이미지가 풍기는 스타일은 피한다. • 이때 앞머리가 눈을 가려서는 안 된다.
단발머리형 (묶을 수 없는 경우)	• 길이는 어깨선을 넘어서는 안 되며 뒷머리는 가지런하게 정돈한다. • 앞머리는 눈을 가리지 않아야 하며 서비스 시에는 옆 머리가 흘러 내리지 않도록 고정(옆머리를 넘겨 귀가 보이도록) 한다. • 보조핀은 검은색 실핀만 사용(보이지 않는 곳에 2개까지만 허용)한다.
긴 머리형 (고정시켜야 할 경우)	• 긴 머리의 경우 고정형으로 통일한다. • 뒷머리는 반드시 그물망을 사용한다. • 충분히 묶일 수 있게 가능한 한 머리를 기르도록 하여 목 뒷부분에 잔머리가 나오지 않도록 머리핀이나 헤어용품을 사용한다. • 그물망 부분이 움직이지 않도록 실핀 또는 유자핀으로 고정한다. • 보조핀은 검은색의 실핀 사용을 원칙으로 최고 2개 이하 허용(앞머리 윗부분에는 보조핀 사용을 금한다)한다.

나 목욕은 물론이고 자신의 체취에 대해서도 민감한 관리를 해야 한다. 은은한 향수를 사용하여도 무방하나 독특하거나 강한 냄새가 있는 향수는 고객에게 불쾌감을 줄 수도 있으니 피하도록 한다.

③ 손씻기

개인위생의 가장 중요한 요소는 손을 자주 깨끗하게 씻는 것이다. 더러운 손은 오염물질이나 세균을 옮겨 주는 데 결정적인 역할을 한다.

식품 취급과 관련하여 일반시민이나 작업장 근무자의 손에서도 10% 내외의 대장균이 검출되며, 식품관계영업자의 경우 50% 가량, 생선초밥을 만드는 조리사의 손에서는 80% 이상의 대장균이 검출된다고 한다.

손과 팔을 씻을 때는 비누거품을 충분히 내어 꼼꼼이 문질러 닦고 미지근하고 깨끗한 물로 헹궈내도록 한다. 대체로 담아 놓은 물보다 흐르는 물, 찬물보다는 더운물을 사용하고, 비누를 사용하거나 3% 크레졸을 사용하면 효과가 크다.

표 9-8 손씻기에 따른 세균의 제거효과

씻는 조건	방 법	균수(마리)		제거율(%)
		씻기 전	씻은 후	
수돗물	담아 놓은 물	4,400	1,600	63.6
	흐르는 물	40,000	4,800	88.0
뜨거운 물	담아 놓은 물	5,700	750	86.8
	흐르는 물	3,500	58	98.3
비누사용	흐르는 물(간단히)	849	54	93.6
수돗물	흐르는 물(철저히)	3,500	8	99.8

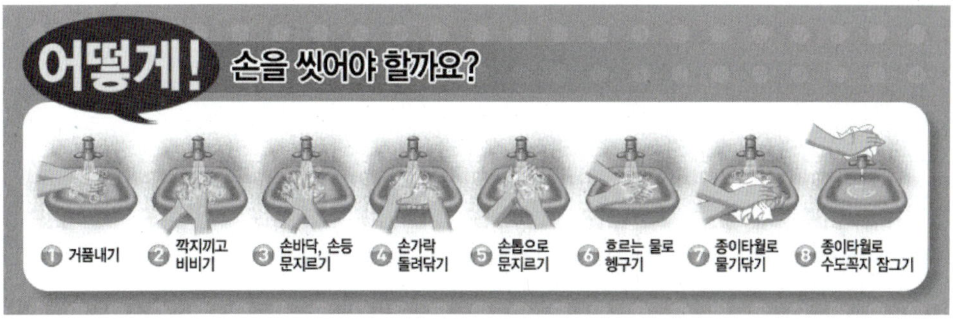

그림 9-8 손씻기 요령

출처: http://www.mfds.go.kr/fm/article/view.do?articleKey=1010&searchTitleFlag=1&boardKey=16&menuKey=150&currentPageNo=1

④ 손톱관리

더러운 손톱, 긴 손톱은 세균의 서식처가 되므로 적절한 길이로 깨끗하게 잘 정리하여야 한다. 한 조사에 의하면 손톱의 길이가 길면 길수록 0.01g당 세균 수가 증가하는 것으로 나타났다. 손톱손질 시 색상은 가능한 한 투명한 색상으로 택하는 것이 보기에 거부감이 없다.

⑤ 외 상

손에 생긴 자상이나 찰과상과 같은 상처는 여러 사람에게 위생상 나쁜 인상을 주고 실제 세균의 오염이 된다. 상처가 있는 사람이 작업을 계속하고자 하는 경우는 항균

반창고를 붙이고 물이 들어가지 않도록 고무 골무 등의 보호대를 사용해야 하며 가능한 한 조리에 직접 관련되지 않는 일을 하게 하는 것이 바람직하다.

⑥ 흡연과 껌

흡연은 식품취급 시설에서는 일체 허용되지 않는다. 식품의 준비, 조리, 저장, 급·배식의 과정에서 뿐 아니라 식품취급기구의 준비실이나 세정시설에서도 담배를 피워서는 안 된다.

껌을 씹는 것도 또 다른 오염원이 될 수 있는데, 씹는 사람의 습관에 따라 입을 벌리고 소리를 낸다거나 손으로 만지는 행위는 직접 또는 간접적으로 식품을 오염시킬 수 있다.

(2) 복 장

① 위생복

위생복은 식품의 오염을 차단시켜 주는 중요한 역할을 하므로 엄격한 규정을 정하여 준수하도록 요구하고 있다. 더러운 위생복은 고객들에게 크게 불쾌감을 주고 거부감을 줄 뿐 아니라 병원성 세균의 서식처가 될 수 있다.

또한 위생복은 식품을 취급하거나 음식을 만들 때만 입어야 하며, 위생복에 손을 닦는 습관이 생기지 않도록 철저히 감독·지도하여야 한다.

② 위생모

머리카락은 세균의 증식처로 식품위생에 있어 중요한 관리 요소가 된다. 식사 도중 머리카락이 발견되면 그 외식업체는 고객으로부터 나쁜 인상을 받을 것이므로 식품 오염의 방지를 위하여 위생모자나 머리망 등의 착용을 의무화하여야 한다.

③ 귀금속

반지, 시계, 팔찌 등은 식품취급 시 음식찌꺼기가 끼기 쉽고, 손과 귀금속 사이에 남아 있는 음식찌꺼기는 세균증식의 온상 역할을 한다. 표면이 복잡하거나 늘어뜨려진 장신구는 다른 기구나 장치 취급 시 안전사고의 위험도 크다.

'암행평가' 도입…호텔 위생 · 안전 강화한다

호텔들이 객실 및 식음료장 등을 안전하고 청결하게 관리하는지 점검하기 위해 정부가 사전 통지 없이 투숙하는 '암행평가'를 도입한다.

문화체육관광부는 9일 '호텔업 등급 결정업무 위탁 및 등급 결정에 관한 요령'을 개정해 호텔 등급평가 시 객실 · 욕실 · 식음료장 등의 청결 관리 상태, 비상상황 대비시설 구비에 대한 배점을 확대한다고 밝혔다.

종업원을 대상으로 하는 위생 매뉴얼 및 비상대처 매뉴얼 교육 실시와 종업원의 매뉴얼 숙지능력 항목에 대한 평가도 강화한다. 객실 · 욕실과 식음료장의 위생 및 청결 상태를 평가할 때는 오염도 측정기기를 활용해 평가의 객관성을 확보할 방침이다.

문체부는 "이번 고시 개정은 호텔의 위생 · 청결 및 안전 등 더 쾌적하고 안전한 호텔 서비스 수준에 대한 소비자의 요구에 부응하기 위한 것"이라고 밝혔다. 또 문체부는 등급 유효 기간 내 중간 점검을 해 호텔 사업자가 결정등급에 걸맞은 서비스 수준을 지속해서 유지 · 관리하도록 유도한다.

중간점검은 호텔 사업자가 등급평가 기간에만 평가항목 중심으로 시설과 서비스 상태를 집중적으로 관리하고 등급 결정 이후에는 점검 및 관리를 소홀히 하는 경우를 방지하기 위해서다.

5성급 또는 4성급 호텔의 경우에는 등급 유효기간(3년) 내 반드시 1회 이상 평가요원이 사전 통지 없이 호텔에 투숙하면서 위생 · 안전과 서비스 수준을 점검(암행평가)한다. 3성급부터 1성급 호텔의 경우에는 지방자치단체 등으로부터 위생 및 안전 등 서비스 미흡 지적을 받은 호텔을 대상으로 평가요원이 사전 통지 없이 호텔을 방문해 점검(불시평가)한다. 중간점검은 호텔업 등급 결정 수탁기관인 한국관광공사가 진행하며, 점검 결과는 필요 시 시정조치 권고를 하거나 차기 등급평가를 할 때 반영된다.

문체부는 한국관광공사와 함께 앞으로 더 객관적이고 공정한 등급평가가 이루어질 수 있도록 평가요원에 대한 교육을 강화하고, 호텔 사업자에 대한 등급평가 컨설팅을 확대할 계획이다.

출처 : 연합뉴스(2018.07.09.),
http://www.yonhapnews.co.kr/bulletin/2018/07/09/0200000000AKR20180709035000030.HTML

2) 정신위생

(1) 스트레스관리법

스트레스의 정의는 다양하게 내릴 수 있지만 조직이나 개인이 제공하는 것보다 받는 자의 욕구가 더 클 때 일어나는 것이라고 말할 수 있다. 통계적으로 매년 6명의 매니저 중 한 사람이 스트레스로 인해 일을 그만두며, 상담 건수 13건 중 1건이 스트레스로 인한 문제라고 한다.

1995년 사회복지가 존 워커(John Walker)는 자신의 고용주로부터 과도한 업무량

표 9-9 직장에서의 스트레스 요인

구 분	요 인
경영자로부터의 스트레스	지배인의 위압적인 태도, 부적절한 업무기술서, 대화부족, 조직상 문제들의 미해결, 지배인 및 종사원의 빈번한 교체, 종사원 간의 언쟁, 낮은 봉급, 긴 근무시간 등
동료 종사원들로부터의 스트레스	동료들의 비협조, 대항의식, 종사원들의 분열
고객들로부터의 스트레스	항의조의 고객들, 급한 성격의 고객들
업장의 다른 근원으로부터의 스트레스	열악한 작업장 환경, 직책에 대한 욕구불만 등

으로 인해 정신장애를 받았다고 고소하여 약 3억 원을 받았다.

1988년 쿠퍼(Cooper)와 윌리엄스(Williams)는 스트레스를 경감시키는 방법으로 다음 세 가지를 제시했다.

① 스트레스 척도(occupational stress indicator)를 이용하여 조직에 대한 스트레스 수준과 건강상태를 파악함으로써 작업환경과 관련되는 스트레스를 제거하거나 감소시키도록 도와 준다.

② 스트레스 증세 인식 훈련, 기본적인 긴장 완화법, 시간관리 기술 등과 같이 다양한 내용이 포함되어 있는 효과적인 스트레스 관리 프로그램을 실시하도록 한다.

③ 스트레스와 관련된 문제가 있는 종사원에게는 카운슬링 서비스를 지원한다.

(2) 성희롱

① 성희롱의 개념

성희롱에 대한 법적인 개념은 다음과 같다.

표 9-10 성희롱의 정의

해당 조문	성희롱의 정의
국가인권위원회법 제2조 제3호 라목	"성희롱"이란 업무, 고용, 그 밖의 관계에서 공공기관의 종사자, 사용자 또는 근로자가 그 직위를 이용하여 또는 업무 등과 관련하여 성적 언동 등으로 성적 굴욕감 또는 혐오감을 느끼게 하거나 성적 언동 또는 그 밖의 요구 등에 따르지 아니한다는 이유로 고용상의 불이익을 주는 것을 말한다.

(계속)

해당 조문	성희롱의 정의
남녀고용평등과 일 · 가정 양립 지원에 관한 법률 제2조 제2호	"직장 내 성희롱"이란 사업주 · 상급자 또는 근로자가 직장 내의 지위를 이용하거나 업무와 관련하여 다른 근로자에게 성적 언동 등으로 성적 굴욕감 또는 혐오감을 느끼게 하거나 성적 언동 또는 그 밖의 요구 등에 따르지 아니하였다는 이유로 근로조건 및 고용에서 불이익을 주는 것을 말한다.
양성평등기본법 제3조 제2호 및 양성평등기본법 시행령 제2조	"성희롱"이란 업무, 고용, 그 밖의 관계에서 국가기관 · 지방자치단체 또는 대통령령으로 정하는 공공단체의 종사자, 사용자 또는 근로자가 다음 각 목의 어느 하나에 해당하는 행위를 하는 경우를 말한다. • 지위를 이용하거나 업무 등과 관련하여 성적 언동 또는 성적 요구 등으로 상대방에게 성적 굴욕감이나 혐오감을 느끼게 하는 행위 • 상대방이 성적 언동 또는 요구에 대한 불응을 이유로 불이익을 주거나 그에 따르는 것을 조건으로 이익 공여의 의사표시를 하는 행위

출처: http://easylaw.go.kr/CSP/CnpClsMain.laf?popMenu=ov&csmSeq=279&ccfNo=1&cciNo=1&cnpClsNo=1

성희롱에는 그 가해자와 피해자가 있는데, 가해자란 사업주, 직장 내 상급자, 동료, 하급자 등이며, 거래처의 관계자나 고객 등 제3자는 제외된다. 피해자란 사업주를 제외한 모든 남녀근로자, 파견근로자, 모집 채용과정에서의 구직자를 포함한다.

행위 유형으로 볼 때는 특정 신체부위에 대한 접촉 등의 육체적 행위와 음란한 농담 등의 언어적 행위, 그리고 음란한 사진이나 그림, 낙서물 등의 시각적 행위 등 사회통념상 성적 굴욕감이나 수치심을 유발한 것으로 인정되는 언어와 행동 등을 모두 포함한다.

② 성희롱 예방교육

일반적으로 직장 내 문제에 대한 최선의 해결책은 처음부터 성희롱 문제가 발생하지 않도록 하는 것이다. 사업자는 직장에서 남녀 근로자가 상호 존중하며 예의를 지켜 성희롱으로 인해 근로자의 인격이 침해되거나 근로제공에 지장이 생기지 않도록 평등하고 안전한 근무환경을 조성할 의무가 있다.

남녀고용평등법 제13조에 의거하여 사업주는 직장 내 성희롱을 예방하고, 근로자가 안전한 근로환경에서 일할 수 있는 여건 조성을 위해 직장 내 성희롱 예방교육을 실시하도록 규정하고 있다. 성희롱 예방교육은 개별적인 기업특성과 문화에 따라 전담자를 두어 실시하고 남녀고용평등법 제13조에 따라 매년 실시하도록 되어 있다.

교육방법으로는 직원연수교육, 정례 조회, 부서별 교육, 시청각교육 등 직장의 편의에 따라 선택이 가능하다.

성희롱 예방교육의 내용은 우선 실제로 성희롱에 해당하는 말과 행동이 어떤 것인지를 분명히 주지시키고 직장 내 성희롱 문제의 본질과 그 심각성 및 폐해를 인식시키는 것이라고 하겠다. 성희롱문제는 근본적으로 사회생활에서의 남녀 역할에 대한 편견과 이해부족, 성적 고정관념과 남녀 역할에서의 성차별 의식 때문에 발생하는 것임을 이해시키는 것이 중요할 것이다.

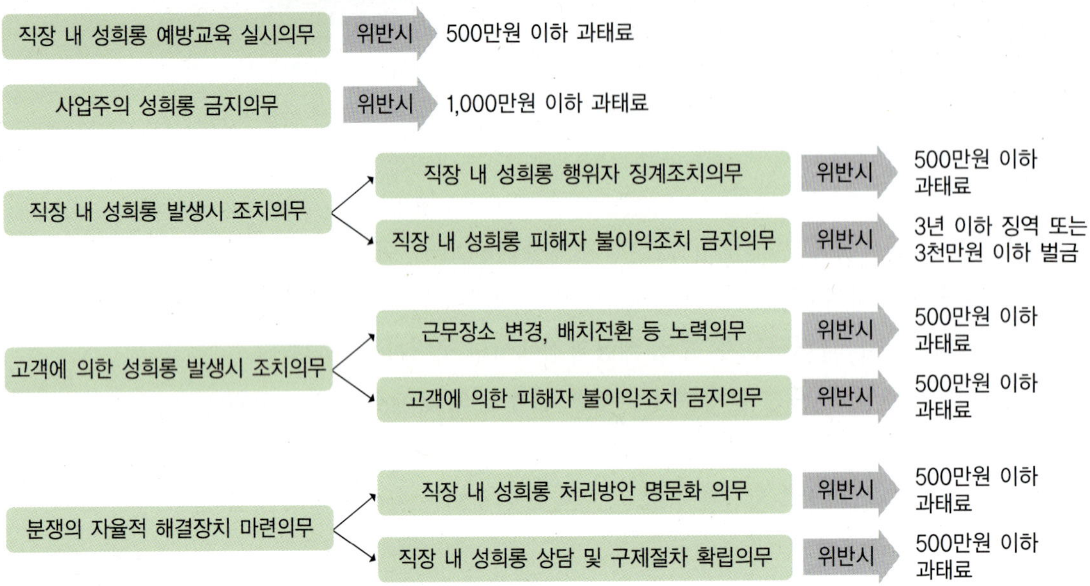

그림 9-9 **사업주의 의무 및 벌칙**

출처: http://www.djsunflower.or.kr/uploads/old/1383524384.pdf 일부 수정

국내문헌

강인호 · 김영찬 외(2002). 호텔 외식사업 식음료 경영과 실무. 기문사.

강재일(1998). 패밀리레스토랑 브랜드 이미지의 영향요인에 관한 연구. 동아대학교 석사 학위논문.

고상동 · 임경환 · 금경호(2001). 식음료경영실무. 백산출판사.

고상동 · 임경환 · 금경호(2004). 호텔 · 레스토랑 식음료경영실무. 백산출판사.

고재윤 · 정미란 · 유은이(2006). 패밀리레스토랑의 고객접점서비스에 대한 중요도와 성취도 평가 및 만족도에 관한 연구. 호텔관광연구. 8(4), pp. 46~60.

구난숙 외(2001). 세계 속의 음식문화. 교문사.

권용주 외(2005). 호텔외식산업 식음료경영 · 관리론. 백산출판사.

권혁률(2005). 관광서비스론. 현학사.

김기영 · 염진철 · 조우제(2006). 외식산업관리론. 현학사.

김기영 외(2006). 메뉴경영관리론. 현학사.

김기홍 외(2005). 외식사업창업론. 대왕사.

김대권 외(2005). 호텔 · 관광인적자원관리. 백산출판사.

김만희 · 최수근 · 황재선(2005). 외식산업실무론. 현학사.

김명현 외(2006.) 식중독 예방교육 표준교재. 식품의약품안전청.

김봉규(1998). 신호텔인사관리론. 백산출판사.

김상혁(2002). 외식, 조리마케팅. 백산출판사.

김성혁 · 김경환(2000). 호텔 레스토랑 서비스. 백산출판사.

김순진 · 신재영 · 김은희(2004). 외식산업 서비스품질이 고객만족에 미치는 영향. 외식경영연구. 외식경영학회. 7(1), pp. 67~80.

김연화 · 장병주(2007). 식음료 경영 · 서비스 관리론. 기문사.

김영갑 외(2013). 외식마케팅. 교문사

김영갑 외(2014). 외식창업론. 교문사

김영갑 외(2014). 외식서비스경영론. 교문사

김원수(1986). 소매기업경영론. 경문사. p. 306.
김준원 외(2004). 최신호텔인적자원관리. 대왕사.
김진수 외(2004). 호텔식음료관리론. 학문사.
김춘호(2004). 호텔 · 레스토랑 식음료 서비스 관리론. 새로미.
김태희 외 (2017). 외식서비스마케팅. 파워북
김형준(2002). 외식산업의 서비스 품질 중요도가 고객 만족에 미치는 영향에 관한 연구. 외식경영연구. vol. 5(1), pp. 23~46.
나정기(1994). 메뉴계획과 디자인의 평가에 관한 연구. 경기대 대학원 박사학위논문.
남택영(2002). 호텔 식음료 서비스 실무 경영. 학문사.
매일경제신문(2005). 지방진출 가속화하는 주요 외식업체. 7월.
미야 에이지 저, 한국산업훈련연구소 편역(1992). 외식비즈니스. 한국산업훈련연구소.
민계홍(2006). 레스토랑 유형의 서비스 품질 결정요인에 관한 연구. 인문과학연구 제11호. 전주대학교 인문과학종합연구소.
박대환 외(2002). 최신 서비스 이론과 실무. 학문사.
박영배(2005). 호텔 식음료서비스관리론. 백산출판사.
박영배(2006). 식음료서비스관리론. 백산출판사.
박우동(1997). 품질경영. 법문사. p. 4.
박인규(2004). 호텔식음료 실무경영론. 기문사.
박인규 · 장상태(2007). 호텔식음료 실무경영론. 기문사.
박정숙 · 최영희(2007). 식음료서비스. 효일.
박정준외(2003). 식음료경영실무. 대왕사.
방진호 외(2004). 식음료서비스실무. 백산출판사.
사까끼 요시오(1994), 월간 호텔 · 레스토랑. 11월호, pp. 155~156.
서상길(2006). 식음료서비스 운영실무. 기문사.
서원석 외(2005). 호텔인사관리론. 대명사.
서진우 외(2005). 외식사업경영실무론. 대왕사.
CJ 푸드빌. 종사원을 위한 핸드북.
신재영(1995). 외식사업경영론. 백산출판사.
신재영 · 박기용(2003). 외식산업개론. 대왕사.
신재영 · 박기용 · 정청송(2003). 호텔 · 레스토랑 식음료 서비스관리론. 대왕사.
신재영 · 조구현(2000). 최신 호텔 · 관광 식음료관리론. 대왕사.
오경화 외(2004). 테이블 코디네이트. 교문사.
원융희(1998). 현대 호텔식당경영론. 대왕사.

원융희 · 윤기열(2002). 외식산업의 이해. 두남출판사.
유철형(1998). 호텔식음료 경영과 실무. 백산출판사.
윤혁수 · 조문수(1998), 외식사업경영론. 기문사.
이애주(2000). 식음료관리론. 일신사.
이정실(2002). 외식고객의 상황에 따른 레스토랑 업종 및 업태 선택차이. 관광 · 레저연구. 14(1), p. 54.
이정실(2007). 외식기업경영론. 기문사.
이정자(1995). 메뉴관리. 기문사.
이정학(2006). 호텔식음료실습. 기문사.
이학식(1999). 서비스품질과 서비스가치. 한국마케팅학회. 한국마케팅저널. 1(2), p. 79.
이혜숙(2002). 호텔경영학과 교과과정과 호텔인사고과 및 경력개발에 관한 종사원의 지각. 세종대학교 대학원 박사학위논문.
이혜숙 외(2018). 환대산업서비스론. 교문사.
임경인(1999). 식당관리이론. 대왕사.
임붕영(2006). 서비스 리더십. 백산출판사.
임종원 외(1994). 소비자행동론. 경문사.
외식마케팅(2013). 외식마케팅. 백산출판사
정규엽(2002). Hotel Hospitality Marketing. 연경문화사.
정용주(2017). 외식경영론. 백산출판사
정용주(2016). 외식마케팅. 백산출판사
정용해(2006). 고객접점 서비스가 서비스질, 고객만족, 충성도에 미치는 영향에 관한 연구 : 서울 시내 특1급 호텔식음료 영업장을 중심으로. 경희대학교 대학원 박사학위논문. pp. 25~40.
정종훈(2002). 호텔 · 레스토랑 식음료경영론. 백산출판사.
조문수 · 윤혁수(1998). 외식산업경영론. 교문사.
조민호 · 김난영 · 노효정(2002). 레스토랑 홈페이지 고객의견 내용분석을 통한 서비스 품질 결정 요인에 관한 연구 : 외식경영연구. 외식경영학회. 5(2).
조현석(2000). 호텔 식음료 실무관리론. 형설출판사.
지계웅 외(2007). 호텔 식음료 실무론. 현학사.
최민우 · 양봉석(2006). 패밀리 레스토랑의 서비스 품질평가 요인에 관한 연구. 한국호텔경영학회.
최영준(2002). 호텔식음료 서비스론. 기문사.
최학수 외(2005). 외식사업경영론. 한올출판사.

한경수 · 채인숙 · 김경환(2012). 외식경영학. 교문사.
한경수 외(2002). 외식경영학. 기문사.
홍기운(1999). 최신외식산업개론. 대왕사.
황규선(2007). 테이블 디자인. 교문사.

국외문헌

Parasuraman A., Zeithaml V. A. and Berry L. L.(1985). A Conceptual Models of Service Quality and It' s Implications for Future Research. Journal of Marketing. Vol. 49(Fall), p. 47.

Parasuraman A., Zeithaml V. A., and Berry L. L.(1990). Delivering Quality Service. Free Press. New York, pp. 181~183.

Bateson, J. E. G.(1985). Perceived control and the service encounter in the service encounter: Managing Employee Customer Interaction in Service Business edited by J. A. Czepiel et al, p. 67.

Bitner, M. J., Booms, B. H. & Mohr, L. A.(1994). Critical service encounters: the employee' s view. Journal of Marketing. 58, pp. 95~106.

Carlzon, J.(1987). Moments of Truth: new strategies for today' s customer-driven economy, Harper and Row publishers, pp. 1~6.

Chris Bryant, Paige Gilchrist(2001). Table Settings, Lark Books.

David Wheelhouse(1989). CHRE. Managing Human Resources in the Hospitality Industry. The EDUCATIONAL INSTITUTE of the American Hotel & Motel Association.

Don Meyers(1991). Making Memorable Presentations. The Cornell H. R. A. Quarterly. May

Ed Sanders, Paul Paz, Ron Wilkinson(2002). Service at its best : waiter-waitress training, becoming a successful server, Prentice Hall

Employment Manual of Hotel SHILLA. INTER CONTINENTAL, HYATT. NOVOTEL.

Flint, Douglas H.(1999). The Role of organizational in Multi-source performance Appraisal : Theory-Based Applications and Directions for Research. Human Resource Management Review.

Gronroos, Christian(1982). Strategic management and marketing in the service sector. Helsingfors : Swedish School of Economics and Business Administration.

Jack D. Ninemeier(1986). F & B Controls. 2nd ed.. AH & MA.

Jamie Murphy, Edrrest and C. Edward Wotring(1996). "Restaurant Marketing on the Worldwide Web", The Cornell H&R Administration Quarterly, Feb.

John R. Walker and Donald E. Lundberg(2004). The restaurant From Concept to Operation. John Wiley and Sons, INC.

Kasanava, M. L. & Smith, D. L.(1990). Menu Engineering : A practical guide to menu analysis. revised ed; Hospitality Publications, Inc..

Kelly, S. W. & M. A. Davis(1994). Antecedents to Customer Expectations for Service Recovery. Journal of the Academy of Marketing Science. Vol. 14, No. 2, pp. 509~521.

Lehtinen, Uolevi & Lehtinen, Jarmo R.(1982). Service quality: A study of quality dimensions. unpublished working paper, Helsinki: Service Management Institute. Finland OY.

Lewis C. Forrest, JR.(1996), Training for the Hospitality Industry. Educational Institute AH & MA

Mary L. Tanke, Ph. D.(2002). Human Resources Management For the Hospitality Industry. Thomson Learning.

Norman, R.(1984). Service management: strategy and leadership in service business. John wiley & sons.

Parasuraman, A., Berry, L. L. & Zeithaml, V. A.(1991). Understanding Customer Expectations of Service. Sloan Management Review. Vol. 32, No. 3, pp. 39~48.

Parasuraman, A., Zeithaml, V. A. and Berry L. L.(1994). Reassessment of Expectation as a Comparison Standard in Measuring service Quality: Implications for Further Research, Journal of Marketing, Vol. 58, January, pp. 112~124.

Patton, M. E.(2005). Dancing Service. Hyunhaksa: seoul.

Rocco M. Angelo, Andrew N. Vladimir(1994). An introduction to Hospitality Today. Educational Institute.

Rockville, MD(2002). "Keep Your Food Safe", FDA U. S. Food and Drug Administration.

Rockville, MD.(2002). Department of Health and Human Services Food and Drug Administration.

Sheraton, G. S. Manual(1998). Sheraton ITT.

Shostack, G. L.(1985). Planning the Service Encounter in The Service Encounter, J. A.

Czepiel, M. R. Solomon & C. F. Suprenant eds. Lexington. MA: Lexington Books.
Solomon, M. R., Suprenant, C. F., Czepiel, J. A., & Gutman, E. G.(1985). A Role Thery Perspective on Dyadic Interactions: The Service Encouter, Journal of Marketing, 49(Winter), pp. 33~46.
Suzanne von Drachenfels(2000). The art of the table. Simon & Schuster.
Tom Redman and Adrian Wilkinson(2002). The Informed Student Guide to Human Resource Management. Thomson Learning.
Wykoff, D. D.(1984). New Tools for Achieving Service Quality. The Comell HRA Quarterly. Nov. p. 87.
Zeithmal, V. A. & Bitner, M. J.(1997). Service Marketing. McGraw-Hill. pp. 102~132.
Wallage L. Rande(1996). Introduction to Professional Foodservice. John Wiley Sons. p. 138.

https://www.kfiri.org/
http://sbook.allabout.co.kr/autoalbum/view.html
http://www.kfoodtimes.com/news/articleView.html?idxno=4860
http://www.atfis.or.kr/fip/article/M000010402/list.do?page=&articleId=&pArticleId=&searchKey=&searchString=&searchCategory=
https://post.naver.com/viewer/postView.nhn?volumeNo=10678869&memberNo=10005291&mainMenu=LIVING
https://www.haccp.or.kr/site/haccp/sub.do?key=2405
http://www.mfds.go.kr/fm/article/view.do?articleKey=1010&searchTitleFlag=1&boardKey=16&menuKey=150&currentPageNo=1
http://www.mfds.go.kr/fm/content/view.do?contentKey=73&menuKey=138
http://www.mfds.go.kr/fm/content/view.do?contentKey=13&menuKey=124
http://www.atfis.or.kr/fip/foodindustry/M000010100/statisticsList.do
http://www.kfoodtimes.com/news/articleView.html?idxno=4860
http://easylaw.go.kr/CSP/CnpClsMain.laf?popMenu=ov&csmSeq=279&ccfNo=1&cciNo=1&cnpClsNo=1
http://www.djsunflower.or.kr/uploads/old/1383524384.pdf
EY어드바이저리(2015). 2014 해외 외식 및 한식산업 조사 - 뉴욕 -

(사)한국외식업중앙회 한국외식산업연구원(2017.12), 2017년 외식기업 해외진출 실태조사, 농림축산식품부
국회입법조사처(2018) 지표로 보는 이슈 제117호
한국농촌경제연구원(2017), 2017 외식업 경영실태 조사 보고서(수탁보고서 C2017-61-1)
한국농수산식품유통공사(2017), 2017년도 프리미엄 외식시장 조사보고
(사)한국외식업중앙회 한국외식산업연구원(2016년 12월), 2016년 국내 외식트렌드 조사, 한국농수산식품유통공사
농림축산식품부(2017.12.20.), 보도자료
농림축산식품부(2017.9.11.), 보도자료
한국농수산식품유통공사(2017), 2017년도 식품산업주요통계
(주)글로벌리서치(2017). 2017 글로벌 한식 소비자 조사 결과보고서

ㅈ

ㅊ

ㅋ

ㅌ

ㅍ

ㅎ

영문

저자 소개

이혜숙
서울대학교 사범대학 가정학과 졸업
서울 Swiss Grand Hotel sales & marketing manager
미국 Holywood American college Hotel & Restaurant Management Diploma 취득
미국 Clarion Edgewater Long Beach Hotel Finance manager
세종대학교 대학원 호텔관광경영학 석 · 박사
Delky's Franchise Owner
한국 호텔외식경영학회, 한국 외식경영학회, 한국 관광연구학회 이사
전 수원대학교 경상대학 호텔관광학부 교수

우인애
숙명여자대학교 가정대학 식품영양학과 졸업
숙명여자대학교 대학원 식품영양학과 석사
숙명여자대학교 대학원 식품영양학과 박사
현재 수원여자대학 외식산업과 교수

조현숙
덕성여자대학교 회계학과 졸업
세종대학교 경영대학원 호텔경영학과 석사
세종대학교 대학원 호텔관광경영학과 박사
Assumption University, Thailand Post-doc
전 세종대학교 평생교육원 강사

3판 식음료경영론

2008년 2월 25일 초판 발행
2012년 3월 5일 개정판 발행
2018년 10월 29일 3판 발행

지은이 이혜숙 · 우인애 · 조현숙 | **펴낸이** 류원식 | **펴낸곳** 교문사
편집부장 모은영 | **표지디자인** 신나리 | **제작** 김선형 | **영업** 이진석 · 정용섭 · 진경민
출력 현대미디어 | **인쇄** 동화인쇄 | **제본** 한진제본

주소 (10881)경기도 파주시 문발로 116 | **전화** 031-955-6111 | **팩스** 031-955-0955
홈페이지 www.gyomoon.com | **E-mail** genie@gyomoon.com
등록 1960. 10. 28. 제406-2006-000035호

ISBN 978-89-363-1775-1 (93590)

*잘못된 책은 바꿔 드립니다.
값 20,000원